● 마인드맵   ● 우선순위

링크랭크

V고등CA

링크랭크 고등 VOCA

정석환 성심여고 교사 / 고려대 대학원 영문학 박사과정 수료

　　　　　고등학교 영어교과서 저자(고등영어, 영어Ⅰ, 영어Ⅱ, 영어 독해와 작문, 영어회화) / EBS 저자

김동영 메가스터디 단어 암기 전문 강사

원어민 검토 Ian Andrew Revell

이 책의 기획·검토에 도움을 주신 분들 곽승호(팀스잉글리쉬) 김규진(우신고) 김능황(에듀탑 스쿨) 김대식(진성어학원) 김문보(근영여고) 김선진(원광여고) 김수영(군산농고) 김일환(AE School) 김재환(원광고) 김주창(진성고) 김창수(대전학원) 김형태(원광고) 나은진(화곡고) 류운철(매직영어교실) 문호식(소명여고) 민경진(명문고) 박성용(한서고) 손재근(경해여고) 송민선(남성여고) 신상민(진천고) 엄기영(맥스잉글리쉬) 여정현(한영고) 유덕기(원광고) 유민재(백영고) 윤재원(화정고) 이성용(전북외고) 이영조(대아고) 이영준(서해고) 이장원(광명북고) 이충기(아이스터디) 임순선(서해고) 임옥순(행신고) 임채균(명신고) 장진석(배재학원) 전윤호(제일여고) 정균상(해룡고) 조승엽(예일학원) 조영득(강북중앙학원) 최부근(진성고) 최수경(수앤희학원) 홍덕기(How To Study)

2판4쇄 2019년 1월 21일　**펴낸이** 신원근　**펴낸곳** ㈜진학사 교육컨텐츠개발본부　**기획편집** 이승수 윤문영 정소영　**디자인** 이지영
마케팅 안강필 조양원 박세라　**주소** 서울시 종로구 경희궁길 34　**학습 문의** booksupport@jinhak.com　**영업 문의** 02 734 7999
팩스 02 722 2537　**출판 등록** 제300-2001-202호

● 잘못 만들어진 책은 구입처에서 교환해 드립니다.　● 이 책에 실린 모든 내용에 대한 권리는 ㈜진학사에 있으므로 무단으로 전재하거나, 복제, 배포할 수 없습니다.

www.jinhak.com

한장으로 정리한 어원

01 반대

in-(=not) : incorrect 틀린 / indifferent 무관심한

im-(=not) : impolite 무례한 / impatient 성급한

il-(=not) : illogical 비논리적인 / illegal 불법의

ir-(=not) : irregular 불규칙한 / irrelevant 관련이 없는

ig-(=not) : ignoble 비천한 / ignorant 무지한

un-(=not) : unfair 불공평한 / unbearable 참을 수 없는

dis-(=not) : discourage 낙담시키다 / disgrace 불명예

counter-(=against) : counterpart 상대 / counteract 거스르다, 방해하다

contra-/contro-(=against) : contradict 모순되다 / controversy 논쟁

anti-(=against) : antibiotic 항생 물질의 / antipathy 반감

ob-/op-(=against) : obstacle 장애물 / obstruct 막다

non-(=against) : nonsense 무의미 / nonviolence 비폭력주의

02 좋음/나쁨

bene-(=good) : benefit 이익 / beneficence 자선

mal-(=bad) : malnutrition 영양실조 / malfunction 기능 장애

mis-(=wrong) : mislead 잘못 인도하다 / misunderstand 오해하다

03 분리/제거

de-(=down/from) : decline 감소하다, 거절하다 / degrade 품위를 떨어뜨리다

ab-(=off/away/from) : abnormal 비정상적인 / absent 결석한

04 방향

① 앞

pro-(=forward) : proceed 나아가다 / propel 추진하다

② 뒤

re-(=backward) : retreat 후퇴하다 / repel (적 등을) 격퇴하다

③ 위/아래

up-(=upward/thoroughly) : upgrade 질을 높이다 / uproot 근절시키다

under-(=inferior/insufficient) : underlying 내재하는 / underprivileged 소외 계층의

④ 안/밖

in- : internal 내부의 / income 수입

im- : import 수입(하다) / immigrate 이민 오다

ex- : external 외부의 / extract 뽑아내다

e- : emigrate 이민 가다 / emit 발산하다

se- : separate 분리하다, 분리된 / segregate 차별하다

a-(=on/in/at) : aboard 승선하는 / awake 깨어 있는

05 주변/관통

peri-(=around) : perimeter 둘레 / peripheral 주위의

circum-(=around) : circumstance 상황 / circumference 원주

trans-(=across) : transport 운송하다 / transparent 투명한

ambi-/amphi-(=around/both) : ambiguity 애매함 / amphibia 양서류

◉ Roots 어근

01 신체

① 머리
cap- : capital 대문자, 수도 / per capital 1인당, 머릿수로 나누어

② 손
man(u)- : manipulate 손으로 다루다 / manufacture 제조하다

③ 발
ped- : pedestrian 보행자 / peddler 행상인

④ 몸
corp- : corpse 시체 / incorporate 합치다

02 감각

① 보다
-scop : telescope 망원경 / microscope 현미경

② 목소리
voc- : vocal 목소리의 / vocation 직업, 천직

vis-/vid- : visible 볼 수 있는 / evidence 증거

③ 느끼다
-path : apathy 냉담 / empathy 감정이입, 공감

④ 감각/분별력
sens-/sent- : sensible 분별력 있는 / sentiment 감상

03 글/그림

① 글자
litera- : literacy 읽고 쓰는 능력 / illiterate 문맹자

② 쓰다
-scrib/-script : inscribe 새기다 / manuscript 원고

③ 글자/그림
-gram/-graph(y) : telegram 전보 / photograph 사진

④ 묘사하다
pict- : picturesque 그림 같은 / depict 묘사하다

04 동작/행위

① 서다
sta- : stance 입장, 위치 / statue 상, 조각

② 움직이다
mob-/mot-/mov- : mobile 움직이는 / promotion 승진 / move 움직이다

③ 묻다/구하다
-quest/-quire : request 요구, 요청하다 / inquire 질문하다

④ 달리다
curr- : current 전류, 현재의 / currency 통화

⑤ 닫다/가두다
clos- : closet 벽장 / enclose 둘러싸다

⑥ 만지다
-tact : contact 접촉 / tangible 만질 수 있는

⑦ 보내다
-mis/-mit : emission 발산 / transmit 송신하다

⑧ 잡다
-cap : capable 유능한 / capture 포획

-prehend : apprehend 잡다, 체포하다 / comprehend 이해하다

⑨ 이끌어 내다
-duc(t) : introduce 도입하다 / productive 생산적인

⑩ 걸다
-pend : appendix 부록 / pendant 늘어뜨린 장식

⑪ 기울다
-cli : decline 쇠하다 / recline 눕히다, 기대다

⑫ 돌다
-vert : convert 바꾸다, 개종하다 / inversion 전도, 도치

⑬ 보존하다
-tent : detention 억류, 구금 / retention 보류

⑭ 놓다
-pos : impose 부과하다 / position 위치

⑮ 던지다
-ject : eject 쫓아내다 / reject 거절하다

⑯ 가져오다
-fer : transfer 수송하다 / conference 상담, 회의

링크랭크
VOCA 고등

j i n h a k

Tomorrow
better than today

환경을 사랑하는 **JINHAK**
진학사 〈링크랭크〉시리즈는 친환경용지로 만듭니다.

왜 Q 링크랭크일까 ??

서점에 꽂혀 있는 수많은 단어장 중에서 뭘 잡아야 할지 선뜻 선택하기가 어렵죠? 하지만 이제 고민 끝!
링크랭크 VOCA는 영단어에 대한 고민을 한 권으로 해결해 드립니다. 링크랭크는 입시정보 No.1 진학닷
컴 회원 5,282명이 응답해 준 소중한 의견을 모아 만들어졌습니다.

Q1 단어를 어떻게 공부해야 시험에 효과적일까?

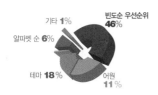

기타 1%
알파벳 순 6%
빈도순 우선순위 46%
테마 18%
어원 11%

A1 수능과 내신을 대비하는 대한민국 수험생 절반 정도가 빈도 및 우선순위를 첫 번째 단어분류 기준으로 꼽았습니다. 이에 링크랭크는 최근 10년간의 수능 및 평가원 모의고사, 내신시험 등을 분석하고 데이터베이스화하여 테마별 랭킹으로 구성하였습니다. 우리에게 시간이 무한정 주어지는 것이 아니기에, 무작정 외우기보다는 **시험에 나오는 것부터, 중요한 것부터 외우세요.**

composition

1

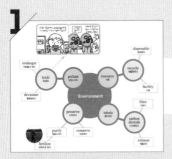

마인드맵 테마별 단어를 마인드맵으로 연결하여 한 번에 쉽게 외울 수 있습니다. 또한 표제어 설명 전 Preview로서 재미있게 학습할 수 있도록 도와 줍니다.

2

1순위 VOCA 교과서별 필수단어와 최근 10년간 수능, 모의고사 등에 자주 출제되는 어휘들을 모았습니다. 고등학교 수준의 단어 중 1순위로 꼭 외워야 할 어휘입니다.

마인드맵으로 쉽게 *Link !*
우선순위로 빠르게 *Rank !*

Q2 단어를 가장 쉽게 외울 수 있는 방법은?

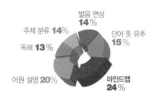

발음 연상 **14**%
주제 분류 **14**%
독해 **13**%
어원 설명 **20**%
단어 뜻 유추 **15**%
마인드맵 **24**%

A2 어쩌면 '나' 는 유재석, 오바마 등의 유명인과 가까운 사이 일지도 모릅니다. 나와 관련된 사람이 다른 누군가와 연결되고 또 그 누 군가와 연결되다 보면 전 세계인이 하나로 엮어질 수 있기 때문입니다. 단어도 마찬가지입니다. 한 단어를 알면 그와 연관된 단어들을 굴비 엮듯 이 묶을 수 있습니다. 숲을 생각하면 나무가 떠오르고, 나무하면 나무꾼 과 선녀가 연상되죠. 이처럼 단어를 마인드맵으로 묶으면 암기가 훨씬 쉬 워집니다.

3

2순위 VOCA 시험을 보다 보면 우리를 괴롭 히는 한두 개의 단어들이 있습니다. 이렇듯 2순위 VOCA는 필수는 아니지만, 좋은 성적을 올리기 위한 선택적 어휘들입니다.

4

Test & Reading 앞서 외운 단어를 문제로 확인하는 단계입니다. 다양한 확인 테스트뿐만 아니라 단어들이 실제 Reading에서는 어떻게 활용되는지도 확인할 수 있습니다.

C o n t e n t

차례

링크랭크는 형식적으로 테마를 나누지 않고 최근 10년간 수능·평가원 기출 전 지문을 모두 분석하여 실제 빈도와 비중에 맞춰 테마를 선정하였습니다.

주거와 생활

Link
Rank

01

엄마 아빠를
화해시키는 법

suburb 교외	**sibling** 형제, 자매
urban 도시의	**spouse** 배우자
region 지역	**household** 가족
district 구역, 지역	**foster parents** 양부모
Residence	**stepfather** 의붓아버지
engage 약혼시키다	**occupant** 거주자
divorce 이혼	**settle** 정착하다
conflict 갈등	**estate** 소유지
reconcile 화해시키다	**spacious** 넓은

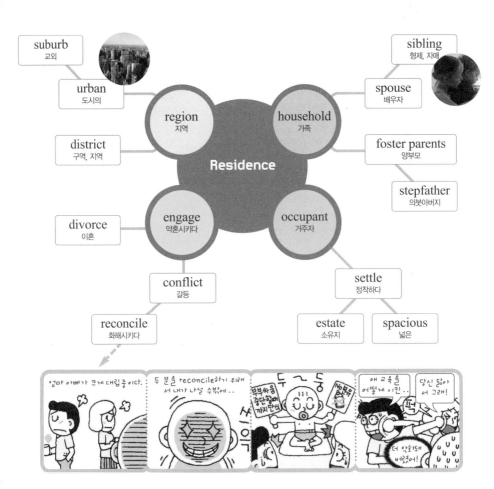

□ 0001
resident
[rézədənt]

(명) 거주자 (형) 거주하는, 살고 있는
summer residents 피서객
be resident at his house 그의 집에 살고 있다
Only *residents* are allowed to park here.
거주자들만 여기에 주차하는 것이 허용된다.
residence (명) 주거 reside (동) 거주하다

□ 0002
welfare
[wélfɛ̀ər]

(명) 복지, 번영, 행복
public welfare 공공 복지
the physical welfare of society 사회의 물질적 번영
Parents are anxious for the *welfare* of their children.
부모는 자식들의 행복을 갈망한다. (기출 예문)
(+ voca) = **wellbeing** 행복, 복지

□ 0003
urban
[ə́ːrbən]

(형) 도시의
urban renewal 도시 재개발
urban planning 도시 계획
They are experiencing the problem of huge *urban* poverty
now. 그들은 지금 대도시의 빈곤 문제를 경험하고 있다.
(+ voca) ↔ **rural** 시골의

□ 0004
region
[ríːdʒən]

(명) 지역, 지방; 범위
a remote region 외진 지역
a region of high rainfall 강우량이 많은 지역
This *region* is a wildlife refuge. 이 지역은 야생동물 보호 구역이다.
regional (형) 지역의

□ 0005
decorate
[dékərèit]

(동) 장식하다; 훈장을 주다
decorate with gold 금으로 장식하다
be decorated for bravery 용감함으로 훈장을 받다
The room was *decorated* in bright greens.
그 방은 밝은 녹색으로 장식되었다. (기출 예문)
decoration (명) 장식

□ 0006
component
[kəmpóunənt]

(명) 성분, 구성 요소; 부품
an essential component 필수적인 구성 요소
supply electronic components 전자 부품을 공급하다
The largest *component* of our body is water.
우리 몸의 가장 큰 성분은 물이다.
(+ voca) = **element** 요소, 성분 = **ingredient** 성분, 재료

□ 0007
suburb
[sʌ́bəːrb]

⑲ 교외, 근교
live in the suburbs 교외에 살다
go for a walk in the suburbs 교외로 산책가다
The invading army burned the city's *suburbs*.
침략군은 그 도시의 교외를 불태웠다.
+ voca = **outskirt** 변두리, 교외

□ 0008
district
[dístrikt]

⑲ 구역, 지역, 지방
a crowded district 인구 밀집 지역
district attorney 지방 검사
This *district* is mainly residential. 이 구역은 주로 주택가이다. (기출 예문)

□ 0009
territory
[térətɔ̀ːri]

⑲ 영토, 지역, 영역
have a large territory 영토가 넓다
fertile territory 비옥한 지역
The troops made a sally into enemy *territory*.
그 부대는 적의 영토에 반격을 가했다. (기출 예문)
territorial ⑲ 영토의

□ 0010
estate
[istéit]

⑲ 소유지, 토지; 재산
buy an estate 토지를 사다
personal estate 동산(動産), 인적 재산
Real *estate* accounts for 50 percent of the total household
assets. 부동산이 가정 자산 전체의 50퍼센트를 차지한다.
+ voca = **property** 재산, 소유권 = **asset** 자산

□ 0011
household
[háushòuld]

⑲ 가족, 가구(家口) ⑲ 가족의
household goods 가사 용품
take care of household affairs 가사를 돌보다
Their *household* income remained the same as the previous
year. 그들의 가계 소득은 전년도와 같은 수준을 유지했다.

□ 0012
obligation
[àbləɡéiʃən]

⑲ 의무
the obligation of tax 납세 의무
fulfill an obligation 의무를 다하다
This *obligation* requires effective control and management.
본 의무는 효과적인 통제와 관리를 요구한다.
obligatory ⑲ 의무적인

□ 0013
conflict
[kánflikt]

(명) 갈등, 대립, 충돌 (동) 충돌하다, 상반되다
bring the conflict to an end 갈등을 종식시키다
the conflict between faith and reason 신앙과 이성 사이의 갈등
Cooperation rather than *conflict* will be in the best interest for us. 대립보다는 협력이 우리에게 최고의 이익이 될 것이다.

□ 0014
essential
[isénʃəl]

(형) 필수적인, 본질적인
an essential element 필수적인 요소
an essential difference 본질적인 차이
Water is *essential* to life. 물은 생명에 필수적인 것이다.
essentially (부) 필수적으로, 본질적으로 essence (명) 본질
+ voca = vital 중대한 = indispensable 필수 불가결한

□ 0015
divorce
[divɔ́ːrs]

(명) 이혼; 분리 (동) 이혼하다; 분리시키다
a divorce suit 이혼 소송
divorce education from religion 교육과 종교를 분리시키다
Divorce rate tends to increase gradually.
이혼율이 점차 증가하는 경향을 보이고 있다.

□ 0016
settle
[sétl]

(동) 정착하다; 해결하다
settle in the country 시골에 정착하다
settle a matter 문제를 해결하다
The dispute was *settled* in a way acceptable to both sides.
그 분쟁은 양측 모두 수락할 수 있는 방식으로 해결되었다. (기출 예문)
settlement (명) 정착; 해결

□ 0017
attribute
[ətríbjuːt]

(동) ~의 탓으로 하다; (성질 등이) 있다고 생각하다 (명) 속성
attribute evil motive to him 그에게 악의가 있다고 생각하다
a particular physical attribute 신체적인 특성
He *attributed* his longevity to a healthy diet and positive thinking. 그는 자신이 장수한 이유를 건강한 식사와 긍정적인 생각으로 돌렸다.
attribution (명) 귀속
+ voca = ascribe ~의 탓으로 하다

□ 0018
concern
[kənsə́ːrn]

(동) 관여하다 (명) 관심사, 염려
concern for the children 아이들에 대한 염려
have no concern with ~와 아무런 관계가 없다
His prime *concern* is the peace of the world.
그의 주요 관심사는 세계 평화이다. (기출 예문)

□ 0019

province
[právins]

(명) 지방; 분야
tour the provinces 지방을 돌다
the province of biology 생물학 분야
Britain was once a Roman *province.* 영국은 한때 로마의 한 지방이었다.

□ 0020

spacious
[spéiʃəs]

(형) 넓은, 광활한
a spacious living room 넓은 거실
a spacious playground 넓은 운동장
The car's interior is very *spacious* and comfortable.
그 차의 내부는 아주 넓고 편안하다.
+ voca = capacious 널찍한

□ 0021

engage
[ingéidʒ]

(동) 약혼시키다; 고용하다; 종사하다; 교전하다
engage a servant 하인을 고용하다
be engaged in ~에 종사하다
He *engaged* himself to my cousin. 그는 내 사촌과 약혼을 했다.
engagement (명) 약혼, 계약

□ 0022

reconcile
[rékənsàil]

(동) 화해시키다, 조정하다; 일치시키다
reconcile a dispute 논쟁을 조정하다
reconcile a checkbook with a bank statement
수표장과 은행 명세서를 대조하다
We have been *reconciled* with each other. 우리는 서로 화해했다.
reconciliation (명) 화해

□ 0023

occupant
[ákjəpənt]

(명) 점유자, 현 거주자, 보유자
the occupant of the house 주택 보유자
an illegal occupant 불법 점유자
The *occupant* of the throne had no heir.
왕위를 차지하고 있던 자는 계승자가 없었다.
occupy (동) 거주하다, 차지하다
+ voca = dweller 거주자, 주민

□ 0024

custom-made
[kʌ́stəm-meid]

(형) 맞춤의, 주문품의
a custom-made suit 맞춤 정장
custom-made furniture 주문 가구
He wore *custom-made* leather shoes. 그는 맞춤 가죽 구두를 신고 있었다.
+ voca ↔ ready-made 기성품의

□ 0025
brother-in-law
[brʌ́ðərinlɔ̀ː]

명 처남, 매부, 매형
support his **brother-in-law** 그의 매형을 지지하다
the **brother-in-law** of the former President 전직 대통령의 처남
His sister and *brother-in-law* are all philosophers.
그의 누나와 매형은 모두 철학자이다.

sister-in-law **명** 처제, 시누이, 올케

□ 0026
stepfather
[stépfàːðər]

명 의붓아버지, 계부
live with a **stepfather** 의붓아버지와 살다
be raised by a **stepfather** 의붓아버지가 키우다
Her *stepfather* died of liver cancer.
그녀의 의붓아버지는 간암으로 돌아가셨다.

stepmother **명** 의붓어머니, 계모

□ 0027
spouse
[spaus]

명 배우자
prefer foreign **spouses** 외국인 배우자를 선호하다
his **spouse's** occupation 그의 부인의 직업
A widow is a woman whose *spouse* has died.
미망인은 배우자와 사별한 여성을 뜻한다.

□ 0028
sibling
[síbliŋ]

명 형제, 자매
sibling bond 형제간의 유대
siblings of same blood 핏줄을 나눈 형제
Sibling rivalry is not restricted to Western culture.
형제간의 경쟁은 서구 문화에만 한정되어 있지 않다.

□ 0029
foster parents
[fɔ́ːstər-péərənts]

명 양부모
look for **foster parents** 양부모를 구하다
specially trained **foster parents** 특별 교육을 받은 양부모
She was placed with *foster parents* at the age of seven.
그녀는 일곱 살 때 양부모와 살게 되었다.

+ voca = adoptive parents 양부모

보・너・스・어・휘

생활용품

- bowl 사발
- plate 큰 접시
- saucer 작은 접시
- broom 빗자루
- mop 자루걸레
- dustpan 쓰레받기

- faucet 수도꼭지
- ashtray 재떨이
- bucket 물통
- dishwasher 식기세척기
- microwave 전자레인지
- sewing machine 재봉틀

- detergent 세제
- chopper 고기 써는 식칼
- vacuum cleaner 진공청소기
- lawn mower 잔디 깎는 기계

Test & Reading

A 영어는 우리말로, 우리말은 영어로 쓰시오.

① urban _____   ⑪ 교외 _____

② spacious _____   ⑫ 복지 _____

③ foster parents _____   ⑬ 갈등 _____

④ region _____   ⑭ 배우자 _____

⑤ attribute _____   ⑮ 구역, 지역 _____

⑥ settle _____   ⑯ 의붓아버지 _____

⑦ custom-made _____   ⑰ 거주자 _____

⑧ sibling _____   ⑱ 소유지 _____

⑨ essential _____   ⑲ 처남 _____

⑩ decorate _____   ⑳ 이혼 _____

B 빈칸에 공통으로 들어갈 단어는?

① the _____ of tax 납세 의무   fulfill an _____ 의무를 다하다

② _____ a servant 하인을 고용하다   be _____ d in ~에 종사하다

③ the _____ of the house 주택 보유자   an illegal _____ 불법 점유자

C 다음 빈칸에 알맞은 단어를 〈보기〉에서 골라 넣으시오. (필요하면 형태를 변형하시오.)

┌─────────── [보기] ───────────┐
component territory province household concern reconcile
└─────────────────────────────────┘

① Britain was once a Roman (   ).

② His prime (   ) is the peace of the world.

③ We have been (   ) with each other.

④ The largest (   ) of our body is water.

⑤ The troops made a sally into enemy (   ).

⑥ Their (   ) income remained the same as the previous year.

D 이번 테마를 다룬 독해 지문을 읽으면서 관련 어휘의 뜻을 확인해 보자.

Ted and Brian, the twins had identical brains at birth. When the twins were three months old, their parents died, and they were placed in separate **foster parents**. Ted was reared by **stepfather** of low intelligence in an isolated **region** with poor educational opportunities. Brian was reared in the home of well-to-do parents who had been to college. He was sent to good schools in the **district** and given every **essential** opportunity to be stimulated intellectually. This environmental difference continued until the twins were in their late teens, when they were given tests to measure their intelligence. Ted's I.Q. was 85, but Brian's was 125, twenty-five points higher than the average.

Translation 쌍둥이 Ted와 Brian은 출생시 똑같은 두뇌를 가지고 있었다. 쌍둥이가 3개월 되었을 때 그들의 부모가 사망하여 그들은 서로 다른 foster parents에게 맡겨졌다. Ted는 교육 여건이 열악한 외딴 region에서 지능이 낮은 stepfather에 의해 양육되었다. Brian은 대학을 나온 유복한 부모가 있는 가정에서 길러졌다. 그는 그 district의 좋은 학교에 보내져 지적으로 자극이 되는 온갖 essential한 기회를 부여받았다. 이러한 환경의 차이는 쌍둥이가 10대 후반이 될 때까지 계속되었고, 그때 그들은 지능을 측정하기 위한 테스트를 받았다. Ted의 IQ는 85였으나, Brian의 IQ는 125로 평균보다 25나 더 높았다.

Words • twins 쌍둥이 • identical 동일한, 일란성의 • rear 기르다 • separate 분리된 • isolated 격리된 • well-to-do 유복한 • stimulate 자극하다, 고무하다 • intelligence 지능

정답 🔒

B ① obligation ② engage ③ occupant
C ① province ② concern ③ reconciled ④ component ⑤ territory ⑥ household

Link
Rank
—자녀 교육

버릇없는 이유가 있군

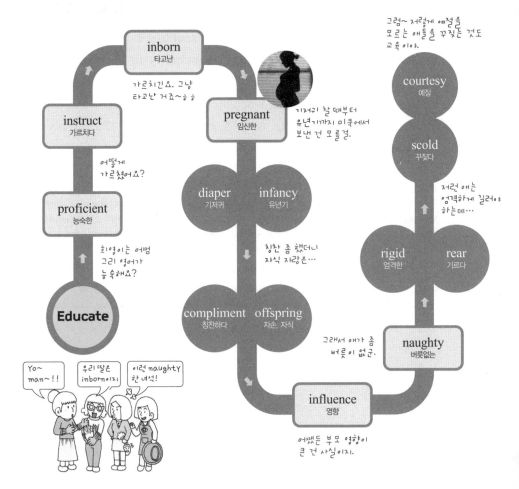

그럼~ 저렇게 예절을
모르는 애들을 꾸짖는 것도
교육이야.

inborn
타고난

가르치긴요. 그냥
타고난 거죠~ㅎㅎ

courtesy
예절

instruct
가르치다

pregnant
임신한

기저귀 찰 때부터
유년기까지 미쿡에서
보낸 건 모를걸.

scold
꾸짖다

어떻게
가르쳤어요?

저런 애는
엄격하게 길러야
하는데…

proficient
능숙한

diaper
기저귀

infancy
유년기

호영이는 어쩜
그리 영어가
능숙해요?

칭찬 좀 했더니
자식 자랑은…

rigid
엄격한

rear
기르다

Educate

compliment
칭찬하다

offspring
자손, 자식

그래서 애가 좀
버릇이 없군.

naughty
버릇없는

Yo~
man~!!

우리 딸은
imborn이지

이런 naughty
한 녀석!

influence
영향

어쨌든 부모 영향이
큰 건 사실이지.

☐ 0030
discipline
[dísəplin]

몡 규율, 기강; 훈련; 징벌 동 훈육하다; 징벌하다
maintain military discipline 군기를 유지하다
be under discipline 규율이 엄하다
It is up to the parents to *discipline* the child.
아이를 훈육하는 것은 부모에게 달려 있다.

disciplinary 몡 훈련의; 규율의 well-disciplined 몡 잘 훈련된

☐ 0031
educate
[édʒukèit]

동 교육하다
educate pupils 아이들을 가르치다
be educated in law 법률 교육을 받다
Her daughter was *educated* at a private school.
그녀의 딸은 사립 학교에서 교육을 받았다.

educated 몡 교육받은, 교양 있는 education 몡 교육

☐ 0032
scold
[skould]

동 꾸짖다; 욕하다
scold a naughty child 버릇없는 아이를 꾸짖다
scold each other 서로 욕하다
She *scolded* the boy for his carelessness.
그녀는 조심성이 없다며 소년을 꾸짖었다. (기출 예문)

☐ 0033
proficient
[prəfíʃənt]

몡 숙련된, 능숙한
be proficient in speaking French 프랑스어 회화에 능숙하다
a proficient drummer 숙련된 드럼 연주자
After a couple of years of regular driving, I became *proficient*
at it. 2년 정도의 규칙적인 운전을 한 후에, 나는 운전에 능숙해지게 되었다.
proficiency 몡 숙련
+ voca = skillful 숙련된

☐ 0034
train
[trein]

동 훈련하다, 훈련을 받다
keep training 계속 훈련하다
train to be a lawyer 변호사가 되도록 교육을 받다
A working animal means an animal *trained* to perform
tasks. 일하는 동물이란 일을 수행하도록 훈련된 동물을 뜻한다.

☐ 0035
influence
[ínfluəns]

몡 영향 동 영향을 미치다
an influence of the climate 기후의 영향
the influence of the mind on the body 마음이 몸에 미치는 영향
He tried to exert his *influence* on the congressman.
그는 그 하원의원에게 영향력을 행사하려고 했다. (기출 예문)
+ voca = effect 영향

□ 0036
feed
[fiːd]
fed-fed

(동) **먹이다, 먹이로 하다; 부양하다; 공급하다**
feed a baby 아기에게 젖을 먹이다
feed a family 가족을 부양하다
Cattle *feed* on grass. 소는 풀을 먹고 산다.

□ 0037
pregnant
[prégnənt]

(형) **임신한; 함축성 있는**
a pregnant woman 임산부
a pregnant utterance 의미심장한 발언
She is two months *pregnant*. 그녀는 임신 2개월이다.
pregnancy (명) 임신

□ 0038
affect
[əfékt]

(동) **영향을 미치다; 감동시키다**
be affected by heat 더위를 먹다
affect me deeply 내게 깊은 감명을 주다
Don't let political loyalty *affect* your judgment.
정치적 충성심이 판단에 영향을 미치지 않도록 하라. (기출 예문)
affecting (형) 감동적인

□ 0039
adopt
[ədápt]

(동) **양자로 삼다; 채택하다**
adopt a child as his heir 그의 상속자로 아이를 양자로 삼다
adopt a scheme 계획을 채택하다
The government *adopted* new guidelines for the
environment. 정부는 새로운 환경 지침을 채택했다.
adoption (명) 입양; 채택

□ 0040
inborn
[ínbɔ́ːrn]

(형) **타고난, 선천적인**
an inborn talent 타고난 재능
inborn traits 선천적인 특성
What is an example of an *inborn* behavior?
선천적인 행동의 예는 무엇인가?
(+ voca) = **innate** 타고난 ↔ **acquired** 후천적인

□ 0041
prospect
[práspekt]

(명) **가망, 가능성; 전망**
be in prospect 가망이 있다
prospect of economic recovery 경제 회복의 가능성
Fierce warfare is not an immediate *prospect*. 당장 격렬한 전쟁이
일어날 가망은 없다. (기출 예문)
prospective (형) 가망 있는
(+ voca) = **possibility** 가능성, 가망

□ 0042
reward
[riwɔ́ːrd]

(명) 보상, 보답 (동) 보상하다, 보답하다
reward generously 후하게 보상하다
a **rewarding** experience 보람 있는 경험
They received *rewards* for their efforts.
그들은 노력에 대한 보상을 받았다. (기출 예문)
rewardless (형) 무보수의, 헛수고의

□ 0043
kidnap
[kídnæ̀p]

(동) 유괴하다, 납치하다
kidnap a child 아이를 유괴하다
a **kidnapped** hostage 납치된 인질
Terrorists *kidnapped* and killed innocent people.
테러리스트들이 무고한 사람들을 납치해서 살해했다.
kidnapping (명) 유괴

□ 0044
instruct
[instrʌ́kt]

(동) 가르치다; 지시하다
instruct them in writing 그들에게 작문을 가르치다
instruct us to begin work 우리에게 일을 시작하라고 지시하다
He has *instructed* over 10,000 students.
그는 만 명 이상의 학생을 가르쳐 왔다.
instruction (명) 교육, 가르침 instructed (형) 교육을 받은; 지시를 받은

□ 0045
recall
[rikɔ́ːl]

(동) 생각해 내다, 회상하다 (명) 회상; 소환; (결함 제품의) 회수
recall his name 그의 이름을 생각해 내다
recall an ambassador 대사를 소환하다
She *recalls* the night that her husband was involved in a
road accident. 그녀는 남편이 노상 사고에 말려들었던 그 밤을 회상한다. (기출 예문)
+ voca = recollect 회상하다

□ 0046
caution
[kɔ́ːʃən]

(명) 조심, 경고, 주의 (동) 경고하다, 주의시키다
give a caution to ~에게 주의를 주다
be cautioned against smoking 흡연에 대해 경고를 받다
You should use *caution* when crossing a busy street.
붐비는 거리를 건널 때는 주의해야 한다.

□ 0047
cradle
[kréidl]

(명) 요람(어린이 침대), 발상지
from the cradle to the grave 일생 동안(요람에서 무덤까지)
the cradle of civilization 문명의 발상지
A baby is sleeping in the *cradle*. 한 아기가 요람에서 자고 있다.

☐ 0048
offspring
[ɔ́:fsprìŋ]

(명) 자손, 자식; 성과
produce offspring 자식을 낳다
the offspring of modern technology 현대 과학 기술의 성과
Everyone of his *offspring* had red hair just like his son.
그의 자손 모두가 그의 아들처럼 붉은 머리를 했다. (기출 예문)

☐ 0049
infancy
[ínfənsi]

(명) 유년기, 초기
die in infancy 유년기에 죽다
a science in its infancy 초기 단계에 있는 과학
She gave birth to four children, but only one survived
infancy. 그녀는 네 명의 아이를 낳았지만, 한 아이만 유아기를 넘겨서 살아남았다.
infant (형) 유아의, 유년의 (명) 유아

☐ 0050
compliment
[kámpləmənt]

(동) 칭찬하다 (명) 칭찬, 찬사
deserve a compliment 찬사를 받을 만하다
compliment her dress 그녀의 옷을 칭찬하다
This is the greatest *compliment* that can be given to an
actor. 이것은 배우에게 주어질 수 있는 최고의 찬사이다.
complimentary (형) 칭찬의

☐ 0051
rigid
[rídʒid]

(형) 엄격한, 융통성 없는; 경직된
rigid opinions 융통성 없는 의견
a rigid corpse 경직된 시체
The supervisor had no *rigid* principles.
그 감독은 엄격한 원칙을 갖고 있지 않았다.
rigidly (부) 엄격하게
+ voca ↔ **flexible** (형) 융통성 있는

☐ 0052
courtesy
[kɔ́:rtəsi]

(명) 예절; 호의
lack courtesy 예의가 없다
show courtesy 호의를 보이다
The vice president of our company is a model of *courtesy*
and responsibility. 우리 회사 부사장은 예의바름과 책임감의 본보기이다.
courteous (형) 예의바른

☐ 0053
diaper
[dáiəpər]

(명) 기저귀
change a baby's diaper 아기의 기저귀를 갈다
a disposable diaper 일회용 기저귀
She is buying some *diapers* for her own baby.
그녀는 자기 아이를 위해 기저귀를 구입하고 있다. (기출 예문)

□ 0054
rear
[ríər]

(동) 기르다, 교육하다; 똑바로 세우다
rear cattle 소를 기르다
rear a ladder 사다리를 세우다
The practice of *rearing* suckling calves was banned.
젖먹이 송아지를 기르던 관행이 금지되었다. (기출 예문)
(+ voca) = foster 기르다   = bring up 키우다

□ 0055
nursery
[nə́:rsəri]

(명) 육아실, 탁아소
at a **nursery** 탁아소에서
nursery rhyme 동요
We are looking for a qualified *nursery* nurse.
우리는 자격을 갖춘 보모를 구하고 있다.

□ 0056
breed
[bríːd]
bred - bred

(동) 낳다; 양육하다, 기르다   (명) 품종
a person of good **breeding** 훌륭한 양육을 받은 사람
a pure **breed** of dog 순종 개
Ignorance *breeds* prejudice. 무지가 편견을 낳는다.

□ 0057
nurture
[nə́:rtʃər]

(동) 양육하다, 영양을 주다   (명) 양육, 양성
nurture a plant 식물을 키우다
nurture a talent 재능을 키우다
The main objective of this project is the *nurture* of creative
scientists. 이 기획의 주된 목적은 창조적인 과학자를 양성하는 것이다. (기출 예문)
nurturance (명) 양육, 보살핌

□ 0058
mold
[móuld]

(동) (성격을) 형성하다; 틀에 넣어 만들다   (명) 틀
mold the character of a child 아이의 성격을 형성하다
be cast in a **mold** 틀에 넣어서 만들어지다
The bell smith poured the metallic liquid into the bell *mold*.
종 만드는 대장장이가 금속 액체를 종 틀 속에 부었다. (기출 예문)

□ 0059
naughty
[nɔ́ːti]

(형) 버릇없는, 장난이 심한
spank a **naughty** child 버릇없는 아이를 때리다
do **naughty** things 버릇없는 짓을 하다
The *naughty* boy hit his little sister.
장난이 심한 그 소년이 어린 여동생을 때렸다.
(+ voca) = ill-behaved 버릇없는

A 영어는 우리말로, 우리말은 영어로 쓰시오.

① recall _____ ⑪ 육아실 _____
② prospect _____ ⑫ 버릇없는 _____
③ affect _____ ⑬ 훈련하다 _____
④ discipline _____ ⑭ 꾸짖다 _____
⑤ infancy _____ ⑮ 임신한 _____
⑥ adopt _____ ⑯ 유괴하다 _____
⑦ proficient _____ ⑰ 예절 _____
⑧ nurture _____ ⑱ 영향 _____
⑨ compliment _____ ⑲ 기저귀 _____
⑩ instruct _____ ⑳ 자손 _____

B 빈칸에 공통으로 들어갈 단어는?

① an _____ talent 타고난 재능   _____ traits 선천적인 특성
② _____ opinions 융통성 없는 의견   a _____ corpse 경직된 시체
③ _____ cattle 소를 기르다   _____ a ladder 사다리를 세우다
④ from the _____ to the grave 일생 동안(요람에서 무덤까지)
   the _____ of civilization 문명의 발상지

C 다음 빈칸에 알맞은 단어를 〈보기〉에서 골라 넣으시오. (필요하면 형태를 변형하시오.)

──────[보기]──────
caution breed mold educate reward feed

① Her daughter was ( ) at a private school.
② Ignorance ( ) prejudice.
③ You should use ( ) when crossing a busy street.
④ The bell smith poured the metallic liquid into the bell ( ).
⑤ Cattle ( ) on grass.
⑥ They received ( ) for their efforts.

D 이번 테마를 다룬 독해 지문을 읽으면서 관련 어휘의 뜻을 확인해 보자.

After several years of unsuccessfully trying to have a baby, Carol and Jim Field **adopted** a little girl in a **nursery**. At first they were excited and happy because she was a pretty baby. Soon, however, it became clear that there was something terribly wrong. She didn't respond to colorful toys or her parents' voices. Fearfully, Carol and Jim consulted a doctor, who determined that the baby had **inborn** visual and audible defect. Surprised, the Fields did their best to make their baby see and hear, but it was impossible. Finally, unable to **rear** a handicapped child, the Fields decided to return the baby to the **adoption** agency.

Translation 아이를 갖기 위한 시도가 성공하지 못하게 된 몇년 이후, Carol과 Jim Field는 한 어린 소녀를 nursery에서 adopt했다. 처음에 그들은 아기가 너무 예뻐서 즐겁고 행복했다. 하지만, 곧 무언가 몹시 잘못되었다는 것이 확실해졌다. 그녀는 다채로운 장난감들이나 부모의 목소리에 반응하지 않았다. 아주 걱정스러워하며 Carol과 Jim은 의사와 상담을 했는데, 의사는 아이가 **inborn**한 시청각 장애를 갖고 있다고 진단했다. 놀란 Field 부부는 아기가 보고 들을 수 있도록 최선을 다했지만, 그것은 불가능한 일이었다. 끝내, 장애아를 **rear**할 수가 없어서 Field 부부는 아기를 adoption 기관에 돌려 보내기로 결정했다.

Words • terribly 몹시 • respond to ~에 반응하다 • fearfully 무서워하여 • consult 상담하다 • audible 들을 수 있는 • handicapped 장애가 있는 • agency 기관

정답

B ① inborn ② rigid ③ rear ④ cradle
C ① educated ② breeds ③ caution ④ mold ⑤ feed ⑥ rewards

Link
Rank

청소년기

03 적응 안 되는데, 확 가출해?

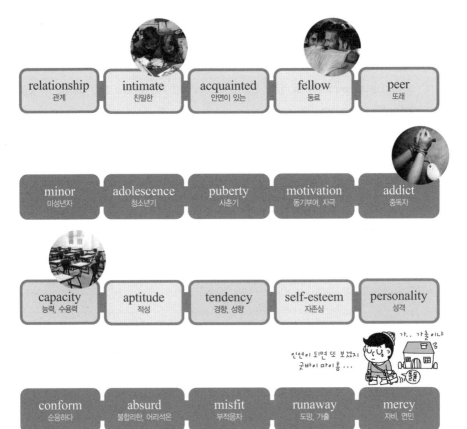

| relationship 관계 | intimate 친밀한 | acquainted 안면이 있는 | fellow 동료 | peer 또래 |

| minor 미성년자 | adolescence 청소년기 | puberty 사춘기 | motivation 동기부여, 자극 | addict 중독자 |

| capacity 능력, 수용력 | aptitude 적성 | tendency 경향, 성향 | self-esteem 자존심 | personality 성격 |

가.. 가출이냐

인연이 되면 또 보겠지
굿바이 마이홈 ...

| conform 순응하다 | absurd 불합리한, 어리석은 | misfit 부적응자 | runaway 도망, 가출 | mercy 자비, 연민 |

□ 0060
relationship
[riléiʃənʃip]

® 관계
improve a **relationship** 관계를 개선하다
relationships between color and emotion 색상과 감정의 관계
Intimacy is a close personal *relationship*.
친밀성이란 밀접한 개인적 관계를 의미한다. (기출 예문)

□ 0061
trust
[trʌst]

® 신뢰; 외상 ⑧ 신뢰하다, 신용하다; 맡기다
on **trust** 외상으로
trust to chance 운에 맡기다
He has absolute *trust* in his girlfriend.
그는 자신의 여자친구를 절대적으로 신뢰한다.
trusty ® 신뢰할 수 있는

□ 0062
intimate
[íntəmit]

® 친밀한, 친숙한
an **intimate** conversation 친밀한 대화
intimate friendship 친교
The journalist has an *intimate* knowledge of German politics. 그 언론인은 독일 정치에 대해 잘 알고 있다.
intimately ⑨ 친밀하게 intimacy ® 친밀
➕ voca = familiar 익숙한, 친한

□ 0063
minor
[máinər]

® 미성년자 ® 미성년의; 소수의; 사소한
prohibit the sale of tobacco to **minors**
미성년자에게 담배 판매를 금하다
a fairly **minor** operation 아주 가벼운 수술
The overall situation is stable, despite *minor* problems.
사소한 문제들이 있지만 전체적인 상황은 안정적이다.
minority ® 미성년; 소수 민족

□ 0064
absurd
[æbsə́:rd]

® 어리석은; 불합리한, 부조리한
make **absurd** remarks 어리석은 말을 하다
an **absurd** claim 불합리한 주장
It was *absurd* of you to suggest such a thing.
너는 어리석게도 그런 것을 제안했구나. (기출 예문)
absurdity ® 부조리

□ 0065
personality
[pə̀:rsənǽləti]

® 성격, 개성
have no **personality** 개성이 없다
personality traits 성격적 특성
He enjoys the work which suited his *personality*.
그는 자기 성격에 맞는 그 일을 좋아한다. (기출 예문)
➕ voca = character 성격, 성질

☐ 0066
capacity
[kəpǽsəti]

圀 능력, 수완; 수용력
a political **capacity** 정치적 수완
a seating **capacity** 좌석 수
You lack the intellectual *capacity* to know what you're reading. 너는 네가 읽고 있는 것을 알 만한 지적 능력이 없다.
capacious 쥉 용량이 큰

☐ 0067
motivation
[mòutəvéiʃən]

圀 동기 부여; 자극
motivation to lose weight 체중 감량의 동기
their main **motivation** for working 그들이 일하는 주요 동기
The *motivation* behind his secret activity is not known.
그의 비밀 활동 배후의 동기는 알려져 있지 않다.
motivate 툉 동기를 부여하다
+ voca = stimulus 자극

☐ 0068
aptitude
[ǽptitùːd]

圀 적성; 소질; 습성
an **aptitude** test 적성 검사
an **aptitude** to vice 악에 물들기 쉬운 습성
The violinist showed an *aptitude* for music at an early age.
그 바이올린 연주자는 어린 시절에 음악에 대한 소질을 보였다.

☐ 0069
tendency
[téndənsi]

圀 경향, 성향
have a **tendency** to exaggerate 과장하는 경향이 있다
a **tendency** to fat 살이 찌는 성향
There is a *tendency* to overestimate the value of new ideas.
새로운 생각의 가치를 과대평가하는 경향이 있다.
tend 툉 ~하는 경향이 있다

☐ 0070
ego
[íːgou]

圀 자아; 자존심
a fragile **ego** 허약한 자아
ego identity 자아 정체성
It can be understood in relation to *ego* psychology.
그것은 자아 심리학과 관련하여 이해될 수 있다.

☐ 0071
self-esteem
[sélfistíːm]

圀 자존심, 자부심
a man with low **self-esteem** 자존심이 낮은 사람
damage **self-esteem** 자존심을 해치다
The true *self-esteem* comes from inside.
진정한 자존심은 안으로부터 나온다.
+ voca = pride 자존심; 자만

□ 0072
conform
[kənfɔ́ːrm]

동 순응하다, 따르다
conform to custom 관습을 따르다
conform to safety regulations 안전 수칙을 따르다
Tom is an iconoclastic figure who refuses to *conform*.
Tom은 순응하기를 거부하는 인습 타파적인 인물이다. (기출 예문)
conformity 명 순응, 일치
+ voca = **comply** 응하다, 따르다

□ 0073
empathize
[émpəθàiz]

동 감정이입하다, 공감하다
empathize with others' suffering 다른 이들의 고통에 공감하다
the ability to empathize 감정이입할 수 있는 능력
I can *empathize* with her on that account.
나는 그 점 때문에 그녀에게 공감할 수 있다.
empathy 명 감정이입

□ 0074
fellow
[félou]

명 동료, 녀석 형 동료의
a fellow countryman 동포
fellows at school 학우
He seems to be a cheerful *fellow*. 그는 유쾌한 녀석인 것 같다.
fellowship 명 동료 의식, 친목

□ 0075
privilege
[prívəlidʒ]

명 특권 동 특권을 주다
give a privilege 특권을 부여하다
exercise the privilege 특권을 행사하다
Senior students are usually allowed certain *privileges*.
상급생들은 보통 어떤 특권들이 허락된다. (기출 예문)
privileged 형 특권 계급에 속하는, 특권이 있는

□ 0076
peer
[píər]

명 또래, 동료; 대등한 사람
have many peers 동료가 많다
have no peer 필적할 사람이 없다
Young people are easily influenced by their *peers*.
젊은이들은 또래에게 쉽게 영향을 받는다. (기출 예문)

□ 0077
addict
[ǽdikt]

명 중독자 동 중독되게 하다
a chess addict 체스 중독자
become addicted to Internet games 인터넷 게임에 중독되다
The drug *addict* is the most unhappy person in the world.
마약 중독자는 세상에서 가장 불행한 사람이다.
addiction 명 중독 addictive 형 중독성이 있는

☐ 0078
companion
[kəmpǽnjən]

⑲ 동료, 친구; 지침서
a **companion** for life 일생의 벗
teacher's companion 교사용 지침서
I do need a *companion* to talk to. 나는 이야기할 상대가 정말 필요하다.

☐ 0079
acquainted
[əkwéintid]

⑱ 안면이 있는, 친한; 정통한
be **acquainted** with him 그와 안면이 있다
be slightly **acquainted** 교제가 얕다
She is well *acquainted* with law. 그녀는 법에 정통하다. (기출 예문)
acquaintance ⑲ 안면이 있음, 아는 사이 acquaint ⑧ 알게 하다, 소개하다

☐ 0080
embrace
[embréis]

⑧ 껴안다; 받아들이다 ⑲ 포옹
a fond **embrace** 다정한 포옹
embrace a competition 경쟁을 받아들이다
She *embraced* her mother suddenly. 그녀는 엄마를 갑자기 껴안았다.
embracement ⑲ 포옹; 수락
+ voca = hug 껴안다   = accept 받아들이다

☐ 0081
soothe
[súːð]

⑧ 달래다, 진정시키다
soothing music 마음을 위로해 주는 음악
soothe stings (벌레에 쏘인) 상처를 진정시키다
The mother is *soothing* her crying child.
엄마가 우는 아이를 달래고 있다.

☐ 0082
adolescence
[ædəlésəns]

⑲ 청소년기, 청춘기
the period of **adolescence** 사춘기
the transition from **adolescence** to adulthood
청소년기에서 성인기로의 이행
Many bodily changes occur during *adolescence*.
많은 신체적 변화들이 청소년 동안에 일어난다. (기출 예문)
adolescent ⑲ 젊은이 ⑱ 청춘의

☐ 0083
runaway
[rʌ́nəwèi]

⑲ 도망자, 도망 ⑱ 도망친
a **runaway** from home 가출한 사람
a **runaway** horse 도망친 말
We're searching for a couple of *runaways*.
우리는 두 명의 도망자를 찾고 있다.
+ voca = fugitive 도피자, 탈주자

☐ 0084
piety
[páiəti]

명 경건, 신앙심; 효성
filial **piety** 자식의 도리(효심)
put on a show of **piety** 경건한 척하다
Religious *piety* began to decrease. 종교적 신앙심이 줄어들기 시작했다.
pious 형 경건한, 독실한

☐ 0085
puberty
[pjú:bərti]

명 사춘기
arrive at **puberty** 사춘기에 이르다
the early stages of **puberty** 사춘기의 초기 단계
The disease infects only those who have reached *puberty*.
그 질병은 사춘기에 달한 사람들에게만 감염된다.

☐ 0086
misfit
[mísfit]

명 부적응자, (환경에) 맞지 않는 사람 동 잘 맞지 않다
a social **misfit** 사회 부적응자
the **misfit** of the group 그 집단에 맞지 않는 사람
He has been considered a *misfit* from high school.
그는 고등학교 이후로 부적응자로 여겨져 왔다.
+ voca ↔ fit 꼭 맞다, 어울리다

☐ 0087
sensible
[sénsəbəl]

형 분별 있는; 현명한; 눈에 띄는
a **sensible** man 분별 있는 사람
a **sensible** improvement 눈에 띄는 향상
The *sensible* solution to this problem is to compromise
with your parents. 이 문제에 대한 현명한 해결책은 부모님과 타협하는 것이다.
sensibility 명 감각; 민감
+ voca = discreet 분별 있는, 사려깊은

☐ 0088
mercy
[má:rsi]

명 자비, 연민
an act of **mercy** 자비로운 행동
plead for **mercy** 자비를 간청하다
He showed no *mercy* to his servants.
그는 하인들에게 자비를 베풀지 않았다. (기출 예문)
merciful 형 자비로운

☐ 0089
preliminary
[prilímənèri]

형 예비의 명 사전 준비; 서론
a **preliminary** examination 예비 심문
without **preliminaries** 단도직입적으로
Preliminary results indicate that he won the election.
예비 조사 결과에서는 그가 선거에 이겼다.
preliminarily 부 예비로, 우선

A 영어는 우리말로, 우리말은 영어로 쓰시오.

① motivation _____   ⑪ 경향 _____

② fellow _____   ⑫ 친밀한 _____

③ companion _____   ⑬ 사춘기 _____

④ empathize _____   ⑭ 분별 있는 _____

⑤ misfit _____   ⑮ 예비의 _____

⑥ absurd _____   ⑯ 미성년자 _____

⑦ runaway _____   ⑰ 중독자 _____

⑧ self-esteem _____   ⑱ 순응하다 _____

⑨ puberty _____   ⑲ 특권 _____

⑩ personality _____   ⑳ 자아 _____

B 빈칸에 공통으로 들어갈 단어는?

① a fond _____ 다정한 포옹   _____ a competition 경쟁을 받아들이다

② a political _____ 정치적 수완   a seating _____ 좌석 수

③ on _____ 외상으로   _____ to chance 운에 맡기다

④ an _____ test 적성 검사   an _____ to vice 악에 물들기 쉬운 습성

C 다음 빈칸에 알맞은 단어를 〈보기〉에서 골라 넣으시오. (필요하면 형태를 변형하시오.)

┌──────────────[보기]──────────────┐
　　　acquainted relationship piety soothe mercy peer
└────────────────────────────────────┘

① He showed no (　　　　) to his servants.

② Religious (　　　　) began to decrease.

③ The mother is (　　　　) her crying child.

④ Intimacy is a close personal (　　　　).

⑤ Young people are easily influenced by their (　　　　).

⑥ She is well (　　　　) with law.

D 이번 테마를 다룬 독해 지문을 읽으면서 관련 어휘의 뜻을 확인해 보자.

What is shyness? Some say that it's something you inherit from your parents, like the color of your eyes, height, etc. Others say that it's something which develops along with your **personality** and **aptitude**. Doctors all agree on one thing, however: it isn't an illness. In some cases, of course, if a child is so shy that it makes forming **intimate relationships** with other **fellows** very difficult, then it might be useful to consult a psychologist. But if shyness doesn't interfere with a person having a normal social life, then it can be seen as a sign of a **tendency** towards reflective activities, such as writing, playing music, inventing, or acting. Yes, even acting! A lot of actors have confessed to being shy.

Translation 수줍음이란 무엇인가? 어떤 이들은 수줍음은 마치 눈 색깔이나 신장 등과 같이 부모에게서 물려받은 것이라고 말한다. 또 다른 이들은 자신의 **personality** 및 **aptitude**와 함께 발달하는 것이라고도 한다. 그러나 의사들은 한 가지 사실에는 모두 동의한다. 즉, 이것은 질병이 아니라는 점이다. 물론 어떤 경우에는 어떤 아이가 너무 수줍어서 다른 **fellow**들과의 **intimate**한 **relationship**들을 맺는 것을 매우 어려워한다면 정신분석 의사와 상담하게 하는 것이 좋을 것이다. 그러나 수줍음이 사람들의 정상적인 사회 생활을 방해하지 않는다면, 이는 사려 깊은 활동, 즉 저술, 음악 연주, 발명, 또는 연기 등의 활동을 하고자 하는 **tendency**의 표시라고 생각될 수 있다. 그렇다. 심지어는 연기까지도! 많은 배우들이 자신은 수줍음을 탄다고 고백해 왔다.

Words • inherit 물려받다 • consult 상담하다 • psychologist 심리학자, 정신분석 의사
• interfere with ~을 방해하다 • reflective 사려 깊은, 숙고하는 • confess 고백하다

정답 **⑧**

B ① embrace ② capacity ③ trust ④ aptitude
C ① mercy ② piety ③ soothing ④ relationship ⑤ peers ⑥ acquainted

벼락치기의 달인

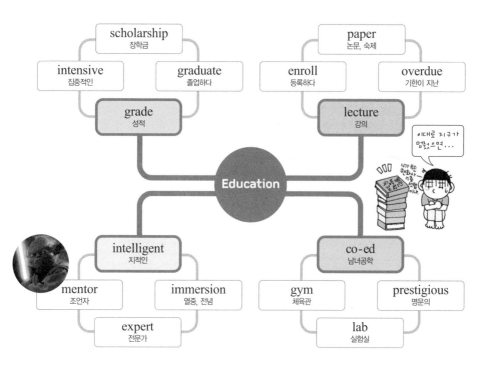

scholarship 장학금

intensive 집중적인

graduate 졸업하다

grade 성적

paper 논문, 숙제

enroll 등록하다

overdue 기한이 지난

lecture 강의

Education

이대로 지구가 멈췄으면...

내가 무슨 영화배우... 기종 선탁이냐.

intelligent 지적인

mentor 조언자

immersion 열중, 전념

expert 전문가

co-ed 남녀공학

gym 체육관

prestigious 명문의

lab 실험실

□ 0090
expert
[ékspə:rt]

⑲ 전문가, 달인　⑳ 전문가의, 숙련된
a chemical expert 화학 전문가
an expert in finance 재무 전문가
She's one of the foremost *experts* on child psychology.
그녀는 아동 심리학에 관한 최고의 전문가 중 한 사람이다. (기출 예문)

+ voca = specialist 전문가　↔ amateur 비전문가

□ 0091
intelligent
[intélədʒənt]

⑳ 지적인, 지성을 갖춘; 재치 있는
highly intelligent 아주 지적인
an intelligent reply 재치 있는 답변
They make you look more *intelligent*.
그렇게 하니까 더 지적으로 보이네요.

intelligence ⑲ 지성, 지능

□ 0092
principal
[prínsəpəl]

⑲ 교장　⑳ 주요한; 원금의
a principal cause 주요 원인
the principal sum 원금
Our new *principal* is a graduate of Stanford University.
새로 온 교장 선생님은 스탠포드 대학 출신이다.

principally ⑭ 주로

□ 0093
moral
[mɔ́:rəl]

⑳ 도덕의　⑲ 도덕
a moral being 도덕적인 존재
moral consciousness 도덕 의식
She is an extremely *moral* and ethical woman.
그녀는 대단히 도덕적이고 윤리적인 여성이다.

morally ⑭ 도덕적으로　morality ⑲ 도덕, 도덕성
+ voca ↔ immoral 부도덕한

□ 0094
superficial
[sù:pərfíʃəl]

⑳ 피상적인, 얕은, 표면적인
a superficial knowledge 얕은 지식
a superficial similarity 표면적인 유사성
He gave me some *superficial* advice.
그는 나에게 약간의 피상적인 충고를 해 주었다.

□ 0095
lecture
[léktʃər]

⑲ 강의, 강연　⑧ 강의하다
a lecture of little substance 알맹이 없는 강의
a lecture on literature 문학 강의
The *lecture* was on the physiology of the brain.
그 강의는 뇌 생리학에 대한 것이었다. (기출 예문)

□ 0096
grade
[gréid]

명 성적; 등급; 학년
receive a high grade 높은 성적을 받다
be in the third grade 3학년이다
You need a better *grade* point average to go to college.
너가 대학에 가기 위해서는 더 우수한 학업 성적 평균을 필요로 한다.

□ 0097
applicant
[ǽplikənt]

명 지원자, 수험생
screen applicants for admission 입학 지원자를 심사하다
reject unsuitable applicants 부적합한 지원자를 거절하다
What do you think of this *applicant*?
이 지원자에 대해 어떻게 생각하세요?
apply **동** 지원하다 application **명** 신청, 지원서

□ 0098
enroll
[enróul]

동 등록하다, 수강 신청을 하다
enroll in evening classes 야간 강좌에 등록하다
enroll a person on the list 명부에 올리다
Only one student *enrolled* for the Spanish class.
한 학생만이 스페인어 수업에 수강 신청을 했다.
enrollment **명** 등록
+ voca = register 등록하다

□ 0099
graduate
[grǽdʒuèit]

동 졸업하다 **명** 졸업생, 대학원생
graduate from high school 고등학교를 졸업하다
graduate school 대학원
She *graduated* from Harvard University.
그녀는 하버드 대학을 졸업했다.
graduation **명** 졸업

□ 0100
overdue
[òuvərdjú:]

형 기한이 지난; 늦은, 오랫동안 기다려 온
the fine for overdue books 연체 도서에 대한 벌금
an overdue bill 지급 기한이 지난 어음
This study is at least 5 years *overdue*. 이 연구는 적어도 5년 늦었다.

□ 0101
endurance
[indjúərəns]

명 인내, 지구력; 내구성
the margin of endurance 인내의 한계
beyond endurance 참을 수 없는
Running is a good exercise to build up your *endurance*.
달리기는 지구력을 키우는 데 좋은 운동이다.
endure **동** 견디다
+ voca = patience 참을성

□ 0102
intensive
[inténsiv]

형 집중적인, 집약적인
intensive control 집중 단속
intensive agriculture 집약 농업
I'm planning to do an *intensive* English course.
나는 영어 집중 과정을 들을 계획이다.

□ 0103
degree
[digríː]

명 학위; 정도, 등급
a bachelor's **degree** 학사 학위
a high **degree** of skill 고도의 기술
She got a master's *degree* in English literature from England. 그녀는 영국에서 영문학 석사 학위를 취득했다. (기출 예문)

□ 0104
lab
[læb]

명 실험실 (= laboratory)
a chemistry **lab** 화학 실험실
a **lab** assistant 실험실 조교
I'll explain how chemicals are used in our *lab*.
나는 우리 실험실에서 화학물질이 어떻게 사용되는지 설명할 것이다. (기출 예문)

□ 0105
gym
[dʒim]

명 체육관
close the **gym** 체육관을 닫다
have a workout in the **gym** 체육관에서 운동을 하다
They are supposed to build a *gym*. 그들은 체육관을 짓기로 되어 있다.
gymnastics 명 체조

□ 0106
scholarship
[skάlərʃip]

명 장학금; 학문
endow a **scholarship** 장학금을 기부하다
win a **scholarship** 장학금을 타다
He applied for a *scholarship*. 그는 장학금을 신청했다.

□ 0107
tutor
[tjúːtər]

명 가정 교사, 개인 교사 동 가정 교사로서 가르치다
a resident **tutor** 입주 가정 교사
tutor students on the side 부업으로 학생들을 가르치다
Each *tutor* works with only three students.
개인 교사 한 명당 세 명의 학생들만 가르친다.

☐ 0108
curriculum
[kəríkjələm]

(명) 교과과정, 이수과정
adopt a curriculum 교과과정을 채택하다
the core curriculum 핵심 교과과정
Students pursue a specialized *curriculum* in the second year. 학생들은 2학년 때 전문화된 교과과정을 따라간다.

☐ 0109
illiteracy
[ilítərəsi]

(명) 문맹, 무교양
eliminate illiteracy 문맹을 퇴치하다
cultural illiteracy 문화적 무식
The *illiteracy* rate in the region is approximately 5%.
그 지역의 문맹률은 대략 **5%**이다.
illiterate (형) 문맹의, 무식한

☐ 0110
prestigious
[prestídʒiəs]

(형) 명문의, 이름난
a prestigious school 명문 학교
a prestigious writer 이름난 작가
A number of *prestigious* persons attended the party.
많은 이름난 사람들이 그 파티에 참석했다. (기출 예문)
prestige (명) 명성, 위신

☐ 0111
explicit
[iksplísit]

(형) 명백한, 명시적인, 명확한, 숨김없는
an explicit statement 명확한 진술
be explicit on that point 그 점에 대해 숨기지 않다
It was an *explicit* threat. 그것은 명백한 위협이었다. (기출 예문)
explicitly (부) 명백히

☐ 0112
innate
[inéit]

(형) 타고난, 선천적인
innate talent in mathematics 타고난 수학적 재능
innate linguistic ability 타고난 언어 능력
His *innate* curiosity placed him in danger on several occasions. 타고난 호기심으로 인해 그는 몇 번의 위험에 처했다.
+ voca ↔ acquired 후천적인

☐ 0113
cheat
[tʃiːt]

(동) 속이다, 부정 행위를 하다 (명) 시험 부정 행위, 속이기
cheat in an examination 시험에서 부정 행위를 하다
cheat on me 바람 피우다
The penitent boy promised not to *cheat* again.
그 뉘우친 아이는 다시는 속이지 않겠다고 다짐했다.
cheating (명) 부정 행위

□ 0114
diploma
[diplóumə]

(명) 졸업 증서
a **diploma** in education 교육학 학위 증서
receive a **diploma** of honors 우등 상장을 받다
He needed to show a high school *diploma*.
그는 고등학교 졸업 증서를 보여 줄 필요가 있었다.

□ 0115
paper
[péipər]

(명) 논문; 숙제; 신문
a term **paper** 학기말 논문
a daily **paper** 일간지
She presented a *paper* on adaptation syndrome.
그녀는 적응 증후군에 관한 논문을 발표했다. (기출 예문)
(+ voca) = thesis 논문

□ 0116
hands-on
[hǽnz-án]

(형) 실제적인, 실지 훈련의
hands-on experience 실제 체험
hands-on education 실제적인 교육
Students are provided *hands-on* training in accordance with
industry needs. 학생들은 업계의 요구에 맞는 실제적인 훈련을 제공받는다.

□ 0117
co-ed
[kóuéd]

(명) 남녀공학 (형) 남녀공학의(= co-educational)
a **co-ed** university 남녀공학 대학
a **co-ed** dorm 남녀공용 기숙사
The school became *co-ed* in 1990.
그 학교는 1990년에 남녀공학이 되었다.

□ 0118
mentor
[méntər]

(명) 조언자, 스승
lose a great **mentor** 위대한 스승을 잃다
a **mentor** to many young actors 많은 젊은 배우들의 조언자
Find a *mentor* whom you can go to if you need advice.
조언이 필요할 때 찾아갈 수 있는 스승을 찾으십시오.
(+ voca) = adviser 조언자, 충고자

□ 0119
immersion
[imə́:rʒən]

(명) 열중, 전념
immersion in study 연구에의 전념
a four-week **immersion** course 4주 집중 과정
To do that demands total *immersion* in the story.
그렇게 하기 위해서는 이야기에 완전히 몰입해야 한다.
immerse (동) 몰두시키다; 담그다

A 영어는 우리말로, 우리말은 영어로 쓰시오.

① immersion _____ ⑪ 가정 교사 _____
② hands-on _____ ⑫ 실험실 _____
③ cheat _____ ⑬ 전문가 _____
④ endurance _____ ⑭ 도덕의 _____
⑤ superficial _____ ⑮ 집중적인 _____
⑥ mentor _____ ⑯ 명문의 _____
⑦ applicant _____ ⑰ 교과과정 _____
⑧ co-ed _____ ⑱ 강의 _____
⑨ innate _____ ⑲ 문맹 _____
⑩ intelligent _____ ⑳ 교장 _____

B 빈칸에 공통으로 들어갈 단어는?

① a term _____ 학기말 논문   a daily _____ 일간지
② a bachelor's _____ 학사 학위   a high _____ of skill 고도의 기술
③ _____ in evening classes 야간 강좌에 등록하다
   _____ a person on the list 명부에 올리다
④ close the _____ 체육관을 닫다
   have a workout in the _____ 체육관에서 운동을 하다

C 다음 빈칸에 알맞은 단어를 〈보기〉에서 골라 넣으시오. (필요하면 형태를 변형하시오.)

[보기]
diploma scholarship overdue explicit graduate grade

① This study is at least 5 years (   ).
② He applied for a (   ).
③ You need a better (   ) point average to go to college.
④ It was an (   ) threat.
⑤ He needed to show a high school (   ).
⑥ She (   ) from Harvard University.

D 이번 테마를 다룬 독해 지문을 읽으면서 관련 어휘의 뜻을 확인해 보자.

You don't have enough money and time to get a **degree** in college? *Sylvan* is your solution. In our program, students don't have to attend classes in a regular classroom to get their **diploma**. Instead, they go online and interact with fellow students and the teacher in a virtual classroom using bulletin boards. Also, students sometimes share ideas through text or voice chat. Students still have to do assignments, write **papers**, and take tests but everything is done online at the student's own convenience. They sometimes work at their own pace depending on the class **curriculum**, but our online university can provide more flexibility, study options and even lots of **scholarships**.

Translation 대학에서 degree를 받기에 충분한 돈과 시간이 없는가? Sylvan이 여러분의 해결책이다. 우리 프로그램에서 학생들은 diploma를 받기 위해 정규 교실에서의 수업에 참여할 필요가 없다. 대신, 온라인에 접속하여 게시판을 이용하여 가상 교실에서 동료 학생들이나 교사와 상호작용을 한다. 또한, 학생들은 때로 문자와 음성 채팅을 통해 생각을 나누기도 한다. 학생들은 여전히 과제를 하고, paper도 작성하고, 시험을 치러야 하지만, 이 모든 것이 학생들에게 편리하도록 온라인상에서 이루어진다. 때로는 학생들이 수업 curriculum에 따라서 자신의 학습 속도로 공부하지만, 사이버 대학은 더 많은 유연성과 학습 선택권 및 많은 scholarship까지도 제공할 수 있다.

Words • attend 참여하다 • interact 상호작용하다 • virtual 가상의 • bulletin board 게시판 • text chat 문자 채팅 • assignment 숙제 • at one's convenience ~에게 편리하게 • flexibility 유연성

정답 🔒

B ① paper ② degree ③ enroll ④ gym
C ① overdue ② scholarship ③ grade ④ explicit ⑤ diploma ⑥ graduated

학교 생활

05

Link
Rank

'왕따'를 없애야 하는
진짜 이유

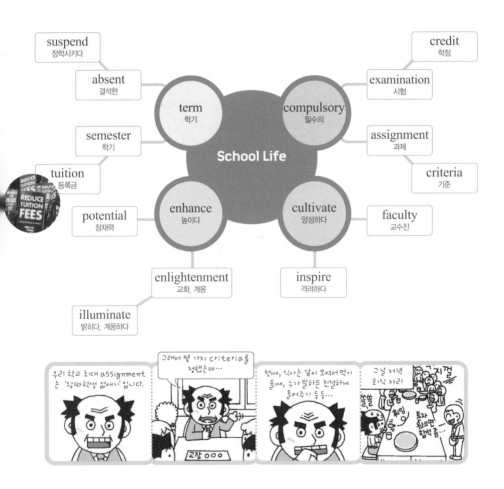

suspend	정학시키다
absent	결석한
term	학기
semester	학기
tuition	등록금
potential	잠재력
enhance	높이다
enlightenment	교화, 계몽
illuminate	밝히다, 계몽하다
credit	학점
examination	시험
compulsory	필수의
assignment	과제
criteria	기준
cultivate	양성하다
faculty	교수진
inspire	격려하다

School Life

□ 0120
potential
[pouténʃəl]

명 잠재력, 가능성 형 잠재적인, 가능한
potential unemployment 잠재적 실업
have artistic **potential** 예술적 잠재력이 있다
The *potential* for car damage is very high.
차량 손상의 가능성이 아주 높다.

□ 0121
involve
[inválv]

동 포함하다; 연루시키다; 복잡하게 하다
be **involved** in a lawsuit 소송에 휘말리다
involve matters 문제를 복잡하게 하다
Mountain climbing *involves* great risks.
등산은 커다란 위험을 수반한다. (기출 예문)
involvement 명 휘말림, 연루

□ 0122
inspire
[inspáiər]

동 고무하다; 불어넣다; 영감을 주다
inspire awe in everyone 모두에게 경외감을 불어넣다
an **inspired** musician 영감을 받은 음악가
The leader's courage *inspired* confidence in others.
그 지도자의 용기는 다른 사람들에게 확신을 불어넣었다.
inspiration 명 격려

□ 0123
enhance
[inhǽns]

동 높이다, 강화하다
enhance the value 가치를 높이다
enhance national glory 국위를 선양하다
Korean Wave has to *enhance* its position in Japan.
한류는 일본에서 그 입지를 강화해야 한다.
enhancement 명 강화, 증진

□ 0124
overlook
[òuvərlúk]

동 간과하다; 눈감아 주다; 감독하다
overlook his mistake 그의 실수를 눈감아 주다
overlook men at work 현장 노동자를 감독하다
It is easy to *overlook* these small details.
이러한 작은 세부 사항들은 간과하기 쉽다.

□ 0125
absent
[ǽbsənt]

형 결석한
be **absent** from school 학교에 결석하다
be **absent** due to illness 질병으로 결석하다
Is anybody *absent*? 결석한 사람 있습니까?
absence 명 결석, 부재
+ voca ↔ **present** 출석한; 현재의

□ 0126
academic
[æ̀kədémik]

(형) **학문적인; 대학의**
an **academic** institution 학술 단체
an **academic** curriculum 대학 교과과정
The school is noted for its *academic* excellence.
그 학교는 학문적 우수함으로 유명하다. (기출 예문)
academy (명) 학회, 학술원

□ 0127
examination
[igzæ̀mənéiʃən]

(명) **시험; 검사**
an **examination** in physics 물리 시험
a minute **examination** 세심한 검사
Before the *examination* we must have a review.
시험 전에 우리는 복습을 해야 한다. (기출 예문)
examine (동) 검사하다; 진찰하다

□ 0128
submit
[səbmít]

(동) **제출하다; 굴복하다**
submit a term paper 기말 보고서를 제출하다
submit to authority 권위에 굴복하다
Please *submit* all the required documents by Friday.
모든 필요한 서류를 금요일까지 제출하십시오.
submission (명) 제출; 굴복
+ voca = hand in 제출하다

□ 0129
term
[tə:rm]

(명) **학기; 기간; 조건; 용어**
in the short **term** 단기적으로
terms of the lease 임대 계약 조건
His schoolwork shows much improvement since last *term*.
그의 학교 성적은 지난 학기 이후 많은 향상을 보이고 있다. (기출 예문)

□ 0130
suspend
[səspénd]

(동) **중지하다; 정학시키다**
be **suspended** from school 학교에서 정학 처분을 받다
suspend judgement 판단을 보류하다
My driver's licence was *suspended*. 내 운전 면허가 정지되었다.
suspension (명) 정학; 정지

□ 0131
cultivate
[kʌ́ltəvèit]

(동) **양성하다; 경작하다**
cultivate men of talent 인재를 양성하다
cultivate the soil 땅을 경작하다
The villagers *cultivate* mostly corns and beans.
마을 사람들은 대부분 옥수수와 콩을 재배한다.
cultivation (명) 양성; 경작 cultivated (형) 교양 있는; 경작된

□ 0132
elective
[iléktiv]

혱 선택할 수 있는; 선거의　몡 선택 과목
an **elective** course 선택 과목
an **elective** list 후보자 명단
Our school introduced the *elective* system.
우리 학교는 선택 과목 제도를 도입했다.

□ 0133
illuminate
[ilú:mənèit]

동 밝게 하다; 계몽하다; 명확히 하다
illuminate a difficult passage 어려운 구절을 설명하다
an **illuminating** lecture 계몽적인 강의
A lot of issues have been *illuminated*. 많은 문제들이 명확해졌다.
illumination 몡 계몽
+ voca ↔ **darken** 어둡게 하다

□ 0134
profound
[prəfáund]

혱 심오한, 깊은
a **profound** thought 심오한 사상
fall into a **profound** sleep 깊은 잠에 빠지다
Opera uses the *profound* power of music to express
emotions. 오페라는 음악의 심오한 효과를 이용하여 감정을 표현한다. (기출 예문)
+ voca = **deep** 깊은

□ 0135
intellect
[íntəlèkt]

몡 지성, 지식인
judge by **intellect** 지성으로 판단하다
the **intellect** of the country 그 나라의 지식인들
Keep developing your *intellect*. 지속적으로 당신의 지능을 계발하십시오.
intellectual 혱 지성의, 지적인

□ 0136
assignment
[əsáinmənt]

몡 과제; 할당; 임명
give an **assignment** 과제를 부과하다
an **assignment** to a new job 새로운 일에 임명
Today's *assignment* in arithmetic consists of ten problems.
오늘의 산수 숙제는 10문제로 구성되어 있다. (기출 예문)
assign 동 할당하다, 임명하다

□ 0137
semester
[siméstər]

몡 학기
the first **semester** 1학기
the Fall and the Spring **semesters** 가을 학기와 봄 학기
I'm going to take a Japanese course next *semester*.
나는 다음 학기에 일본어 수업을 들을 것이다.

□ 0138
cram
[krǽm]

(동) 주입식으로 가르치다; 밀어 넣다; 포식하다
cram one's head with knowledge 지식을 주입하다
cram a hall with people 홀에 사람들을 가득 밀어 넣다
He *crammed* his clothes into the bag.
그는 가방에 옷을 꽉 밀어 넣었다. (기출 예문)

□ 0139
credit
[krédit]

(명) 학점; 신용; 대출금 (동) 학점을 주다; 신용하다
a credit limit 신용 거래 한도
on credit 외상으로
This class is a 3 *credit* course. 이 수업은 3학점짜리 과목이다.
credibility (명) 믿을 수 있음, 신용

□ 0140
faculty
[fǽkəlti]

(명) (학교의) 교수진; 능력, 재능
a faculty meeting 교수 회의
have a faculty for writing 작문에 재능이 있다
He remained on the Law School *faculty*.
그는 로스쿨(법학전문대학원) 교수로 남아 있었다.

□ 0141
criteria
[kraitíəriə]

(명) (pl.) 기준, 척도, 규범
objective criteria 객관적인 기준
set criteria 규범을 세우다
You should keep these *criteria* when you review the book.
그 책을 검토할 때 당신은 이러한 기준들을 지켜야 한다.
criterion (명) 기준(단수형)
➕ voca = **standard** 기준, 표준, 규격

□ 0142
dropout
[drápàut]

(명) 중퇴생, 탈락
a high school dropout 고등학교 중퇴생
avoid dropout 탈락을 피하다
The *dropout* rate is less than 5%. 중퇴생의 비율은 5% 미만이다.

□ 0143
tuition
[tju:íʃən]

(명) 수업료; 수업
pay full tuition 수업료 전액을 지불하다
get free tuition 무료로 수업을 받다
None of the major universities require any *tuition* fees.
주요 대학들은 수업료를 요구하지 않는다.

□ 0144
feedback
[fíːdbæ̀k]

명 반응, 의견; 조사 결과; 피드백
ask for **feedback** from consumers 소비자의 의견을 요청하다
the **feedback** from an audience survey 시청자 조사 결과
Learn how to take the negative *feedback* from people.
사람들로부터 부정적인 반응을 취하는 법을 배우도록 하라.

□ 0145
maximize
[mǽksəmàiz]

동 극대화하다, 최대한 활용하다
maximize the potential 잠재력을 극대화하다
maximize their strength 그들의 힘을 최대한 활용하다
He tried to *maximize* the financial benefits.
그는 재정적 이득을 극대화하고자 노력했다.
maximum 명 최대
➕ voca ↔ minimize 최소화하다

□ 0146
enlightenment
[inláitnmənt]

명 계몽, 계화, 깨달음
gain spiritual **enlightenment** 정신적 깨달음을 얻다
The Age of **Enlightenment** 계몽의 시대
The religious leader attained *enlightenment* on the rock.
그 종교 지도자는 바위 위에서 깨달음을 얻었다.
enlighten 동 계몽하다

□ 0147
auditorium
[ɔ̀ːditɔ́ːriəm]

명 강당; 청중석
enter the **auditorium** 강당에 들어가다
pack into the **auditorium** 강당을 가득 메우다
A great concert will be held in the *auditorium*.
대형 음악회가 강당에서 열릴 것이다. (기출 예문)

□ 0148
dormitory
[dɔ́ːrmətɔ̀ːri]

명 기숙사
the female **dormitory** 여자 기숙사
a **dormitory** inspector 기숙사 사감
Living in a *dormitory* is a meaningful experience.
기숙사에 사는 것은 의미 있는 경험이다.

□ 0149
bully
[búli]

동 못살게 굴다, 괴롭히다 명 약자를 괴롭히는 사람
bully the weak 약자를 괴롭히다
a victim of **bullying** 괴롭힘을 당하는 사람
She was *bullied* and cheated out of her money.
그녀는 협박을 당해 돈을 빼앗겼다. (기출 예문)

A 영어는 우리말로, 우리말은 영어로 쓰시오.

① criteria _____ ⑪ 결석한 _____
② overlook _____ ⑫ 과제 _____
③ faculty _____ ⑬ 중퇴생 _____
④ inspire _____ ⑭ 기숙사 _____
⑤ feedback _____ ⑮ 심오한 _____
⑥ semester _____ ⑯ 극대화하다 _____
⑦ term _____ ⑰ 지성 _____
⑧ enlightenment _____ ⑱ 강당 _____
⑨ bully _____ ⑲ 등록금 _____
⑩ potential _____ ⑳ 시험 _____

B 빈칸에 공통으로 들어갈 단어는?

① _____ the value 가치를 높이다　　_____ national glory 국위를 선양하다
② an _____ course 선택 과목　　an _____ list 후보자 명단
③ _____ men of talent 인재를 양성하다　_____ the soil 땅을 경작하다
④ _____ a term paper 기말 보고서를 제출하다
　　_____ to authority 권위에 굴복하다

C 다음 빈칸에 알맞은 단어를 〈보기〉에서 골라 넣으시오. (필요하면 형태를 변형하시오.)

┌─────[보기]─────┐
academic involve illuminate credit suspend cram
└──────────────────┘

① My driver's licence was (　　　).
② The school is noted for its (　　　) excellence.
③ This class is a 3 (　　　) course.
④ A lot of issues have been (　　　).
⑤ He (　　　) his clothes into the bag.
⑥ Mountain climbing (　　　) great risks.

D 이번 테마를 다룬 독해 지문을 읽으면서 관련 어휘의 뜻을 확인해 보자.

This letter concerns Debi. In order to confirm what you have already learned from the documentation he has **submitted**, I would like to say that Debi is an able, conscientious,  highly **cultivated** student with a deep interest and **potential** in literature and language. I know this from observing the results of his participation for a long **term** in the educational programs we offered at his **academic** courses. I know he would be both a **credit** and asset to your fine program. I would very much appreciate any further consideration you could give to his application.

Translation 이것은 Debi에 관한 편지입니다. 그가 submit했던 증빙 서류를 통해 이미 아시는 바를 확인하기 위해서 저는 Debi가 문학과 언어에 대한 깊은 관심과 potential을 가진, 유능하고 성실하며 매우 cultivated한 학생임을 말씀드리고 싶습니다. 저는 저희가 academic 과정에서 실시했던 교육 프로그램에서 그의 참여 결과를 오랜 term 동안 관찰한 것을 토대로 이렇게 말씀드립니다. 저는 Debi가 귀교의 훌륭한 프로그램에 credit이자 자산이 될 것으로 압니다. 그의 지원에 대해 더 많은 배려를 해 주실 수 있다면 대단히 감사하겠습니다.

Words • confirm 확인하다 • documentation 증빙 서류 • conscientious 양심적인
• observe 관찰하다 • participation 참가 • asset 자산, 귀중한 것 • appreciate 감사하다
• consideration 고려, 배려

정답

B ① enhance ② elective ③ cultivate ④ submit
C ① suspended ② academic ③ credit ④ illuminated ⑤ crammed ⑥ involves

06

Link
Rank

파리채에도
융통성이 있다?

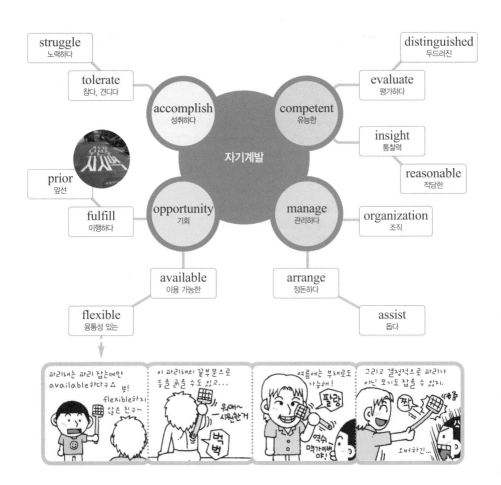

struggle
노력하다

tolerate
참다, 견디다

distinguished
두드러진

evaluate
평가하다

accomplish
성취하다

competent
유능한

자기계발

insight
통찰력

reasonable
적당한

prior
앞선

fulfill
이행하다

opportunity
기회

manage
관리하다

organization
조직

available
이용 가능한

arrange
정돈하다

assist
돕다

flexible
융통성 있는

□ 0150
opportunity
[ɑ̀pərtjúːnəti]

똉 기회
equality of opportunity 기회 균등
take advantage of an opportunity 기회를 활용하다
This is the last *opportunity* for me to go abroad.
이것이 내가 해외에 갈 수 있는 마지막 기회이다. (기출 예문)

□ 0151
prior
[práiər]

똉 앞선, 우선하는
prior to this 이에 앞서
have a prior claim 우선 청구권이 있다
I can't go with you because I have a *prior* appointment.
나는 선약이 있어서 너와 같이 갈 수 없다. (기출 예문)
priority 똉 우선권

□ 0152
manage
[mǽnidʒ]

똉 관리하다, 경영하다; 가까스로 ~하다; 잘 다루다
manage to pass the entrance exam 입학 시험을 가까스로 통과하다
manage a difficult horse 힘든 말을 잘 다루다
He has *managed* a hotel for 10 years. 그는 10년 동안 호텔을 경영해 왔다.
management 똉 관리, 경영
+ voca = control 통제하다, 관리하다

□ 0153
accomplish
[əkámpliʃ]

똉 성취하다, 이루다, 완수하다
accomplish sales goals 매출 목표를 달성하다
accomplish a task 일을 완수하다
We try to *accomplish* the work at a minimal cost.
우리는 최소의 비용으로 그 일을 완수하려고 한다. (기출 예문)
accomplishment 똉 성취, 완성
+ voca = achieve 달성하다

□ 0154
flexible
[fléksəbəl]

똉 융통성 있는, 탄력적인; 신축성 있는
a flexible attitude 융통성 있는 태도
a flexible exchange rate 신축성 있는 환율
It was a *flexible* plan. 그것은 탄력적인 계획이었다.
flexibility 똉 융통성, 탄력성

□ 0155
struggle
[strʌ́gəl]

똉 분투하다, 싸우다; 애써서 나아가다 똉 노력, 투쟁
struggle for freedom 자유를 위해 싸우다
a struggle for existence 생존을 위한 투쟁
The little donkey *struggled* under its heavy burden.
그 작은 당나귀는 무거운 짐을 지고 애써서 나아갔다. (기출 예문)

□ 0156
competent
[kámpətənt]

(형) 유능한, 적임의
be **competent** in the field 그 분야에서 유능하다
be **competent** for the position 그 직위에 적임이다
He was a *competent* secretary. 그는 유능한 비서관이었다.
competence (명) 자질, 능력
+ voca = qualified 자격 있는, 적임의

□ 0157
insight
[ínsàit]

(명) 통찰, 통찰력, 식견
a man of keen **insight** 통찰력이 예리한 사람
have considerable **insight** 상당한 식견이 있다
The information provides *insight* into the patient's physical
condition. 그 정보는 환자의 신체 상태에 대한 통찰을 제공한다. (기출 예문)

□ 0158
complement
[kámpləmənt]

(동) 보충하다, 보완하다 (명) 보충물; 보어
a necessary **complement** 필요한 보충물
objective **complement** 목적보어
The two tests *complement* each other. 그 두 시험은 서로를 보완해 준다.
complementary (형) 보완적인

□ 0159
reasonable
[rí:zənəbəl]

(형) (값이) 적당한; 분별 있는
at a **reasonable** price 적당한 값으로
a **reasonable** man 분별 있는 사람
Her excuse was not *reasonable*. 그녀의 변명은 논리적이지 않았다.
reason (명) 이성, 이치; 이유
+ voca = moderate 적당한; 온건한

□ 0160
tolerate
[tálərèit]

(동) 참다, 견디다, 묵인하다
tolerate heat 더위를 참다
tolerate opposition 반대를 묵인하다
I can't *tolerate* your bad manners any longer.
나는 너의 안 좋은 태도를 더 이상 참을 수 없다.
tolerance (명) 관용, 용인; 내성

□ 0161
suffer
[sʌ́fər]

(동) 고통을 겪다; 경험하다
suffer from headache 두통을 앓다
suffer from hunger 배고픔에 시달리다
The traveler in the desert *suffered* from thirst.
그 사막을 여행하던 사람은 갈증에 시달렸다. (기출 예문)
suffering (명) 고통, 괴로움

□ 0162
assist
[əsíst]

(동) 돕다, 거들다 (명) 원조, 조력
assist a professor 교수를 돕다
a financial **assist** 재정적인 원조
She *assisted* me in my work. 그녀는 내 일을 거들어 주었다.
assistance (명) 원조, 조력, 보조 assistant (명) 조수, 보조자

□ 0163
arrange
[əréindʒ]

(동) 정돈하다, 배열하다; 조정하다
arrange the books on the shelves 선반 위의 책을 정돈하다
arrange the dispute 분쟁을 조정하다
They *arranged* the chairs around the fireplace.
그들은 난로 주변에 의자들을 배치했다. (기출 예문)
arrangement (명) 준비, 배열; 조정

□ 0164
organization
[ɔ̀:rgənəzéiʃən]

(명) 조직, 단체, 기구
an illegal **organization** 불법 조직
the World Health **Organization** 세계 보건 기구
The government gives many *organizations* subsidies.
정부는 많은 단체에 보조금을 준다. (기출 예문)
organize (동) 조직하다

□ 0165
available
[əvéiləbəl]

(형) 이용 가능한, 입수할 수 있는; 시간이 있는
the only **available** room 구할 수 있는 유일한 방
available from stores 가게에서 살 수 있는
Bookings are still *available* for that flight to Rome tonight.
오늘밤 로마로 떠나는 그 항공편은 아직 예약이 가능하다. (기출 예문)
availability (명) 이용 가능성

□ 0166
classify
[klǽsəfài]

(동) 분류하다, 등급으로 나누다
classify books by subject 책을 주제별로 분류하다
classified ad (신문의) 항목별 광고
The designer *classified* the materials for her work.
그 디자이너는 그녀의 작품에 필요한 재료들을 분류했다.
classification (명) 분류
(+ voca) = assort 분류하다

□ 0167
distinguished
[distíŋgwiʃt]

(형) 두드러진, 현저한, 뛰어난; 유명한
the **distinguished** talents 뛰어난 재능
a **distinguished** writer 유명한 작가
Julia Roberts is a *distinguished* actress in the world.
줄리아 로버츠는 세계적으로 유명한 여배우이다.
distinguish (동) 구분하다
(+ voca) = eminent 저명한; 탁월한

☐ 0168
evaluate
[ivǽljuèit]

(동) 평가하다, 어림하다
evaluate outcomes 결과를 평가하다
evaluate the efficiency 효율성을 평가하다
It is difficult to *evaluate* her as a writer.
작가로서의 그녀를 평가하는 것은 어려운 일이다. (기출 예문)
evaluation (명) 평가

☐ 0169
rational
[rǽʃənl]

(형) 이성적인; 합리적인; 추리의
rational behavior 이성적 행동
rational faculty 추리력
He's asking you to come to a *rational* decision.
그는 당신이 합리적인 결정을 내리기를 요구하고 있다. (기출 예문)
rationality (명) 합리성
+ voca ↔ **irrational** 비합리적인

☐ 0170
skill
[skíl]

(명) 기술, 솜씨, 숙련
have great skill in painting 그림 솜씨가 대단하다
have no skill in diplomacy 외교 수완이 없다
This job demands a high degree of *skill*. 이 일은 고도의 기술을 요한다.
skillful (형) 숙련된
+ voca = **technique** 기술, 기량

☐ 0171
eternal
[itə́ːrnəl]

(형) 영원의
eternal friendship 영원한 우정
eternal truth 영원한 진리
God is an *eternal* being. 신은 영원한 존재이다.
eternally (부) 영원히   eternity (명) 영원

☐ 0172
prudent
[prúːdənt]

(형) 신중한, 분별 있는, 현명한
make a prudent investment 신중한 투자를 하다
take a prudent attitude 신중한 태도를 취하다
Online advertising is the most *prudent* strategy in this era.
온라인 광고는 이 시대의 가장 현명한 전략이다.
prudence (명) 신중
+ voca = **careful** 주의 깊은, 신중한

☐ 0173
forgetful
[fərgétfəl]

(형) 잊기 쉬운, 건망증이 있는; 무관심한
be apt to be forgetful 잘 잊어버리다
get forgetful 건망증이 심해지다
He tends to be *forgetful* of things. 그는 잘 잊어버리는 경향이 있다.
forgetfulness (명) 건망증

□ 0174
meditate
[médətèit]

⑧ 명상하다, 숙고하다; 계획하다
meditate on some topic 어떤 논제에 관해 숙고하다
meditate revenge 복수를 계획하다
They decided to *meditate* on the matter for an additional week. 그들은 1주일 더 그 문제를 숙고하기로 결정했다. (기출 예문)
meditation ⑲ 명상; 심사숙고

□ 0175
fulfill
[fulfíl]

⑧ 이행하다, 수행하다, 완수하다
fulfill a promise 약속을 이행하다
fulfill a useful function 유용한 기능을 수행하다
You may leave after you have *fulfilled* all your duties.
네 모든 임무를 완수한 뒤에는 가도 좋다.
fulfillment ⑲ 이행, 완수
+ voca = carry out 이행하다

□ 0176
strain
[stréin]

⑲ 긴장, 팽팽함; 피로 ⑧ 긴장시키다; 팽팽하게 하다
at full **strain** 긴장하여
under the **strain** 과로한 탓으로
The rope will not bear the *strain*.
그 밧줄은 팽팽함을 유지하지 못할 것이다. (기출 예문)
+ voca = tension 긴장, 불안

□ 0177
stretch
[strétʃ]

⑧ 뻗다; 늘어나다 ⑲ 뻗침; 범위
stretch oneself 기지개를 켜다
stretch the wings 날개를 펴다
The universe *stretches* away into infinity.
우주는 무한히 뻗어 있다. (기출 예문)
+ voca = extend 뻗다, 넓히다

□ 0178
genius
[dʒíːnjəs]

⑲ 천재, 재능
be a **genius** at mathematics 수학 천재이다
have a **genius** for music 음악에 재능이 있다
Many people called her a *genius*. 많은 사람들이 그녀를 천재라고 불렀다.

□ 0179
stupid
[stjúːpid]

⑲ 어리석은, 멍청한; 지루한
do many **stupid** things 많은 멍청한 짓을 하다
a **stupid** mistake 어리석은 실수
He's not *stupid*, merely ignorant. 그는 멍청한 게 아니라 무지할 따름이다.
stupidity ⑲ 멍청함

Test & Reading

A 영어는 우리말로, 우리말은 영어로 쓰시오.

① assist	_____	⑪ 기술	_____
② forgetful	_____	⑫ 분류하다	_____
③ prior	_____	⑬ 천재	_____
④ distinguished	_____	⑭ 관리하다	_____
⑤ eternal	_____	⑮ 분투하다	_____
⑥ arrange	_____	⑯ 신중한	_____
⑦ stretch	_____	⑰ 괴로워하다	_____
⑧ fulfill	_____	⑱ 명상하다	_____
⑨ accomplish	_____	⑲ 조직	_____
⑩ reasonable	_____	⑳ 통찰	_____

B 빈칸에 공통으로 들어갈 단어는?

① do many _____ things 많은 멍청한 짓을 하다 a _____ mistake 어리석은 실수

② a _____ attitude 융통성 있는 태도   a _____ exchange rate 신축성 있는 환율

③ _____ heat 더위를 참다   _____ opposition 반대를 묵인하다

④ _____ behavior 이성적 행동   _____ faculty 추리력

C 다음 빈칸에 알맞은 단어를 〈보기〉에서 골라 넣으시오. (필요하면 형태를 변형하시오.)

┌─────────────【 보기 】─────────────┐
opportunity strain complement competent evaluate available
└───────────────────────────────────┘

① Bookings are still (   ) for that flight to Rome tonight.

② He was a (   ) secretary.

③ This is the last (   ) for me to go abroad.

④ The rope will not bear the (   ).

⑤ It is difficult to (   ) her as a writer.

⑥ The two tests (   ) each other.

D 이번 테마를 다룬 독해 지문을 읽으면서 관련 어휘의 뜻을 확인해 보자.

Children bring boundless energy and imagination to their play and are constantly developing new and creative ways to play. Play is the way in which they learn the social **skills** they will need for a happy and capable adulthood. For example, they get an **opportunity** of learning to **assist**, negotiate, **tolerate**, take turns and follow rules by participating in different games. Emotional well-being also develops through positive play experiences. For example, when children feel successful as they play, they acquire confidence that is an important part of the maturing process. **Distinguished** progress can also be made in their verbal **competence**.

Translation 아이들은 그들의 놀이에 무한한 에너지와 상상력을 동원하며, 끊임없이 새롭고 창조적인 놀이 방법을 개발한다. 놀이는 그들이 행복하고 유능한 성인이 되는 데 필요할 사회적 **skill**들을 배우는 방법이다. 예를 들어, 다양한 게임에 참여함으로써 그들은 **assist**하기, 타협하기, **tolerate**하기, 순서 지키기, 규칙 지키기를 배울 수 있는 **opportunity**를 얻는다. 정서적 행복감 또한 긍정적인 놀이 경험을 통해 발전한다. 예를 들어, 놀이를 하면서 성공했다는 느낌을 받을 때, 아이들은 성숙해지는 과정의 중요한 일부가 되는 자신감을 얻는다. **Distinguished**한 발전은 또한 그들의 언어 **competence**에서 이루어질 수 있다.

Words • boundless 무한한 • imagination 상상력 • constantly 끊임없이 • capable 유능한 • negotiate 협상하다 • emotional 정서적인 • acquire 획득하다 • confidence 자신감 • mature 성숙하다 • verbal 말의

정답

B ① stupid ② flexible ③ tolerate ④ rational
C ① available ② competent ③ opportunity ④ strain ⑤ evaluate ⑥ complement

엄한 선생님을 대하는 우리의 자세

☐ 0180
appearance
[əpíərəns]

명 외관, 생김새; 출현
in outward **appearance** 외관상으로는
make an abrupt **appearance** 불쑥 나타나다
Don't judge a person by his *appearance*.
사람을 외관으로 판단하지 말라. (기출 예문)
appear 통 나타나다; ~처럼 보이다

☐ 0181
fascinating
[fǽsənèitiŋ]

형 매혹적인, 반하게 만드는
a **fascinating** city 매혹적인 도시
fascinating wildlife 매혹적인 야생 동물
She was a *fascinating* young lady. 그녀는 매혹적인 젊은 여성이었다.
fascinate 통 매혹시키다
+ voca = enchanting 매혹적인

☐ 0182
identical
[aidéntikəl]

형 동일한, 일란성의
an **identical** pattern 동일한 모양
identical twins 일란성 쌍둥이
They look almost *identical* to me. 나에게 그들은 거의 동일해 보인다.
identity 명 동일성, 정체성

☐ 0183
typical
[típikəl]

형 전형적인, 대표적인; 특유의
a **typical** example 전형적인 예
a **typical** symptom 전형적인 징후
It is *typical* of him to make such a remark.
그런 발언을 한 것은 그다운 것이다.

☐ 0184
character
[kǽriktər]

명 성격, 특성; 인물
a national **character** 국민성
the central **character** in a novel 소설의 중심 인물
An analysis can be made of a person's *character*.
한 개인의 성격에 대해 분석이 이루어질 수 있다. (기출 예문)
characterize 통 특징짓다
+ voca = personality 성격, 인격

☐ 0185
sensitive
[sénsətiv]

형 민감한, 예민한
be **sensitive** to criticism 비판에 민감한
for **sensitive** skin 민감한 피부를 위한
The nerves in one's fingertips are very *sensitive*.
손가락 끝의 신경은 아주 예민하다. (기출 예문)
sensitivity 명 민감, 예민함

□ 0186
generous
[dʒénərəs]

⑱ 관대한, 후한; 비옥한
a **generous** attitude 관대한 태도
give a **generous** tip 팁을 후하게 주다
He is very *generous* to his children. 그는 자식들에게 아주 관대하다.
generosity ⑲ 관대함

□ 0187
outgoing
[áutgòuiŋ]

⑱ 외향적인; 나가는; 퇴임하는
the **outgoing** tide 썰물
an **outgoing** minister 퇴임하는 장관
He has a very *outgoing* personality.
그는 아주 외향적인 성격을 갖고 있다.
+ voca = social 사교적인

□ 0188
elegant
[éləgənt]

⑱ 우아한, 고상한, 격조 높은
have an **elegant** taste 고상한 취미를 갖고 있다
an **elegant** style 격조 높은 문체
Those *elegant* buildings are a legacy from the past.
저 우아한 건물들은 과거의 유물이다.
elegance ⑲ 우아, 고상

□ 0189
arrogant
[ǽrəgənt]

⑱ 거만한, 오만한
in an **arrogant** tone 거만한 어조로
an **arrogant** fellow 거만한 녀석
The queen was *arrogant* and selfish. 그 여왕은 오만하고 이기적이었다.
arrogance ⑲ 오만함
+ voca = haughty 오만한, 건방진

□ 0190
modesty
[mádəsti]

⑲ 겸손
false **modesty** 거짓된 겸손
excessive **modesty** 과장된 겸손
She deserves to be praised for her *modesty*.
그녀는 겸손함으로 칭찬받을 만하다.
modest ⑱ 겸손한

□ 0191
strict
[stríkt]

⑱ 엄격한, 엄밀한
take **strict** measures 엄격한 조치를 취하다
set **strict** limits 엄격한 제한을 두다
His father is very *strict*. 그의 아버지는 매우 엄격하시다.
strictly ⑭ 엄격하게
+ voca = rigid 엄격한, 완고한

□ 0192
stubborn
[stʌ́bərn]

(형) 고집 센, 완강한
a **stubborn** resistance 완강한 저항
his **stubborn** behavior 그의 끈질긴 행동
The *stubborn* boy refused to obey his mother.
그 고집 센 소년은 어머니에게 순종하지 않았다. (기출 예문)

□ 0193
aggressive
[əgrésiv]

(형) 공격적인; 적극적인
an **aggressive** personality 공격적인 성격
take the **aggressive** 공세를 취하다
An *aggressive* country is always ready to start a war.
공격적인 국가는 항상 전쟁을 시작할 준비가 되어 있다. (기출 예문)
aggression (명) 공격 aggressively (부) 공격적으로

□ 0194
cruel
[krúːəl]

(형) 잔인한, 잔혹한
a **cruel** act 잔혹한 행위
a **cruel** master 잔인한 주인
It was *cruel* of him to kick his dog. 그는 잔인하게도 자신의 개를 찼다.
cruelty (명) 잔혹, 잔인한 행위
(+ voca) = **brutal** 잔인한, 야만적인

□ 0195
optimistic
[àptəmístik]

(형) 낙관적인
maintain an **optimistic** view 낙관적 견해를 유지하다
an **optimistic** person 낙관론자
I can't say that I'm overly *optimistic*.
내가 지나치게 낙관적이라고는 말할 수 없다. (기출 예문)
optimism (명) 낙관주의 optimist (명) 낙관주의자
(+ voca) ↔ **pessimistic** 비관적인

□ 0196
conscientious
[kànʃiénʃəs]

(형) 양심적인, 성실한
a **conscientious** judge 양심적인 재판관
be **conscientious** about his work 그의 일에 성심을 다하다
He was a *conscientious* objector. 그는 양심적 거부자였다.
conscience (명) 양심 conscientiously (부) 양심적으로

□ 0197
impolite
[ìmpəláit]

(형) 무례한
impolite behavior 무례한 행동
fence off **impolite** questions 무례한 질문을 잘 받아 넘기다
It is *impolite* to interrupt the speaker.
말하는 사람을 방해하는 것은 무례한 일이다. (기출 예문)
(+ voca) ↔ **polite** 예의 바른

□ 0198
jealous
[dʒéləs]

형 질투심 많은, 시기하는
a **jealous** husband 질투심 많은 남편
feel **jealous** 시기심을 느끼다
She is *jealous* of your success. 그녀는 너의 성공을 시기한다.
jealousy 형 질투, 시기

□ 0199
frank
[fræŋk]

형 솔직한, 숨김없는
a **frank** exchange of views 솔직한 의견 교환
to be **frank** with you 솔직히 말하면
Your answer is not *frank*. 네 대답은 솔직하지 않다. (기출 예문)
frankly 부 솔직하게

□ 0200
mean
[míːn]

형 비열한; 인색한; 초라한
be **mean** about money 돈에 인색한
a **mean** appearance 초라한 외모
Why did you say something *mean* about him?
왜 너는 그에 대해 비열한 것을 말했니?

□ 0201
weird
[wíərd]

형 기묘한, 기이한, 이상한
a **weird** costume 기묘한 복장
sound **weird** 기이하게 들리다
That was a really *weird* question. 그것은 정말로 이상한 문제였다.
+ voca = strange 이상한; 낯선

□ 0202
assertive
[əsə́ːrtiv]

형 주장이 강한, 단정적인; 독단적인
speak in an **assertive** tone 단정적인 어조로 말하다
an **assertive** foreign policy 독단적인 외교 정책
To be *assertive* does not mean that you are rude.
주장이 강하다는 것이 무례함을 뜻하는 것은 아니다.
assertion 형 주장, 단언   assert 통 주장하다, 단언하다

□ 0203
inquisitive
[inkwízətiv]

형 호기심이 많은, 탐구적인
with **inquisitive** eyes 호기심이 많은 눈으로
be **inquisitive** about everything 무엇이든 알고 싶어 하다
Most children have an *inquisitive* disposition.
대부분의 아이들은 호기심이 많은 성향을 지니고 있다.
inquisition 형 심문, (공식적) 조사
+ voca = curious 호기심이 많은

□ 0204
introverted
[íntrəvə̀:rtid]

형 내향적인
an **introverted** person 내향적인 사람
an **introverted** trait 내향적인 성향
He remained *introverted* throughout high school.
그는 고등학교 시절 내내 내향적이었다.

introvert 명 내향적인 사람
+ voca ↔ **extroverted** 외향적인

□ 0205
inward
[ínwərd]

형 내부의, 마음의
inward peace 마음의 평안
an **inward** journey 내면의 여행
Her face expressed her *inward* happiness.
그녀의 얼굴은 내적인 행복을 보여 주었다. (기출 예문)
+ voca ↔ **outward** 바깥의, 외부의

□ 0206
complexion
[kəmplékʃən]

명 안색, 얼굴빛; 양상
a pale **complexion** 창백한 안색
assume a serious **complexion** 심각한 양상을 띠다
Her *complexion* is between dark and fair.
그녀의 얼굴빛은 검은색과 흰색의 중간이다.

□ 0207
obese
[oubíːs]

형 비만의
an **obese** child 비만 아동
obese patients 비만 환자
One in five women are *obese*. 여성 다섯 명 중 한 명이 비만이다.
obesity 명 비만

□ 0208
greedy
[gríːdi]

형 탐욕스러운, 탐식하는; 열망하는
be **greedy** for money 돈을 탐하다
be **greedy** to gain fame 명성을 열망하다
Others are not as *greedy* as you. 다른 사람들이 너처럼 탐욕스럽지는 않다.

보·너·스·어·휘

성격

- affectionate 다정한, 인정 많은
- bossy 으스대는
- pushy 강압적인, 나서는
- opinionated 자기 주장을 고집하는
- ruthless 무자비한, 무정한
- selfish 이기적인
- carefree 근심이 없는, 태평한
- laid-back 느긋한
- hot-tempered 신경질적인
- gregarious 사교적인
- picky 까다로운
- childish 유치한

A 영어는 우리말로, 우리말은 영어로 쓰시오.

① greedy _____ ⑪ 성격 _____
② frank _____ ⑫ 안색 _____
③ generous _____ ⑬ 비만의 _____
④ weird _____ ⑭ 비열한 _____
⑤ introverted _____ ⑮ 잔인한 _____
⑥ fascinating _____ ⑯ 우아한 _____
⑦ assertive _____ ⑰ 거만한 _____
⑧ outgoing _____ ⑱ 엄격한 _____
⑨ jealous _____ ⑲ 낙관적인 _____
⑩ aggressive _____ ⑳ 고집 센 _____

B 빈칸에 공통으로 들어갈 단어는?

① an _____ pattern 동일한 모양 _____ twins 일란성 쌍둥이
② in outward _____ 외관상으로는 make an abrupt _____ 불쑥 나타나다
③ false _____ 거짓된 겸손 excessive _____ 과장된 겸손

C 다음 빈칸에 알맞은 단어를 〈보기〉에서 골라 넣으시오. (필요하면 형태를 변형하시오.)

┏━━━━━━━━━━━ 【 보기 】━━━━━━━━━━━┓
typical conscientious inward sensitive impolite inquisitive
┗━━━━━━━━━━━━━━━━━━━━━━━━━━━━━━━┛

① Her face expressed her ( ) happiness.
② It is ( ) of him to make such a remark.
③ It is ( ) to interrupt the speaker.
④ He was a ( ) objector.
⑤ Most children have an ( ) disposition.
⑥ The nerves in one's fingertips are very ( ).

D 이번 테마를 다룬 독해 지문을 읽으면서 관련 어휘의 뜻을 확인해 보자.

Since ancient times, people have practiced the art of physiognomy, reading **character** from physical **appearance**. The ancient Greeks compared the human face to various animals and birds, such as the eagle and the horse. They believed people shared **typical character** traits with the animals they resembled. A person with a horselike face was thought to be loyal, brave, and stern. A person with an eaglelike nose was believed to be bold and courageous, as well as **arrogant** and **assertive**. Physiognomists study such features as **complexion**, the shape of the head, the length and thickness of the neck, the color and thickness of the hair, and the shape of the nose, mouth, eyes, and chin. They believe that round-faced people are self-confident and **optimistic**. Prominent cheekbones show strength of **character**, while a pointed nose reveals **inquisitive** mind.

Translation 고대부터 사람들은 신체적인 appearance에서 그 사람의 character를 알아내는 기술인 관상술을 실행해 왔다. 고대 그리스인들은 인간의 얼굴을 독수리나 말과 같은 여러 동물이나 새에 비교했다. 그들은 사람들이 그들이 닮은 동물들과 typical한 character 특성들을 공유하고 있다고 믿었다. 말처럼 생긴 얼굴을 갖고 있는 사람은 충실하고 용감하며 엄격하다고 생각되었다. 독수리와 같은 코를 갖고 있는 사람은 arrogant하고 assertive할 뿐만 아니라 대담하고 용맹스럽다고 믿어졌다. 관상가들은 complexion, 머리 모양, 목의 길이와 두께, 머리카락의 색깔과 두께, 그리고 코, 입, 눈과 턱의 모양과 같은 특징들을 연구한다. 그들은 얼굴이 둥근 사람들은 자신감이 있고 optimistic하다고 믿는다. 두드러진 광대뼈는 강한 character를 나타내고, 반면에 뾰족한 코는 inquisitive한 마음을 드러낸다.

Words • art 기술 • physiognomy 골상학, 관상학 • resemble 닮다 • stern 엄격한 • bold 대담한 • courageous 용감한 • feature 모습, 특징 • chin 턱 • self-confident 자신감 있는 • prominent 두드러진 • cheekbone 광대뼈 • reveal 나타내다, 드러내다

정답

B ① identical ② appearance ③ modesty
C ① inward ② typical ③ impolite ④ conscientious ⑤ inquisitive ⑥ sensitive

감각과 지각

Link
Rank

08

그녀의 방귀마저
향기롭다

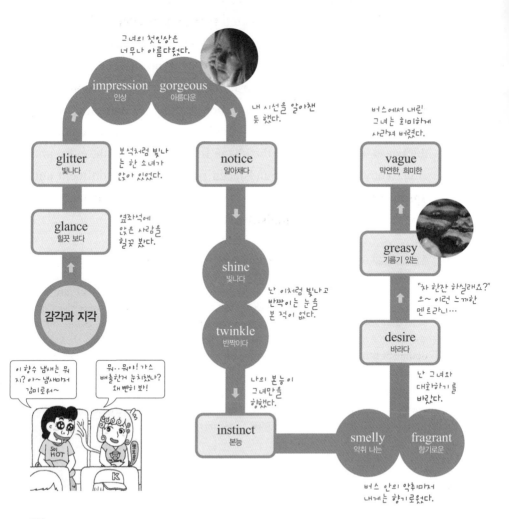

그녀의 첫인상은
너무나 아름다웠다.

impression
인상

gorgeous
아름다운

내 시선을 알아챈
듯 했다.

버스에서 내린
그녀는 희미하게
사라져 버렸다.

glitter
빛나다

보석처럼 빛나
는 한 소녀가
앉아 있었다.

notice
알아채다

vague
막연한, 희미한

glance
힐끗 보다

옆좌석에
앉은 사람을
힐끗 봤다.

shine
빛나다

greasy
기름기 있는

난 이처럼 빛나고
반짝이는 눈을
본 적이 없다.

"차 한잔 하실래요?"
으~ 이런 느끼한
멘트라니···

감각과 지각

twinkle
반짝이다

desire
바라다

난 그녀와
대화하기를
바랐다.

이 향수 냄새는 뭐
지? 아~ 냄새마저
감미로워~

뭐··뭐야! 가스
배출한거 눈치챘나?
왜 빤히 봐!

나의 본능이
그녀만을
향했다.

instinct
본능

smelly
악취 나는

fragrant
향기로운

버스 안의 악취마저
내게는 향기로웠다.

□ 0209
impression
[impréʃən]

(명) 인상; 감명; 인쇄
make a deep impression 깊은 감명을 주다
the first impression 첫인상; 제1쇄
They gave the *impression* of a carefree couple.
그들은 근심 없는 부부라는 인상을 주었다. (기출 예문)
impress (동) 인상을 주다; 감동시키다

□ 0210
relieve
[rilíːv]

(동) 경감하다, 안도하게 하다, 덜다; 구제하다
be relieved at the news 그 소식에 안도하다
relieve the poor from poverty 빈민을 빈곤에서 구제하다
The doctor gave him some drugs to *relieve* the pain.
의사는 통증을 덜어주려고 그에게 약을 주었다. (기출 예문)
relief (명) 경감, 안도
+ voca = ease 완화시키다, 덜다

□ 0211
notice
[nóutis]

(동) 알아채다, 주목하다 (명) 통지, 주의, 고시
take notice 주목하다
at a moment's notice 곧, 당장
She *noticed* his pretended love. 그녀는 그의 거짓된 사랑을 알아챘다.
noticeable (형) 눈에 띄는, 두드러진

□ 0212
desire
[dizáiər]

(동) 바라다, 욕망하다 (명) 욕망, 갈망
desire success 성공을 바라다
repress a desire to smoke 담배 피우고 싶은 욕망을 억제하다
The V sign shows a *desire* for victory.
V 표시는 승리에 대한 갈망을 나타낸다. (기출 예문)
+ voca = hope 바라다, 희망하다 = wish 바라다, 희망하다

□ 0213
vague
[veig]

(형) 흐릿한; 막연한, 모호한
have a vague memory 기억이 흐릿하다
give a vague answer 모호한 대답을 하다
Everything looks *vague* in a fog. 안개 속에서는 모든 것이 흐릿하게 보인다.
+ voca = obscure 모호한 = ambiguous 애매한

□ 0214
glance
[glæns]

(동) 힐끗 보다 (명) 힐끗 보기
at a glance 얼핏 보아
glance at the morning headline 조간(아침 신문)의 큰 제목을 훑어보다
I only *glanced* at her. 나는 그녀를 힐끗 보았을 뿐이다.

☐ 0215
gaze
[géiz]

(동) 응시하다, 뚫어지게 보다 (명) 응시, 시선
gaze up at the stars 별을 쳐다보다
escape **gaze** 시선을 피하다
The girl stood *gazing* with pity at her friend.
그 여자는 자기 친구를 동정 어린 눈으로 응시하며 서 있었다. (기출 예문)

☐ 0216
stare
[stɛər]

(동) 응시하다, 빤히 보다 (명) 응시
stare into the vacant space 빈 공간을 응시하다
a cold **stare** 냉정한 응시
She *stared* at me in astonishment. 그녀는 놀라며 나를 빤히 보았다.

☐ 0217
perceive
[pərsíːv]

(동) 지각하다, 감지하다, 인식하다
perceive a risk 위험을 인식하다
perceive a sound 소리를 감지하다
I *perceived* a note of unhappiness in her voice.
나는 그녀의 목소리에서 불행의 음조를 감지했다. (기출 예문)
perception (명) 지각
+ voca = **recognize** 인지하다

☐ 0218
instinct
[ínstiŋkt]

(명) 본능, 자연적 충동
the **instinct** for self-preservation 자기 보존 본능
have an **instinct** for survival 생존 본능을 가지다
Birds learn to fly by *instinct*. 새는 본능적으로 날아다니는 것을 배운다.
instinctive (형) 본능적인

☐ 0219
intuition
[ìntjuíʃən]

(명) 직관, 직감
have an **intuition** 직감이 들다
by **intuition** 직감으로
I rely on my own *intuition*. 나는 나 자신의 직관에 의존한다.
intuitive (형) 직관에 의한

☐ 0220
fragrant
[fréigrənt]

(형) 향기로운
a **fragrant** smell 향기로운 냄새
give off a **fragrant** odor 좋은 냄새를 발산하다
The flowers are *fragrant* at night. 그 꽃들은 밤에 향기가 난다.
fragrance (명) 향기

□ 0221
greasy
[gríːsi]

(형) 기름기 있는; 미끈거리는
take a **greasy** meal 기름진 식사를 하다
a **greasy** road 미끈거리는 도로
Tea helps the digestion of *greasy* foods.
차는 기름기 있는 음식을 소화하는 데 도움이 된다.
+ voca = oily 기름기 많은

□ 0222
dim
[dim]

(형) 어둑한; 흐릿한 (동) 어둡게 하다
a **dim** bathroom 어둑한 욕실
a **dim** memory 흐릿한 기억
Dim the lights when your guests arrive.
손님들이 도착하면 조명을 어둡게 하라.

□ 0223
shine
[ʃain]
shone-shone

(동) 빛나다; 닦다 (명) 빛남; 광택
shine bright 밝게 빛나다
shine shoes 구두를 닦다
Tin *shines* like silver but is softer and cheaper.
주석은 은처럼 빛나지만, 더 부드럽고 더 값이 싸다. 기출 예문
shiny (형) 빛나는

□ 0224
gorgeous
[gɔ́ːrdʒəs]

(형) 호화스러운, 아름다운, 훌륭한
gorgeous weather 멋진 날씨
a **gorgeous** meal 훌륭한 식사
The beach still remains *gorgeous*. 그 해변은 여전히 멋지다.
+ voca = splendid 멋진, 화려한 = brilliant 뛰어난, 멋진

□ 0225
acid
[ǽsid]

(명) (화학) 산, 신 것 (형) 신맛의
an **acid** reaction 산성 반응
excess **acid** in the stomach 위산 과다
This is one of the essential amino *acids*.
이것은 필수 아미노산 중 하나이다.
+ voca = sour 신, 시큼한

□ 0226
odor
[óudər]

(명) 냄새; 평판
a foul **odor** 악취
be in bad **odor** 평판이 나쁘다
Here is how to remove the *odor*. 그 냄새를 제거하는 방법이 여기 있다.
+ voca = smell 냄새 = stink 냄새, 악취

□ 0227
overhear
[òuvərhíər]
overheard -overheard

(동) 우연히 듣다, 엿듣다
overhear talk 이야기를 엿듣다
overhear them quarrelling 그들이 말다툼하는 것을 우연히 듣다
His mother *overheard* their conversations.
그의 어머니는 그들의 대화를 엿들었다.

□ 0228
sparkle
[spá:rkəl]

(동) 불길이 튀다; 번쩍이다 (명) 불꽃; 번쩍임, 광채
the sparkle of a diamond 다이아몬드의 광채
sparkling eyes 초롱초롱한 눈
The flames leaped and *sparkled*. 불길이 솟으며 튀어 올랐다. (기출 예문)
+ voca = **flame** 불꽃; 번쩍임

□ 0229
twinkle
[twíŋkəl]

(동) 반짝이다, 빛나다 (명) 반짝거림
twinkle with amusement 즐거움으로 반짝이다
in a twinkle 눈 깜짝할 사이에
Stars *twinkle* brightly. 별들이 밝게 빛난다.
twinkling (형) 반짝반짝 빛나는

□ 0230
smelly
[sméli]

(형) 악취 나는
smelly feet 악취 나는 발
smelly sewage 악취 나는 오물
Cigars can be quite *smelly*. 담배는 악취가 심할 수 있다.
smell (동) 냄새가 나다, 냄새를 맡다

□ 0231
flash
[flæʃ]

(동) 번쩍이다; 휙 지나가다 (명) 번쩍임; 번득임
flash through a station 정거장을 휙 지나가다
a flash of wit 번득이는 기지
A *flash* of lightning surprised us. 번쩍하는 번개에 우리는 놀랐다. (기출 예문)
flashing (형) 번쩍이는

□ 0232
flicker
[flíkər]

(동) 깜박이다, 명멸하다 (명) 깜박임, 명멸
flickering eyelids 깜박이는 눈꺼풀
a flicker of interest 관심의 명멸
He found out where the *flickering* light was coming from.
그는 그 깜박이는 불빛이 어디서 오는 것인지 알아냈다. (기출 예문)

□ 0233
glimpse
[glimps]

(명) 힐끗 봄 (동) 힐끗 보다; 어렴풋이 감지하다
glimpse her face 그녀의 얼굴을 힐끗 보다
have a **glimpse** of the truth 진상을 어렴풋이 감지하다
We caught a *glimpse* of the house as we drove by.
우리는 차를 몰고 가며 그 집을 힐끗 보았다. (기출 예문)

□ 0234
glitter
[glítər]

(동) 빛나다, 반짝이다
glitter like gold 금처럼 반짝이다
glitter in the sunlight 햇빛을 받아 빛나다
All that *glitters* is not gold. [속담] 반짝이는 것이 모두 금은 아니다.
glittering (형) 반짝이는

□ 0235
glow
[glóu]

(동) 작열하다, 빛을 내다 (명) 작열; 달아오름, 홍조
glow in the dark 어둠 속에서 빛을 내다
an evening **glow** 저녁 노을
Keep the flame of love eternally *glowing*.
사랑의 불꽃이 영원히 작열하도록 하라.

□ 0236
ray
[rei]

(명) 광선; 방사선
rays of the sun 태양광선
ultraviolet **rays** 자외선
An X-*ray* beam penetrates the body. X선은 인체를 관통한다.
+ voca = **beam** 광선

□ 0237
shade
[ʃeid]

(명) 그늘 (동) 그늘지게 하다, 가리다
under the **shade** of a tree 나무 그늘 아래서
shade a light 불빛을 가리다
It is quite cool in the *shade*. 그늘에서는 아주 시원하다.
shaded (형) 그늘진

□ 0238
pat
[pæt]

(동) 톡톡 치다, 토닥거리다 (명) 톡톡 침
pat oneself on the back 자화자찬하다
deserve a **pat** on the back 칭찬받을 만하다
I *patted* him on the back. 나는 그의 등을 톡톡 쳐주었다.
+ voca = **tap** 가볍게 두드리다

A 영어는 우리말로, 우리말은 영어로 쓰시오.

① flicker _____ ⑪ 바라다 _____

② twinkle _____ ⑫ 산, 신 것 _____

③ flash _____ ⑬ 본능 _____

④ stare _____ ⑭ 톡톡 치다 _____

⑤ gaze _____ ⑮ 작열하다 _____

⑥ sparkle _____ ⑯ 냄새 _____

⑦ perceive _____ ⑰ 인상 _____

⑧ glance _____ ⑱ 직관 _____

⑨ relieve _____ ⑲ 광선 _____

⑩ glimpse _____ ⑳ 엿듣다 _____

B 빈칸에 공통으로 들어갈 단어는?

① _____ weather 멋진 날씨   a _____ meal 훌륭한 식사

② _____ bright 밝게 빛나다   _____ shoes 구두를 닦다

③ a _____ bathroom 어둑한 욕실   a _____ memory 흐릿한 기억

④ take _____ 주목하다   at a moment's _____ 곧, 당장

C 다음 빈칸에 알맞은 단어를 〈보기〉에서 골라 넣으시오. (필요하면 형태를 변형하시오.)

┌──────────── **[보기]** ────────────┐

fragrant vague smelly greasy glitter shade

└─────────────────────────────────────┘

① All that (   ) is not gold.

② Everything looks (   ) in a fog.

③ Cigars can be quite (   ).

④ Tea helps the digestion of (   ) foods.

⑤ The flowers are (   ) at night.

⑥ It is quite cool in the (   ).

D 이번 테마를 다룬 독해 지문을 읽으면서 관련 어휘의 뜻을 확인해 보자.

I sat upright. Instantly every neuron in my brain was awake and dashing around frantically. I reached for my knife by **instinct**, and then **noticed** I had left it in my pack, just outside the tent. There was

another noise, quite near. I shuffled on my knees to the foot of the tent, cautiously unzipped the tent and peered out, but it was pitch black. Carefully, very carefully, I climbed from the tent and turned on the **flashlight**, which cast a feeble **glow**. Something about fifteen or twenty feet away **gazed** at me. I couldn't see anything at all of its shape or size, only two **shining** eyes. It went silent, whatever it was, and **stared** back at me. I couldn't decide whether I wanted to be outside and dead, or inside and waiting to be dead.

Translation 나는 벌떡 일어나 앉았다. 곧 나의 머릿속에 있는 모든 신경들이 깨어나 미친 듯이 움직였다. 나는 **instinct**에 의해 칼을 찾아 손을 뻗었지만 그것을 텐트 밖 짐꾸러미 안에 두었다는 것을 **notice**했다. 또 다른 소리가 가까운 곳에서 났다. 나는 텐트 앞까지 무릎으로 기어가 조심스럽게 텐트의 지퍼를 내리고 밖을 응시해 보았지만, 밖은 칠흑 같이 어두웠다. 조심스럽게, 아주 조심스럽게 텐트 밖으로 기어나와 **flash**등을 켰지만 희미한 **glow**만을 비출 뿐이었다. 15~20피트 떨어진 곳에서 무언가가 나를 **gaze**했다. 크기나 모양의 어떤 것도 알 수 없었고 오직 두 개의 **shining**하는 눈만 보였다. 그것이 무엇이든지 간에 조용히 나를 **stare**할 뿐이었다. 나는 밖에서 죽든지 아니면 안에서 죽기를 기다려야 하는지 결정할 수 없었다.

Words • neuron 신경 단위, 뉴런 • dash 돌진하다 • frantically 미친 듯이 • shuffle 질질 끌다 • peer 응시하다 • pitch black 칠흑 같이 어두운 • feeble (빛이) 희미한

인간의 행동·사고 (1)

Link
Rank

백 년은 묵어야
병아리가 닭이 됩네다

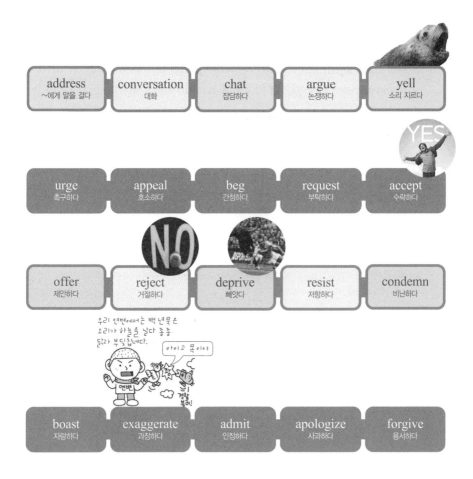

address	conversation	chat	argue	yell
~에게 말을 걸다	대화	잡담하다	논쟁하다	소리 지르다

urge	appeal	beg	request	accept
촉구하다	호소하다	간청하다	부탁하다	수락하다

offer	reject	deprive	resist	condemn
제안하다	거절하다	빼앗다	저항하다	비난하다

우리 연변에서는 백 년 묵은
오리가 하늘을 날다 종종
닭과 부딪칩네다.

아이고 목이야

연변

boast	exaggerate	admit	apologize	forgive
자랑하다	과장하다	인정하다	사과하다	용서하다

□ 0239
request
[rikwést]

동 요청하다, 부탁하다 명 요청, 부탁
request formal approval 공식적인 승인을 요청하다
refuse a **request** 요청을 거절하다
I *requested* him to pick me up. 나는 그에게 나를 데리러 오라고 부탁했다.
➕ voca = beseech 간청하다

□ 0240
address
[ədrés]

동 (~에게) 말을 걸다, 연설하다; 제기하다 명 연설; 주소
address the crowd 군중에게 연설하다
address an objection 이의를 제기하다
The Prime Minister made a short *address* on behalf of the President. 국무총리가 대통령을 대신해 짧은 연설을 하였다.

□ 0241
admit
[ædmít]

동 인정하다; 입학을 허가하다; ~의 여지가 있다
admit defeat 패배를 인정하다
admit a student to college 학생에게 대학 입학을 허가하다
He *admitted* that he was wrong. 그는 자기가 틀렸음을 인정했다. 기출 예문
admission 명 승인, 입장, 입학
➕ voca = confess 자백하다, 인정하다

□ 0242
accept
[æksépt]

동 (초대, 제안 따위를) 수락하다, 받아들이다; 용인하다
accept a bribe 뇌물을 받다
accept a resignation 사표를 수리하다
I'm happy to hear that you *accepted* his apology.
네가 그의 사과를 받아 주었다니 다행이구나.
acceptance 명 수락, 용인

□ 0243
boast
[bóust]

동 자랑하다 명 자랑
boast of his strength 그가 힘자랑을 하다
boast of being rich 부자인 것을 자랑하다
The actress *boasted* that she could speak five languages fluently. 그 여배우는 5개 국어에 유창하다고 자랑했다.
➕ voca = show off 과시하다

□ 0244
exaggerate
[igzǽdʒərèit]

동 과장하다, 과대시하다
exaggerate the importance 중요성을 과장하다
exaggerate pain 엄살을 부리다
Movies or novels often *exaggerate* reality.
영화나 소설은 종종 현실을 과장한다.
exaggeration 명 과장

□ 0245
urge
[əːrdʒ]

동 촉구하다, 강요하다, 주장하다 명 압박, 충동
urge silence 침묵을 강요하다
feel an urge 충동을 느끼다
Our teacher *urges* us to study hard.
우리 선생님은 우리에게 열심히 공부할 것을 촉구한다. (기출 예문)

□ 0246
offer
[ɔ́ːfər]

동 제공하다, 제안하다 명 제안
offer him a job 그에게 일자리를 제공하다
decline the offer 그 제안을 거절하다
I *offered* him $100,000 to keep a secret.
비밀을 지키는 대가로 나는 그에게 10만 달러를 제안했다.

+ voca = furnish 공급하다, 제공하다

□ 0247
approve
[əprúːv]

동 승인하다, 찬성하다
approve the budget 예산안을 승인하다
approve of his decision 그의 결정에 찬성하다
I can't *approve* homosexuality. 나는 동성애를 찬성할 수 없다.
approval 명 승인, 찬성

□ 0248
appeal
[əpíːl]

동 호소하다; 간청하다; 상고하다 명 호소; 간청; 상고
make an appeal 호소하다
appeal to the Supreme Court 대법원에 상고하다
Her writing *appeals* more to the intellect than the emotion.
그녀의 글은 감성보다 지성에 더 호소한다. (기출 예문)
appealing 형 호소하는, 매력적인

□ 0249
attempt
[ətémpt]

동 시도하다, 꾀하다 명 시도
attempt to solve a problem 문제를 풀려고 시도하다
an attempt at suicide 자살 미수
He *attempted* to revive his girlfriend who had fainted.
그는 기절한 여자 친구를 소생시키려고 시도했다. (기출 예문)

+ voca = endeavor 노력하다, 시도하다

□ 0250
argument
[áːrgjəmənt]

명 논쟁, 논의, 주장
conclude an argument 논쟁을 마치다
the evolution of an argument 논의의 전개
You cannot win *arguments* if you make false statements.
그릇된 진술을 한다면 너는 논쟁에서 이길 수 없다.
argue 동 논하다, 논쟁하다

☐ 0251
complain
[kəmpléin]

(동) 불평하다; 고발하다; 호소하다
complain about the food 음식에 대해 불평하다
complain of a headache 두통을 호소하다
His mother told him not to *complain* about their current situation. 그의 어머니는 그들의 현재 상황에 불평하지 말라고 그에게 말했다.
complaint (명) 불평

☐ 0252
blame
[bléim]

(동) 비난하다, 책임을 지우다 (명) 비난, 책임
be **blamed** for the mistake 실수로 인해 비난받다
shift the **blame** 책임을 전가하다
The careless pedestrian was to *blame* for the accident.
부주의한 보행자가 그 사고에 책임이 있었다. (기출 예문)
+ voca = criticize 비평하다, 비난하다

☐ 0253
resist
[rizíst]

(동) 저항하다, 억제하다
resist pressure 압력에 저항하다
cannot **resist** laughing 웃지 않을 수 없다
I can't *resist* my father's advice. 나는 아버지의 충고에 반항할 수 없다.
resistance (명) 저항

☐ 0254
reject
[ridʒékt]

(동) 거절하다, 거부하다
reject my request 내 요청을 거절하다
reject a vote 투표를 거부하다
The Congress *rejected* the government's proposal.
의회는 정부의 제안을 거부하였다. (기출 예문)
rejection (명) 거절
+ voca = refuse 거절하다   = decline 거절하다; 쇠퇴하다

☐ 0255
abandon
[əbǽndən]

(동) 포기하다, 그만두다, 버리다
abandon a policy 방침을 포기하다
abandon habit 습관을 버리다
Fame hasn't made him *abandon* his old friends.
유명해졌다고 그가 옛 친구를 버리지는 않았다.

☐ 0256
apologize
[əpálədʒàiz]

(동) 사과하다, 사죄하다
apologize to her for being late 늦은 데 대해 그녀에게 사과하다
apologize for the delay in answering 답변 지체에 대해 사과하다
I must *apologize* for my outrageous behavior.
나는 난폭한 행동을 한 것에 대해 사과해야 한다.
apology (명) 사과

□ 0257
conversation
[kànvərséiʒn]

명 대화, 담화, 비공식 회담
resume **conversation** 대화를 다시 시작하다
monopolize the **conversation** 대화를 독점하다
I overheard their secret *conversation*.
나는 그들의 비밀스런 대화를 엿들었다. (기출 예문)
converse 동 서로 이야기하다

□ 0258
forgive
[fərgív]
forgave - forgiven

동 용서하다; 면제하다
forgive a sin 죄를 용서하다
forgive the interest 이자를 면제하다
I beseech you to *forgive* my sins.
나의 죄를 용서해 주실 것을 당신께 간청합니다.
forgiveness 명 용서

□ 0259
adhere
[ædhíər]

동 들러붙다; 충실하다; 고수하다, 집착하다
adhere to neutrality 중립을 고수하다
adhere to old custom 오랜 관습에 집착하다
Students should *adhere* to a dress code.
학생들은 복장 규정에 충실해야 한다.
adherent 형 점착성의 명 지지자

□ 0260
deprive
[dipráiv]

동 빼앗다, 박탈하다
deprive him of his property 그에게서 재산을 빼앗다
be **deprived** of his civil rights 그의 시민권을 박탈당하다
He is *deprived* of his fishery. 그는 양어장을 빼앗겼다.
deprivation 명 박탈

□ 0261
monologue
[mánələːg]

명 독백, 1인극
prepare a five-minute **monologue** 5분짜리 1인극을 준비하다
an inner **monologue** 내적 독백
Harry listened carefully to her twenty-minute *monologue*.
Harry는 20분에 걸친 그녀의 독백을 주의 깊게 들어 주었다.

□ 0262
pledge
[plédʒ]

동 서약하다, 맹세하다 명 서약, 맹세; 담보
pledge a donation 기부를 약속하다
take a **pledge** 맹세하다
Industrial conflicts continued in spite of a no-strike *pledge*
by the unions. 노조가 파업을 하지 않겠다는 서약에도 불구하고 산업 분규는 계속
되었다. (기출 예문)

□ 0263
beg
[beg]

(동) 간청하다, 부탁하다, 구걸하다
beg money 돈을 구걸하다
beg a favor of you 부탁할 일이 있다
I *beg* of you not to go there again.
부탁이니 다시는 그곳에 가지 말아 주세요.

□ 0264
plea
[pliː]

(명) 간청, 탄원; 변명; 소송
a **plea** for mercy 선처를 바라는 탄원
hold a **plea** 재판하다
The missing girl's parents made a *plea* for her to contact
them. 그 가출 소녀의 부모는 딸에게 집에 연락해 달라고 간청했다. (기출 예문)

□ 0265
conceal
[kənsíːl]

(동) 숨기다, 감추다
conceal a defect 결점을 감추다
conceal his intention 그의 의도를 숨기다
I do not *conceal* anything from you.
나는 네게 어떤 것도 숨기지 않는다. (기출 예문)
➕ voca ↔ **reveal** 드러내다

□ 0266
condemn
[kəndém]

(동) 비난하다; 유죄 판결을 내리다; 운명지우다
be **condemned** to death 사형 선고를 받다
be **condemned** to poverty 가난하게 살 운명이다
Public opinion *condemned* him as a traitor.
여론은 그를 배신자라며 비난했다.
condemnation (명) 비난

□ 0267
chat
[tʃæt]

(동) 잡담하다, 채팅하다 (명) 잡담
video **chat** with a friend 친구와 화상 채팅을 하다
have a **chat** 잡담을 하다
They began to *chat* to relieve the boredom of repetitive
tasks. 그들은 반복적인 업무의 지루함을 달래려고 잡담을 하기 시작했다.

□ 0268
yell
[jel]

(동) 소리 지르다 (명) 고함 소리, 외침
yell with fear 두려워서 소리 지르다
a **yell** of terror 공포의 외침
What are you *yelling* for? 너는 무엇 때문에 소리를 지르고 있니? (기출 예문)
➕ voca ↔ **whisper** 속삭이다

T est & R eading

A 영어는 우리말로, 우리말은 영어로 쓰시오.

① exaggerate _____ ⑪ 호소하다 _____
② conceal _____ ⑫ 용서하다 _____
③ request _____ ⑬ 비난하다 _____
④ condemn _____ ⑭ 불평하다 _____
⑤ boast _____ ⑮ 논쟁 _____
⑥ reject _____ ⑯ 독백 _____
⑦ plea _____ ⑰ 사과하다 _____
⑧ approve _____ ⑱ 잡담하다 _____
⑨ yell _____ ⑲ 시도하다 _____
⑩ admit _____ ⑳ 서약하다 _____

B 빈칸에 공통으로 들어갈 단어는?

① _____ him a job 그에게 일자리를 제공하다 decline the _____ 그 제안을 거절하다

② _____ the crowd 군중에게 연설하다 _____ an objection 이의를 제기하다

③ _____ pressure 압력에 저항하다 cannot _____ laughing 웃지 않을 수 없다

④ _____ silence 침묵을 강요하다 feel an _____ 충동을 느끼다

C 다음 빈칸에 알맞은 단어를 〈보기〉에서 골라 넣으시오. (필요하면 형태를 변형하시오.)

━━━━━━━━━━ 【 보기 】━━━━━━━━━━
beg deprive abandon accept conversation adhere

① I overheard their secret (   ).
② I (   ) of you not to go there again.
③ Fame hasn't made him (   ) his old friends.
④ He is (   ) of his fishery.
⑤ Students should (   ) to a dress code.
⑥ I'm happy to hear that you (   ) his apology.

D 이번 테마를 다룬 독해 지문을 읽으면서 관련 어휘의 뜻을 확인해 보자.

Why do most people judge others? The answer is simple but not very pleasant to **admit**. We're all self-centered. We look out for ourselves and too often make the mistake of confusing reality with our limited

perception of it. Most of the time when we **blame** other people, it's because they do things differently from what we do. What we're really saying is this: "You're not OK because you're not like me." I've often heard people make downright **complaints** toward each other when discussing things as unimportant as rock group or athletic teams. "How can you like that group?" is what both are thinking as they **argue**. In other words, "Only what I like is good."

Translation 왜 대부분의 사람들은 남들을 판단할까? 그에 대한 답변은 간단하지만 admit하기가 그리 유쾌하지는 않다. 우리는 모두 자기중심적이다. 우리는 우리 자신을 바라보면서 현실과 그것에 대한 우리의 제한적인 인식을 혼동하는 실수를 너무나도 자주 범한다. 대부분 우리가 남들을 blame할 때, 그것은 남들이 우리가 하는 것과 다르게 일처리를 하기 때문이다. 우리는 정말 다음처럼 말한다. "당신은 나와 같지 않기 때문에 마음에 들지 않는다." 록 그룹이나 스포츠 팀과 같이 사소한 것들을 토론할 때 사람들이 서로를 향해서 명백한 complaint들을 하는 것을 나는 종종 들어 왔다. "어떻게 그런 그룹을 좋아할 수 있지?"라는 것이 사람들이 argue할 때 양쪽 모두 생각하는 것이다. 다시 말해서, "내가 생각하는 것만이 좋은 것이다."

Words • self-centered 자기중심적인 • confuse A with B A와 B를 혼동하다 • limited 제한적인 • perception 인식 • downright 명백한, 노골적인 • insulting 모독, 모욕

정답 🔒

B ① offer ② address ③ resist ④ urge
C ① conversation ② beg ③ abandon ④ deprived ⑤ adhere ⑥ accepted

Link
Rank

10

부러우면 지는 거다!

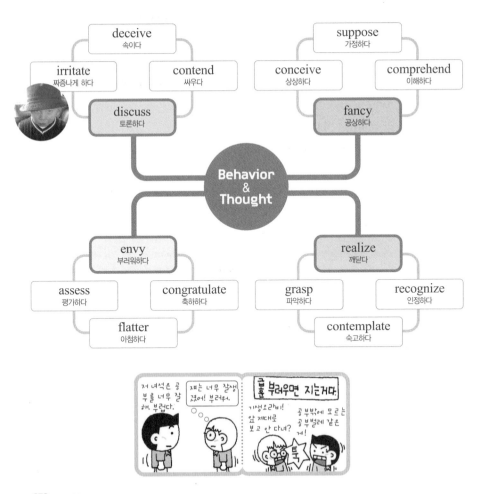

deceive
속이다

irritate
짜증나게 하다

contend
싸우다

discuss
토론하다

suppose
가정하다

conceive
상상하다

comprehend
이해하다

fancy
공상하다

Behavior & Thought

envy
부러워하다

assess
평가하다

congratulate
축하하다

flatter
아첨하다

realize
깨닫다

grasp
파악하다

recognize
인정하다

contemplate
숙고하다

저 녀석은 공부를 너무 잘해. 부럽다.

쟤는 너무 잘생겼어! 부러워.

큼흠 부러우면 지는거다.

기생오라비! 알 제대로 보고 안 다녀?

공부밖에 모르는 공부벌레 같은 게!

☐ 0269
consider
[kənsídər]

동 고려하다, 숙고하다, 생각하다
consider him a genius 그를 천재로 여기다
consider his youth 그가 젊다는 점을 고려하다
You must *consider* the problem from every aspect.
당신은 그 문제를 모든 관점에서 숙고해야 한다. 기출 예문

consideration 명 숙고, 고려

☐ 0270
recognize
[rékəgnàiz]

동 인정하다; 인지하다, 알아보다
recognize an old friend 옛 친구를 알아보다
recognize service 공로를 인정하다
Some subtle odors are hard to *recognize*.
몇몇 미묘한 냄새들은 인지하기 어렵다. 기출 예문

recognition 명 인정, 인식
+ voca = **perceive** 지각하다, 인식하다

☐ 0271
remind
[rimáind]

동 상기시키다, 생각나게 하다
remind me of his father 나에게 그의 아버지를 생각나게 하다
be **reminded** of the old days 옛 시절이 생각나다
Please *remind* me to pay my phone bill by 30th this month.
전화요금을 이번 달 30일까지 납부하라고 상기시켜 주세요.

reminder 명 생각나게 하는 것

☐ 0272
realize
[ríːəlàiz]

동 깨닫다; 실현하다
realize his mistake 그의 실수를 깨닫다
realize his own dreams 그 자신의 꿈을 실현하다
She finally *realized* her own danger.
그녀는 마침내 그녀 자신에게 닥친 위험을 깨달았다.

realization 명 깨달음; 실현

☐ 0273
discuss
[diskʌ́s]

동 토론하다, 논의하다
discuss it over lunch 점심을 먹으며 그것을 논의하다
refuse to **discuss** the question 그 문제를 논의하려 하지 않다
We *discussed* the benefits of weight control.
우리는 체중 조절의 이로움에 대해 논의하였다.

discussion 명 토론

☐ 0274
comprehend
[kàmprihénd]

동 이해하다, 파악하다
comprehend a situation 상황을 파악하다
fully **comprehend** its meaning 그것의 의미를 완전히 이해하다
He didn't *comprehend* the significance of the teacher's
remark. 그는 선생님 말씀의 중요성을 이해하지 못했다. 기출 예문

comprehension 명 이해 comprehensive 형 이해력 있는; 포괄적인

□0275
replace
[ripléis]

(동) 교체하다; 대신하다; 복직시키다
replace the filter 필터를 교체하다
replace butter with margarine 버터를 마가린으로 대신하다
I *replaced* a worn tire with a new one.
나는 낡은 타이어를 새 타이어로 교체했다. (기출 예문)
replacement (명) 교체, 교체 요원
(+ voca) = substitute for ~을 대신하다

□0276
review
[rivjú:]

(동) 검토하다; 복습하다; 회고하다 (명) 평론; 재검토, 재조사
review the lesson 그 과를 복습하다
a book **review** 서평
A *review* of the events disclosed confidential information.
사건의 재조사로 인해 기밀정보가 드러났다.
(+ voca) = criticism 비평, 평론

□0277
envy
[énvi]

(동) 부러워하다, 질투하다 (명) 질투, 선망, 선망의 대상
envy your success 너의 성공을 부러워하다
out of envy 시기심에서
The flower garden is the *envy* of the neighborhood.
그 화원은 이웃들의 선망의 대상이다.

□0278
acquire
[əkwáiər]

(동) 획득하다, 얻다; 습득하다
acquire a priority 우선권을 얻다
acquire a foreign language 외국어를 습득하다
We *acquire* knowledge from books and experience.
우리는 책과 경험으로부터 지식을 얻는다.
acquisition (명) 획득, 습득

□0279
reason
[rí:zən]

(명) 이유; 변명; 이성 (동) 추론하다, 판단하다
be deprived of reason 이성을 잃다
reason on a matter 어떤 문제에 관해 추론하다
There is no *reason* to doubt the accuracy of her statement.
그녀가 한 진술의 정확성을 의심할 이유가 없다.
reasoning (명) 추론

□0280
suppose
[səpóuz]

(동) 가정하다, 추측하다
the supposed beggar 거지라고 여겨졌던 사람
be supposed to go to London 런던에 가기로 되어 있다
Suppose that the Korean team defeats Japan in World
Baseball Classic. WBC에서 한국이 일본을 이긴다고 가정해 봐.
supposition (명) 추측, 추정
(+ voca) = presume 가정하다, 추정하다

□ 0281
memorize
[méməràiz]

(동) 외우다, 기억하다
memorize a phone number 전화번호를 외우다
memorize a passage 글귀를 외우다
He *memorized* the lyrics of Michael Jackson's songs.
그는 마이클잭슨 노래의 가사를 외웠다.
memory (명) 기억, 기억력 memorable (형) 기억할 만한

□ 0282
deceive
[disíːv]

(동) 속이다, 기만하다
deceive oneself 자기 자신을 기만하다
be **deceived** by outward appearance 겉모양에 속다
She *deceived* me with sweet words and smiles.
그녀는 달콤한 말과 미소로 나를 속였다.
deception (명) 기만
+ voca = delude 속이다, 현혹하다

□ 0283
conceive
[kənsíːv]

(동) 상상하다, 생각하다; 품다; 임신하다
conceive the project 그 프로젝트를 생각해 내다
conceive a deep hatred 깊은 증오심을 품다
He *conceives* of society as a jungle where only the fittest
survive. 그는 사회를 적자만 생존하는 정글이라고 생각한다. 기출 예문
conception (명) 생각, 개념; 임신

□ 0284
congratulate
[kəngrǽtʃəlèit]

(동) 축하하다
congratulate the winner 우승자를 축하하다
congratulate her on her promotion 그녀의 승진을 축하하다
I *congratulate* you on your engagement. 약혼을 축하드립니다.
congratulation (명) 축하

□ 0285
contemplate
[kántəmplèit]

(동) 숙고하다; 관조하다
contemplate retiring 퇴직을 심사숙고하다
contemplate nature 자연을 관조하다
He stood *contemplating* the Chinese painting.
그는 그 중국화를 관조하며 서 있었다.
contemplation (명) 숙고
+ voca = meditate 숙고하다   = ponder 곰곰이 생각하다

□ 0286
realistic
[riːəlístik]

(형) 현실적인; 사실적인
set **realistic** aims 현실적인 목표를 세우다
a **realistic** novel 사실주의 소설
Realistic painting requires a more accurate representation.
사실적인 그림은 보다 정확한 묘사를 요한다.
realism (명) 사실주의
+ voca = practical 실제적인, 실용적인

☐ 0287
irritate
[írətèit]

⑧ 짜증나게 하다; 염증을 일으키다
be **irritated** at the delay 지체되어 짜증나다
irritate lungs 폐에 염증을 일으키다
His naughty conduct *irritates* me. 그의 버릇없는 행동이 나를 짜증나게 한다.
irritation ⑲ 짜증
+ voca = **annoy** 성가시게 굴다 = **disturb** 방해하다

☐ 0288
insult
[insʌ́lt]

⑧ 모욕하다, 무례한 짓을 하다 ⑲ 모욕
digest an **insult** 모욕을 참다
insulting remarks 무례한 발언
He *insulted* me by calling me a liar.
그는 나를 거짓말쟁이라 부르며 모욕했다. (기출 예문)

☐ 0289
flatter
[flǽtər]

⑧ 아첨하다, 추켜세우다, 돋보이게 하다
a **flattering** tongue 아첨하는 말
be **flattered** by his praise 그의 칭찬에 우쭐해지다
Find clothing that *flatters* your body type.
당신의 체형을 돋보이게 하는 옷을 찾도록 하라.
flattery ⑲ 아첨

☐ 0290
grasp
[græsp]

⑧ 파악하다; 붙잡다 ⑲ 파악, 이해력; 움켜잡기
grasp an argument 논점을 파악하다
a thorough **grasp** 철저한 파악
He *grasped* me by the arm. 그는 내 팔을 붙잡았다. (기출 예문)
+ voca = **perceive** 이해하다, 인식하다

☐ 0291
infer
[infə́:r]

⑧ 추론하다, 추측하다, 암시하다
infer a conclusion from the facts 사실로부터 결론을 추론하다
infer a hidden meaning 숨겨진 의미를 추측하다
What can you *infer* from these data?
이 자료들로부터 당신은 무엇을 추론할 수 있는가?
inference ⑲ 추론

☐ 0292
contend
[kənténd]

⑧ 싸우다, 논쟁하다; 주장하다
contend with him 그와 논쟁하다
contend for freedom 자유를 위해 싸우다
She *contended* that she had been cheated.
그녀는 사기를 당했다고 주장했다.
contention ⑲ 논쟁, 싸움

☐ 0293
assess
[əsés]

(동) 평가하다; 부과하다
assess the damage at a $100 손실액을 1백 달러로 평가하다
assess $1,000 on land 땅에 1천 달러를 과세하다
The value of the jewel was *assessed* at two million dollars.
그 보석의 가치는 2백만 달러로 평가되었다.

assessment (명) 평가
+ voca = estimate 평가하다, 어림하다

☐ 0294
scream
[skríːm]

(동) 소리치다, 비명을 지르다
scream for help 도와 달라고 소리치다
scream with terror 무서워서 비명을 지르다
The crazy man stood on the subway *screaming* nonsense.
그 미친 남자는 지하도에 서서 무의미한 말을 외치고 있었다. (기출 예문)

☐ 0295
mumble
[mʌ́mbəl]

(동) 중얼거리다 (명) 중얼거림
mumble to oneself 혼자 중얼거리다
speak in a low **mumble** 낮게 중얼거리다
My friend *mumbled* some obscure reason for being late.
내 친구는 늦은 데 대해 모호한 이유를 중얼거렸다. (기출 예문)

☐ 0296
deduction
[didʌ́kʃən]

(명) 추론, 연역법; 공제, 삭감
draw a **deduction** 추론하다
make a **deduction** 공제하다
Your *deductions* are not always correct.
네 추론이 항상 정확한 것은 아니다.

deductive (형) 연역적인
+ voca ↔ induction 귀납법

☐ 0297
fancy
[fǽnsi]

(동) 공상하다, 상상하다 (명) 공상; 변덕 (형) 엄청난; 상상의; 장신구의
a creature of **fancy** 상상의 동물
at a **fancy** price 엄청난 가격으로
He *fancied* himself an Olympic sprinter.
그는 올림픽 달리기 선수가 되는 자신의 모습을 상상했다.

☐ 0298
shout
[ʃaut]

(동) 외치다, 소리 지르다 (명) 외침
shout in anger 화가 나서 소리 지르다
shout with one voice 이구동성으로 외치다
You'll make yourself hoarse if you keep *shouting* like that!
그렇게 계속 소리 지르면 목이 쉴 거야! (기출 예문)

A 영어는 우리말로, 우리말은 영어로 쓰시오.

① envy	_____	⑪ 토론하다	_____
② replace	_____	⑫ 평가하다	_____
③ reason	_____	⑬ 외우다	_____
④ scream	_____	⑭ 중얼거리다	_____
⑤ contemplate	_____	⑮ 현실적인	_____
⑥ comprehend	_____	⑯ 깨닫다	_____
⑦ infer	_____	⑰ 짜증나게 하다	_____
⑧ shout	_____	⑱ 속이다	_____
⑨ suppose	_____	⑲ 아첨하다	_____
⑩ deduction	_____	⑳ 모욕하다	_____

B 빈칸에 공통으로 들어갈 단어는?

① _____ an argument 논점을 파악하다   a thorough _____ 철저한 파악

② _____ the project 그 프로젝트를 생각해 내다

_____ a deep hatred 깊은 증오심을 품다

③ _____ with him 그와 논쟁하다   _____ for freedom 자유를 위해 싸우다

④ a creature of _____ 상상의 동물   at a _____ price 엄청난 가격으로

C 다음 빈칸에 알맞은 단어를 〈보기〉에서 골라 넣으시오. (필요하면 형태를 변형하시오.)

[보기]

acquire remind consider recognize review congratulate

① A ( ) of the events disclosed confidential information.

② You must ( ) the problem from every aspect.

③ We ( ) knowledge from books and experience.

④ Some subtle odors are hard to ( ).

⑤ I ( ) you on your engagement.

⑥ Please ( ) me to pay my phone bill by 30th this month.

D 이번 테마를 다룬 독해 지문을 읽으면서 관련 어휘의 뜻을 확인해 보자.

Suppose that you're in a strange country and you don't speak English. Suddenly you **realize** you're a suspect in a mysterious criminal investigation. You're being questioned in the matter of a missing jewel. You need to talk

your way to freedom so that you can have a chance to prove your innocence. But to do so, you'll need to **acquire** conversational skills in English. It's a revolutionary new way to learn English. *"Who Is Oscar Lake?"* doesn't look or feel like any other language learning approach you've ever seen. The part you'll be most amazed by is the quality of the multimedia adventure. You'll learn as you're immersed in graphics and sound that **remind** those in the hottest adventure games.

Translation 당신이 낯선 나라에 있고 영어를 하지 못한다고 **suppose**해 보세요. 갑작스레 당신은 한 미궁의 범죄 조사에서 용의자가 됨을 **realize**합니다. 당신은 분실된 보석 문제로 심문을 받고 있습니다. 당신은 자신의 무죄를 증명할 기회를 가질 수 있도록 자유롭게 말할 필요가 있습니다. 그러나 그렇게 하기 위해서, 당신은 영어로 대화하는 기술을 **acquire**할 필요가 있을 것입니다. 이것은 영어를 학습하는 혁신적인 새로운 방식입니다. *"Who Is Oscar Lake?"*는 여태껏 당신이 본 다른 어떤 언어 학습 방법과도 닮아 보이거나 그렇게 느껴지지도 않습니다. 당신이 가장 놀라워할 것은 멀티미디어 어드벤처의 품질입니다. 당신은 최고로 인기 있는 어드벤처 게임에 있는 것을 **remind**하게 하는 그래픽과 음향에 몰입하면서 학습하게 됩니다.

Words • suspect 용의자 • mysterious 미궁의 • criminal 범죄의 • investigation 조사 • in the matter of ~에 관해서 • innocence 무죄 • revolutionary 혁신적인 • be immersed in ~에 몰입하다

정답

B ① grasp ② conceive ③ contend ④ fancy
C ① review ② consider ③ acquire ④ recognize ⑤ congratulate ⑥ remind

11 당황스러운 선물

Link
Rank

감정과 심리 (1)

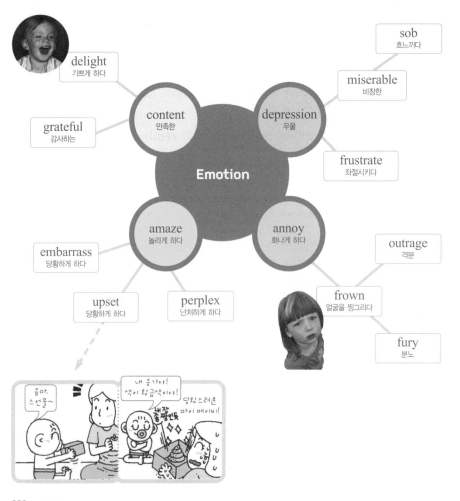

Emotion

delight
기쁘게 하다

grateful
감사하는

content
만족한

depression
우울

sob
흐느끼다

miserable
비참한

frustrate
좌절시키다

amaze
놀라게 하다

annoy
화나게 하다

embarrass
당황하게 하다

upset
당황하게 하다

perplex
난처하게 하다

frown
얼굴을 찌푸리다

outrage
격분

fury
분노

□ 0299
confuse
[kənfjúːz]

⑧ 혼란시키다, 혼동하다; 어리둥절하게 하다
confuse him with his brother 그를 그의 형과 혼동하다
a **confused** state of mind 혼란스러운 마음 상태
He *confused* me with his strange behavior.
그는 이상한 행동으로 나를 어리둥절하게 했다.
confusion ⑲ 혼란, 혼동

□ 0300
frustrate
[frʌ́streit]

⑧ 좌절시키다; 실망시키다
frustrate a plan 계획을 좌절시키다
a **frustrated** idealist 좌절한 이상주의자
The hard question on the test *frustrated* me.
그 어려운 시험 문제로 인해 나는 좌절했다. (기출 예문)
frustration ⑲ 좌절, 낙담

□ 0301
inferior
[infíəriər]

⑲ 열등한, 하위의
inferior to others 다른 사람들보다 열등한
the **inferior** classes 하층 계급
I feel *inferior* to people earning more money than me.
나는 나보다 돈을 더 많이 버는 사람들에게 열등감을 느낀다.
inferiority ⑲ 열등감
➕ voca ↔ **superior** 우수한, 상위의

□ 0302
vain
[vein]

⑲ 헛된; 허영심이 강한
wait in **vain** 헛되이 기다리다
make **vain** efforts 허탕을 치다
She was very *vain* about her own beauty.
그녀는 자신의 아름다움에 대해 아주 허영심이 강했다. (기출 예문)
vanity ⑲ 허영; 허무함

□ 0303
incredible
[inkrédəbəl]

⑲ (믿기 어려울 만큼) 굉장한, 훌륭한, 믿기지 않는
an **incredible** memory 굉장한 기억력
an **incredible** climbers' attempt 훌륭한 산악인들의 도전
It is an *incredible* story to me. 그것은 내게 믿기지 않는 이야기이다.
➕ voca = **astonishing** 놀라운 = **overwhelming** 굉장한

□ 0304
content
[kəntént]

⑲ 만족한 ⑲ 만족
live **content** 만족하고 살다
in **content** 만족하여
He is *content* with what he has. 그는 자신이 가진 것에 만족하고 있다.
contented ⑲ 만족한

☐ 0305
amaze
[əméiz]

(동) 놀라게 하다
an **amazed** silence 놀라서 말문이 막힘
have **amazing** endurance 놀라운 인내력을 갖고 있다
You'll be *amazed* at the wealth of information.
당신은 정보의 풍부함에 놀라게 될 것이다.
amazed (형) 놀란 amazing (형) 놀랄 만한

☐ 0306
embarrass
[imbǽrəs]

(동) 당황하게 하다, 무안하게 하다
an **embarrassing** question 당혹스러운 질문
embarrass the audience 청중을 당황하게 하다
She was *embarrassed* by his praise. 그녀는 그의 칭찬에 무안해졌다.
embarrassment (명) 당황, 난처

☐ 0307
delight
[diláit]

(동) 기쁘게 하다 (명) 기쁨
beam with **delight** 기쁨으로 빛나다
a great **delight** 큰 기쁨
Her presence *delighted* everybody. 그녀가 참석해서 모두들 아주 기뻐했다.
delightful (형) 아주 기쁜

☐ 0308
depression
[dipréʃən]

(명) 우울, 의기소침; 불경기
be in a state of **depression** 의기소침한 상태에 있다
the recent business **depression** 최근의 불경기
It is a report about the *depression* felt by women.
그것은 여성들이 느끼는 우울증에 대한 보고서이다.
depressed (형) 우울한, 슬픈
+ voca = **recession** 불경기

☐ 0309
upset
[ʌpsét]
upset-upset

(동) 당황하게 하다; 뒤엎다 (명) 당황; 전복
easily **upset** 쉽게 화를 내는
upset the glass 유리잔을 뒤엎다
She was *upset* by his uncivil remarks. 그녀는 그의 무례한 말에 당황했다.

☐ 0310
annoy
[ənɔ́i]

(동) 화나게 하다, 짜증나게 하다, 괴롭히다
be **annoyed** at trifles 사소한 일에 화가 나다
an **annoying** habit 짜증스러운 버릇
She is quite *annoyed* by their hypocrisy.
그녀는 그들의 위선 때문에 꽤 화가 났다.
+ voca = **bother** 귀찮게 하다, 성가시게 하다

□ 0311
grateful
[gréitfəl]

(형) 감사하는, 고맙게 여기는
send a **grateful** letter 감사의 편지를 보내다
be **grateful** to receive donations 감사히 기부금을 받다
He was *grateful* to me for what I had done.
그는 내가 했었던 일에 대해 나에게 고마워했다.

gratitude (명) 감사

□ 0312
miserable
[mízərəbəl]

(형) 비참한, 불쌍한
lead a **miserable** existence 비참한 생활을 하다
a **miserable** death 비참한 죽음
A *miserable* misfortune befell him. 비참한 불행이 그에게 들이닥쳤다.

misery (명) 비참
+ voca = wretched 비참한

□ 0313
alarm
[əlά:rm]

(명) 놀람; 경보 소리 (동) 놀라게 하다
in **alarm** 놀라서
set an **alarm** clock 자명종을 맞추다
A noise *alarmed* the deer. 소음에 사슴이 놀랐다.
+ voca = alert 경보, 경계

□ 0314
sigh
[sai]

(명) 한숨 (동) 한숨을 내쉬다
exhale a **sigh** 한숨을 내쉬다
sigh for grief 탄식하다
I *sighed* with relief when I found my lost credit card.
분실한 신용카드를 찾았을 때 나는 안도의 한숨을 내쉬었다.

□ 0315
weary
[wíəri]

(형) 지친; 싫증이 난
weary in body and mind 심신이 지친
grow **weary** of his preaching 그의 설교에 싫증이 나다
He was *weary* of waiting for her call.
그는 그녀의 연락을 기다리는 데 지쳐 있었다.
+ voca = exhausted 지친 = tiresome 지루한, 귀찮은

□ 0316
keen
[ki:n]

(형) 예리한; 날카로운, 예민한; 열망하는
have **keen** hearing 청각이 예민하다
keen on being promoted 승진을 열망하는
She has a *keen* insight into human character.
그녀는 인간의 성격에 대해 날카로운 통찰력을 갖고 있다. (기출 예문)

□ 0317
perplex
[pərpléks]

동 당황하게 하다; 복잡하게 하다
a **perplexed** expression 당황한 표정
perplex the problem 문제를 복잡하게 하다
I was somewhat *perplexed* by his indifferent response.
나는 그의 무관심한 반응에 다소 당황했다.

perplexity 명 당황, 곤혹

□ 0318
puzzle
[pΛzl]

동 난처하게 하다; 생각해 내다 명 곤혹; 수수께끼
puzzled at her silence 그녀의 침묵에 난처해 하는
be in a **puzzle** 곤혹스러워 하다
It's a *puzzle* to me how he did it.
그가 어떻게 그것을 했는가는 나에게 수수께끼이다. (기출 예문)

□ 0319
outrage
[áutrèidʒ]

명 격분, 크게 격분시킬 일; 불법 행위 동 격분시키다; 폭행하다
provoke public **outrage** 대중의 격분을 불러일으키다
an **outrage** against humanity 인륜에 어긋나는 행위
Her dismissal caused considerable *outrage* among the
workforce. 그녀가 해고된 일은 종업원 사이에 상당한 격분을 일으켰다. (기출 예문)

outrageous 형 포악한, 잔인무도한

□ 0320
horrible
[hɔ́:rəbəl]

형 끔찍한, 무서운
die a **horrible** death 끔찍한 죽음을 당하다
a **horrible** nightmare 끔찍한 악몽
Hope leads us from the most *horrible* problems into a
bright day. 희망은 우리를 가장 끔찍한 문제로부터 밝은 날로 이끌어 준다.
horror 명 공포
+ voca = awful 무시무시한　= dreadful 두려운

□ 0321
dismay
[disméi]

동 당황시키다, 낙담시키다 명 당황, 낙담
be **dismayed** to hear the news 그 소식을 듣고 당황하다
moan in **dismay** 낙담하여 신음 소리를 내다
I was *dismayed* at the sight. 나는 그 광경에 당황했다.
+ voca = discourage 낙담시키다

□ 0322
apprehensive
[æ̀prihénsiv]

형 염려하는; 이해가 빠른
be **apprehensive** of her 그녀를 염려하다
an **apprehensive** mind 이해가 빠른 사람
She was *apprehensive* about resuming dancing.
그녀는 무용을 다시 시작하는 것에 대해 염려했다.
apprehension 명 염려; 이해

0323
stun
[stʌn]

동 **기절시키다; 멍하게 하다**
be **stunned** by the fall 쓰러져 기절하다
a **stunning** beauty 기막힌 미인
He was *stunned* by the unexpected news for a while.
그는 그 뜻밖의 소식에 한동안 멍해졌다.

0324
groan
[gróun]

동 **신음하다** 명 **신음 소리**
groan with pain 아파서 신음하다
with **groan** 신음하며
The wounded *groaned* for medicine.
부상자들은 신음하며 약을 찾았다. (기출 예문)
+ voca = **moan** 신음하다

0325
frown
[fraun]

동 **얼굴을 찡그리다, 눈살을 찌푸리다; 난색을 표하다** 명 **찡그린 얼굴**
wear a **frown** 찡그린 얼굴을 하다
frown upon a scheme 계획에 난색을 보이다
She *frowned* to show her disapproval of the suggestion.
그녀는 눈살을 찌푸려 그 제안에 반대 의사를 표시했다.
+ voca = **scowl** 얼굴을 찌푸리다

0326
thrill
[θril]

동 **흥분시키다, 감격시키다; 떨다** 명 **전율, 떨림**
thrill with joy 기쁨으로 떨리다
feel a **thrill** 전율을 느끼다
All the audience were *thrilled* by the beauty of the actress.
관객 모두는 그 여배우의 아름다움에 흥분되었다.

0327
fury
[fjúəri]

명 **격분, 분노**
speechless with **fury** 격분해서 말을 하지 못하는
be white with **fury** 화가 나서 얼굴이 하얗게 되다
The careless behavior roused him to *fury*.
그 부주의한 행동에 그는 격분했다.
furious 형 격분한

0328
sob
[sɑb]

동 **흐느끼다, 흐느껴 울다**
sob loudly 큰 소리로 흐느끼다
sob out her story 흐느끼며 그녀의 이야기를 하다
The adorable baby *sobbed* herself to sleep.
그 귀여운 아기는 흐느껴 울다가 잠이 들었다.

A 영어는 우리말로, 우리말은 영어로 쓰시오.

① embarrass _____   ⑪ 한숨 _____
② delight _____   ⑫ 감사하는 _____
③ perplex _____   ⑬ 격분 _____
④ stun _____   ⑭ 좌절시키다 _____
⑤ dismay _____   ⑮ 우울, 의기소침 _____
⑥ sob _____   ⑯ 굉장한 _____
⑦ alarm _____   ⑰ 혼란시키다 _____
⑧ horrible _____   ⑱ 비참한 _____
⑨ frown _____   ⑲ 열등한 _____
⑩ thrill _____   ⑳ 화나게 하다 _____

B 빈칸에 공통으로 들어갈 단어는?

① be _____ of her 그녀를 염려하다   an _____ mind 이해가 빠른 사람
② _____ with pain 아파서 신음하다   with _____ 신음하며
③ wait in _____ 헛되이 기다리다   make _____ efforts 허탕을 치다
④ have _____ hearing 청각이 예민하다
       _____ on being promoted 승진을 열망하는

C 다음 빈칸에 알맞은 단어를 〈보기〉에서 골라 넣으시오. (필요하면 형태를 변형하시오.)

[보기]
upset   content   puzzle   outrage   weary   amaze

① He is (   ) with what he has.
② He was (   ) of waiting for her call.
③ You'll be (   ) at the wealth of information.
④ It's a (   ) to me how he did it.
⑤ She was (   ) by his uncivil remarks.
⑥ Her dismissal caused considerable (   ) among the workforce.

D 이번 테마를 다룬 독해 지문을 읽으면서 관련 어휘의 뜻을 확인해 보자.

Through the train window, I could see crops ripening in the fields and trees turning red and yellow. If this journey had taken place a week earlier, all this would have **delighted** my eyes. But I could not enjoy them. Too  many thoughts were running through my head. What had I done to **grateful** Uncle Joe, the man who had raised me for twenty years? I felt ashamed for not having visited him for the last five years. I **frustrated** him, the man who loved me like a father. I wasn't **contented** with myself, knowing that last week he spent his sixtieth birthday alone.

Translation 기차 창문을 통해 나는 들판에서 곡식이 익어가고 나무들이 단풍이 들어가고 있는 것을 볼 수 있었다. 만약 이 여행이 일주일 정도만 빨리 이루어졌다면, 이 모든 것이 내 눈을 delight하게 했을 것이다. 하지만 나는 그것들을 즐길 수 없었다. 너무나 많은 생각들이 내 머리를 스쳐갔다. 나를 20년 동안이나 키워주신 분인 grateful한 Joe 삼촌께 나는 무엇을 해드렸단 말인가? 지난 5년 동안 그분을 방문하지 않은 것이 부끄러웠다. 나는 마치 나의 아버지처럼 나를 사랑해 주신 그분을 frustrate하게 해드렸다. 지난주에 그분이 예순 번째 생신을 혼자 보내셨다는 사실을 알고, 나는 나 스스로에게 contented하지 않았다.

Words • crop 농작물 • ripen 익다 • journey 여행 • take place 일어나다 • raise 기르다, 양육하다 • ashamed 부끄러워하는

정답 (8)

B ① apprehensive ② groan ③ vain ④ keen
C ① content ② weary ③ amazed ④ puzzle ⑤ upset ⑥ outrage

─ 감정과 심리 (2)

Link
Rank

12

충동구매는
지름신 때문?

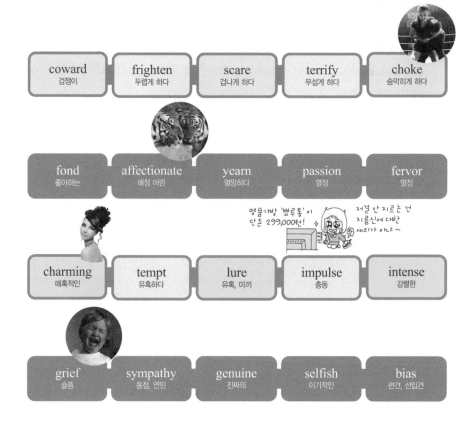

| coward 겁쟁이 | frighten 두렵게 하다 | scare 겁나게 하다 | terrify 무섭게 하다 | choke 숨막히게 하다 |

| fond 좋아하는 | affectionate 애정 어린 | yearn 열망하다 | passion 열정 | fervor 열정 |

명품가방 '쁘루통'이
단돈 299,000원!

저걸 안 지르는 건
지름신에 대한
예의가 아냐~

| charming 매혹적인 | tempt 유혹하다 | lure 유혹, 미끼 | impulse 충동 | intense 강렬한 |

| grief 슬픔 | sympathy 동정, 연민 | genuine 진짜의 | selfish 이기적인 | bias 편견, 선입견 |

□ 0329
enthusiasm
[enθúːziæ̀zəm]

명 열광, 열의, 열중
have an **enthusiasm** for reading 독서광이다
an excessive **enthusiasm** for football 축구에 대한 지나친 열광
He has boundless energy and *enthusiasm*.
그는 무한한 활력과 열의를 갖고 있다. (기출 예문)
enthusiastic 형 열렬한, 열광적인

□ 0330
passion
[pǽʃən]

명 열정, 격정; 수난
burn with **passion** 열정으로 불타오르다
arouse **passion** 격정을 일으키다
He has a *passion* for taking photos. 그는 사진 찍기를 매우 좋아한다.
passionate 형 열정적인

□ 0331
sympathy
[símpəθi]

명 동정, 연민; 공감
feel great **sympathy** 큰 연민을 느끼다
his pretended **sympathy** 그의 거짓된 동정
Perfect *sympathy* should exist between husband and wife.
남편과 아내 사이에는 완벽한 공감이 있어야 한다. (기출 예문)
sympathetic 형 동정적인   sympathize 동 동정하다, 공감하다
➕ voca = **pity** 연민, 동정

□ 0332
complicated
[kámpləkèitid]

형 복잡한, 풀기 힘든
be **complicated** in structure 구조가 복잡한
a **complicated** puzzle 풀기 힘든 퍼즐
The organization of the human body is very *complicated*.
인체 구조는 아주 복잡하다. (기출 예문)
complication 명 복잡
➕ voca = **complex** 복잡한; 복합의

□ 0333
disgust
[disɡʌ́st]

명 혐오, 넌더리 동 역겹게 하다, 혐오스럽게 하다
feel **disgusted** at the sight 그 광경에 역겨움을 느끼다
in **disgust** 넌더리가 나서
This smell *disgusts* me. 나는 이 냄새가 역겹다.
disgusting 형 메스꺼운, 역겨운
➕ voca = **loathing** 혐오   = **distaste** 싫증

□ 0334
intense
[inténs]

형 강렬한; 격양된, 심한
an **intense** light 강렬한 빛
get very **intense** 아주 격양되다
The training was *intense* and painful. 훈련은 강도 높고 고통스러웠다.
intensity 명 강렬함, 강도

□ 0335
frighten
[fráitn]

⑧ 두렵게 하다, 소스라쳐 놀라게 하다
be **frightened** of the dark 어둠을 두려워하다
a **frightening** situation 두려운 상황
Jennifer didn't mean to *frighten* her parents.
Jennifer는 부모님을 놀라게 하려고 한 게 아니었다.

□ 0336
scare
[skεər]

⑧ 겁나게 하다, 겁내다, 놀라다
scare easily 겁을 잘 내다
a **scared** look 겁에 질린 표정
He tried to *scare* us but we ignored him.
그는 우리를 겁나게 하려고 했지만, 우리는 그를 무시했다. (기출 예문)
scared ⑧ 두려워하는

□ 0337
admire
[ædmáiər]

⑧ 감탄하다, 사모하다
admire his honesty 그의 정직함에 감탄하다
be welcomed by **admiring** fans 흠모하는 팬들의 환영을 받다
We *admired* the grandeur of the mountains.
우리는 그 산의 장대함에 감탄했다. (기출 예문)
admiration ⑧ 감탄 admirable ⑧ 감탄할 만한
➕ voca ↔ despise 경멸하다

□ 0338
fond
[fɑnd]

⑧ 좋아하는; 다정한
be **fond** of dancing 춤을 좋아하다
a **fond** farewell 다정한 작별
My uncle is very *fond* of fishing. 우리 삼촌은 낚시를 아주 좋아한다. (기출 예문)
fondness ⑧ 좋아함

□ 0339
tempt
[tempt]

⑧ 유혹하다; ~할 생각이 나게 하다
be **tempted** to take the day off 하루 쉬고 싶다
a **tempting** offer 유혹적인 제안
You will feel *tempted* to start using the screen soon.
너는 곧 터치스크린을 사용하고 싶은 생각이 들 것이다.
temptation ⑧ 유혹

□ 0340
impulse
[ímpʌls]

⑨ 충동; 충격, 추진력
buy on **impulse** 충동 구매를 하다
a man of **impulse** 충동적인 사람
She felt an *impulse* to cry. 그녀는 울고 싶은 충동이 들었다.
impulsive ⑧ 충동적인

□ 0341
grief
[gríːf]

명 슬픔, 비탄
in accents of **grief** 슬픈 어조로
be buried in **grief** 슬픔에 잠기다
Newspapers should not intrude on people's private *grief*.
신문은 사람들의 사적인 슬픔을 침해해서는 안 된다. (기출 예문)
grieve 통 슬퍼하다
+ voca = sorrow 슬픔

□ 0342
charming
[tʃáːrmiŋ]

형 매혹적인, 매력 있는
a really **charming** person 정말 매력 있는 사람
a **charming** spectacle 매혹적인 광경
Due to his *charming* personality, everyone likes him.
그의 매력적인 성격 때문에 모두들 그를 좋아한다.
charm 통 매혹하다
+ voca = appealing 매력적인

□ 0343
selfish
[sélfiʃ]

형 이기적인
selfish behavior 이기적인 행동
the **selfish** gene 이기적인 유전자
A *selfish* child doesn't like to share toys with anyone.
이기적인 아이는 다른 아이와 장난감을 공유하는 것을 좋아하지 않는다. (기출 예문)
+ voca = egoistic 이기주의의 ↔ altruistic 이타적인

□ 0344
genuine
[dʒénjuin]

형 진짜의, 참된
a **genuine** leather 진짜 가죽
genuine courage 참된 용기
It is a *genuine* Michelangelo drawing.
그것은 진짜 미켈란젤로의 그림이다. (기출 예문)
genuinely 부 진정으로

□ 0345
bore
[bɔːr]

동 지루하게 하다
a **boring** movie 지루한 영화
be **bored** with life 인생이 지루한
We usually yawn when sleepy or *bored*.
우리는 대개 졸리거나 지루할 때 하품을 한다.
boredom 명 지루함, 권태

□ 0346
abrupt
[əbrʌ́pt]

형 갑작스러운, 돌연한; 퉁명스러운
come to an **abrupt** end 돌연 끝나다
an **abrupt** turn in the road 도로의 급커브
Her sister had a very *abrupt* manner.
그녀의 언니는 태도가 아주 퉁명스러웠다.
abruptly 부 퉁명스럽게, 돌연

□ 0347
affectionate
[əfékʃənit]

(형) 애정 어린, 상냥한

an **affectionate** hug 애정 어린 포옹
be **affectionate** with children 아이들에게 상냥한
The soldier received an *affectionate* letter from his sister.
그 군인은 누이에게서 애정 어린 편지를 받았다. (기출 예문)
affection (명) 애정

□ 0348
self-confidence
[sèlfkánfədəns]

(명) 자신감

gain **self-confidence** 자신감을 얻다
be full of **self-confidence** 자신만만하다
He has a *self-confidence* that is sometimes seen as arrogance.
그는 때로는 오만으로 보이는 자신감을 갖고 있다. (기출 예문)
self-confident (형) 자신 있는

□ 0349
bias
[báiəs]

(명) 편견, 선입견 (동) 편견을 품게 하다

a personal **bias** 개인적인 편견
be completely without **bias** 편견이 전혀 없다
We should be free from any *bias* or discrimination.
우리는 어떠한 편견이나 차별로부터 자유로워야 한다.

+ voca = prejudice 편견, 선입견

□ 0350
terrify
[térəfài]

(동) 무섭게 하다, 겁나게 하다

a **terrifying** experience 무서운 경험
be **terrified** of thunderstorms 뇌우를 무서워하는
My brother is *terrified* of learning a new language.
내 동생은 새로운 언어를 배우는 것을 겁낸다.
terror (명) 무서움, 공포 terrific (형) 무서운; 굉장한

□ 0351
zeal
[zi:l]

(명) 열성, 열의

show **zeal** 열의를 보이다
tireless **zeal** 지칠 줄 모르는 열의
They prepared for the meeting with *zeal* for 3 days.
그들은 3일 동안 열심히 회의 준비를 했다.
zealous (형) 열심인, 열광적인

□ 0352
coward
[káuərd]

(명) 겁쟁이 (형) 겁 많은, 비겁한

despise a **coward** 겁쟁이를 경멸하다
a **coward** blow 비겁한 공격
They called me a *coward* because I would not fight.
내가 싸우려고 하지 않기 때문에 그들은 나를 겁쟁이라고 불렀다. (기출 예문)
cowardly (형) 겁 많은

□ 0353
lure
[lúər]

명 유혹, 미끼 동 유혹하다, 꾀다
lure customers 소비자를 유혹하다
the **lure** of adventure 모험의 유혹
Don't let money *lure* you into a job you dislike.
좋아하지도 않는 일에 돈으로 유혹되지 않도록 하라.
➕ voca = allure 매혹하다, 유인하다

□ 0354
ruthless
[rú:θlis]

형 무자비한, 무정한
ruthless persecution 무자비한 박해
with his **ruthless** methods 그의 무자비한 방법으로
The small island is ruled by a *ruthless* dictator.
그 작은 섬은 무자비한 독재자가 통치하고 있다.
➕ voca = merciless 무자비한 ↔ merciful 자비로운

□ 0355
yearn
[jə́:rn]

동 열망하다, 동경하다
yearn for freedom 자유를 동경하다
yearn to return home 귀향하기를 열망하다
She had *yearned* to be a musician from an early age.
그녀는 어린 시절부터 음악가가 되기를 열망했었다.
yearning 명 동경, 열망

□ 0356
grotesque
[groutésk]

형 기괴한, 이상한
a **grotesque** monster 기괴한 괴물
a **grotesque** murder case 기괴한 살인 사건
In the novel, he features seemingly *grotesque* characters.
그 소설에서 그는 겉보기에 기괴한 인물들을 등장시킨다.

□ 0357
choke
[tʃóuk]

동 숨막히게 하다, 질식시키다
be **choked** with smoke 연기로 숨이 막히다
choke with emotion 감정이 북받쳐 목이 메다
She began to weep in *choking* sobs.
그녀는 숨이 넘어갈 듯 흐느끼며 울기 시작했다. 기출 예문

□ 0358
fervor
[fə́:rvər]

명 열정
religious **fervor** 종교적 열정
speak with great **fervor** 열변을 토하다
Her *fervor* for volleyball was unmatched.
배구에 대한 그녀의 열정은 타의 추종을 불허했다.
fervent 형 열렬한

A 영어는 우리말로, 우리말은 영어로 쓰시오.

① enthusiasm _____ ⑪ 감탄하다 _____

② abrupt _____ ⑫ 기괴한 _____

③ terrify _____ ⑬ 자신감 _____

④ tempt _____ ⑭ 혐오 _____

⑤ grief _____ ⑮ 열망하다 _____

⑥ lure _____ ⑯ 매혹적인 _____

⑦ zeal _____ ⑰ 이기적인 _____

⑧ frighten _____ ⑱ 겁쟁이 _____

⑨ sympathy _____ ⑲ 편견 _____

⑩ scare _____ ⑳ 애정 어린 _____

B 빈칸에 공통으로 들어갈 단어는?

① religious _____ 종교적 열정 speak with great _____ 열변을 토하다

② an _____ light 강렬한 빛 get very _____ 아주 격앙되다

③ be _____ in structure 구조가 복잡한 a _____ puzzle 풀기 힘든 퍼즐

④ be _____ of dancing 춤을 좋아하다 a _____ farewell 다정한 작별

C 다음 빈칸에 알맞은 단어를 〈보기〉에서 골라 넣으시오. (필요하면 형태를 변형하시오.)

┌─────────────── **[보기]** ───────────────┐
　　ruthless　impulse　passion　choke　bore　genuine
└───┘

① We usually yawn when sleepy or ( ).

② He has a ( ) for taking photos.

③ It is a ( ) Michelangelo drawing.

④ She began to weep in ( ) sobs.

⑤ She felt an ( ) to cry.

⑥ The small island is ruled by a ( ) dictator.

D 이번 테마를 다룬 독해 지문을 읽으면서 관련 어휘의 뜻을 확인해 보자.

Bored, I was recently standing in the Checkout Line. There was a bit of a problem with one register and its line was growing longer. Your employee, Karen, jumped in and opened another register. As I saw her  approaching the new register, I expected the usual disorder. Usually the person who has been waiting the least amount of time is **tempted** to run to the new line first in a **selfish** impulse, then, everyone gets pretty **abrupt**. But Karen looked right at the person who had been waiting the longest and said, "I believe you're next." What she did made everyone actually act like an adult. I was **genuinely** impressed.

Translation　Bored함을 느끼며, 최근에 저는 계산대 앞에 줄을 서 있었습니다. 계산기에 약간 문제가 생겨서 줄이 길어지고 있었습니다. 귀사의 직원인 Karen이 뛰어오더니 다른 계산대를 열었습니다. 그녀가 새로운 계산대 쪽으로 가는 것을 보면서, 저는 늘 벌어지는 무질서한 상황을 예상했습니다. 대개 제일 적게 기다린 사람이 **selfish**한 충동으로 새 줄로 제일 먼저 뛰어가도록 **tempt**되며, 그러면 (그 사람을 제외한) 모두가 꽤 **abrupt**하게 됩니다. 하지만 Karen은 가장 오래 기다린 사람을 바로 쳐다보더니, "손님이 다음 차례인 것 같습니다."라고 했습니다. 그녀의 행동은 모두를 어른스럽게 행동하게 만들었습니다. 저는 **genuinely**하게 감명을 받았습니다.

Words　• register 계산기　• employee 직원　• approach 다가가다, 접근하다　• disorder 무질서 • impulse 충동

B　① fervor　② intense　③ complicated　④ fond
C　① bored　② passion　③ genuine　④ choking　⑤ impulse　⑥ ruthless

건강과 의학 (1)

Link
Rank

13

내 절친,
만성피로와 소화불량

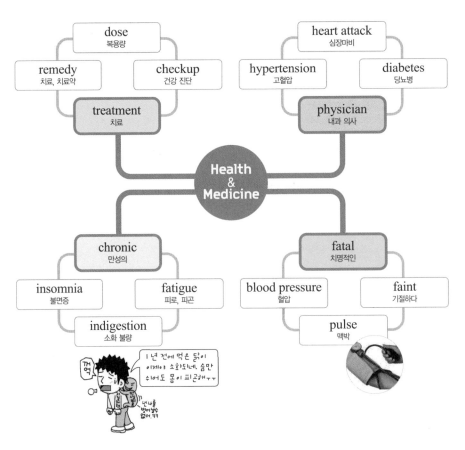

| dose 복용량 |
| remedy 치료, 치료약 | checkup 건강 진단 |
| treatment 치료 |

| heart attack 심장마비 |
| hypertension 고혈압 | diabetes 당뇨병 |
| physician 내과 의사 |

Health & Medicine

| chronic 만성의 |
| insomnia 불면증 | fatigue 피로, 피곤 |
| indigestion 소화 불량 |

| fatal 치명적인 |
| blood pressure 혈압 | faint 기절하다 |
| pulse 맥박 |

1년 전에 먹은 닭이
이제야 소화되네. 숨만
쉬어도 몸이 피곤해ㅠㅠ

넌 나를
벗어날 수
없어.ㅋㅋ

☐ 0359
treatment
[trí:tmənt]

명 치료, 치료법; 처리; 대접
under medical treatment 치료 중에 있는
ultraviolet treatment 자외선 치료
The government has begun a nationwide effort to improve *treatments*. 정부는 치료법을 향상시키려고 전국적인 노력을 해 왔다. 기출 예문
treat **동** 치료하다; 대우하다

☐ 0360
remedy
[rémədi]

명 치료, 치료약; 구제책 **동** 치료하다; 제거하다
a folk remedy 민간요법
external remedies 외용약
Patience is the best *remedy* for all kinds of trouble.
인내는 모든 종류의 문제에 대한 최고의 치료약이다.

☐ 0361
fatal
[féitl]

형 치명적인; 운명의
a fatal wound 치명적인 부상
the fatal hour 운명의 시간
The drunk driver caused a *fatal* accident on 42nd street.
그 음주 운전자가 42번가에서 치명적인 사고를 일으켰다.
fatality **명** 죽음, 사망자 수; 치사율
+ voca = **mortal** 치명적인, 죽을 운명의

☐ 0362
sanitary
[sǽnətèri]

형 위생의, 위생적인
sanitary fittings 위생 설비
sanitary regulations 공중위생 규정
He is an authority in the field of *sanitary* engineering.
그는 위생 공학 분야의 권위자이다.
sanitation **명** 공중위생
+ voca = **hygienic** 위생학의, 위생적인

☐ 0363
nerve
[nə:rv]

명 신경; 신경과민
nerve tissues 신경 조직
be all nerves 매우 신경과민이다
The *nerves* in one's fingertips are very sensitive.
손가락 끝의 신경은 아주 예민하다. 기출 예문
nervous **형** 신경과민의

☐ 0364
insomnia
[insάmniə]

명 불면증
cure insomnia 불면증을 고치다
insomnia of exhaustion 피로성 불면증
Insomnia can be caused by worries about daily life.
불면증은 일상생활에 대한 걱정 때문에 생길 수 있다.

□ 0365
ache
[éik]

동 아프다 명 아픔
have an **ache** in the back 등이 아프다
an **aching** tooth 아픈 이
Her heart *ached* for the poor child.
그 가련한 아이로 인해 그녀의 마음이 아팠다. (기출 예문)

aching 형 아픈, 쑤시는
+ voca = pain 아픔, 고통

□ 0366
physician
[fizíʃən]

명 내과 의사, 의사
an unlicensed **physician** 무면허 의사
a family **physician** 가정 주치의
Consult with your *physician* about your health.
담당 의사와 여러분의 건강에 대해 상의해 보세요. (기출 예문)

□ 0367
epidemic
[èpədémik]

명 유행병, 전염병 형 유행성의, 전염성의
a flu **epidemic** 유행성 독감
the outbreak of **epidemic** cholera 전염성 콜레라의 발발
The *epidemic* is continuing to spread out in East Asia.
그 전염병은 동아시아에서 계속 확산되고 있다.

+ voca = plague 역병, 전염병

□ 0368
pulse
[pʌls]

명 맥박
have a rapid **pulse** 맥박이 빠르다
have an uneven **pulse** 부정맥을 가지고 있다
The patient's *pulse* is not very regular.
그 환자의 맥박은 아주 규칙적이지 않다.

□ 0369
paralyze
[pǽrəlàiz]

동 마비시키다, 무력하게 하다
be **paralyzed** in both legs 두 다리가 마비되다
paralyze the activity 활동을 마비시키다
The accident left him *paralyzed* from the waist down.
그 사고로 그는 하반신이 마비되었다.

paralysis 명 마비 paralization 명 마비시킴

□ 0370
tongue
[tʌŋ]

명 혀; 말; 언어
slip of the **tongue** 실언
acquisition of the mother **tongue** 모국어 습득
I had to bite my *tongue* for a while.
나는 잠시 동안 혀를 꽉 깨물고 참아야만 했다.

+ voca = language 언어

□ 0371
wrinkle
[ríŋkəl]

(명) 주름 (동) 주름살이 지게 하다
be **wrinkled** with age 나이가 들어 주름이 지다
her old **wrinkled** face 그녀의 늙고 주름진 얼굴
Wrinkles on the left side express the emotions we have experienced. 왼쪽의 주름은 우리가 경험한 감정들을 표현한다. (기출 예문)

□ 0372
bandage
[bǽndidʒ]

(명) 붕대, 안대
remove a **bandage** 붕대를 풀다
bind a **bandage** about the head 머리에 붕대를 감다
Her house was full of dogs with *bandaged* legs.
그녀의 집은 다리에 붕대를 감은 개들로 가득했다.

□ 0373
fatigue
[fətíːg]

(명) 피로, 피곤
be faint with **fatigue** 피로해서 어지럽다
mental **fatigue** 정신적 피로
Her voice was husky with *fatigue*. 그녀의 목소리가 피로로 쉬어 있었다.
+ voca = tiredness 피로   = exhaustion 극심한 피로

□ 0374
chronic
[kránik]

(형) 만성의
a **chronic** disease 만성 질환
be in **chronic** pain 만성 통증에 시달리다
She was diagnosed with *chronic* fatigue syndrome.
그녀는 만성 피로 증후군인 것으로 진단받았다.
+ voca ↔ acute 급성의

□ 0375
faint
[féint]

(동) 기절하다 (명) 기절, 졸도 (형) 희미한, 어렴풋한
fall into a **faint** 기절하다
faint at the sight of blood 피를 보고 기절하다
I nearly *fainted* in the heat. 나는 더위에 거의 기절할 뻔했다. (기출 예문)
+ voca = vague 흐릿한, 모호한   = dim 어둑한, 흐릿한

□ 0376
indigestion
[ìndidʒéstʃən]

(명) 소화 불량
have an attack of **indigestion** 소화 불량을 겪다
treat **indigestion** 소화 불량을 치료하다
Falling asleep before digesting a meal can cause *indigestion*.
소화되기 전에 잠드는 것은 소화 불량을 일으킬 수 있다.
digest (동) 소화하다; 잘 이해하다

□ 0377
dose
[dóus]

몡 (약의 1회) 복용량 통 약을 조제하다, 약을 먹다
take three doses a day 하루에 세 번 약을 먹다
in large doses 다량으로
It is harmful to exceed the prescribed *dose*.
처방된 복용량을 초과하면 해롭다.

□ 0378
fracture
[fræktʃər]

몡 골절 통 골절하다
suffer a fracture 골절상을 입다
set a fracture 접골하다
A shoulder *fracture* is accompanied by severe pain.
어깨 골절은 심한 통증을 수반한다.

□ 0379
acupuncture
[ǽkjupʌŋktʃər]

몡 침술
apply acupuncture 침을 놓다
anesthetize by acupuncture 침 마취를 하다
Acupuncture is effective in relieving pain.
침은 고통을 줄이는 데 효과가 있다.

□ 0380
blood pressure
[blʌ́d preʃər]

몡 혈압
have a high blood pressure 고혈압이다
lower the blood pressure 혈압을 낮추다
A doctor checks vision and *blood pressure*.
의사는 시력과 혈압을 검사한다. (기출 예문)

□ 0381
hypertension
[hàipərténʃən]

몡 고혈압
prevent hypertension 고혈압을 예방하다
develop hypertension 고혈압을 발병시키다
Maintaining a proper weight lessens your risk of
hypertension. 적절한 체중 유지는 고혈압의 위험을 줄여 준다.
+ voca = high blood pressure 고혈압

□ 0382
heart attack
[háːrt ətǽk]

몡 심장마비, 심장발작
have a heart attack 심장마비를 일으키다
turn out to be a heart attack 심장마비로 판명되다
Heart attacks are more common in the morning.
심장 마비는 아침에 더 흔하다.

□ 0383
checkup
[tʃékʌ̀p]

(명) 건강 진단, 정밀 검사
have a checkup 건강 진단을 받다
a yearly checkup 연례 건강 진단
It requires more accurate *checkup*. 그것은 더 정밀한 검사를 요한다.

□ 0384
diabetes
[dàiəbíːtis]

(명) 당뇨병
the risk of diabetes 당뇨병의 위험
juvenile diabetes 소아 당뇨병
He suffers from *diabetes* and hypertension.
그는 당뇨병과 고혈압을 앓는다.

□ 0385
bruise
[bruːz]

(명) 타박상, 상처; (명) (동) 타박상을 입히다; 멍들다
bruised ribs 멍든 늑골
be badly bruised 심하게 타박상을 입다
She seems to *bruise* easily. 그녀는 쉽게 상처가 나는 것 같다.

□ 0386
blood vessel
[blʌ́d vèsəl]

(명) 혈관
block blood vessel growth 혈관 성장을 막다
burst a blood vessel 몹시 화내다, (흥분 등으로) 혈관을 파열시키다
The disease can occur because of *blood vessel* rupture.
그 질병은 혈관 파열로 인해 발생할 수 있다.

□ 0387
hygiene
[háidʒiːn]

(명) 위생
have no sense of hygiene 위생 관념이 없다
oral hygiene 구강 위생
We have to care about public *hygiene*.
우리는 공중위생에 신경을 써야 한다. (기출 예문)
hygienic (형) 위생의, 위생적인, 건강에 좋은

● 보·너·스·어·휘

신체기관

▪ throat 목	▪ wrist 손목	▪ liver 간
▪ chest 가슴	▪ forehead 이마	▪ lung 폐
▪ lap 무릎 윗부분(허벅지)	▪ cheek 볼, 뺨	▪ kidney 신장
▪ ankle 발목	▪ stomach 위장	▪ artery 동맥

A 영어는 우리말로, 우리말은 영어로 쓰시오.

① checkup _____ ⑪ 골절 _____
② fatigue _____ ⑫ 맥박 _____
③ chronic _____ ⑬ 붕대 _____
④ hypertension _____ ⑭ 침술 _____
⑤ treatment _____ ⑮ 혈압 _____
⑥ wrinkle _____ ⑯ 불면증 _____
⑦ ache _____ ⑰ 심장마비 _____
⑧ indigestion _____ ⑱ 신경 _____
⑨ blood vessel _____ ⑲ 위생의 _____
⑩ diabetes _____ ⑳ 내과 의사 _____

B 빈칸에 공통으로 들어갈 단어는?

① slip of the _____ 실언   acquisition of the mother _____ 모국어 습득
② a _____ wound 치명적인 부상   the _____ hour 운명의 시간
③ fall into a _____ 기절하다   _____ at the sight of blood 피를 보고 기절하다
④ a flu _____ 유행성 독감
   the outbreak of _____ cholera 전염성 콜레라의 발발

C 다음 빈칸에 알맞은 단어를 〈보기〉에서 골라 넣으시오. (필요하면 형태를 변형하시오.)

┌─────────────[보기]─────────────┐
  remedy bruise hygiene dose paralyze
└──────────────────────────────────┘

① She seems to (   ) easily.
② It is harmful to exceed the prescribed (   ).
③ The accident left him (   ) from the waist down.
④ We have to care about public (   ).
⑤ Patience is the best (   ) for all kinds of trouble.

D 이번 테마를 다룬 독해 지문을 읽으면서 관련 어휘의 뜻을 확인해 보자.

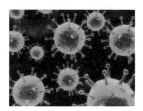

Our bodies have the natural ability to fight off bacteria and diseases when they enter our bodies. But there are other diseases that our bodies cannot successfully resist on their own. In order to prevent such diseases, it is advised that everyone over the age of twenty-five should have a regular physical examination. During a regular examination a doctor checks weight, vision and hearing problems, **blood pressure**, and so on. The **physician** also carries out some special tests to detect such dangerous diseases as **hypertension** cancer and **diabetes**, if necessary. The information from both **check-ups** and tests provides important insight into the patient's overall physical condition. Hence, the time spent on regular examinations is a sensible investment in good health.

Translation 우리의 몸은 박테리아와 질병이 체내에 들어올 때 그것들과 싸우는 자연적인 능력을 가지고 있다. 그러나 우리의 몸이 스스로 성공적으로 저항할 수 없는 다른 질병들이 있다. 그런 질병들을 예방하기 위해 25세 이상인 사람은 누구나 정기적인 신체검사를 받도록 권고된다. 신체검사를 하는 동안에 의사는 체중, 시력과 청력 문제, blood pressure 등을 확인한다. physician은 또한 필요하다면 hypertension, 암, diabetes와 같은 위험한 질병을 찾아내기 위해 몇 가지 특별한 검사를 시행한다. check-up과 검사에서 나온 정보는 환자의 전반적인 신체 상황에 대한 중요한 통찰을 제공한다. 그러므로 정기검진에 드는 시간은 좋은 건강을 위한 현명한 투자다.

Words • physical examination 신체검사 • carry out 실행하다 • detect 찾아내다
• insight 통찰력 • overall 전반적인 • investment 투자

정답

B ① tongue ② fatal ③ faint ④ epidemic
C ① bruise ② dose ③ paralyzed ④ hygiene ⑤ remedy

건강과 의학 (2)

Link Rank

14

수술보다 약이 과연 좋을까

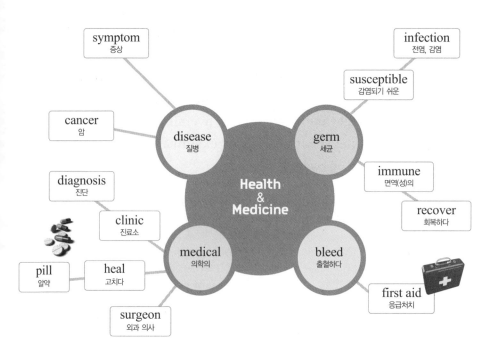

symptom
증상

infection
전염, 감염

susceptible
감염되기 쉬운

cancer
암

disease
질병

germ
세균

diagnosis
진단

immune
면역(성)의

clinic
진료소

recover
회복하다

Health & Medicine

pill
알약

heal
고치다

medical
의학의

bleed
출혈하다

first aid
응급처치

surgeon
외과 의사

□ 0388
medical
[médikəl]

⑱ 의학의, 의료의; 내과의
undergo medical treatment 의학적 치료를 받다
medical instruments 의료 기기
She graduated from a *medical* school. 그녀는 의과 대학을 졸업했다.

□ 0389
disorder
[disɔ́:rdər]

⑲ 무질서, 혼란; 장애
eating disorder 섭식 장애
retreat in disorder 무질서하게 퇴각하다
People with mental *disorders* can be kept from voting.
정신 질환이 있는 사람들은 투표를 못하게 될 수도 있다. (기출 예문)
+ voca = confusion 혼란, 무질서

□ 0390
disease
[dizí:z]

⑲ 질병; 병폐; 변질
an infectious disease 전염병
disease of milk 우유의 변질
Certain bacteria can cause serious *diseases*.
어떤 박테리아는 심각한 질병을 유발할 수 있다.

□ 0391
symptom
[símptəm]

⑲ 징후, 조짐; 증상
a withdrawal symptom 금단 증상
a symptom of discontent 불만의 징후
If the *symptoms* continue or get worse, consult your doctor.
증상이 지속되거나 악화되면 의사와 상의하시오. (기출 예문)
+ voca = indication 징조; 표시

□ 0392
heal
[hi:l]

⑧ (병, 상처 따위를) 고치다, 치유하다, 낫게 하다
heal a wound 상처를 낫게 하다
heal by itself 저절로 낫다
Music can help *heal* your sick body and mind.
음악은 당신의 아픈 몸과 마음을 치료하는 데 도움이 될 수 있다.
+ voca = cure 치료하다

□ 0393
recover
[rikʌ́vər]

⑧ 회복하다, 되찾다, 복구되다
recover from an illness 병이 낫다
recover consciousness 의식을 되찾다
He is gradually *recovering* his health. 그는 건강을 점차 회복하고 있다.
recovery ⑲ 회복

□ 0394
delivery
[dilívəri]

명 배달; 출산; 구조; 말투
a **delivery** room 분만실
a rapid **delivery** 빠른 말투
Mother is doing well after a difficult *delivery*.
산모는 난산 후에 잘 회복하고 있다.
deliver 통 분만하다
+ voca = childbirth 분만, 해산

□ 0395
disabled
[diséibəld]

형 불구가 된, 신체장애의
disabled parking 장애인용 주차장
raise awareness of the **disabled** 장애인들에 대한 인식을 높이다
The organization has improved the quality of life for
disabled people since 2000. 그 단체는 2000년 이후로 장애인들의 삶의
질을 향상시켜 왔다.
disability 명 무능; 장애

□ 0396
cancer
[kǽnsər]

명 암, 악성 종양
die of lung **cancer** 폐암으로 사망하다
terminal **cancer** 말기 암
Dr. Jason was opening new ground in the study of stomach
cancer. Jason 박사는 위암 연구의 새로운 영역을 열어가고 있었다.

□ 0397
infection
[infékʃən]

명 전염, 감염
increase the risk of **infection** 감염의 위험을 증가시키다
prevent **infection** of a disease 병의 전염을 막다
Dysentery is caused by an *infection* which is spread by
dirty water. 이질은 오염된 물로 인해 확산되는 감염에 의해 생긴다. (기출 예문)
infectious 형 전염성의 infect 통 전염시키다

□ 0398
clinic
[klínik]

명 진료소, 진찰실, 전문 병원
a **clinic** for the homeless 노숙자를 위한 진료소
a dental **clinic** 치과 의원
Her mother runs a small medical *clinic*.
그녀의 어머니는 작은 의원을 운영하고 있다.
clinical 형 임상의; 병상의

□ 0399
surgeon
[sə́:rdʒən]

명 외과 의사
a heart **surgeon** 심장외과 의사
a cosmetic **surgeon** 성형외과 의사
The *surgeon* removed part of her bowel.
그 외과 의사는 그녀의 창자의 일부를 제거했다. (기출 예문)
surgery 명 외과 수술

□ 0400
diagnosis
[dàiəgnóusis]

명 진단, 진찰
make a wrong **diagnosis** 오진하다
give a **diagnosis** of pneumonia 폐렴 진단을 내리다
He wants a more thorough *diagnosis*. 그는 보다 더 면밀한 진단을 원한다.
diagnose 동 진단하다

□ 0401
prescription
[priskrípʃən]

명 처방(전), 처방약; 규정
a **prescription** drug 의사의 처방전이 필요한 약
make up a **prescription** 처방전대로 약을 짓다
Take this *prescription* to the local pharmacist.
이 처방전을 동네 약국에 갖고 가세요. (기출 예문)
prescribe 동 처방하다

□ 0402
medicine
[médəsən]

명 약, 의학
prescribe **medicine** 약을 처방하다
clinical **medicine** 임상 의학
Take this *medicine* after every meal. 이 약을 매 식사 후에 복용하시오.
medicinal 형 약의, 약효가 있는

□ 0403
stiff
[stif]

형 뻐근한, 경직된, 굳은
feel **stiff** in the shoulders 어깨가 뻐근하다
stiff look 굳은 표정
I have a *stiff* neck all the time. 나는 항상 목이 뻐근하다.
stiffen 동 강해지다, 뻣뻣해지다
➕ voca ⟷ flexible 유연한; 융통성 있는, 탄력적인

□ 0404
germ
[dʒə́:rm]

명 세균, 병원균
spread **germs** 세균을 퍼뜨리다
destroy **germs** 세균을 죽이다
This toilet cleaner will completely get rid of *germs*.
이 변기 세제는 세균을 완벽하게 제거할 것이다.

□ 0405
transplant
[trǽnsplænt]

명 이식, 이전 동 (기관·조직 따위를) 이식하다
a heart **transplant** operation 심장 이식 수술
transplant flowers to a garden 꽃을 정원에 이식하다
Organ *transplanting* includes replacing a kidney or lung.
장기 이식에는 신장이나 폐를 바꾸는 것이 포함된다. (기출 예문)
transplantable 형 이식할 수 있는

☐ 0406
contagious
[kəntéidʒəs]

(형) 전염성의; 옮기 쉬운
a **contagious** disease 전염병
contagious laughter 전염성이 있는 웃음
How does the bird flu become *contagious* to humans?
조류 독감은 어떻게 인간에게 전염되는가?
contagion (명) 접촉 전염, 감염

☐ 0407
inject
[indʒékt]

(동) 주입하다, 주사하다; (인공위성 등을) 쏘아 올리다
inject penicillin 페니실린을 주사하다
inject a lethal dose 치사량을 주입하다
The nurse *injected* some drug into his vein.
간호사는 그의 정맥에 어떤 약물을 주사하였다. (기출 예문)
injection (명) 주사, 주입

☐ 0408
antibiotic
[æ̀ntibaiátik]

(명) 항생물질 (형) 항생 작용의
become resistant to **antibiotics** 항생물질에 내성이 생기다
a tolerance to **antibiotics** 항생물질에 대한 내성
Certain types of *antibiotic* are used to promote growth in farm animals. 어떤 종류의 항생물질은 농장 가축의 성장을 촉진하기 위해 쓰인다.

☐ 0409
pill
[pil]

(명) 알약
swallow a **pill** 알약을 삼키다
a vitamin **pill** 비타민 정제
This *pill* will relieve your severe headache.
이 알약이 너의 심각한 두통을 완화시켜 줄 것이다.

☐ 0410
immune
[imjú:n]

(형) 면역(성)의; 면제된; 영향을 받지 않는
immune reaction 면역 반응
be **immune** from criticism 비난을 면한
Chronic stress lowers *immune* system functioning.
만성 스트레스는 면역 시스템의 기능을 저하시킨다.
immunity (명) 면역; 면제

☐ 0411
sneeze
[sni:z]

(동) 재채기하다 (명) 재채기
keep **sneezing** 계속 재채기하다
let out a loud **sneeze** 크게 재채기를 하다
This medicine will weaken the *sneeze* greatly.
이 약이 재채기를 상당히 약화시켜 줄 것이다.

☐ 0412
therapy
[θérəpi]

(명) 요법, 치료
get radiation therapy 방사선 치료를 받다
physical therapy 물리 치료
The *therapy* destroyed the cancer cells. 그 요법은 암 세포를 파괴했다.

☐ 0413
bleed
[bliːd]
bled - bled

(동) 출혈하다, (피가) 나다
bleed at the nose 코피를 흘리다
bleed for freedom 자유를 위해 피를 흘리다
She almost *bled* to death. 그녀는 출혈로 거의 죽을 뻔했다.
blood (명) 피, 혈액

☐ 0414
sterilize
[stérəlàiz]

(동) 살균하다, 소독하다; (땅을) 불모로 하다
sterilize a knife in a flame 불로 칼을 소독하다
sterilized milk 살균 우유
The contaminated area has to be thoroughly *sterilized*.
그 오염된 지역은 철저히 소독되어야 한다.
sterile (형) 불모의 sterilization (명) 살균

☐ 0415
susceptible
[səséptəbəl]

(형) 감염되기 쉬운, 영향을 받기 쉬운; 민감한
susceptible to colds 감기에 잘 걸리는
susceptible to fashion 유행에 민감한
Most consumers are *susceptible* to influence from TV
commercials. 대부분의 소비자는 텔레비전 광고의 영향을 받기 쉽다.
susceptibility (명) 감염되기 쉬움; 민감

☐ 0416
respiration
[rèspəréiʃən]

(명) 호흡; 호흡 작용
aerobic respiration 산소 호흡
artificial respiration 인공 호흡
The diaphragm is the principal muscle of *respiration*.
횡경막은 호흡의 주요 근육이다. (기출 예문)
respiratory (형) 호흡의

☐ 0417
first aid
[fə́ːrstéid]

(명) 응급 처치, 구급 치료
apply first aid to a patient 환자에게 응급 처치를 하다
a first-aid kit 구급상자
Each ambulance had three *first aid* workers.
각 구급차에는 세 명의 응급 처치 요원들이 타고 있었다.

Test & Reading

A 영어는 우리말로, 우리말은 영어로 쓰시오.

① disabled _____   ⑪ 세균 _____
② contagious _____   ⑫ 재채기하다 _____
③ medical _____   ⑬ 질병 _____
④ therapy _____   ⑭ 진단 _____
⑤ transplant _____   ⑮ 항생물질 _____
⑥ bleed _____   ⑯ 호흡 _____
⑦ sterilize _____   ⑰ 전염 _____
⑧ pill _____   ⑱ 주입하다 _____
⑨ first aid _____   ⑲ 외과 의사 _____
⑩ susceptible _____   ⑳ 처방전 _____

B 빈칸에 공통으로 들어갈 단어는?

① a withdrawal _____ 금단 증상   a _____ of discontent 불만의 징후
② eating _____ 섭식 장애   retreat in _____ 무질서하게 퇴각하다
③ die of lung _____ 폐암으로 사망하다   terminal _____ 말기 암
④ a _____ for the homeless 노숙자를 위한 진료소   a dental _____ 치과 의원

C 다음 빈칸에 알맞은 단어를 〈보기〉에서 골라 넣으시오. (필요하면 형태를 변형하시오.)

┌──────────── 【 보기 】────────────┐
  delivery recover heal medicine stiff immune
└───────────────────────────────────┘

① Music can help (_____) your sick body and mind.
② Mother is doing well after a difficult (_____).
③ Chronic stress lowers (_____) system functioning.
④ Take this (_____) after every meal.
⑤ I have a (_____) neck all the time.
⑥ He is gradually (_____) his health.

D 이번 테마를 다룬 독해 지문을 읽으면서 관련 어휘의 뜻을 확인해 보자.

Worse than the common cold, backaches hinder, **disable**, even cripple millions of people every year. Although there are **medicines** to relieve the pain of backache, they are not a **healer**. They simply relieve the **symptoms**. Every year in the hope of a cure, around 200,000 people undergo back **surgery**. But in 20 percent of all cases, **surgery** fails completely, and patients are left with their **symptoms** intact.

Translation 일반 감기보다 더 심각한 요통은 매년 수백만 명의 사람들의 활동에 지장을 주고, 그들을 disable하게 만들며, 심지어 절름거리게 만든다. 비록 요통을 덜어 주는 medicine들이 있지만, 그것은 healer가 아니다. 그것은 단지 symptom들을 완화시킨다. 매년 치료될 것이라는 희망으로 약 20만 명의 사람들이 허리 surgery를 받는다. 그러나 모든 환자의 20% 정도는 surgery에 완전히 실패하며 환자들은 여전히 그 symptom을 느낀다.

Words • backache 요통 • hinder 방해하다, 행동에 지장을 주다 • cripple 절름거리게 하다
• relieve 완화시키다 • cure 치료 • intact 그대로인

정답

B ① symptom ② disorder ③ cancer ④ clinic
C ① heal ② delivery ③ immune ④ medicine ⑤ stiff ⑥ recovering

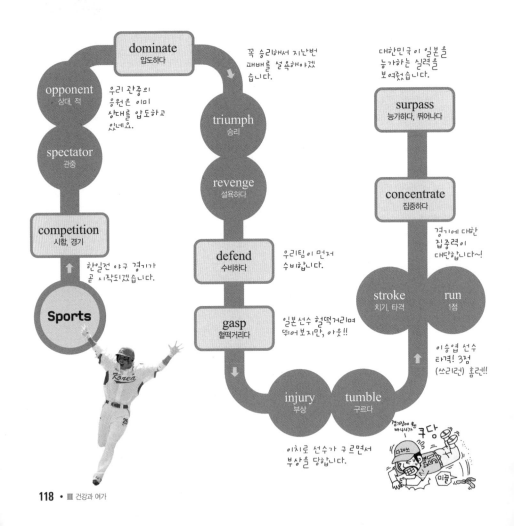

한일 야구전의 승자는?

스포츠와 레저

Link
Rank

15

dominate
압도하다

opponent
상대, 적

우리 관중의
응원은 이미
상대를 압도하고
있네요.

꼭 승리해서 지난번
패배를 설욕해야겠
습니다.

대한민국이 일본을
능가하는 실력을
보여줬습니다.

spectator
관중

triumph
승리

surpass
능가하다, 뛰어나다

revenge
설욕하다

competition
시합, 경기

concentrate
집중하다

한일전 야구 경기가
곧 시작되겠습니다.

defend
수비하다

우리팀이 먼저
수비합니다.

경기에 대한
집중력이
대단합니다~!

Sports

gasp
헐떡거리다

일본선수 헐떡거리며
뛰어 보지만, 아웃!!

stroke
치기, 타격

run
1점

이승엽 선수
타격! 3점
(쓰리런) 홈런!!

injury
부상

tumble
구르다

이치로 선수가 구르면서
부상을 당합니다.

경기장에 웬
바나나가

쿠당

이치로

미끌

□ 0418
match
[mætʃ]

(명) 시합; 경쟁 상대 (동) 어울리다; 경쟁시키다; 필적하다
play a match 시합을 하다
well-matched 잘 어울리는
A tennis *match* will be played here this weekend.
테니스 시합이 이번 주말에 여기에서 열릴 것이다.
matchable (형) 필적하는; 어울리는

□ 0419
competition
[kàmpətíʃən]

(명) 경쟁, 시합, 경기
a free competition 자유 경쟁
win a competition 대회 우승을 하다
There's fierce *competition* among the leading footwear
manufacturers. 주요 운동화 제조업자들 사이에 치열한 경쟁이 있다.
compete (동) 겨루다, 경쟁하다   competitor (명) 경쟁자

□ 0420
procedure
[prəsí:dʒər]

(명) 절차, 순서; 수속
simplify office procedure 사무 절차를 간소화하다
go through the entry procedure 입국 수속을 마치다
They followed the usual *procedure*.
그들은 보통의 절차를 따랐다. (기출 예문)

□ 0421
opponent
[əpóunənt]

(명) 상대, 적
knock down his opponent 그의 상대를 때려눕히다
underestimate his opponent 그의 상대를 과소평가하다
He was my *opponent* in the debate. 그는 토론에서 나의 논쟁 상대였다.
+ voca = **adversary** 적, 상대

□ 0422
substitute
[sʌ́bstitjù:t]

(동) 대신하다, 대체하다 (명) 대리인 (형) 대리의, 대용의
substitute food 대용식
use substitutes 후보 선수를 쓰다
You can *substitute* oil for butter in this recipe.
이 조리법에서는 식용유를 버터 대신 쓸 수 있다. (기출 예문)
substitution (명) 대체
+ voca = **replace** 대신하다

□ 0423
concentrate
[kánsəntrèit]

(동) 집중하다, 전념하다; 전력을 기울이다
concentrate on containment 견제에 집중하다
concentrated fire 집중 사격
He took a break for five years to *concentrate* on writing.
그는 글쓰기에 전념하기 위해 5년간 쉬었다.
concentration (명) 집중력
+ voca = **focus** 집중시키다; 초점을 맞추다

block
[blɑk]

(동) 차단하다, 방해하다, 막다 (명) 방해, 장애물; 덩어리
block an opponent's move 상대의 움직임을 차단하다
block the way 길을 막다
They are cutting a *block* of ice.
그들은 얼음 한 덩어리를 자르고 있다. (기출 예문)

□ 0424

□ 0425
defend
[difénd]

(동) 방어하다, 지키다; 변호하다
defend the title 선수권을 방어하다
defend press freedom 언론의 자유를 지키다
They are fighting to *defend* their human rights.
그들은 자신들의 인권을 지키기 위해 싸우고 있다.
defense (명) 방어, 수비 defensive (형) 방어적인

□ 0426
defeat
[difít]

(명) 패배 (동) 패배시키다, 쳐부수다
defeat an enemy 적을 쳐부수다
a humiliating **defeat** 굴욕적인 패배
He did not acknowledge having been *defeated*.
그는 패배 당했다는 것을 인정하지 않았다. (기출 예문)

□ 0427
triumph
[tráiəmf]

(명) 승리 (동) 승리하다, 이기다
return home in **triumph** 의기양양하게 귀향하다
triumph over disease 병을 이겨내다
It was the *triumph* of justice over evil.
그것은 악에 대한 정의의 승리였다.
triumphant (형) 승리한, 의기양양한
(+ voca) = victory 승리

□ 0428
athletics
[æθlétiks]

(명) 운동 경기, 스포츠
an **athletics** stadium 스포츠 경기장
an **athletics** meet 운동회
He became a popular player in college *athletics*.
그는 대학 스포츠에서 인기 있는 선수가 되었다.
athletic (형) 운동 경기의, 체육의

□ 0429
injury
[índʒəri]

(명) 부상, 상해
escape from **injury** 부상을 면하다
a mortal **injury** 치명적인 부상
Repetitive strain *injuries* occur all over the world.
반복성 긴장 장애는 세계 전역에서 발생하고 있다. (기출 예문)
injure (동) 다치게 하다
(+ voca) = wound 상처, 부상

□ 0430
relax
[riléks]

동 **이완시키다, 긴장을 풀다; 늦추다, 완화하다**
relax into sleep 긴장이 풀려 잠들다
relax a rule 규칙을 완화하다
He *relaxed* his muscles. 그는 근육을 이완시켰다. (기출 예문)
relaxation 명 이완, 풀림; 완화
➕ voca = **loosen** 느슨하게 하다

□ 0431
spectator
[spékteitər]

명 **관중, 구경꾼**
a mass of spectators 수많은 관중들
overflow with spectators 관중들로 넘치다
There were many *spectators* at the baseball match.
그 야구 경기에는 관중들이 많았다.

□ 0432
dominate
[dámənèit]

동 **지배하다, 압도하다**
dominate the game 경기를 압도하다
dominate the world 세계를 지배하다
The domestic mobile phone industry is *dominated* by giant corporations. 국내 휴대전화 산업은 거대 기업들에 의해 지배되고 있다.
domination 명 지배

□ 0433
surpass
[sərpǽs]

동 **능가하다, 뛰어나다**
surpass in strength 힘에서 능가하다
scenery of surpassing beauty 뛰어나게 아름다운 경치
He expected overseas sales to *surpass* domestic sales.
그는 해외 판매가 국내 판매를 능가할 것을 기대했다.
➕ voca = **outdo** ~보다 낫다 = **excel** 앞지르다, 능가하다

□ 0434
referee
[refərí:]

명 **심판**
act as referee 심판을 보다
appeal to the referee 심판에게 항의하다
The soccer players were cautioned by the *referee*.
그 축구 선수들은 심판의 경고를 받았다.
➕ voca = **umpire** 심판

□ 0435
revenge
[rivénʤ]

동 **설욕하다** 명 **설욕, 복수**
revenge a former defeat 이전의 패배를 설욕하다
threaten revenge 복수하겠다고 위협하다
He decided to take *revenge* on his adversary.
그는 그의 적에게 복수하기로 결심했다.
revengeful 형 앙심을 품은
➕ voca = **avenge** 복수하다

□ 0436
sweat
[swet]

(명) 땀 (동) 땀을 흘리다
shed sweat 땀을 흘리다
sweat out a cold 땀을 내서 감기를 낫게 하다
His face was covered with *sweat*. 그의 얼굴은 땀으로 뒤덮였다. (기출 예문)

□ 0437
gasp
[gæsp]

(동) 헐떡거리다, 숨이 막히다; 갈망하다 (명) 헐떡거림
gasp in amazement 놀라서 숨이 막히다
gasp for help 도움을 갈망하다
He *gasped* for breath after a long run.
그는 오래 달린 후 숨을 헐떡거렸다. (기출 예문)

□ 0438
intercept
[ìntərsépt]

(동) 가로채다, 차단하다; 요격하다 (명) 가로채기
intercept the light 빛을 차단하다
intercept a missile 미사일을 요격하다
The basketball defender *intercepted* the ball and scored.
그 농구 수비수가 공을 가로채 득점을 했다.

□ 0439
stroke
[stróuk]

(명) (한 번) 치기, 타격; 붓놀림
a finishing stroke 최후의 일격
a stroke of a bird's wing in flight 나는 새의 날개 치기
Pitt knocked down the criminal at a *stroke*.
Pitt는 그 범인을 한방에 쓰러뜨렸다.

□ 0440
excursion
[ikskə́:rʒən]

(명) 소풍, 유람, 짧은 여행
go on an excursion 소풍 가다
make an excursion to the seaside 해변으로 소풍을 가다
Some schools go abroad for school *excursions*.
몇몇 학교들은 수학여행을 해외로 간다.

□ 0441
tumble
[tʌ́mbəl]

(동) 구르다, 뒹굴다, 넘어지다 (명) 뒹굴기, 공중제비
tumble down the stairs 계단에서 굴러 떨어지다
tumble to the ground 바닥에 넘어지다
The *tumbling* class enrollment begins at the beginning of
each month. 텀블링 수업 등록은 매월 초에 시작된다.
+ voca = stumble ~에 발이 걸리다

□ 0442
tackle
[tǽkəl]

(동) 붙잡다, 달려들다; (문제를) 다루다 (명) 태클
sidestep a tackle 태클을 옆으로 비켜 피하다
tackle a problem 문제를 다루다
The policeman *tackled* the thief and threw him.
경찰이 도둑을 붙잡아 내동댕이쳤다. (기출 예문)
+ voca = deal with 다루다

□ 0443
squeeze
[skwi:z]

(동) 짜내다; 꽉 쥐다; 밀어 넣다 (명) 압착
squeeze a pimple 여드름을 짜다
squeeze into a small room 작은 방에 비집고 들어가다
He *squeezed* toothpaste out of a tube.
그는 치약 튜브에서 치약을 짰냈다. (기출 예문)

□ 0444
rowing
[róuiŋ]

(명) 노 젓기, 조정
buy a rowing machine 로잉머신(노 젓기 운동기구)을 사다
row against the current 물결을 거슬러 노를 젓다
He won a silver medal at the *Rowing* World Championships.
그는 세계 조정 선수권대회에서 은메달을 획득했다.

row (동) 노를 젓다

□ 0445
run
[rʌn]

(명) 득점, 1점
a three-run homer 3점 홈런
score two runs in the first inning 1회에 2점을 얻다
The Yankees scored a valuable *run*. 양키즈 팀은 귀중한 1점을 얻었다.

□ 0446
lever
[lévər]

(명) 지레, 레버
use a lever to lift the stone 돌을 들어 올리는 데 지레를 쓰다
apply force to the lever 지레에 힘을 가하다
You have to open the doors yourself by depressing a *lever*.
지레를 눌러서 당신 스스로 문을 열어야 한다. (기출 예문)

□ 0447
weight-lifting
[wéit-lìftiŋ]

(명) 역도, 역기 들기
enjoy weight lifting 역도를 즐기다
need a weight lifting workout 역도 운동이 필요하다
The boxer needs a specific *weight lifting* training.
그 권투 선수는 특정한 역기 들기 훈련을 필요로 한다.

A 영어는 우리말로, 우리말은 영어로 쓰시오.

① squeeze _____ ⑪ 심판 _____

② athletics _____ ⑫ 설욕하다 _____

③ match _____ ⑬ 집중하다 _____

④ tackle _____ ⑭ 절차, 순서 _____

⑤ rowing _____ ⑮ 부상 _____

⑥ opponent _____ ⑯ 패배 _____

⑦ tumble _____ ⑰ 역도 _____

⑧ dominate _____ ⑱ 소풍 _____

⑨ surpass _____ ⑲ 땀 _____

⑩ competition _____ ⑳ 승리 _____

B 빈칸에 공통으로 들어갈 단어는?

① _____ into sleep 긴장이 풀려 잠들다　　_____ a rule 규칙을 완화하다

② _____ the light 빛을 차단하다　　_____ a missile 미사일을 요격하다

③ a finishing _____ 최후의 일격

　　a _____ of a bird's wing in flight 나는 새의 날개치기

④ _____ in amazement 놀라서 숨이 막히다　　_____ for help 도움을 갈망하다

C 다음 빈칸에 알맞은 단어를 〈보기〉에서 골라 넣으시오. (필요하면 형태를 변형하시오.)

┌─────────────── 【 보기 】───────────────┐
　　substitute　run　block　lever　spectator　defend
└──────────────────────────────────────┘

① They are cutting a ( ) of ice.

② The Yankees scored a valuable ( ).

③ You can ( ) oil for butter in this recipe.

④ There were many ( ) at the baseball match.

⑤ You have to open the doors yourself by depressing a ( ).

⑥ They are fighting to ( ) their human rights.

D 이번 테마를 다룬 독해 지문을 읽으면서 관련 어휘의 뜻을 확인해 보자.

Gambling is the betting of something of value. From the beginning, it has been with us. Betting on horses began as soon as the animals were domesticated. Gambling's ties to sports also date back as far as 1450 B.C., when Egyptians competed against **opponents** in jumping, wrestling, and ball game **competitions**. As many as 250,000 **spectators** watched, and gambled on chariot races in Rome's Circus Maximus. Gospel writers Matthew and Mark report that Roman guards gambled for Jesus' garments following his crucifixion. Towns challenged towns in medieval archery **matches**, and gambling was an ever present accompaniment as sports **competitions** became organized in Europe during the Renaissance and early Modern periods.

Translation 도박은 가치 있는 무엇인가를 거는 것을 말한다. 태초부터 그것은 우리와 함께 있었다. 말이 가축화되자마자 말에 내기를 거는 것이 시작되었다. 스포츠와 도박의 유대 관계도 기원전 1450년 이집트인들이 뛰기, 레슬링, 그리고 구기 competition들에서 opponent들과 서로 경쟁했던 시절까지 거슬러 올라간다. 로마의 대경기장에서는 25만 명의 spectator들이 전차 경주를 지켜보며 도박을 했다. 복음서 저자인 마태와 마가는 로마의 군병들이 예수의 십자가 처형 후에 예수의 옷을 두고 도박을 했다고 기록했다. 중세 양궁 match들에서는 마을이 마을에 도전했고, 도박은 르네상스와 초기 현대 유럽에서의 스포츠 competition들의 조직화에 따른 부속물이었다.

Words • domesticate 길들이다 • chariot 전차 • Circus Maximus (고대 로마의) 원형 대경기장 • gospel 복음 • garment 의복 • crucifixion 십자가 처형 • medieval 중세의 • archery 궁술 • accompaniment 부산물

정답 🔒

B ①relax ②intercept ③stroke ④gasp
C ①block ②run ③substitute ④spectators ⑤lever ⑥defend

16 최악으로 뒤바뀐 여행

여행과 교통

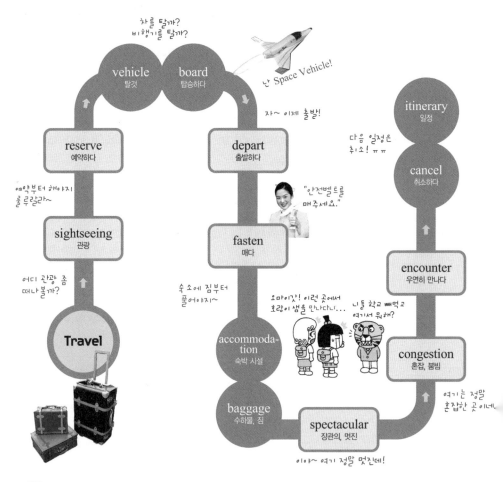

차를 탈까?
비행기를 탈까?

vehicle 탈것

board 탑승하다

난 Space Vehicle!

자~ 이제 출발!

itinerary 일정

reserve 예약하다

depart 출발하다

다음 일정은 취소! ㅠㅠ

cancel 취소하다

예약부터 해야지
룰루랄라~

"안전벨트를
매주세요."

sightseeing 관광

fasten 매다

encounter 우연히 만나다

어디 관광 좀
떠나볼까?

숙소에 짐부터
풀어야지~

오마이갓! 이런 곳에서
호랑이 샘을 만나다니...

니들 학교 빼먹고
여기서 뭐해?

Travel

accommoda-tion 숙박 시설

congestion 혼잡, 붐빔

여기는 정말
혼잡한 곳이네

baggage 수하물, 짐

spectacular 장관의, 멋진

이야~ 여기 정말 멋진데!

□ 0448
depart
[dipá:rt]

(동) 출발하다; 벗어나다
depart for Seoul 서울을 향해 출발하다
depart from routine 일상의 틀에서 벗어나다
The train *departed* the station on time. 기차가 역을 제시간에 출발했다.
departure (명) 출발

□ 0449
reserve
[rizə́:rv]

(동) 예약하다; 비축하다 (명) 비축; 예비금
reserve a double room 2인실을 예약하다
foreign exchange **reserve** 외환 보유고
They *reserve* some money for the future.
그들은 미래를 대비해 약간의 돈을 비축한다. (기출 예문)
reservation (명) 예약
+ voca = **book** 예약하다

□ 0450
confirm
[kənfə́:rm]

(동) 확인하다, 확증하다; (결심 등을) 굳게 하다
confirm the reports 그 보도를 확인하다
confirm my suspicions 내 의심을 굳게 하다
I'd like to *confirm* a reservation for a double room.
2인실 예약을 확인하고 싶습니다. (기출 예문)
confirmation (명) 확인, 확증 confirmative (형) 확증적인
+ voca = **verify** 확증하다, 증명하다

□ 0451
board
[bɔ́:rd]

(동) 탑승하다; 하숙하다
boarding pass 탑승권
board by the month 월세로 하숙하다
Please *board* the plane within 30 minutes.
30분 이내로 항공기에 탑승해 주시기 바랍니다.
+ voca = **embark** 승선하다

□ 0452
vehicle
[ví:ikəl]

(명) 탈것, 운송 수단; 매개물
bar the street to **vehicles** 거리의 차량 통행을 막다
a **vehicle** of infection 전염병의 매개물
Electric *vehicles* are not yet ready to be generalized.
전기 자동차는 아직 보편화될 준비가 되지 않았다.

□ 0453
transportation
[trænspərtéiʃən]

(명) 교통, 운송
be convenient for **transportation** 교통이 편리하다
transportation by land 육상 수송
Most CO_2 comes from power utilities, industry, and
transportation. 대부분의 이산화탄소는 전력 설비, 산업, 운송 부문으로부터 나온
다. (기출 예문)
transport (명) 운송하다

☐ 0454
traffic
[trǽfik]

(명) 교통, 교통량; 통화량
control **traffic** 교통을 정리하다
be caught in a **traffic** jam 교통 체증으로 꼼짝 못하다
The *traffic* is very heavy on weekends. 교통이 주말에는 아주 혼잡하다.

☐ 0455
location
[loukéiʃən]

(명) 위치, 소재; 야외 촬영
fix on a **location** 위치를 정하다
shoot a film on **location** 영화를 야외에서 촬영하다
The spa resort is in a good *location*. 그 온천리조트는 좋은 위치에 있다.
locate (동) 위치시키다; 발견하다

☐ 0456
connect
[kənékt]

(동) 연결하다; 결부시켜 생각하다
connect two towns by a railroad 두 도시를 철도로 연결하다
connect prosperity with trade 번영을 무역과 결부시켜 생각하다
Connect a primitive digital camera to your PC.
초기의 디지털 카메라를 PC에 연결하라. (기출 예문)
connection (명) 연결

☐ 0457
view
[vjuː]

(명) 전망, 조망; 관점, 견해 (동) 바라보다; 간주하다
in my **view** 내 관점으로는
view the issue in black and white 문제를 흑백논리로 보다
This suggestion is proper from the educational point of *view*. 교육적 관점에서 본다면 이 제안은 타당하다.
(+ voca) = opinion 의견

☐ 0458
destination
[dèstənéiʃən]

(명) 목적지, 행선지
reach his **destination** 그의 목적지에 닿다
head for her **destination** 그녀의 목적지를 향해 나아가다
We will give you a one-way ticket to any of our West Coast *destinations*. 당신에게 West Coast행 편도 티켓을 드리겠습니다. (기출 예문)

☐ 0459
explore
[ikspló:r]

(동) 탐험하다; 탐구하다, 조사하다
explore the South Pole 남극을 탐험하다
explore the cultures and traditions 문화와 전통을 탐구하다
We must *explore* all the possibilities.
우리는 모든 가능성을 조사해야 한다. (기출 예문)
exploration (명) 탐험; 탐구, 조사

□ 0460
accommodation
[əkὰmədéiʃən]

명 숙박 시설; 편의
provide emergency **accommodation** 비상 숙박 시설을 제공하다
temporary **accommodation** 임시 숙소
Reasonably priced *accommodation* in Britain is scarce.
영국에는 합리적 가격의 숙박 시설이 드물다. (기출 예문)
accommodate 동 숙박시키다

□ 0461
cancel
[kǽnsəl]

동 취소하다 명 취소
cancel reservations 예약을 취소하다
cancel permission 허가를 취소하다
A special preview scheduled for today has been *canceled*.
오늘로 예정되었던 특별 시사회가 취소되었다.
cancellation 명 취소

□ 0462
encounter
[inkáuntər]

동 우연히 만나다, 마주치다; 부닥치다 명 마주침
encounter a bear in the woods 숲에서 곰을 마주치다
encounter difficulties 곤란에 부닥치다
I *encountered* an old friend on the street.
나는 거리에서 옛 친구를 우연히 만났다. (기출 예문)
+ voca = come across 우연히 만나다 = confront 직면하다

□ 0463
declare
[diklέər]

동 (세관에) 신고하다; 선언하다
have nothing to **declare** 신고할 것이 없다
declare war on another country 다른 나라에 선전 포고하다
I'll *declare* the meeting closed. 회의의 폐막을 선언하겠습니다. (기출 예문)
declaration 명 신고, 선언
+ voca = proclaim 선언하다, 공포하다

□ 0464
customs
[kʌ́stəmz]

명 세관, 관세
proceed to **customs** 세관 검사대로 가다
collect **customs** 관세를 징수하다
Pay *customs* on imported items in advance.
수입한 물건에 대해 미리 관세를 지불하십시오.

□ 0465
duty-free
[djúːtifriː]

형 면세의
a **duty-free** catalog 면세물품 목록
duty-free cigarettes 면세 담배
I'll purchase a bottle of wine in the *duty-free* shop.
나는 면세점에서 와인을 구입할 것이다.

☐ 0466
commute
[kəmjúːt]

동 통근하다; 바꾸다
commute between two cities 두 도시 사이를 통근하다
commute a death penalty to life imprisonment
사형을 무기형으로 바꾸다
Does Mr. Sanders *commute* from the suburbs?
Sanders 씨는 교외에서 통근하시나요?
commuter 명 통근자

☐ 0467
congestion
[kəndʒéstʃən]

명 혼잡, 밀집
ease the **congestion** of traffic 교통 혼잡을 완화하다
a **congestion** fee 혼잡 통행료
The *congestion* in the metropolis gets worse in the night.
대도시의 혼잡은 밤에 더 심해진다.
congest 동 밀집시키다, 혼잡하다

☐ 0468
spectacular
[spektǽkjulər]

형 장관의, 멋진
a **spectacular** place 볼만한 곳
spectacular sunsets 장관의 일몰
Motion pictures present such *spectacular* scenes as storms.
영화는 폭풍우 같은 볼만한 장면을 보여 준다. (기출 예문)
spectacle 명 구경거리
+ voca = grand 웅장한 = splendid 멋진, 광장한

☐ 0469
sightseeing
[sáitsìːiŋ]

명 관광 형 관광의
go **sightseeing** 관광을 가다
a **sightseeing** tour 관광 여행
Beyonce spent the remainder of the day *sightseeing*.
Beyonce는 그날 남은 시간을 관광을 하며 보냈다.

☐ 0470
expedition
[èkspədíʃən]

명 탐험(대), 원정(대)
go on an **expedition** 탐험하러 가다
an arctic **expedition** 북극 탐험대
The object of their *expedition* was to discover the source of
the Nile River. 그들의 원정 목적은 나일강의 원류를 찾아내는 것이었다.

☐ 0471
fasten
[fǽsn]

동 매다, 묶다; 고정시키다
fasten your seat-belts 안전벨트를 매다
fasten shoelaces 구두끈을 꽉 매다
He *fastened* the papers together with a clip.
그는 클립으로 서류들을 함께 묶었다.

□ 0472
garage
[gərɑ́:ʒ]

명 차고; 정비 공장

a house with a garage attached 차고가 딸린 집
have a garage sale 재활용품 염가 판매하다
Steve backed the car into the *garage*.
Steve는 차를 후진시켜 차고에 넣었다.

□ 0473
tow
[tóu]

통 견인하다, 끌다

tow the car 차를 견인하다
take the ship in tow 배를 끌다
Her car had to be *towed* to a garage due to illegal parking.
그녀의 차는 불법 주차로 인해 정비 공장까지 견인되어야 했다.

□ 0474
baggage
[bǽɡidʒ]

명 수하물

baggage claim 수하물 찾는 곳
overweight baggage 중량 초과 수하물
They saw their *baggage* through customs at the airport.
그들은 그들의 수하물이 공항 세관을 통과하는 것을 보았다. (기출 예문)

+ voca = **luggage** 수하물

□ 0475
detour
[dí:tuər]

명 우회로 통 우회하다

make a detour 우회하다
set up a detour 우회로를 만들다
We took a brief *detour* to a gas station for a drink.
우리는 주유소에서 음료를 사기 위해 잠시 우회했다.

□ 0476
itinerary
[aitínərèri]

명 일정

detailed itinerary 세부 일정
a strenuous itinerary 힘든 여행 일정
Planning the trip's *itinerary* was not easy.
여행 일정을 짜는 것은 쉽지 않았다.
itinerate 통 순회하다 itinerant 형 순회하는

보·너·스·어·휘

여행/교통

- **domestic line** 국내선
- **life vest** 구명조끼
- **boarding pass** 탑승권
- **passport** 여권
- **economy class** 일반석
- **business class** 2등석

- **transfer** 환승하다
- **rate** 요금
- **take off** 이륙하다
- **land** 착륙하다
- **vacancy** 빈방
- **customs inspection** 세관 검사

A 영어는 우리말로, 우리말은 영어로 쓰시오.

① duty-free _____   ⑪ 연결하다 _____
② congestion _____   ⑫ 차고 _____
③ transportation _____   ⑬ 수하물 _____
④ encounter _____   ⑭ 목적지 _____
⑤ confirm _____   ⑮ 견인하다 _____
⑥ itinerary _____   ⑯ 우회로 _____
⑦ vehicle _____   ⑰ 교통 _____
⑧ spectacular _____   ⑱ 탐험 _____
⑨ declare _____   ⑲ 관광 _____
⑩ fasten _____   ⑳ 취소하다 _____

B 빈칸에 공통으로 들어갈 단어는?

① fix on a _____ 위치를 정하다

　 shoot a film on _____ 영화를 야외에서 촬영하다

② _____ for Seoul 서울로 출발하다　_____ from routine 일상의 틀에서 벗어나다

③ proceed to _____ 세관 검사대로 가다　collect _____ 관세를 징수하다

④ _____ a double room 2인실을 예약하다　foreign exchange _____ 외환 보유고

C 다음 빈칸에 알맞은 단어를 〈보기〉에서 골라 넣으시오. (필요하면 형태를 변형하시오.)

┌─────────────[보기]─────────────┐
　　board   view   commute   explore   accommodation
└─────────────────────────────────┘

① Does Mr. Sanders (　　　　) from the suburbs?
② Reasonably priced (　　　　) in Britain is scarce.
③ The suggestion is proper from the educational point of (　　　　).
④ We must (　　　　) all the possibilities.
⑤ Please (　　　　) the airplane within 30 minutes.

D 이번 테마를 다룬 독해 지문을 읽으면서 관련 어휘의 뜻을 확인해 보자.

Amtrak offers **transportation** with low cost. Amtrak trains have limited room for carry-on **baggage**. For the safety and comfort of everyone on **board**. Amtrak encourages passengers to bring no more than two pieces per person. Sleeping car passengers may bring additional pieces but only two or three average-sized suitcases will fit in the largest of rooms. Only carry-on **baggage** of reasonable size and weight (23kg maximum per piece) is permitted. Dangerous or illegal items, including all firearms and weapons of any type, are prohibited. We hope all of you will reach your **destination** safely.

Translation Amtrak은 비용이 적게 드는 **transportation**입니다. Amtrak 열차는 **baggage**를 실을 공간이 제한되어 있습니다. **board**하신 모든 분들의 안전과 편안함을 위하여 Amtrak은 승객들께서 1인당 2개 이상의 짐은 싣지 않으시기를 권장합니다. 침대차의 승객께서는 추가로 짐을 실을 수는 있겠지만 제일 큰 방에도 보통 크기의 가방 두세 개 정도면 가득찰 것입니다. 적당한 크기와 무게(개당 최대 **23kg**)의 **baggage**만 허용됩니다. 총기류나 기타 무기류를 포함한 위험하거나 불법적인 물건들은 금지됩니다. 여러분 모두 **destination**에 안전하게 도착하시길 바랍니다.

Words • additional 추가의 • fit 알맞다 • carry-on baggage 휴대 수하물 • reasonable 적당한 • maximum 최대치 • charge 요금 • claim 청구하다 • prohibit 금지하다

정답
B ① location ② depart ③ customs ④ reserve
C ① commute ② accommodation ③ view ④ explore ⑤ board

17 돼지가 음식에 빠진 날

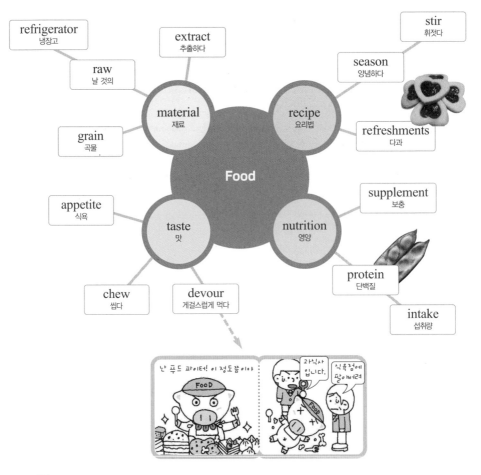

refrigerator
냉장고

extract
추출하다

stir
휘젓다

raw
날 것의

season
양념하다

material
재료

recipe
요리법

grain
곡물

refreshments
다과

Food

appetite
식욕

supplement
보충

taste
맛

nutrition
영양

chew
씹다

devour
게걸스럽게 먹다

protein
단백질

intake
섭취량

☐ 0477
flavor
[fléivər]

명 맛, 풍미, 향기 **동** 맛을 내다
a sweet **flavor** 단맛
flavor food with spices 양념으로 음식 맛을 내다
What *flavor* would you like? 어떤 맛으로 해 드릴까요?

☐ 0478
taste
[téist]

명 미각, 맛; 취미 **동** 맛보다, ~한 맛이 나다
taste sour 신맛이 나다
have a **taste** for literature 문학에 취미가 있다
Good medicine *tastes* bitter to the mouth. 좋은 약은 입에 쓰다.
tasty **형** 맛있는; 멋있는

☐ 0479
nutrition
[nju:tríʃən]

명 영양, 영양물
take **nutrition** 영양을 섭취하다
inadequate **nutrition** 불충분한 영양
Milk, meat, and vegetables provide good *nutrition*.
우유, 고기, 그리고 채소는 좋은 영양을 공급한다. (기출 예문)
nutritional **형** 영양상의 nutritious **형** 영양이 많은

☐ 0480
digest
[daiʒést]

동 소화하다; 잘 이해하다 **명** 요약
digest well 소화가 잘 되다
a **digest** of the week's news 금주 뉴스의 요약
Some people cannot *digest* dairy products such as milk,
yogurt or cheese. 어떤 사람들은 우유나 요구르트, 치즈 같은 유제품을 소화하지
못한다.
digestion **명** 소화

☐ 0481
diet
[dáiət]

명 식품, 식이 요법
a vegetable **diet** 채식
a one-sided **diet** 편식
Diet can influence a person's weight.
식이 요법은 사람의 체중에 영향을 줄 수 있다. (기출 예문)

☐ 0482
ingredient
[ingrí:diənt]

명 재료, 성분, 요소
the efficient **ingredients** 효과가 있는 성분
the basic **ingredients** of literature 문학의 기본 요소들
Blend mayonnaise with other *ingredients*.
마요네즈를 다른 재료들과 섞도록 하라. (기출 예문)
+ voca = component 구성 요소, 성분

☐ 0483
supplement
[sʌ́pləmənt]

⑲ 보충; 부록 ⑧ 보충하다
take a vitamin **supplement** 비타민제를 복용하다
supplement her income 그녀의 수입에 보태다
Always consult your doctor before taking *supplements*.
보조제를 드시기 전에 항상 의사와 상담하세요.
supplementary ⑲ 보충하는, 추가의

☐ 0484
material
[mətíəriəl]

⑲ 재료, 자료; 용구
writing **materials** 필기 용구
collect **material** 자료를 모으다
Our art class is selling some pottery to buy new *materials*.
우리 미술반에서는 새 재료를 사기 위해 도자기를 팔고 있다. (기출 예문)
➕ voca = substance 물질, 재료

☐ 0485
grain
[gréin]

⑲ 곡물; 낟알; 미량
empty the **grain** from the sacks 자루에서 곡물을 비우다
a **grain** of corn 옥수수 낟알
World *grain* production seems to set historic records.
세계 곡물 생산량이 역사적인 기록을 세울 것 같다.
➕ voca = cereal 곡식, 곡류

☐ 0486
starve
[stá:rv]

⑧ 굶주리다, 굶어 죽다; 갈망하다
starve to death 굶어 죽다
starve for friendship 우정을 갈망하다
Birds *starve* if we don't feed them in winter.
우리가 겨울에 먹이를 주지 않으면 새들은 굶어 죽는다. (기출 예문)
starvation ⑲ 기아

☐ 0487
appetite
[ǽpitàit]

⑲ 식욕; 욕구
have a great **appetite** 식욕이 왕성하다
an **appetite** for reading 독서 욕구
She has completely lost her *appetite* since the operation.
그녀는 수술 이후 식욕을 완전히 상실했다. (기출 예문)

☐ 0488
raw
[rɔ:]

⑲ 날 것의; 가공하지 않은; 개발되지 않은
eat **raw** meat 날고기를 먹다
raw milk 미살균 우유
Our company tried to find alternative *raw* materials.
우리 회사는 대체 원자재를 찾아보려고 노력했다.

□ 0489
nourish
[nə́:riʃ]

(동) 기르다; 영양분을 주다; 품다
nourishing food 영양가 있는 음식
nourish an ambition 야망을 품다
The children were *nourished* with home-cooked meals.
그 아이들은 집에서 요리한 음식을 먹고 자랐다. (기출 예문)
nourishment (명) 자양분

□ 0490
protein
[próuti:in]

(명) 단백질 (형) 단백질의
protein deficiency 단백질 결핍
animal **protein** 동물성 단백질
You had better take high quality *protein* food.
고단백질 음식물을 섭취하는 편이 더 낫다. (기출 예문)

□ 0491
extract
[ikstrǽkt]

(동) 추출하다; 뽑아내다 (명) 추출물; 발췌
an **extract** from a book 책에서 발췌한 글
extract the cork from a bottle 병의 마개를 뽑다
He devised a method to *extract* the iron ore.
그는 철광석을 추출해내는 방법을 고안했다.

□ 0492
priceless
[práislis]

(형) 대단히 귀중한, 값을 매길 수 없는
priceless jewels 대단히 귀중한 보석
priceless antiques 아주 귀중한 골동품
They go secretly over the border and bring back *priceless*
information. 그들은 몰래 국경을 넘어가서 대단히 귀중한 정보를 가져온다. (기출 예문)
(+ voca) = invaluable 매우 귀중한 = precious 귀중한, 값비싼

□ 0493
stir
[stə:r]

(동) 휘젓다; 움직이다; 선동하다 (명) 휘젓기; 동요
stir up revolution 혁명을 선동하다
cause a great **stir** 큰 동요를 일으키다
Give the juice a *stir* before you drink it.
마시기 전에 주스를 젓도록 하라. (기출 예문)

□ 0494
recipe
[résəpì:]

(명) 요리법; 비결
a traditional **recipe** 전통적인 요리법
the **recipe** for success 성공 비결
This is a quick and easy *recipe* for cream spaghetti.
이것은 빠르고 손쉬운 크림 스파게티 조리법이다.

☐ 0495
dairy
[déəri]

똉 낙농장; 유제품 판매점 뼹 유제품의, 우유의
the **dairy** industry 낙농업
sell **dairy** products 유제품을 팔다
Dairy farms have milking barns.
낙농장에는 젖을 짜는 헛간이 있다. (기출 예문)

☐ 0496
vegetarian
[vèdʒətέəriən]

똉 채식주의자 뼹 채식주의(자)의
a strict **vegetarian** 엄격한 채식주의자
order a **vegetarian** meal 채식주의의 식사를 주문하다
He needs to become a *vegetarian* according to doctor's
opinion. 의사의 소견에 의하면 그는 채식주의자가 될 필요가 있다.

☐ 0497
intake
[íntèik]

똉 섭취량, 흡입
an **intake** of oxygen 산소 흡입
the recommended daily **intake** 일일 권장량
Too much *intake* of chocolate made him put on fat.
초콜릿을 너무 많이 먹어서 그는 살이 쪘다.

☐ 0498
refreshment
[rifréʃmənt]

똉 (pl.) 가벼운 음식물, 다과
serve **refreshments** 다과를 대접하다
set out some **refreshments** 다과를 내놓다
Tickets include the price of *refreshments*.
티켓 가격에는 다과비가 포함되어 있다.

☐ 0499
rotten
[rátn]

뼹 썩은, 부패한
be **rotten** to the core 속까지 썩어 있다
strike off the **rotten** branches 썩은 가지들을 쳐내다
The apple appeared perfect, but it was *rotten* inside.
그 사과는 흠이 없어 보였지만 속은 썩었다. (기출 예문)
+ voca = spoiled 상한, 썩은

☐ 0500
preservative
[prizə́:rvətiv]

똉 방부제 뼹 보존의
add **preservatives** 방부제를 첨가하다
food free from **preservatives** 방부제가 없는 식품
I could not find a ham that does not have *preservatives*.
나는 방부제가 없는 햄을 찾을 수 없었다.

□ 0501
refrigerator
[rifrídʒəreitər]

(명) 냉장고
put milk in the refrigerator 우유를 냉장고에 넣다
an economical refrigerator 절전형 냉장고
She put many frozen fishes away in the *refrigerator*.
그녀는 냉장고에 많은 냉동 생선을 비축해 놓았다. (기출 예문)

□ 0502
chew
[tʃuː]

(동) 씹다; 심사숙고하다 (명) 씹기
chew gum 껌을 씹다
chew on my job 나의 직업에 대해 곰곰이 생각하다
Tender meat is easy to *chew*. 연한 고기는 씹기에 편하다. (기출 예문)

□ 0503
vomit
[vάmit]

(동) 토하다; 분출하다
vomit blood 피를 토하다
vomit lava 용암을 분출하다
They have *vomited* after drinking much alcohol.
그들은 많은 술을 마신 후 다 토했다.
+ voca = **throw up** (음식을) 토하다

□ 0504
season
[síːzən]

(동) 양념하다; 숙성시키다; 흥미를 돋우다
season a dish with salt 소금으로 요리의 간을 맞추다
seasoned dishes 양념한 요리
They eat beans *seasoned* with chili peppers.
그들은 칠리 고추로 양념이 된 콩을 먹는다.
seasoning (명) 양념

□ 0505
devour
[diváuər]

(동) 게걸스럽게 먹다; 삼켜버리다
devour in an instant 순식간에 먹어 치우다
devour the entire loaf 빵 한 덩이를 다 먹어치우다
The fire *devoured* the village. 화재로 그 마을이 소멸되었다.

보·너·스·어·휘

조리 관련

- roast 굽다
- fry 튀기다
- stew 약한 불로 끓이다
- peel (껍질을) 벗기다
- chop 잘게 썰다
- steam (김으로) 찌다

- bake 굽다
- slice 썰다
- pour 붓다
- boil 끓이다
- mash 으깨다
- broil 오븐으로 고기나 생선을 굽다

A 영어는 우리말로, 우리말은 영어로 쓰시오.

① priceless _____
② intake _____
③ nourish _____
④ ingredient _____
⑤ appetite _____
⑥ raw _____
⑦ refreshments _____
⑧ rotten _____
⑨ devour _____
⑩ supplement _____

⑪ 추출하다 _____
⑫ 채식주의자 _____
⑬ 냉장고 _____
⑭ 씹다 _____
⑮ 방부제 _____
⑯ 재료 _____
⑰ 영양 _____
⑱ 단백질 _____
⑲ 곡물 _____
⑳ 낙농장 _____

B 빈칸에 공통으로 들어갈 단어는?

① _____ blood 피를 토하다 _____ lava 용암을 분출하다
② a sweet _____ 단맛 _____ food with spices 양념으로 음식 맛을 내다
③ _____ well 소화가 잘 되다 a _____ of the week's news 금주 뉴스의 요약
④ _____ to death 굶어 죽다 _____ for friendship 우정을 갈망하다

C 다음 빈칸에 알맞은 단어를 〈보기〉에서 골라 넣으시오. (필요하면 형태를 변형하시오.)

─────[보기]─────
stir   recipe   taste   season   diet

① This is a quick and easy (   ) for cream spaghetti.
② (   ) can influence a person's weight.
③ They eat beans (   ) with chili peppers.
④ Give the juice a (   ) before you drink it.
⑤ Good medicine (   ) bitter to the mouth.

D 이번 테마를 다룬 독해 지문을 읽으면서 관련 어휘의 뜻을 확인해 보자.

Junk food is believed to be unhealthy with low or no **nutritional** value and causes an imbalance in our **diet**. Once we are accustomed to consuming junk food, our **intake** of **dairy** products and fruits  decreases prominently. If you think that eating junk food from time to time and skipping meals will help you avoid gaining weight, think again! Skipping regular meals even once can cause a deficiency in calcium and **protein**, increase blood pressure and disturb **digestion**. If that's not what you want, reduce the amount of unhealthy snacks you **devour** and start thinking about your health.

Translation 정크 푸드는 **nutritional**한 가치가 떨어지거나 아예 없어 건강에 해로우며 **diet**의 불균형을 초래한다고 여겨진다. 일단 정크 푸드를 소비하는 것에 익숙해지면 **dairy**의 제품과 과일의 **intake**가 현저하게 감소한다. 만일 때때로 정크 푸드를 먹고 식사를 거르는 것이 체중이 늘어가는 것을 피하는 데 도움이 된다고 생각한다면, 다시 생각하라! 단 한 번이라도 끼니를 거르는 것은 **protein**과 단백질 부족을 일으키고, 혈압을 증가시키며, **digestion** 불량을 일으킬 수 있다. 그것이 당신이 원하는 것이 아니라면 건강에 해로운 간식을 **devour**하는 양을 줄이고 당신의 건강에 대해 생각하기 시작하라.

Words • be accustomed to ~에 익숙해지다 • junk food 정크 푸드 • imbalance 불균형
• consume 소비하다 • prominently 현저하게 • gain weight 몸무게가 증가하다 • skip 거르다
• deficiency 부족 • disturb 방해하다

정답 🅖

B ①vomit ②flavor ③digest ④starve
C ①recipe ②diet ③seasoned ④stir ⑤tastes

18

Link Rank

인간관계 및 커뮤니케이션 (1)

그냥 친한 오빠 동생 사이

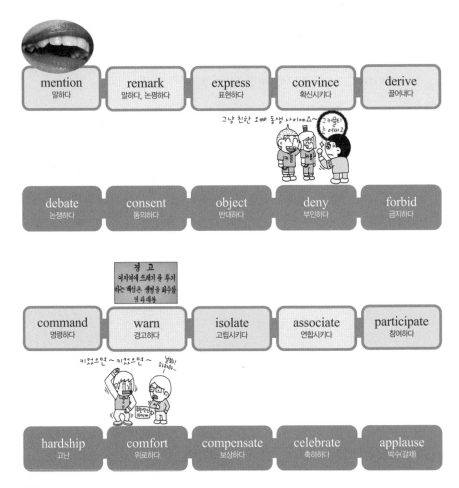

mention 말하다	**remark** 말하다, 논평하다	**express** 표현하다	**convince** 확신시키다	**derive** 끌어내다

그냥 친한 오빠 동생 사이에요~

debate 논쟁하다	**consent** 동의하다	**object** 반대하다	**deny** 부인하다	**forbid** 금지하다

경 고
이지역에 쓰레기를 투기
하는 백성은 생명을 회수함
월 라대왕

command 명령하다	**warn** 경고하다	**isolate** 고립시키다	**associate** 연합시키다	**participate** 참여하다

키컸으면~ 키컸으면~

hardship 고난	**comfort** 위로하다	**compensate** 보상하다	**celebrate** 축하하다	**applause** 박수(갈채)

□ 0506
convince
[kənvíns]

⑧ 확신시키다, 납득시키다

be **convinced** of her innocence 그녀의 무죄를 확신하다
demand a **convincing** explanation 납득할 만한 설명을 요구하다
She couldn't *convince* him. 그녀는 그를 확신시키지 못했다.

➕ voca = **assure** 납득시키다; 보증하다

□ 0507
behave
[bihéiv]

⑧ 행동하다

behave improperly 부적절하게 행동하다
behave oddly 기이하게 행동하다
His child *behaves* well in school.
그의 아이는 학교에서 예절 바르게 행동한다. (기출 예문)
behavior ⑲ 행동

□ 0508
express
[iksprés]

⑧ 표현하다, 표명하다 ⑲ 명확한, 급행의 ⑲ 급행

express regret 유감을 표명하다
travel by **express** 급행으로 여행하다
Communism is *expressed* in various movements.
공산주의는 다양한 운동에서 표현된다. (기출 예문)
expression ⑲ 표현; 표정

□ 0509
mention
[ménʃən]

⑧ 말하다, 언급하다 ⑲ 언급

mention a single example 한 예를 들다
make no **mention** 언급하지 않다
There is nothing worth *mentioning*. 말할 만한 것이 없다.

➕ voca = **refer to** 언급하다

□ 0510
remark
[rimá:rk]

⑧ 말하다; 논평하다; 주목하다 ⑲ 논평; 소견; 주목

remark on the event 그 사건에 관해 논평하다
make a **remark** 소견을 말하다
Please confine your *remarks* to the subject under discussion.
논평을 논의 중인 주제에 한정해 주십시오.

➕ voca = **comment** 논평

□ 0511
associate
[əsóuʃièit]

⑧ 연상하다; 교제하다; 연합시키다 ⑲ 동료 ⑲ 연합한, 부−

associate with all sorts of people 모든 부류의 사람들과 교제하다
associate professor 부교수
We often *associate* summer with holidays.
우리는 흔히 여름이라고 하면 휴가를 연상한다. (기출 예문)
association ⑲ 연상; 협회

□ 0512
recommend
[rèkəménd]

(동) 추천하다, 권고하다
recommend him to the company 그를 그 회사에 추천하다
recommend him to stop drinking 그에게 술을 끊도록 권고하다
The fire marshal *recommended* that we put in a smoke detector. 소방서장은 우리에게 연기 탐지기를 설치하도록 권고했다.
recommendation (명) 추천

□ 0513
forbid
[fərbíd]
forbad(e) - forbidden

(동) 금지하다; 허락하지 않다
forbid forced labor 강제 노동을 금지하다
forbid her to smoke 그녀가 담배를 피우지 못하게 하다
Some cities have ordinances *forbidding* the use of soft coal.
몇몇 도시에는 역청탄 사용을 금지하는 조례가 있다. (기출 예문)

□ 0514
participate
[pɑːrtísəpèit]

(동) 참여하다, 관여하다
participate in a competition 대회에 참가하다
participate in product surveys 제품 의견 조사에 참여하다
She *participated* in the discussion. 그녀는 그 토론에 참여했다.
participation (명) 참여
+ voca = take part in ~에 참가하다

□ 0515
command
[kəmǽnd]

(동) 명령하다, 명하다 (명) 명령; 구사 능력
command silence 조용히 하라고 명령하다
give a **command** 명령을 내리다
The king *commanded* his soldiers to fight.
왕은 병사들에게 싸울 것을 명했다.
+ voca = order 명령하다, 지시하다

□ 0516
frequent
[frí:kwənt]

(형) 빈번한, 자주 일어나는 (동) 자주 가다
have **frequent** quarrels 자주 말다툼을 하다
frequent a library 도서관에 자주 가다
Earthquakes are *frequent* in Japan. 일본에서 지진은 빈번하다.
frequency (명) 빈번, 빈도 frequently (부) 자주
+ voca ↔ infrequent 드문

□ 0517
repeat
[ripí:t]

(동) 반복하다, 되풀이하다
repeat the experiment 실험을 반복하다
bear **repeating** 반복할 가치가 있다
Don't *repeat* the same mistakes again.
같은 실수를 다시는 반복하지 않도록 하라. (기출 예문)
repetition (명) 반복

□ 0518
object
[ɑ́bdʒikt]

동 반대하다 명 목적; 대상
object to new taxes 새로운 조세에 반대하다
object to being charged a fee 요금 부과에 반대하다
National welfare is the *object* of politics.
국가적 복지가 정치의 목적이다. (기출 예문)
objection 명 반대
+ voca = oppose 반대하다   ↔ support 지지하다

□ 0519
comfort
[kʌ́mfərt]

동 위로하다; 편하게 하다 명 위로, 안락
take **comfort** 위로를 얻다
live in **comfort** 안락하게 살다
I tried to *comfort* him but it was no use.
나는 그를 위로하려고 애썼지만 소용이 없었다. (기출 예문)
comfortable 명 편안한
+ voca = consolation 위로, 위안

□ 0520
celebrate
[séləbrèit]

동 축하하다
celebrate the New Year 새해를 축하하다
celebrate a victory 승리를 축하하다
We *celebrated* their 30th wedding anniversary.
우리는 그들의 30번째 결혼기념일을 축하했다.
celebration 명 축하

□ 0521
deny
[dinái]

동 부인하다; 거절하다; 주지 않다
deny a rumor 소문을 부인하다
deny a beggar 거지에게 아무것도 주지 않다
No one can *deny* the value of that research.
그 연구의 가치는 누구도 부인할 수 없다.
denial 명 부인

□ 0522
isolate
[áisəlèit]

동 고립시키다, 격리하다
isolated rural areas 고립된 시골 지역
be **isolated** by heavy snowfalls 폭설로 고립되다
Your mission is to *isolate* the enemy by destroying all the bridges. 네 임무는 모든 다리를 파괴해 적을 고립시키는 것이다. (기출 예문)
isolation 명 고립
+ voca = separate 분리하다, 떼어놓다

□ 0523
hardship
[háːrdʃìp]

명 고난, 곤란
endure **hardships** 고난을 견디다
severe financial **hardship** 가혹한 재정적 곤란
She went through a lot of *hardships*. 그녀는 많은 고난을 겪었다.
+ voca = adversity 역경, 불운   = ordeal 시련, 고난

□ 0524
debate
[dibéit]

(동) 논쟁하다, 토론하다 (명) 토론
debate an issue 문제를 토론하다
a lively debate 활발한 토론
Scientists are still *debating* whether the fossil represents a new species. 과학자들은 그 화석이 새로운 종을 나타내는지 여전히 논쟁하고 있다. (기출 예문)

➕ voca = **argue** 논쟁하다

□ 0525
alert
[ələ́:rt]

(형) 경계하는; 기민한 (동) 경고하다, 경계시키다 (명) 경계
alert to possible dangers 가능한 위험을 경계하는
on the alert 빈틈없이 경계하여
The soldiers are *alert* and can quickly avoid danger.
그 군인들은 기민해서 위험을 재빨리 피할 수 있다.

➕ voca = **watchful** 주의 깊은, 경계하는 ↔ **careless** 부주의한

□ 0526
applause
[əplɔ́:z]

(명) 박수(갈채)
win applause 박수갈채를 받다
greet with loud applause 박수갈채로 환영하다
Her performance elicited wild *applause*.
그녀의 공연은 열광적인 박수갈채를 끌어냈다. (기출 예문)

applaud (동) 박수갈채하다

□ 0527
compensate
[kámpənsèit]

(동) 보상하다, 배상하다; 상쇄하다
compensate for the risks 위험을 보상하다
compensate evil with good 악을 선으로 상쇄하다
The bank refused to *compensate* the customer for his loss.
은행은 고객이 입은 피해를 보상하지 않으려 했다.

compensation (명) 보상

□ 0528
consult
[kənsʌ́lt]

(동) 의견을 묻다, 상의하다; 진찰받다; 참고하다
consult a doctor 의사의 진찰을 받다
consult a dictionary 사전을 참고하다
She *consulted* with a lawyer about the matter.
그녀는 그 문제에 대해 변호사와 상의했다.

consultation (명) 상담, 상의 consultant (명) 컨설턴트, 고문

□ 0529
warn
[wɔ:rn]

(동) 경고하다; 통고하다
warn of danger 위험을 경고하다
warn her to appear in court 그녀에게 법정 출두를 통고하다
He *warned* me not to be late. 그는 늦지 말라고 내게 경고했다. (기출 예문)

warning (명) 경고

□ 0530
derive
[diráiv]

(동) 끌어내다, 얻다; 파생하다
derive pleasure from music 음악에서 즐거움을 얻다
derive from Latin 라틴어에서 파생하다
We couldn't *derive* the prospective benefits from the business. 우리는 그 사업에서 기대한 이익을 끌어낼 수 없었다.
derivation (명) 끌어냄, 파생

□ 0531
consent
[kənsént]

(동) 동의하다 (명) 동의, 승낙
consent to a suggestion 제안에 동의하다
without **consent** 승낙 없이
He *consented* to run for president.
그는 대통령 선거 출마에 동의했다. (기출 예문)
+ voca = assent 동의하다, 동의

□ 0532
ultimate
[ʌ́ltəmit]

(형) 궁극적인, 최후의
the **ultimate** end of life 삶의 궁극적 목적
the **ultimate** solution to the issue 그 문제에 대한 궁극적인 해결책
Peace was the *ultimate* goal of the organization.
평화가 그 단체의 궁극적인 목표였다.
ultimately (부) 궁극적으로

□ 0533
omit
[oumít]

(동) 생략하다; 빠뜨리다, ~하는 것을 잊다
omit the name from the list 명부에서 그 이름을 빼다
omit locking the door 문 잠그는 것을 잊다
The best method is to *omit* unnecessary words.
최선의 방법은 불필요한 단어들을 빼는 것이다.
omission (명) 생략
+ voca = skip 빠뜨리다, 건너뛰다

□ 0534
notion
[nóuʃən]

(명) 개념, 관념; ~하고 싶은 생각
a **notion** of space 공간 개념
a widespread **notion** 널리 퍼져 있는 생각
I have no *notion* of being a celebrity. 나는 유명인이 될 생각이 없다.

□ 0535
clue
[kluː]

(명) 단서, 실마리
get a **clue** 단서를 잡다
miss a **clue** 단서를 놓치다
He found a *clue* in the extinct fire.
그는 그 꺼진 불에서 단서를 발견했다. (기출 예문)

A 영어는 우리말로, 우리말은 영어로 쓰시오.

① convince _____ ⑪ 명령하다 _____

② alert _____ ⑫ 반복하다 _____

③ derive _____ ⑬ 경고하다 _____

④ forbid _____ ⑭ 고립시키다 _____

⑤ debate _____ ⑮ 추천하다 _____

⑥ compensate _____ ⑯ 부인하다 _____

⑦ celebrate _____ ⑰ 생략하다 _____

⑧ consent _____ ⑱ 연상하다 _____

⑨ remark _____ ⑲ 행동하다 _____

⑩ hardship _____ ⑳ 참여하다 _____

B 빈칸에 공통으로 들어갈 단어는?

① take _____ 위로를 얻다   live in _____ 안락하게 살다

② _____ a single example 한 예를 들다   make no _____ 언급하지 않다

③ _____ regret 유감을 표현하다   travel by _____ 급행으로 여행하다

④ _____ a doctor 의사의 진찰을 받다   _____ a dictionary 사전을 참고하다

C 다음 빈칸에 알맞은 단어를 〈보기〉에서 골라 넣으시오. (필요하면 형태를 변형하시오.)

──────────【 보기 】──────────
applause clue notion frequent ultimate object

① Earthquakes are (   ) in Japan.

② National welfare is the (   ) of politics.

③ Her performance elicited wild (   ).

④ I have no (   ) of being a celebrity.

⑤ Peace was the (   ) goal of the organization.

⑥ He found a (   ) in the extinct fire.

D 이번 테마를 다룬 독해 지문을 읽으면서 관련 어휘의 뜻을 확인해 보자.

I taught **debating** and argumentation in college. Since then, I have listened to, criticized, **participated**, and watched the effects of thousands of arguments. As a result of it all, I have come to the conclusion that there is only one way to get the best of an argument and that is to keep away from it. Nine times out of ten, an argument ends with each of the contestants being more firmly **convinced** than ever that he is absolutely right. You can't win an argument even though you win it. Why? Well, suppose you triumph over the other man. You'll feel fine. But what about him? **Ultimately**, you have hurt his pride. He will not **consent** to your idea and resent your triumph.

Translation 나는 대학에서 **debate**하는 것과 논쟁을 가르쳤다. 그때부터 나는 수천 번에 달하는 논쟁의 결과를 듣고, 비판하고, **participate**하고, 지켜봐 왔다. 그 결과, 논쟁에서 이기는 유일한 방법이 있는데 그것은 바로 논쟁에서 벗어나는 것이라는 결론에 도달했다. 십중팔구, 논쟁은 결국 논쟁에 참가한 사람들 자신이 절대적으로 옳다는 생각을 더욱 **convince**시키며 끝나게 된다. 비록 당신이 논쟁에서 이긴다 하더라도 당신은 이길 수 없다. 왜일까? 당신이 다른 사람에게 승리했다고 가정해 보자. 당신은 기분이 좋을 것이다. 그러나 패배한 사람은 어떨까? **Ultimately**하게 당신은 그의 자존심에 상처를 주고, 그는 당신의 생각에 **consent**하지 않고, 당신의 승리에 화가 날 것이다.

Words • argumentation 논쟁 • criticize 비판하다 • effect 결과 • contestant 논쟁자
• resent 분개하다 • triumph 승리

B ① comfort ② mention ③ express ④ consult
C ① frequent ② object ③ applause ④ notion ⑤ ultimate ⑥ clue

Link
Rank

19 인간관계 및
커뮤니케이션 (2)

까마귀 날자
왜 배가 떨어질까?

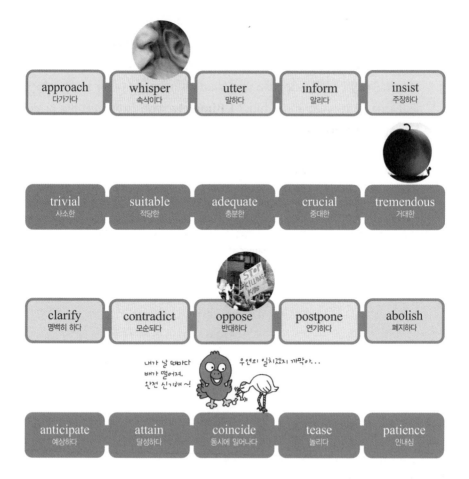

approach 다가가다	whisper 속삭이다	utter 말하다	inform 알리다	insist 주장하다

trivial 사소한	suitable 적당한	adequate 충분한	crucial 중대한	tremendous 거대한

clarify 명백히 하다	contradict 모순되다	oppose 반대하다	postpone 연기하다	abolish 폐지하다

내가 날 때마다
배가 떨어져.
완전 신기해~!

우연히 일치겠지 까막아...

anticipate 예상하다	attain 달성하다	coincide 동시에 일어나다	tease 놀리다	patience 인내심

□ 0536
anticipate
[æntísəpèit]

(동) 예상하다, 기대하다
anticipate a unanimous conclusion 만장일치의 결론을 예상하다
anticipate getting a letter 편지 받기를 기대하다
We *anticipated* a quality time at the farewell party.
우리는 송별회에서의 좋은 시간을 기대했다.
anticipation (명) 예상

□ 0537
approach
[əpróutʃ]

(동) 다가가다, 접근하다 (명) 접근
approach the sun 태양에 접근하다
a scientific **approach** to a problem 문제에 대한 과학적인 접근법
A typhoon is *approaching* at a velocity of 20km per hour.
태풍이 시속 **20**킬로미터의 속도로 접근하고 있다. (기출 예문)
approachable (형) 접근하기 쉬운
+ voca = access 접근

□ 0538
inform
[infɔ́ːrm]

(동) 알리다, 통지하다; 정통하다
inform the police 경찰에 알리다
an **informed** commentator on political events
정치적 사건에 정통한 해설자
I wrote to *inform* him of my decision.
나는 그에게 내 결정을 알리기 위해 편지를 보냈다. (기출 예문)
informative (형) 정보를 제공하는

□ 0539
insist
[insíst]

(동) 주장하다, 고집하다
insist on social equality 사회적 평등을 주장하다
insist on paying for dinner 식사비를 내겠다고 고집하다
Greg still *insists* he did nothing wrong.
Greg는 잘못한 것이 없다고 여전히 주장한다. (기출 예문)
insistence (명) 주장, 고집

□ 0540
postpone
[poustpóun]

(동) 연기하다, 뒤로 미루다
postpone her departure 그녀의 출발을 연기하다
be **postponed** indefinitely 무기한 연기되다
The conference had been *postponed*. 그 회의는 연기되었다.
+ voca = put off 연기하다   = delay 늦추다, 연기하다

□ 0541
attain
[ətéin]

(동) 달성하다, 이루다
attain her purpose 그녀의 목적을 달성하다
attain price stability 물가 안정을 이루다
He has *attained* the highest grade in his music exams.
그는 음악 시험에서 최고의 성적을 달성했다. (기출 예문)
attainment (명) 달성, 도달
+ voca = accopmplish 이루다, 성취하다

□ 0542
suitable
[súːtəbəl]

(형) 적당한, 어울리는
suitable for the job 그 일에 적합한
suitable to his social status 그의 사회적 지위에 어울리는
Fill in the blanks with *suitable* words.
적당한 말을 넣어 빈칸을 채우시오.
+ voca = appropriate 적당한, 적절한

□ 0543
coincide
[kòuinsáid]

(동) 동시에 일어나다; 일치하다
coincide in opinion 의견이 일치하다
interests **coincide** 이해관계가 일치하다
I timed my holiday to *coincide* with the children's school
holiday. 나는 아이들의 학교 방학과 일치하도록 내 휴가 시기를 맞추었다. (기출 예문)
coincidence (명) 우연의 일치

□ 0544
adequate
[ǽdikwit]

(형) 충분한, 적절한
give **adequate** protection 적절히 보호하다
receive **adequate** nutrition 충분한 영양을 공급받다
They demanded *adequate* compensation for their work.
그들은 일에 대한 적절한 보상을 요구했다.
+ voca = sufficient 충분한

□ 0545
controversy
[kántrəvə̀ːrsi]

(명) 논쟁, 논의
avoid **controversy** 논쟁을 피하다
beyond **controversy** 논쟁의 여지가 없는
Her latest book has engendered a lot of *controversy*.
그녀의 가장 최근의 저서는 많은 논쟁을 일으켰다. (기출 예문)
controversial (형) 논쟁의 여지가 있는

□ 0546
acquaintance
[əkwéintəns]

(명) 아는 사이; 알고 있음
have a wide **acquaintance** 교제 범위가 넓다
have some **acquaintance** with statistics 통계학을 조금 알다
I have a slight *acquaintance* with her.
나는 그녀와 조금 아는 사이이다. (기출 예문)
acquaint (동) 알게 하다 acquainted (형) 알고 지내는; 정통한

□ 0547
fluent
[flúːənt]

(형) 유창한
fluent in Chinese 중국어가 유창한
write **fluent** Russian 러시아어를 유창하게 쓰다
Applicants must have *fluent* command of German.
지원자는 독일어를 유창하게 구사해야 한다.
fluency (명) 유창함 fluently (부) 유창하게

□ 0548
outstanding
[àutstǽndiŋ]

(형) 뛰어난, 눈에 띄는; 미해결의
an **outstanding** physicist 뛰어난 물리학자
have **outstanding** debts 미불 채무가 있다
He made an *outstanding* contribution to the popularization of rap music. 그는 랩 음악의 대중화에 지대한 공헌을 하였다.
(+ voca) = striking 현저한　= remarkable 두드러진

□ 0549
crucial
[krú:ʃəl]

(형) 중대한, 결정적인
play a **crucial** role 중대한 역할을 하다
give up at a **crucial** moment 결정적인 순간에 포기하다
There are some *crucial* differences between then and now.
그때와 지금은 중대한 차이가 있다.
(+ voca) = decisive 결정적인　= vital 극히 중대한

□ 0550
patience
[péiʃəns]

(명) 인내심, 참을성
exercise **patience** 인내심을 발휘하다
a man of great **patience** 참을성이 강한 사람
I lost my *patience* and shouted at her.
나는 참지 못하고 그녀에게 소리를 질렀다. (기출 예문)
patient (형) 인내심이 있는
(+ voca) ↔ impatience 성급함, 조바심

□ 0551
threaten
[θrétn]

(동) 위협하다, 협박하다
threaten him with a gun 그를 총으로 협박하다
threaten legal action 법적 조치를 취하겠다고 위협하다
A sudden surge of imports can *threaten* a domestic industry. 갑작스런 수입 증대는 내수 산업을 위협할 수 있다. (기출 예문)
threat (명) 협박, 위협

□ 0552
brief
[bri:f]

(형) 간단한, 짧은 (명) 개요
in **brief** 간단히 말해서
a **brief** life 짧은 생애
His answer was *brief* and accurate. 그의 답변은 간단하면서 정확했다.
briefly (부) 간단히　briefing (명) 브리핑

□ 0553
literate
[lítərit]

(형) 글을 읽고 쓸 수 있는, 학식 있는
a **literate** society 글을 읽고 쓸 줄 아는 사회
highly **literate** 학식이 높은
Only half of the children in this class are *literate*.
이 반 아이들 중 불과 절반만 글을 읽고 쓸 수 있다.
literal (형) 글자대로의

□ 0554
clarify
[klǽrəfài]

(동) 명백히 하다, 밝히다
clarify where the responsibility lies 책임 소재를 명백히 하다
clarify the distinction 차이점을 밝히다
The researchers will *clarify* the causes of this natural
disaster. 그 연구원들은 이번 자연재해의 원인을 밝힐 것이다.

□ 0555
abolish
[əbáliʃ]

(동) 폐지하다
abolish slavery 노예 제도를 폐지하다
abolish capital punishment 사형을 폐지하다
We need to *abolish* regulations that hinder investment.
우리는 투자를 막는 규정을 폐지할 필요가 있다.
abolition (명) 폐지
(+ voca) ↔ **establish** 설립하다; 제정하다

□ 0556
tremendous
[triméndəs]

(형) 거대한; 무서운
a **tremendous** loss 거대한 손실
make a **tremendous** impact 엄청난 영향을 미치다
It would cause a *tremendous* upheaval to install a different
computer system. 다른 컴퓨터 체계를 설치하는 것은 엄청난 격변이 일으킬 것
이다. (기출 예문)
(+ voca) = **enormous** 거대한 = **vast** 광대한, 막대한

□ 0557
utter
[ʌ́tər]

(동) 말하다, 표명하다; 발음하다 (형) 완전한
utter a vowel sound 모음을 발음하다
in **utter** despair 완전히 절망하여
Please *utter* your view on this movie as soon as possible.
이 영화에 관한 당신의 견해를 가능한 한 빨리 말해 주세요.
utterance (명) 발언

□ 0558
contradict
[kɑ̀ntrədíkt]

(동) 모순되다; 부인하다
contradict each other 서로 모순되다
contradict oneself 모순된 말을 하다
Congress officially *contradicted* the statement.
국회는 그 성명을 공식적으로 부인했다. (기출 예문)
contradiction (명) 모순; 부인 contradictory (형) 모순된

□ 0559
oppose
[əpóuz]

(동) 반대하다, 대항하다; 대비시키다
oppose any resort to arms 어떤 무력 행사에도 반대하다
oppose advantages to disadvantages 이익과 손실을 대비시키다
He took a stand *opposed* to conventional wisdom.
그는 통설에 반대되는 입장을 취했다. (기출 예문)
opposition (명) 반대 opposite (형) 반대편의, 정반대의
(+ voca) = **object** 반대하다; 목적

□ 0560
scatter
[skǽtər]

(동) 흩뿌리다; 확산시키다
scatter leaflets 광고 전단을 흩뿌리다
scatter books over the floor 바닥에 책을 흩뜨려 놓다
They *scattered* some sand on that icy road.
그들은 그 빙판길 위에 모래를 흩뿌렸다. (기출 예문)
(+ voca) = disperse 흩뜨리다

□ 0561
temperate
[témpərit]

(형) 절제하는; 온건한, 온화한
temperate in drinking 술을 절제하는
have a **temperate** climate 기후가 온화하다
A *temperate* man would not pursue such an object.
절제하는 사람이라면 그런 목적을 추구하지 않을 것이다.
temperately (부) 적당하게
(+ voca) = moderate 절제 있는; 온건한

□ 0562
whisper
[hwíspər]

(동) 속삭이다 (명) 속삭임
whisper a few words 몇 마디 속삭이다
in a **whisper** 속삭이는 목소리로
The bridegroom is *whispering* something to the bride.
신랑이 신부에게 뭔가를 속삭이고 있다.

□ 0563
shed
[ʃed]

(동) 흘리다; 벗다; 발산하다
shed tears 눈물을 흘리다
shed its skin 허물을 벗다
Roses *shed* their sweet fragrance around.
장미는 주변에 달콤한 향기를 발산한다.

□ 0564
trivial
[tríviəl]

(형) 사소한; 진부한
waste time over **trivial** matters 사소한 일에 시간을 낭비하다
get tired of **trivial** tasks 진부한 일에 싫증이 나다
His composition had some *trivial* errors.
그의 작문은 약간의 사소한 오류들이 있었다.
(+ voca) = insignificant 하찮은

□ 0565
tease
[tiːz]

(동) 놀리다, 괴롭히다, 졸라대다
tease the cat 고양이를 괴롭히다
tease for pocket money 용돈을 달라고 졸라대다
They *teased* him about his curly hair.
그들은 그의 곱슬머리를 놀려댔다. (기출 예문)

A 영어는 우리말로, 우리말은 영어로 쓰시오.

① tease _____	⑪ 속삭이다 _____
② postpone _____	⑫ 동시에 일어나다 _____
③ adequate _____	⑬ 달성하다 _____
④ anticipate _____	⑭ 위협하다 _____
⑤ contradict _____	⑮ 주장하다 _____
⑥ clarify _____	⑯ 폐지하다 _____
⑦ tremendous _____	⑰ 절제하는 _____
⑧ literate _____	⑱ 인내심 _____
⑨ approach _____	⑲ 유창한 _____
⑩ crucial _____	⑳ 사소한 _____

B 빈칸에 공통으로 들어갈 단어는?

① _____ leaflets 광고 전단을 흩뿌리다

   _____ books over the floor 바닥에 흩뜨려 놓다

② in _____ 간단히 말해서   a _____ life 짧은 생애

③ an _____ physicist 뛰어난 물리학자   have _____ debts 미불 채무가 있다

④ _____ tears 눈물을 흘리다   _____ its skin 허물을 벗다

C 다음 빈칸에 알맞은 단어를 〈보기〉에서 골라 넣으시오. (필요하면 형태를 변형하시오.)

[보기]
acquaintance controversy oppose suitable utter inform

① I wrote to (   ) him of my decision.

② He took a stand (   ) to conventional wisdom.

③ Please (   ) your view on this movie as soon as possible.

④ Fill in the blanks with (   ) words.

⑤ Her latest book has engendered a lot of (   ).

⑥ I have a slight (   ) with her.

D 이번 테마를 다룬 독해 지문을 읽으면서 관련 어휘의 뜻을 확인해 보자.

All travellers should make it **clarify** that they have **adequate** travel insurance before they depart. A **suitable** insurance policy should provide coverage for medical expenses arising from illness or accident prior to or during their vacation, loss of vacation money, and

cancellation of the holiday. Please keep your insurance policy and emergency contact details with you at all times. Before departure, you will be required to provide your tour leader with a copy of your insurance policy **informing** the period of travel. In **brief**, without this information, you will not be allowed to travel with the group.

Translation 모든 여행자들은 출발하기 전에 자신들이 adequate한 여행 보험에 들었는지 clarify해야 한다. suitable한 보험 증서는 휴가 전이나 휴가 동안 질병이나 사고로부터 발생하는 의료비용과 휴가비의 손해, 그리고 휴일의 취소에 대한 보상을 제공해야 한다. 당신의 보험 증서와 비상 연락 세부사항을 항상 휴대하라. 출발하기 전에, 당신은 당신의 여행 인솔자에게 여행 기간을 inform해 주는 보험 증서의 사본을 제출하도록 요구받을 것이다. brief하게 말해, 이러한 통지를 하지 않으면, 당신은 그 그룹과 함께 여행하지 못하게 될 것이다.

Words • ensure 확실하게 하다 • coverage (보험의) 보상 (범위) • prior to ~보다 전에
• cancellation 최소

정답 🔒

B ①scatter ②brief ③outstanding ④shed
C ①inform ②opposed ③utter ④suitable ⑤controversy ⑥acquaintance

Link
Rank

법과 범죄

쉿, 아무도 모르는 시험의 비밀!

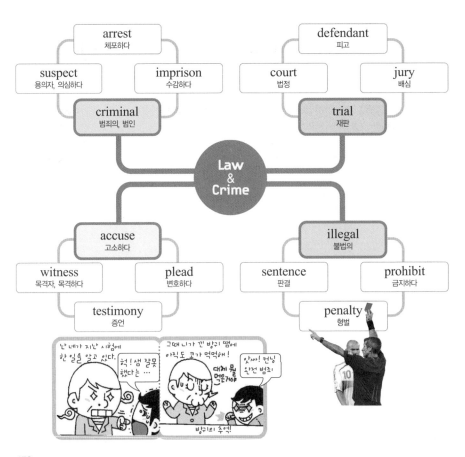

arrest
체포하다

defendant
피고

suspect
용의자, 의심하다

imprison
수감하다

court
법정

jury
배심

criminal
범죄의, 범인

trial
재판

Law
&
Crime

accuse
고소하다

illegal
불법의

witness
목격자, 목격하다

plead
변호하다

sentence
판결

prohibit
금지하다

testimony
증언

penalty
형벌

□ 0566
innocent
[ínəsnt]

(형) 무죄의, 결백한, 무고한
be presumed **innocent** 무죄로 추정되다
kill an **innocent** person 무고한 사람을 죽이다
He strongly argued that he was *innocent*.
그는 자신이 무죄라고 강하게 주장했다. (기출 예문)

innocence (명) 무죄, 결백
+ voca ↔ **guilty** 유죄의

□ 0567
accuse
[əkjúːz]

(동) 고소하다, 고발하다; 비난하다
accuse him of lying 그가 거짓말한 것을 비난하다
confront the **accused** with his accuser 피고와 원고를 맞대다
He *accused* Tom of theft. 그는 Tom을 절도죄로 고발했다. (기출 예문)

accusation (명) 고소

□ 0568
illegal
[ilíːɡəl]

(형) 불법의, 위법의
illegal immigrants 불법 이민자들
be ticketed for **illegal** parking 불법 주차로 딱지를 떼이다
Don't do something *illegal*. 불법적인 일을 하지 마시오.
+ voca ↔ **legal** 합법의

□ 0569
criminal
[krímənəl]

(형) 범죄의, 형사상의 (명) 범인
criminal psychology 범죄 심리학
study **criminal** law 형법을 공부하다
The guy has a *criminal* record. 그 남자는 전과가 있다.

crime (명) 범죄

□ 0570
fine
[fain]

(명) 벌금 (동) 벌금을 과하다
impose a **fine** 벌금을 부과하다
be **fined** $10 벌금 10달러를 물다
The factory was *fined* for the pollution of the river.
그 공장은 강물을 오염시킨 데 대해 벌금을 물었다.

□ 0571
suspect
[səspékt]

(명) 용의자 (동) 의심하다
a murder **suspect** 살인 용의자(= a suspected murderer)
be **suspected** as an accomplice 공범으로 의심받다
No one ever *suspected* the seriousness of his misdeeds.
누구도 그의 나쁜 짓의 심각성을 의심하지 않았다. (기출 예문)

suspicious (형) 의심스러운; 의심 많은
+ voca = **doubt** 의심하다

□ 0572
arrest
[ərést]

(동) 체포하다, 검거하다 (명) 체포, 검거, 구인
make an arrest 체포하다
under arrest 체포되어, 구금 중인
A leader of organized crime in the United States has been *arrested*. 미국의 한 조직 범죄단 두목이 체포되었다. (기출 예문)
(+ voca) ↔ **release** 석방하다, 해방시키다

□ 0573
decisive
[disáisiv]

(형) 결정적인, 결단력 있는, 단호한
a decisive moment 결정적인 순간
take decisive steps 단호한 조처를 취하다
He made a *decisive* mistake. 그는 결정적인 실수를 범했다.
decision (형) 결정, 결심
(+ voca) = **crucial** 결정적인, 중대한

□ 0574
evidence
[évidəns]

(명) 증거, 물증
destroy evidence 증거를 인멸하다
for lack of evidence 증거 불충분으로
There is insufficient *evidence* to clarify the situation.
그 상황을 명백하게 설명할 증거가 불충분했다.
evident (형) 명백한, 분명한

□ 0575
trial
[tráiəl]

(명) 재판; 시도
get a fair trial 공정한 재판을 받다
a process of trial and error 시행착오의 과정
The motive of the crime will come out at the *trial*.
그 범죄의 동기는 재판에서 밝혀질 것이다. (기출 예문)

□ 0576
victim
[víktim]

(명) 희생자, 제물; 이재민
identify the victim 희생자의 신원을 확인하다
flood victims 홍수 이재민
The corpse of the accident *victim* lay in the street.
그 사고 희생자의 시체가 거리에 누워 있었다. (기출 예문)
(+ voca) = **casualty** 피해자, 희생자 = **sacrifice** 제물, 희생

□ 0577
witness
[wítnis]

(명) 목격자 (동) 목격하다
witness the incident 사고를 목격하다
be summoned as a witness 증인으로 소환되다
Do you believe the *witness's* testimony?
당신은 그 증인의 증언을 믿습니까?

□ 0578
sentence
[séntəns]

몡 판결, 선고 동 판결하다, 선고하다
receive a light **sentence** 가벼운 판결을 받다
be **sentenced** to life imprisonment 종신형을 선고받다
Protests came against the severity of the *sentences*.
판결의 가혹함에 대해 항의가 있었다. (기출 예문)

□ 0579
imprison
[imprízən]

동 수감하다, 가두다
imprison an innocent man 무고한 사람을 수감하다
be **imprisoned** for theft 절도죄로 수감되다
The prisoners of war were *imprisoned* and tortured.
그 전쟁 포로들은 수감되어 고문을 당했다.
imprisonment 몡 투옥, 구금
+ voca = jail 투옥하다

□ 0580
authority
[əθɔ́ːriti]

몡 권위, 권한; 당국
abuse **authority** 권한을 남용하다
the **authorities** concerned 관계 당국
Are you defying my *authority*? 내 권위에 도전하는 겁니까? (기출 예문)
authorize 동 권위를 부여하다

□ 0581
prohibit
[prouhíbit]

동 금지하다
prohibit the sale 판매를 금지하다
prohibit printing the news 기사를 게재하지 못하게 하다
Smoking is *prohibited* in all offices and restrooms.
흡연은 모든 사무실과 화장실에서 금지되어 있다. (기출 예문)
prohibition 몡 금지
+ voca = ban 금지하다 = forbid 금하다

□ 0582
compassion
[kəmpǽʃən]

몡 연민, 동정
arouse **compassion** 연민을 일으키다
out of **compassion** 동정해서
She tried not to show her *compassion* to us.
그녀는 우리에게 연민을 보이지 않으려 했다.
+ voca = sympathy 동정, 공감 = pity 동정, 연민

□ 0583
murder
[mə́ːrdər]

동 살인 몡 살인하다
commit **murder** 살인을 저지르다
an attempted **murder** 살인 미수
He *murdered* one of his political opponents.
그는 정치적 반대 세력 중 한 명을 살인했다.
murderer 몡 살인자

□ 0584
violate
[váiəlèit]

(동) **위반하다, 어기다; 침해하다**
violate a constitution 헌법을 위반하다
violate privacy 사생활을 침해하다
He *violated* the traffic regulations. 그는 교통 법규를 위반했다.
violation (명) 위반
+ voca = **infringe** 어기다, 위반하다

□ 0585
court
[kɔ́ːrt]

(명) **법정, 법원**
in court 법정에서
come into court 법정에 출두하다
The *court* clerk shows a movie outlining what is going to happen. 법원 서기는 어떤 일이 진행되는지를 요약한 영화를 보여 준다. (기출 예문)

□ 0586
jury
[dʒúəri]

(명) **배심(원단)**
waive a jury trial 배심 재판을 포기하다
serve on a jury 배심원을 맡다
The *jury* brought in a verdict of guilty.
배심원단은 유죄 판결을 했다. (기출 예문)

□ 0587
plead
[pliːd]

(동) **변호하다, 주장하다; 간청하다**
plead self-defense 정당방위를 주장하다
plead for mercy 자비를 간청하다
He hired a top lawyer to *plead* his case.
그는 자신의 사건을 변호하기 위해 유명한 변호사를 고용했다.
plea (명) 탄원, 청원
+ voca = **appeal** 간청하다; 호소하다

□ 0588
defendant
[diféndənt]

(명) **피고**
hear the defendant 피고의 증언을 듣다
attorney for the defendant 피고측 변호사
The *defendant* is charged with murdering his employer.
피고는 고용주를 살해한 혐의를 받고 있다.
+ voca ↔ **accuser** 원고, 고소인

□ 0589
testimony
[téstəmòuni]

(명) **증언, 증거**
bear testimony to the case 그 사건에 대해 증언하다
give false testimony 위증을 하다
She gave *testimony* that the accused man was at home all day. 그녀는 피의자가 온종일 집에 있었다고 증언했다. (기출 예문)
testify (동) 증언하다

□ 0590
justice
[dʒʌ́stis]

똉 정의, 정당성; 공평
for the sake of justice 정의를 위해
with justice 공평하게
You should have the courage to fight for *justice*.
너는 정의를 위해 투쟁할 용기를 지니고 있어야 한다. 기출 예문
justify 똉 정당화하다
➕ voca ↔ injustice 불법, 부정

□ 0591
penalty
[pénəlti]

똉 형벌; 벌금; 벌칙
death penalty 사형
pay the penalty 벌금을 내다
Such *penalties* result in a player being sent to an isolated
area. 그러한 벌칙으로 선수는 고립된 장소에 보내진다. 기출 예문
➕ voca = punishment 처벌, 형벌

□ 0592
convict
[kənvíkt]

똉 유죄를 선고하다 똉 죄인, 죄수
confine a convict in jail 죄수를 교도소에 감금하다
capture an escaped convict 탈주범을 붙잡다
He was finally *convicted* to five years in prison.
그는 결국 징역 5년 형을 선고받았다.
conviction 똉 유죄 판결; 확신

□ 0593
legitimate
[lidʒítəmət]

똉 합법적인, 정당한
by legitimate means 합법적인 수단으로
a legitimate claim 정당한 요구
You must use public money only for *legitimate* purposes.
당신은 공금을 합법적인 목적을 위해서만 써야 한다. 기출 예문
legitimacy 똉 합법성

□ 0594
frame
[fréim]

똉 (누명을) 씌우다, 모함하다; 조작하다
frame an alibi 알리바이를 조작하다
be framed for murder 살인 누명을 쓰다
He insisted that he had been *framed*. 그는 누명을 썼다고 주장했다.

□ 0595
autonomy
[ɔːtánəmi]

똉 자치, 자율
seek autonomy 자치권을 추구하다
restrict the autonomy 자율권을 제한하다
He granted greater *autonomy* to law enforcement agencies.
그는 법 집행 기관에 보다 큰 자율권을 부여했다.
autonomous 똉 자치권이 있는, 자율의

A 영어는 우리말로, 우리말은 영어로 쓰시오.

① decisive _____ ⑪ 용의자 _____
② imprison _____ ⑫ 법정 _____
③ prohibit _____ ⑬ 피고 _____
④ authority _____ ⑭ 형벌 _____
⑤ compassion _____ ⑮ 증언 _____
⑥ murder _____ ⑯ 판결 _____
⑦ violate _____ ⑰ 고소하다 _____
⑧ autonomy _____ ⑱ 불법의 _____
⑨ trial _____ ⑲ 증거 _____
⑩ witness _____ ⑳ 배심(원단) _____

B 빈칸에 공통으로 들어갈 단어는?

① death _____ 사형   pay the _____ 벌금을 내다
② _____ psychology 범죄 심리학   study _____ law 형법을 공부하다
③ make an _____ 체포하다   under _____ 체포되어
④ for the sake of _____ 정의를 위해   with _____ 공평하게

C 다음 빈칸에 알맞은 단어를 〈보기〉에서 골라 넣으시오. (필요하면 형태를 변형하시오.)

┌─────────────── [보기] ───────────────┐
  frame innocent legitimate victim convict plead
└──────────────────────────────────────┘

① He hired a top lawyer to (   ) his case.
② The corpse of the accident (   ) lay in the street.
③ He insisted that he had been (   ).
④ You must use public money only for (   ) purposes.
⑤ He strongly argued that he was (   ).
⑥ He was (   ) to five years in prison.

D 이번 테마를 다룬 독해 지문을 읽으면서 관련 어휘의 뜻을 확인해 보자.

Napster was the first website to offer free downloading of music. Started in 1996 by a fifteen-year-old boy, the site reported over 200,000 file transactions every day. It had 51 million users in the year 2000. In early 2001, Napster was **accused** of **violating** copyright laws. The music industry charged that it is **illegal** to offer free music over the Internet. Napster **pleaded** its position in **court**, stating that downloading songs from the Internet is the same as copying them onto recording tape.

Translation Napster는 무료로 음악을 다운로드하는 서비스를 제공하는 첫 번째 웹사이트였다. 1996년에 15세 소년에 의해 시작된 이 사이트는 매일 20만 개 이상의 파일을 처리한다고 한다. 2000년도에는 5천백만 명의 사용자가 이 사이트를 이용했다. 2001년도 초에, Napster는 저작권법을 violate했다는 혐의로 accuse되었다. 음반사는 인터넷을 통해 무료로 음악을 제공하는 것은 illegal이라고 고소했던 것이다. Napster는 court에서 노래를 인터넷으로 다운로드하는 것은 테이프를 녹음하는 것과 같은 것이라고 plead했다.

Words • transaction 처리, 취급 • defend 방어하다 • copyright law 저작권법
• state 진술하다, 말하다

정답

B ① penalty ② criminal ③ arrest ④ justice
C ① plead ② victim ③ framed ④ legitimate ⑤ innocent ⑥ convicted

정치인, 알고 보니 외계인?

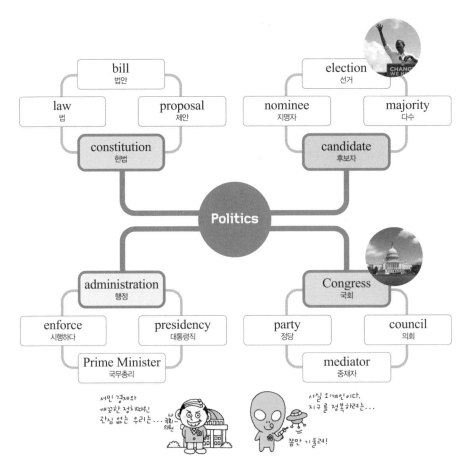

- **bill** 법안
- **law** 법
- **proposal** 제안
- **constitution** 헌법

- **election** 선거
- **nominee** 지명자
- **majority** 다수
- **candidate** 후보자

Politics

- **administration** 행정
- **enforce** 시행하다
- **presidency** 대통령직
- **Prime Minister** 국무총리

- **Congress** 국회
- **party** 정당
- **council** 의회
- **mediator** 중재자

서민 경제와 깨끗한 정치따위 관심 없는 우리는... 나 국회 의원

사실 외계인이다. 지구를 정복하려는... 꿈만 기둘려!

□ 0596
majority
[mədʒɔ́ːrəti]

몡 다수, 대부분
decision by majority 다수결
by an absolute majority 절대 다수로
The *majority* of our products are imported from South
America. 우리 제품 대부분이 남미에서 수입된다.
➕ voca ↔ **minority** 소수

□ 0597
alternative
[ɔːltə́ːrnətiv]

몡 대안, 양자택일 혱 대신의, 양자택일의
propose an alternative plan 대안을 제시하다
turn to alternative medicine 대체 의학에 의존하다
There is no *alternative* but to arrest you.
당신을 체포하는 수밖에 없다. 기출 예문
alternatively 🖲 양자택일로

□ 0598
policy
[pɑ́ləsi]

몡 정책, 방침
adopt a policy 방침을 채택하다
an adviser on foreign policy 외교 정책 고문
The President said that there will be no change in *policy*.
대통령은 정책에 아무런 변화가 없을 것이라고 말했다. 기출 예문

□ 0599
law
[lɔ́ː]

몡 법, 법률, 법규, 법칙
violate laws 법을 위반하다
the written law 성문법
According to the *law*, he could have been punished.
법에 따라 그는 체벌받을 수도 있었다.

□ 0600
enforce
[enfɔ́ːrs]

동 시행하다, 집행하다; 강요하다
enforce a law 법률을 시행하다
enforce obedience 복종을 강요하다
Strict censorship is *enforced* in the communist nation.
그 공산주의 국가에서는 엄격한 검열이 시행된다.
enforcement 몡 시행; 강제

□ 0601
proposal
[prəpóuzəl]

몡 제안, 신청
examine a proposal 제안을 검토하다
refuse a proposal 신청을 거절하다
The *proposal* was voted down in the emergency board
meeting. 그 제안은 비상 이사회에서 부결되었다. 기출 예문
propose 동 제안하다
➕ voca = **suggestion** 제안

□ 0602
elect
[ilékt]

⑧ 선거하다, 선출하다; 선택하다 ⑱ 당선된
elected by ballot 무기명 투표로 선출된
the mayor-**elect** 시장 당선자
This is why we *elected* him President.
이것이 우리가 그를 대통령으로 선출한 이유다.

election ⑲ 선거, 선출

□ 0603
committee
[kəmíti]

⑲ 위원회
assemble a **committee** 위원회를 소집하다
an advisory **committee** 자문 위원회
We planned to set up a *committee* that will oversee our new
campaign. 우리는 우리의 새로운 캠페인을 감독할 위원회의 설립을 계획했다. (기출 예문)

□ 0604
mediator
[mí:dièitər]

⑲ 중재자, 매개자
act as a **mediator** 매개자로 활동하다
take on the role of **mediator** 중재자 역할을 맡다
No outside *mediator* took part in the negotiations.
어떤 외부 중재자도 그 협상에 참석하지 않았다.

mediation ⑲ 중재
+ voca = negotiator 교섭자

□ 0605
administration
[ædmìnəstréiʃən]

⑲ 행정, 관리; 집행
the military **administration** 군정
the **administration** of justice 법 집행
He tried to uproot the evils of the *Administration*.
그는 행정부의 악폐를 뿌리 뽑으려고 애썼다. (기출 예문)

administer ⑧ 관리하다; 집행하다 administrator ⑲ 관리자; 집행자

□ 0606
resolution
[rèzəlú:ʃən]

⑲ 결의, 결의안; 결심
move a **resolution** 결의안을 제출하다
make a **resolution** 결심하다
They adopted a *resolution* to increase tax deductions.
그들은 세금 공제를 늘리는 결의안을 가결했다.

resolve ⑧ 결의하다; 용해하다

□ 0607
constitution
[kànstətjú:ʃən]

⑲ 헌법; 구성
draw up a **constitution** 헌법을 초안하다
an authority on the **constitution** 헌법에 관한 권위자
The present *constitution* gives supreme authority to the
presidency. 현행 헌법은 대통령직에 최고의 권한을 부여한다. (기출 예문)

constitute ⑧ 구성하다

☐ 0608
candidate
[kǽndidèit]

명 후보자
run a **candidate** in an election 선거에 후보자를 내세우다
support an independent **candidate** 무소속 후보자를 지지하다
The *candidate* made an acceptance speech.
그 후보자는 당선 연설을 하였다. (기출 예문)

☐ 0609
democracy
[dimάkrəsi]

명 민주주의, 민주주의 국가
liberal **democracy** 자유 민주주의
run counter to **democracy** 민주주의에 역행하다
France is a *democracy*. 프랑스는 민주주의 국가이다.
democratic 형 민주주의의, 민주적인
➕ voca ↔ communism 공산주의

☐ 0610
dictator
[díkteitər]

명 독재자
revolt against a **dictator** 독재자에 항거하다
a ruthless military **dictator** 무자비한 군부 독재자
The *dictator* had an avid desire for power.
그 독재자는 권력에 대한 탐욕을 갖고 있었다.
dictatorship 명 독재 정권

☐ 0611
collapse
[kəlǽps]

명 붕괴하다, 무너지다, 쓰러지다 명 붕괴
in danger of **collapse** 붕괴의 위험이 있는
collapse with exhaustion 지쳐서 쓰러지다
Lots of people lost their jobs when the property market
collapsed. 부동산 시장이 붕괴해 많은 사람들이 실직했다. (기출 예문)

☐ 0612
conservative
[kənsə́ːrvətiv]

형 보수적인 명 보수주의자
a **conservative** politician 보수적인 정치인
conservative tastes in music 음악에 대한 보수적 취향
The weekly magazine is of a *conservative* bias.
그 주간 잡지는 보수주의적 편향이 있다.
conserve 동 보존하다
➕ voca ↔ progressive 진보적인

☐ 0613
Congress
[kάŋgris]

명 (미국의) 국회; 대회; 회합
be elected for **Congress** 국회의원으로 선출되다
rush a bill through **Congress** 국회에서 의안을 급히 통과시키다
Congress has the power of legislation. 국회는 입법권을 갖고 있다.
➕ voca Parliament (영국) 의회

□ 0614
party
[pá:rti]

⑲ 정당; 당사자
leave a **party** 탈당하다
a spokesman of the opposition **party** 야당 대변인
The _party_ sank deeper into the mire of conflict.
그 정당은 갈등의 수렁에 깊이 빠졌다. (기출 예문)

□ 0615
bill
[bil]

⑲ 법안; 계산서, 청구서; 지폐
submit a **bill** 법안을 제출하다
approve a **bill** 법안을 가결하다
Only two senators voted against the _bill_.
두 상원의원만 그 법안에 반대표를 던졌다. (기출 예문)

□ 0616
radical
[rǽdikəl]

⑱ 근본적인; 급진적인, 과격한 ⑲ 급진주의자
make a **radical** reform 근본적 개혁을 하다
radicals in the party 정당 내 급진파들
We desire a _radical_ change in the tax system.
우리는 조세 제도의 근본적 변화를 바란다.
radically ⑭ 원래는; 급진적으로
➕ voca = fundamental 근본적인 = extreme 극심한, 급진적인

□ 0617
prosecute
[prásəkjù:t]

⑧ 기소하다, 소추하다; 수행하다
be **prosecuted** for war crimes 전쟁 범죄로 기소되다
be **prosecuted** on a charge of injuring 상해죄로 기소되다
He is _prosecuting_ a difficult investigation.
그는 힘든 조사를 수행하고 있다. (기출 예문)
prosecution ⑲ 기소, 소추 prosecutor ⑲ 검찰관, 기소자

□ 0618
nominee
[nàməní:]

⑲ 지명자, 임명된 사람
a Democratic **nominee** 민주당 지명자
Supreme Court **nominee** 대법관 지명자
All _nominees_ will be considered. 지명된 사람들 모두 고려될 것이다.
nominate ⑧ 지명하다, 임명하다 nomination ⑲ 지명, 임명

□ 0619
presidency
[prézidənsi]

⑲ 대통령직; 사장직
step down from the **presidency** 대통령직에서 사임하다
vacate the **presidency** of a firm 사장직에서 물러나다
During his _presidency_ he was able to lower the inflation
rates. 대통령직에 있는 동안 그는 물가 상승률을 낮출 수 있었다.
president ⑲ 대통령

□ 0620
adverse
[ædvə́:rs]

(형) 거스르는, 반대의; 불리한
adverse effect 역효과
an **adverse** balance of trade 무역 역조
We are dealing with this *adverse* condition.
우리는 이러한 불리한 조건을 상대하고 있다.

adversity (명) 역경, 불운
+ voca = opposing 반대의

□ 0621
unanimous
[juːnǽnəməs]

(형) 만장일치의, 동의하는
pass by a **unanimous** vote 만장일치로 가결하다
score a **unanimous** decision 심판 전원 일치 판정승을 거두다
The jury reached a *unanimous* verdict of guilty.
배심원단은 만장일치의 유죄 평결을 내렸다.

unanimously (부) 만장일치로 unanimity (명) 만장일치
+ voca = harmonious 진화된, 일치하는

□ 0622
council
[káunsəl]

(명) 의회, 회의
local **council** elections 지방 의회 선거
in **council** 회의 중에
My uncle became a member of a city *council*.
내 삼촌은 시의회 의원이 되었다.

□ 0623
state
[stéit]

(명) 주, 국가
the **state** of California 캘리포니아 주
a welfare **state** 복지 국가
The money they spend represents almost half of the *state's*
economy. 그들이 쓰는 돈이 그 주 경제의 거의 절반에 해당된다. (기출 예문)

□ 0624
Prime Minister
[práim mínistər]

(명) 국무총리, 수상
displace the **Prime Minister** 수상을 해임하다
discredit the **Prime Minister** 수상을 불신임하다
The *Prime Minister* is the head of the government.
수상은 내각의 수반이다. (기출 예문)

□ 0625
chairperson
[tʃɛ́ərpə̀:rsn]

(명) 의장
appoint a **chairperson** 의장을 임명하다
continue as **chairperson** 의장직에 유임되다
The man was elected *chairperson* of the lower house of
parliament. 그 남자는 국회 하원 의장으로 선출되었다.
+ voca = chairman 의장

A 영어는 우리말로, 우리말은 영어로 쓰시오.

① unanimous _____ ⑪ 행정 _____
② democracy _____ ⑫ 국무총리 _____
③ elect _____ ⑬ 국회 _____
④ prosecute _____ ⑭ 의장 _____
⑤ collapse _____ ⑮ 정당 _____
⑥ radical _____ ⑯ 위원회 _____
⑦ mediator _____ ⑰ 정책 _____
⑧ presidency _____ ⑱ 법 _____
⑨ nominee _____ ⑲ 다수 _____
⑩ conservative _____ ⑳ 헌법 _____

B 빈칸에 공통으로 들어갈 단어는?

① local _____ elections 지방 의회 선거　　in _____ 회의 중에
② the _____ of California 캘리포니아 주　　a welfare _____ 복지 국가
③ examine a _____ 제안을 검토하다　　refuse a _____ 신청을 거절하다
④ move a _____ 결의안을 제출하다　　make a _____ 결심하다

C 다음 빈칸에 알맞은 단어를 〈보기〉에서 골라 넣으시오. (필요하면 형태를 변형하시오.)

[보기]
dictator bill enforce candidate alternative adverse

① Strict censorship is ( ) in the communist nation.
② There is no ( ) but to arrest you.
③ The ( ) made an acceptance speech.
④ We are dealing with this ( ) condition.
⑤ The ( ) had an avid desire for power.
⑥ Only two senators voted against the ( ).

D 이번 테마를 다룬 독해 지문을 읽으면서 관련 어휘의 뜻을 확인해 보자.

One way that citizens participate in government is by **election**. Unfortunately, in every **election**, a large percentage of those entitled to vote never come to the polls. In 1988, for example, only about 50% of those eligible voted for a **presidential candidate**.

When a large number of citizens do not vote, those who do have a greater voice in determining the outcome of the **election**. If only 50% of the people vote, 26% of the total population can elect the **president** and the members of **Congress**. Thus, the idea of **majority** rule in **democracy** is lost.

Translation 시민들이 정치에 참여하는 한 가지 방법은 election이다. 불행하게도, election 때마다 투표 자격이 있는 사람들 다수가 투표소에 가지 않는다. 예를 들면, 1988년에는 유권자의 약 **50%**만이 **presidential candidate**에 투표했다. 다수의 시민이 투표를 포기하면, 투표한 사람들은 election 결과를 결정하는 데 더욱 큰 목소리를 내게 된다. 만일 **50%**만이 투표를 한다면, 총 인구의 **26%**가 **president**와 **Congress** 의원을 선출할 수 있게 된다. 그렇게 되면, **democracy**에서의 **majority** 원칙의 이념은 사라지게 된다.

Words • entitle 자격을 부여하다 • vote 투표하다 • poll 투표소 • eligible 적격인
• determine 결정하다 • outcome 결과

정답

B ① council ② state ③ proposal ④ resolution
C ① enforced ② alternative ③ candidate ④ adverse ⑤ dictator ⑥ bill

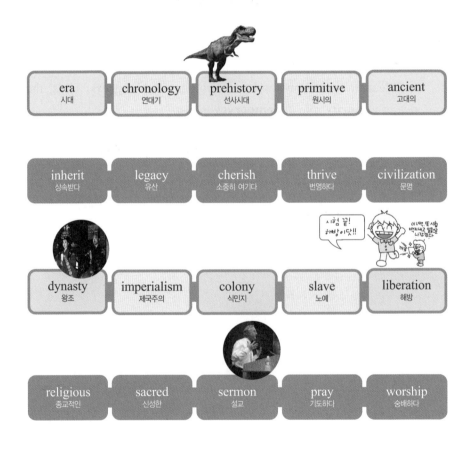

시험에서 빨리 해방되고 싶다면

| era 시대 | chronology 연대기 | prehistory 선사시대 | primitive 원시의 | ancient 고대의 |

| inherit 상속받다 | legacy 유산 | cherish 소중히 여기다 | thrive 번영하다 | civilization 문명 |

| dynasty 왕조 | imperialism 제국주의 | colony 식민지 | slave 노예 | liberation 해방 |

| religious 종교적인 | sacred 신성한 | sermon 설교 | pray 기도하다 | worship 숭배하다 |

□ 0626
inherit
[inhérit]

동 상속받다, 물려받다; 유전하다
inherit a huge fortune 큰 재산을 물려받다
an inherited character 유전 형질
She *inherited* the property from her uncle.
그녀는 삼촌으로부터 재산을 상속받았다. (기출 예문)

inheritance 명 상속, 상속 재산; 유전

□ 0627
ancient
[éinʃənt]

형 고대의, 오래된
study ancient civilization 고대 문명을 연구하다
an ancient custom 오래된 관습
Papyrus is a type of paper used in *ancient* Egypt.
파피루스는 고대 이집트에서 쓰이던 종이의 한 종류이다. (기출 예문)

➕ voca ↔ **modern** 근대의, 현대의

□ 0628
thrive
[θràiv]

동 번창하다, 발전하다; 잘 자라다
continue to thrive 계속 번창하다
a thriving industry 번창하는 산업
This allows plants and animals to *thrive*.
이것은 식물과 동물이 잘 자랄 수 있게 해 준다.

➕ voca = **flourish** 번창하다; 무성하게 자라다

□ 0629
cherish
[tʃériʃ]

동 소중히 여기다; 품다, 간직하다
cherish tradition 전통을 소중히 여기다
cherish an ambition 야망을 품다
That's why my family members *cherish* me.
그게 바로 내 가족 구성원들이 나를 소중히 여기는 이유이다. (기출 예문)

□ 0630
origin
[ɔ́:rədʒin]

명 기원, 유래; 출신
explain the origin of the word 그 단어의 기원을 설명하다
be of humble origin 태생이 천하다
There are a number of legends as to the *origin* of coffee.
커피의 유래에 관한 수많은 전설이 있다.

originate 동 생기다, 유래하다 original 형 최초의, 기원의

□ 0631
civilization
[sìvəlizéiʃən]

명 문명; 개화
live far from civilization 문명으로부터 떨어져 살다
the early stage of civilization 문명의 초기 단계
The documentary shows the relationship between fashion
and *civilization*. 그 다큐멘터리는 패션과 문명 사이의 관계를 보여 준다.

civilize 동 문명화하다

□ 0632
colony
[káləni]

명 식민지; 거류지
exploit a **colony** 식민지를 착취하다
plant a **colony** 식민지를 건설하다
India was formerly a *colony* of the United Kingdom.
인도는 과거에 영국의 식민지였다.

colonial 형 식민지의

□ 0633
imperialism
[impíəriəlìzəm]

명 제국주의
fight against **imperialism** 제국주의에 대항해 싸우다
cultural **imperialism** 문화 제국주의
He struggled against Western *imperialism*.
그는 서양 제국주의에 맞서 투쟁했다.

imperial 형 제국의

□ 0634
convention
[kənvénʃən]

명 인습, 관례; 집회, 전당 대회
be absent from the **convention** 집회에 참석하지 않은
hold a **convention** 전당 대회를 열다
He wanted to be free from the bondage of social *conventions*.
그는 사회적 인습의 속박으로부터 자유롭기를 원했다. (기출 예문)

conventional 형 인습적인; 재래식 무기의

□ 0635
era
[érə]

명 시대, 시기
the postwar **era** 전후 시대
the golden **era** of jazz 재즈의 황금시대
The invention of the computer marked the beginning of a
new *era*. 컴퓨터의 발명은 새로운 시대의 시작을 알렸다.

+ voca = period 시대, 시기   = age 시대, 시기; 나이

□ 0636
ruin
[rúːin]

동 파괴하다, 망쳐 놓다 명 유적, 폐허; 파멸
ruin the game 경기를 망쳐 놓다
the **ruins** of ancient Greece 고대 그리스의 유적
The storm *ruined* the crops. 폭풍이 농작물을 망쳐 놓았다. (기출 예문)

+ voca = destroy 파괴하다, 망치다

□ 0637
slave
[sléiv]

명 노예
set a **slave** free 노예를 해방하다
use like a **slave** 노예처럼 부리다
The emancipation of *slaves* marks an epoch in American
history. 노예 해방은 미국 역사에서 신기원을 나타내는 것이다. (기출 예문)

slavery 명 노예 제도, 노예 신세

□ 0638
vanish
[vǽniʃ]

동 사라지다, 없어지다
vanish into the void 허공으로 사라지다
vanishing point 소실점
It *vanished* like a bubble. 그것은 거품처럼 사라졌다. (기출 예문)
(+ voca) = **disappear** 사라지다 ↔ **appear** 나타나다

□ 0639
pray
[préi]

동 기도하다, 빌다, 기원하다
pray for pardon 용서를 빌다
pray for good health 건강을 기원하다
We *prayed* for safety during our long trip.
우리는 긴 여행 동안 무사하기를 기도했다.
prayer 명 기도

□ 0640
confess
[kənfés]

동 고백하다, 자백하다; 인정하다
confess everything 모든 것을 고백하다
confess to the police 경찰에 자백하다
She *confessed* her secret to her friend.
그녀는 자신의 비밀을 친구에게 고백했다. (기출 예문)
confession 명 고백

□ 0641
religious
[rilídʒəs]

형 종교적인, 신앙심이 깊은
a **religious** service 종교 의식
a new **religious** sect 새로운 종파
He is not a *religious* person, but virtuous nevertheless.
그는 종교인은 아니지만, 그럼에도 덕이 있다. (기출 예문)
religion 명 종교

□ 0642
worship
[wə́:rʃip]

동 숭배하다, 예배하다 명 숭배, 예배
attend **worship** 예배에 참석하다
worship an idol 우상을 숭배하다
It is believed the Incas *worshiped* holy mountains.
잉카인들은 산신을 숭배했던 것으로 생각된다. (기출 예문)
(+ voca) = **revere** 숭배하다, 경외하다

□ 0643
sacred
[séikrid]

형 신성한, 종교적인
a pilgrim to **sacred** places 성지 순례자
perform **sacred** music 종교 음악을 연주하다
The lake water was considered *sacred*.
그 호수의 물은 신성한 것으로 여겨졌다.
(+ voca) = **holy** 신성한, 성스러운

□ 0644
epoch
[épək]

® 시대, 시기, 신기원
the **epoch** of the Reformation 종교 개혁의 시대
mark a new **epoch** 신기원을 이룩하다
We are entering a new *epoch* of higher interest rates.
우리는 새로운 고이자율 시대로 진입하고 있다.

□ 0645
split
[split]
split-split

® 갈라지다, 쪼개다, 분리시키다 ® 쪼갬, 분열
split open 갈라져 터지다
split a party 당을 분열시키다
After the release of their debut album, they *split* with
producer Ryan. 그들은 데뷔 앨범을 발매한 후, 프로듀서 Ryan과 결별했다.
+ voca = **break up** 분리하다; 부수다; 헤어지다

□ 0646
legacy
[légəsi]

® 유산, 물려받은 것
leave a **legacy** 유산을 남기다
quarrel over their **legacy** 유산을 놓고 싸우다
She received a *legacy* of two million dollars.
그녀는 2백만 달러의 유산을 받았다.

□ 0647
liberation
[lìbəréiʃən]

® 해방, 해방 운동
women's **liberation** movement 여성 해방 운동
animal **liberation** 동물 해방 운동
He participated in the *liberation* war. 그는 해방 전쟁에 참전했다.
liberate ® 해방시키다
+ voca = **emancipation** (노예 등의) 해방

□ 0648
sermon
[sə́:rmən]

® 설교, 훈계
preach a **sermon** 설교하다
improvise a **sermon** 즉석에서 설교하다
We listened to a long *sermon* from the supervisor.
우리는 현장 주임으로부터 긴 훈계를 들었다.

□ 0649
temple
[témpəl]

® 사원, 신전
the **Temple** of Apollo 아폴로 신전
build a buddhist **temple** 절을 세우다
The crooked path leads you to the *temple*.
그 굽은 길을 따라가면 사원에 이른다. (기출 예문)

□ 0650
chronology
[krənálədʒi]

몡 연대기, 연표
a **chronology** of Kennedy's life 케네디 일생의 연대기
offer a precise **chronology** 정확한 연표를 제공하다
The exact *chronology* of the poems is not certain.
그 시들이 창작된 정확한 연대는 확실하지 않다.
chronological 몡 연대순의

□ 0651
dynasty
[dáinəsti]

몡 왕조
erect a **dynasty** 왕조를 수립하다
overthrow a **dynasty** 왕조를 전복시키다
The Tang *Dynasty* collapsed in 907. 당나라 왕조는 **907**년에 붕괴했다.

□ 0652
convert
[kənvə́:rt]

용 전환하다; 개종시키다; 개조하다
convert to Catholicism 가톨릭교로 개종하다
convert won into dollars 원을 달러로 환산하다
The missionary went Africa to *convert* people to
Christianity. 그 선교사는 사람들을 기독교로 개종시키기 위하여 아프리카에 갔다.
conversion 몡 개종 convertible 몡 바꿀 수 있는; 개종할 수 있는
+ voca = change 바꾸다 = remodel 개조하다

□ 0653
prehistory
[prí:histəri]

몡 선사시대
the **prehistory** of the Earth 지구의 선사시대
since **prehistory** 선사시대 이후로
Prehistory is the time in history before anything was
written down. 선사시대란 어떤 것도 기록되기 전의 역사 시기이다.

□ 0654
primitive
[prímətiv]

혱 원시의, 원시적인, 미개의
a **primitive** state 원시적 상태
primitive colors 원색
The museum displayed the tools of *primitive* men.
그 박물관은 원시인들의 도구들을 전시했다. (기출 예문)
primitively 뷔 원시적으로; 원래

□ 0655
Orient
[ɔ́:riənt]

몡 동양
the classics of the **Orient** 동양의 고전
sail for the **Orient** 동양을 향해 출항하다
The eastern part of Asia is sometimes referred to as the
Orient. 아시아의 동부가 때로는 동양으로 지칭된다. (기출 예문)
Oriental 혱 동양의

A 영어는 우리말로, 우리말은 영어로 쓰시오.

① ruin _____
② epoch _____
③ pray _____
④ convention _____
⑤ inherit _____
⑥ era _____
⑦ worship _____
⑧ confess _____
⑨ vanish _____
⑩ liberation _____

⑪ 전환하다 _____
⑫ 번창하다 _____
⑬ 왕조 _____
⑭ 제국주의 _____
⑮ 선사시대 _____
⑯ 기원 _____
⑰ 연대기 _____
⑱ 동양 _____
⑲ 노예 _____
⑳ 문명 _____

B 빈칸에 공통으로 들어갈 단어는?

① _____ tradition 전통을 소중히 여기다   _____ an ambition 야망을 품다

② a _____ state 원시적 상태   _____ colors 원색

③ _____ open 갈라져 터지다   _____ a party 당을 분열시키다

④ study _____ civilization 고대 문명을 연구하다

   an _____ custom 오래된 관습

C 다음 빈칸에 알맞은 단어를 〈보기〉에서 골라 넣으시오. (필요하면 형태를 변형하시오.)

【 보기 】
sermon sacred colony temple legacy religious

① She received a (   ) of two million dollars.
② He is not a (   ) person, but virtuous nevertheless.
③ The crooked path leads you to the (   ).
④ The lake water was considered (   ).
⑤ India was formerly a (   ) of the United Kingdom.
⑥ We listened to a long (   ) from the supervisor.

D 이번 테마를 다룬 독해 지문을 읽으면서 관련 어휘의 뜻을 확인해 보자.

The world **religions** of Christianity and Islam definitely share some similarities, but they also differ in significant ways. Both **worship** and **pray** one god. Both believe Jerusalem to be a **holy** city, and both deliver

a **sermon** that one's fate after death is decided on a day of judgement. The two **religions,** however, differ when it comes to their central teacher of prophecy. For Christians, that figure is Jesus. For Muslims, that figure is Muhammad. Christianity and Islam also **worship** different **sacred** works. The **sacred** text at the center of Christianity is the Bible, while the Koran is the **holy** book of Islam.

> **Translation** 세계적 religion인 기독교와 이슬람교는 분명히 유사점이 있지만 중요한 면에서 몇 가지가 다르다. 둘 다 유일신을 worship하고 pray하며, 예루살렘을 holy한 도시로 여긴다. 그리고 두 종교 모두 심판의 날에 사후의 운명이 결정된다고 sermon한다. 그러나 두 religion은 그들의 핵심적인 예언자를 언급할 경우는 다르다. 기독교인들에겐 그 대상이 Jesus이고 이슬람교도들에겐 Muhammad이다. 기독교와 이슬람교는 또한 서로 다른 sacred한 행위들을 worship한다. 기독교의 핵심인 sacred는 Bible이고 이슬람의 holy서는 Koran이다.

> **Words** • Christianity 기독교 • definitely 명확히, 확실히 • similarity 유사점 • significant 중요한 • judgement 심판 • prophecy 예언자

정답 ⑧

B ① cherish ② primitive ③ split ④ ancient
C ① legacy ② religious ③ temple ④ sacred ⑤ colony ⑥ sermon

Link
Rank

미디어

제대로 입맞춘
남녀 가수

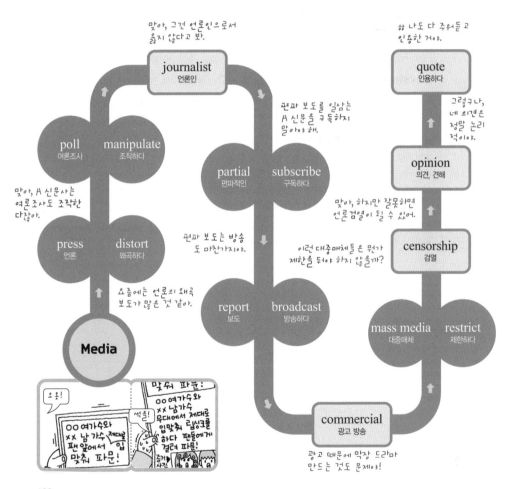

맞아, 그건 언론인으로서
옳지 않다고 봐.

journalist
언론인

poll
여론조사

manipulate
조직하다

맞아, A 신문사는
여론조사도 조작한
다잖아.

press
언론

distort
왜곡하다

요즘에는 언론의 왜곡
보도가 많은 것 같아.

Media

편파 보도를 일삼는
A 신문을 구독하지
말아야 해.

partial
편파적인

subscribe
구독하다

편파 보도는 방송
도 마찬가지야.

report
보도

broadcast
방송하다

나도 다 주워듣고
인용한 거야.

quote
인용하다

그렇구나,
네 의견은
정말 논리
적이야.

opinion
의견, 견해

맞아, 하지만 잘못하면
언론검열이 될 수 있어.

censorship
검열

이런 대중매체들은 뭔가
제한을 뒀어야 하지 않을까?

mass media
대중매체

restrict
제한하다

commercial
광고 방송

광고 때문에 막장 드라마
만드는 것도 문제야!

오홋!

섞을!

맞춰 파문:
OO여가수와
XX남가수
무대에서 제대로
입맞춰 립싱크를
하다 팬들에게
걸려 파문!

OO여가수와
XX 남 가수 제대로
팬 앞에서 입
맞춰 파문!

증거 사진

□ 0656
article
[ά:rtikl]

(명) 기사, 논설; 조항
accept an article 기사를 채택하다
contribute articles to journals 잡지에 기고하다
The inaccuracy of an *article* upset the people.
부정확한 기사가 사람들을 화나게 했다.

□ 0657
feature
[fí:tʃər]

(명) 특집 기사; 특징 (동) 특집으로 하다
write a feature story 특집 기사를 쓰다
read a featured article 특집 기사를 읽다
Good weather is this state's best *feature*.
좋은 날씨가 이 주의 가장 좋은 특징이다. (기출 예문)

□ 0658
circulation
[sə̀:rkjəléiʃən]

(명) 발행 부수
have a large circulation 발행 부수가 많다
circulation figures 발행 부수 수치
This weekly magazine has attained a wide *circulation*.
이 주간지는 많은 발행 부수를 확보했다.
circulate (동) 배부하다, 유통시키다

□ 0659
restrict
[ristríkt]

(동) 제한하다, 한정하다
restrict cheap foreign imports 값싼 해외 수입품을 제한하다
enter a restricted zone 출입 제한 구역에 들어가다
Congress is considering measures to *restrict* the sale of
cigarettes. 의회는 담배 판매 제한 조치를 고려하고 있다. (기출 예문)
restriction (명) 제한 restrictive (형) 제한하는, 한정적인
+ voca = limit 제한하다

□ 0660
headline
[hédlàin]

(명) 표제, 주요 제목
glance at the headlines 주요 제목들을 훑어보다
go into headlines 신문에 크게 나다
The news of his suicide was splashed in the *headlines*.
그의 자살 소식이 뉴스 헤드라인으로 다루어졌다.

□ 0661
subscribe
[sʌbskráib]

(동) 구독하다; 기부하다; 서명하다
subscribe to a magazine 잡지를 구독하다
subscribe a contract 계약서에 서명하다
Jolie *subscribed* her performance fee to the hospital fund.
Jolie는 그녀의 출연료를 병원 기금으로 기부했다.
subscription (명) 구독; 기부; 신청

□ 0662
press
[pres]

영 언론, 출판물, 신문
the **press** box 기자석
ignore the freedom of the **press** 언론의 자유를 무시하다
The constitution guarantees freedom of the *press*.
헌법은 언론의 자유를 보장한다.

□ 0663
broadcast
[brɔ́ːdkæ̀st]

동 방송하다
broadcast a concert 음악회를 방송하다
broadcast on the Internet 인터넷으로 방송하다
Huge amounts of money are spent on sports *broadcasting*.
막대한 금액의 돈이 스포츠 방송에 쓰인다. (기출 예문)

□ 0664
commercial
[kəmɔ́ːrʃəl]

명 광고 방송 형 상업적인
appear in **commercials** 광고 방송에 출연하다
a radio **commercial** 라디오 광고 방송
He's currently starring in *commercials* for famous footwear.
그는 현재 유명한 신발 광고에 출연 중이다.
commercialize 동 상업화하다

□ 0665
report
[ripɔ́ːrt]

명 보도; 보고서 동 보도하다
according to the **report** 보도에 따르면
report on the front page 1면 기사로 보도하다
The mayor examined the annual performance *report*.
시장은 연간 실적 보고서를 검토했다.
reporter 명 기자

□ 0666
correspondent
[kɔ̀ːrəspándənt]

명 통신원, 특파원
a foreign **correspondent** 해외 통신원
a special **correspondent** 특파원
The war *correspondents* spent ten days at the front.
종군 기자들은 전선에서 열흘을 보냈다.
correspond 동 교신하다; 일치하다

□ 0667
interactive
[ìntərǽktiv]

형 쌍방향의, 서로 작용하는
interactive media 쌍방향 매체
communicate through **interactive** technologies
쌍방향 기술을 통해 소통하다
He is well known for his *interactive* fiction.
그는 쌍방향 소설로 잘 알려져 있다.
interactively 부 쌍방향으로 interact 동 상호 작용하다

□ 0668
generate
[dʒénərèit]

(동) 일으키다, 발생시키다, 낳다
generate enthusiasm 열광을 낳다
generate a lot of heat 많은 격론을 일으키다
The system uses special crystals that *generate* minute electric currents. 그 시스템은 미세한 전류를 발생시키는 특수 수정을 이용한다. (기출 예문)
generation (명) 발생, 생성; 세대
(+ voca) = **produce** (결과 등을) 일으키다; 생산하다

□ 0669
comment
[kámənt]

(명) 논평, 주석 (동) 논평하다
refrain from **comment** 논평을 삼가다
comment on the matter 그 문제에 대해 논평하다
I think his criticism was unfair *comment*.
내 생각에 그의 비판은 불공정한 논평이었다.

□ 0670
convey
[kənvéi]

(동) 전달하다, 나르다
convey the good news 좋은 소식을 전달하다
convey passengers 승객을 나르다
He *conveyed* his sentiment into pantomime.
그는 감정을 무언극으로 전달했다. (기출 예문)
conveyance (명) 전달, 운반
(+ voca) = **communicate** 전달하다; 소통하다 = **transport** 운반하다

□ 0671
opinion
[əpínjən]

(명) 의견, 견해
in my **opinion** 내 생각으로는
the current of public **opinion** 여론의 동향
I approve of his *opinion* in principle.
나는 원칙적으로 그의 의견에 찬성한다. (기출 예문)
(+ voca) = **view** 의견, 견해

□ 0672
quote
[kwóut]

(동) 인용하다 (명) 인용문, 인용 부호
quote Shakespeare 셰익스피어를 인용하다
in **quotes** 인용 부호로
The reporter *quoted* unnamed sources.
그 기자는 익명의 소식통을 인용했다.
quotation (명) 인용, 인용문

□ 0673
announce
[ənáuns]

(동) 발표하다, 알리다, 아나운서를 맡아 하다
announce the election results 선거 결과를 발표하다
announce dinner 식사 준비가 되었음을 알리다
He *announces* the six o'clock news.
그는 6시 뉴스의 아나운서를 맡고 있다.
announcement (명) 발표, 공고

□ 0674
air
[ɛər]

⑲ 방송, 전파 송신 매체 ⑧ 방송되다
be on the air 방송되고 있다
hit the air 방송되다
The comedy series went on the *air* in 1980.
그 코미디 시리즈는 1980년에 방송을 시작하였다.

□ 0675
partial
[páːrʃəl]

⑲ 일부분의; 편파적인
a **partial** point of view 편파적인 관점
a **partial** witness 편파적인 증인
He suffered a stroke and *partial* paralysis.
그는 뇌일혈로 부분적인 마비가 왔다. (기출 예문)
partially ⑬ 부분적으로
➕ **voca** ↔ **total** 전체의 ↔ **impartial** 치우치지 않은

□ 0676
poll
[póul]

⑲ 여론조사; 투표; 투표 결과
take a poll 여론조사를 하다
at the head of the poll 최고 득표로
The *poll* has indicated the opposition party leader's popularity is improving. 여론조사는 야당 지도자의 인기가 오르고 있음을 보여 주었다. (기출 예문)

□ 0677
distort
[distɔ́ːrt]

⑧ 왜곡하다, 비틀다
distort the truth 진실을 왜곡하다
distort history 역사를 왜곡하다
He tried to *distort* my point. 그는 내 논점을 왜곡하려고 했다.
distortion ⑲ 왜곡

□ 0678
periodical
[pìəriádikəl]

⑲ 정기 간행물
publish a periodical 정기 간행물을 발행하다
contribute to periodicals 정기 간행물에 기고하다
They raised money to buy *periodicals*.
그들은 정기 간행물을 살 돈을 마련했다.

□ 0679
manipulate
[mənípjulèit]

⑧ 조작하다, 조종하다
manipulate the press 언론을 조작하다
manipulate voting 투표를 조작하다
The mass media sometimes *manipulate* political events.
대중 매체는 때때로 정치적 사건을 조작한다.
manipulation ⑲ 조작

□ 0680
censorship
[sénsərʃìp]

(명) 검열(제도)

pass censorship 검열을 통과하다
the easing of censorship 검열 완화
The web site is inaccessible due to government *censorship*.
그 웹사이트는 정부 검열 때문에 접속할 수 없다.

censor (동) 검열하다

□ 0681
journalist
[dʒə́:rnəlist]

(명) 언론인, (신문·잡지) 기자

in-depth interviews with journalists 기자들과의 심층 인터뷰
detain two journalists 두 기자를 억류하다
Four *journalists* were kidnapped by terrorists.
4명의 기자가 테러리스트들에게 납치되었다.

journalism (명) 언론계

□ 0682
outlook
[áutlùk]

(명) 전망, 가능성; 조망

have a pleasant outlook 전망이 좋다
the economic outlook 경제 전망
The *outlook* for a summit meeting between two Koreas is
very dim. 남북 정상회담 가능성은 아주 희박하다. (기출 예문)
+ voca = prospect 전망, 가망

□ 0683
specialist
[spéʃəlist]

(명) 전문가 (형) 전문가의

consult a specialist 전문가에게 자문을 구하다
call in a specialist 전문가를 초청하다
He is a *specialist* in the politics of Southeast Asia.
그는 동남아시아의 정치 전문가이다.

specialize (동) 전공하다; 전문으로 하다

□ 0684
host
[houst]

(명) 사회자; 주인 (동) 사회를 맡다

host a TV show 텔레비전 쇼의 사회를 맡다
a home shopping host 홈쇼핑 사회자
We thanked our *hosts* for the lovely party.
우리는 즐거운 파티에 대해 주인에게 감사했다. (기출 예문)

□ 0685
mass media
[mæs mí:diə]

(명) 대중매체

via mass media 대중매체를 통해
the analysis of mass media 대중매체 분석
The purpose of *mass media* is to reveal the truth.
대중매체의 목적은 진실을 밝히는 것이다.

A 영어는 우리말로, 우리말은 영어로 쓰시오.

① censorship _____ ⑪ 전문가 _____
② comment _____ ⑫ 대중매체 _____
③ headline _____ ⑬ 제한하다 _____
④ quote _____ ⑭ 방송하다 _____
⑤ journalist _____ ⑮ 전달하다 _____
⑥ report _____ ⑯ 광고 방송 _____
⑦ host _____ ⑰ 정기 간행물 _____
⑧ press _____ ⑱ 통신원 _____
⑨ outlook _____ ⑲ 조작하다 _____
⑩ announce _____ ⑳ 왜곡하다 _____

B 빈칸에 공통으로 들어갈 단어는?

① take a _____ 여론조사를 하다   at the head of the _____ 최고 득표로
② _____ to a magazine 잡지를 구독하다   _____ a contract 계약서에 서명하다
③ in my _____ 내 생각으로는   the current of public _____ 여론의 동향
④ _____ enthusiasm 열광을 낳다   _____ a lot of heat 많은 격론을 일으키다

C 다음 빈칸에 알맞은 단어를 〈보기〉에서 골라 넣으시오. (필요하면 형태를 변형하시오.)

━━━━━【 보기 】━━━━━
interactive article circulation air partial feature

① The comedy series went on the (   ) in 1980.
② Good weather is this state's best (   ).
③ He is well known for his (   ) fiction.
④ He suffered a stroke and (   ) paralysis.
⑤ The inaccuracy of an (   ) upset the people.
⑥ This weekly magazine has attained a wide (   ).

D 이번 테마를 다룬 독해 지문을 읽으면서 관련 어휘의 뜻을 확인해 보자.

Every **reporter** knows the importance of building relationships with sources of **article**. That's especially true when dealing with sources such as the military, who have a deep suspicion of the **press**. One excellent  way to overcome, or at least minimize, that distrust of **mass media** is by visiting when you don't want anything from them. Marines, for instance, spend lots of time training before they ship out. That rarely makes a good news story, but they appreciate it if you show up and watch them conduct exercises. They'll be more likely to keep you in mind when it comes time to decide which **correspondents** to take on real missions.

Translation 모든 reporter들은 article의 취재 대상과의 관계를 맺는 것이 중요하다는 것을 알고 있다. press 에 대한 뿌리 깊은 불신을 가진 군대와 같은 취재 대상을 다룰 경우 특히 그러하다. 그러한 mass media에 대한 불신을 극복하거나 아니면 적어도 최소화하는 아주 좋은 방법은 그들로부터 원하는 뉴스거리가 없을 때 방문하는 것이다. 예를 들면, 해병대는 배를 타고 밖으로 나가기 전에 훈련을 하면서 많은 시간을 보낸다. 그것은 거의 좋은 뉴스거리가 되지 않지만 여러분이 그곳에 가서 군사 훈련하는 모습을 지켜본다면 고맙게 생각할 것이다. 그들이 실제 임무에 어느 correspondent들을 데리고 갈지를 결정할 시간이 되면 아마도 그들은 여러분을 더 마음에 두게 될 것이다.

Words • relationship 관계 • source 취재 대상 • suspicion 의심 • overcome 극복하다 • distrust 불신 • ship out 출항하다 • rarely 거의 ~않다 • appreciate 고마워하다 • show up 보이다, 나타나다 • conduct 수행하다 • mission 임무

정답 **D**

B ① poll ② subscribe ③ opinion ④ generate
C ① air ② feature ③ interactive ④ partial ⑤ article ⑥ circulation

Link
Rank

경제 활동 (1)

주식으로
쪽박 찬 사연

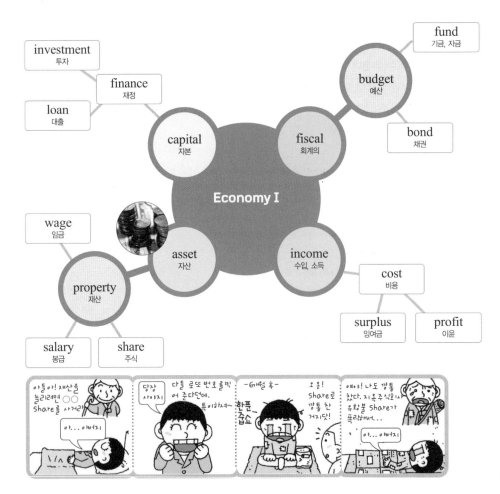

□ 0686
capital
[kǽpitl]

명 자본 형 자본의; 주요한; 대문자의
fixed capital 고정 자본
attract foreign capital 외자를 유치하다
We don't have the *capital* to compete on that scale.
우리는 그 규모에 맞설 자본이 없다.
capitalism 명 자본주의

□ 0687
claim
[kléim]

동 요구하다, 주장하다 명 요구, 주장; 배상 청구
have a prior claim 우선 청구권이 있다
claim damages 손해 배상을 요구하다
Both teams *claimed* the victory. 양팀 모두 승리를 주장했다.
➕ voca = assert 주장하다, 단언하다

□ 0688
surplus
[sə́ːrplʌs]

명 나머지, 잉여금 형 잉여의
invest surplus funds 잉여금을 투자하다
dump surplus goods 잉여 제품을 헐값으로 팔다
Donated *surplus* clothing will be distributed to our
students. 기부받은 여분의 옷이 우리 학생들에게 나눠질 것이다.
➕ voca = spare 여분의, 여가의　 = extra 여분의, 추가의

□ 0689
cost
[kɔ́ːst]

명 비용, 원가 동 비용이 들다, 원가를 산정하다
the prime cost 매입 원가
cost control 원가 관리
Let me know how much it'll *cost* to repair.
수리하는 데 얼마의 비용이 드는지 알려 주십시오.
costly 형 값비싼

□ 0690
currency
[kə́ːrənsi]

명 통화, 화폐
stabilize currency 통화를 안정시키다
paper currency 지폐
Foreign *currency* markets movements are excessively
unsettled. 해외 통화 시장의 움직임이 아주 불안정하다.
current 형 현재의; 유통되는

□ 0691
charity
[tʃǽrəti]

명 자선, 자비, 자선 단체
collect for charity 자선 기부금을 모금하다
give a concert for charity 자선 음악회를 열다
She cancelled her subscription to the *charity*.
그녀는 그 자선 단체에 대한 기부를 취소하였다.
charitable 형 자비로운

□ 0692
budget
[bʌ́dʒit]

명 예산, 예산안
stay within a budget 예산 내에서 쓰다
a low-budget picture 저예산 영화
The finance committee controls the school's *budget*.
재무 위원회는 학교 예산을 관리한다. (기출 예문)
+ voca = estimate 예산

□ 0693
fare
[fɛ́ər]

명 (교통) 요금, 운임
a single fare 편도 요금
pay an excess fare 초과 요금을 내다
Train *fares* keep going up. 기차 요금이 계속 오르고 있다.

□ 0694
finance
[finǽns]

명 재정, 자금, 재무 동 자금을 조달하다, 융자하다
finance a railroad 철도에 융자하다
a campaign finance bill 선거 자금 법안
The council was summoned to hear an emergency report on its *finances*. 재정에 대한 긴급 보고를 듣기 위해 회의가 소집되었다. (기출 예문)
financial 형 재정의, 재무의

□ 0695
income
[ínkʌm]

명 수입, 소득
an annual income 연 수입
live on a small income 적은 수입으로 살다
I adjusted my expenses to my *income*.
나는 지출을 수입에 맞게 조절했다. (기출 예문)
+ voca = revenue 수익 ↔ expenditure 지출

□ 0696
insurance
[inʃúərəns]

명 보험
accident insurance 재해 보험
insurance premiums 보험료
The *insurance* will cover it. 보험 처리가 될 것이다.
insure 동 보증하다; 보험에 들다

□ 0697
property
[prápərti]

명 재산, 자산
grant property 재산을 양도하다
private property 사유 재산
This car is the *property* of our family.
이 자동차는 우리 가족의 재산이다. (기출 예문)

□ 0698
wage
[wéidʒ]

(명) 임금, 급료

a **wage** increase of 5% 임금 5% 인상
earn a decent **wage** 상당한 임금을 벌다
The six hours' overtime pay is much more than his daily *wage*. 6시간 초과 근무 수당이 그의 일당보다 훨씬 더 많다. (기출 예문)

□ 0699
salary
[sǽləri]

(명) 봉급

worry about **salary** 봉급에 대해 걱정하다
a monthly **salary** 월급
He is contented with his present *salary*.
그는 현재의 봉급에 만족하고 있다.

□ 0700
investment
[invéstmənt]

(명) 투자, 투자금

make a secure **investment** 안전한 투자를 하다
long-term **investments** 장기 투자
A prime reason for our economic decline is lack of *investment*. 경기 하락의 주요 원인은 투자 부족이다. (기출 예문)
invest (동) 투자하다

□ 0701
loan
[lóun]

(명) 대출, 대부금 (동) 대출하다

get a **loan** of money 돈을 빌리다
repay a **loan** to a bank 은행 대출금을 갚다
He went ask for a *loan* to buy a house.
그는 주택 구입을 위해 대출을 신청했다.
(+ voca) = lend 빌리다

□ 0702
profit
[práfit]

(명) 이윤, 이익

divide **profits** 이익을 나누다
profit and loss point 손익 분기점
Falling *profits* obliged them to close the factory.
이윤 감소로 그들은 공장을 닫을 수밖에 없었다. (기출 예문)
profitable (형) 이익이 되는
(+ voca) = benefit 이득 ⟷ loss 손실, 손해

□ 0703
owe
[óu]

(동) 빚지고 있다; ~의 은혜를 입고 있다

owe money to the bank 은행에 돈을 빚지고 있다
owe much to him 그에게 많은 신세를 지고 있다
According to my understanding, you *owe* him some money.
내가 이해하기에 당신은 그에게 약간의 돈을 빚지고 있다.

□ 0704
share
[ʃέər]

(명) 주식; 몫; 시장 점유율 (동) 분배하다
share dealings 주식 거래
share prices 주가
Our *share* of the market has decreased sharply this year.
우리의 시장 점유율은 올해 심하게 하락했다. (기출 예문)

□ 0705
bond
[bánd]

(명) 채권; 결속; 계약; 보증금
a savings **bond** 저축 채권
a public **bond** 공채
There should be a *bond* of affection between the members of a family. 가족 구성원들 사이에는 애정의 결속이 있어야 한다. (기출 예문)
bondage (명) 속박; 노예 신세

□ 0706
deduction
[didʌ́kʃən]

(명) 공제
income before **deductions** 공제 전의 수입
make a **deduction** 공제하다
Keep this receipt for a tax *deduction*.
세금 공제를 위해 이 영수증을 보관하시오. (기출 예문)
deduct (동) 빼다, 공제하다
+ voca = subtraction 삭감, 공제

□ 0707
unify
[júːnəfài]

(동) 통합하다, 통일하다
unify the nation 나라를 통일하다
a **unified** team 단일팀
Now we need to construct a *unified* strategy for the final game. 이제 우리는 결승전을 향한 단합된 전략을 세워야 한다.
unification (명) 통일

□ 0708
asset
[ǽset]

(명) 자산, 재산; 강점
further **asset** disposals 추가 자산 매각
disclose his **assets** 그의 재산을 공개하다
Honesty is one of the judge's most valuable *assets*.
정직성은 그 재판관의 가장 귀중한 자산 중 하나이다. (기출 예문)

□ 0709
beneficiary
[bènəfíʃièri]

(명) 수익자, 수혜자
name a **beneficiary** 수혜자를 지정하다
the sole **beneficiary** of the insurance policy
보험 정책의 유일한 수혜자
Her husband was the chief *beneficiary* of her will.
그녀의 남편이 그녀의 유언의 최고 수혜자였다. (기출 예문)
beneficial (형) 유익한, 이로운

□0710
coverage
[kʌ́vəridʒ]

⑲ (보험의) 보상 범위, 적용 범위
provide coverage 보상을 해주다
full coverage 완전 보상
The insurance fee varies according to the *coverage* you want. 보험료는 원하는 보상 범위에 따라 달라진다.
cover ⑧ 보상하다; 덮다

□0711
fee
[fi:]

⑲ 수수료; 요금, 납부금
reduce fees 수수료를 내리다
tuition fees 수업료
The doctor's *fee* was reasonable. 그 의사의 진료비는 적당했다.

□0712
fiscal
[fískəl]

⑱ 회계의, 재정의, 국고 수입의
the second fiscal quarter 회계 2분기
fiscal policy 재정 정책
What was the deficit for the last *fiscal* year?
지난 회계 연도의 적자가 얼마였는가?

□0713
fund
[fʌnd]

⑲ 기금, 자금
public funds 공적 자금
an emergency fund 비상 자금
They raised a scholarship *fund*. 그들은 장학 기금을 모금했다. (기출 예문)

□0714
depreciate
[diprí:ʃièit]

⑧ 가치를 저하시키다, 가치가 떨어지다
depreciate the dollar 달러화 가치를 떨어뜨리다
depreciate with age 시간이 갈수록 가치가 떨어지다
Our house has *depreciated* since we bought it.
우리가 집을 산 이후로 집값이 떨어졌다.
depreciation ⑲ 가치 하락
＋voca ↔ **appreciate** 가치를 인정하다

보·너·스·어·휘

부동산

- real estate 부동산
- tenant 세입자, 임차인
- equity (자신의) 순수 가치
- speculation 투기

- agent 중개인
- landlord 집주인, 지주
- disposal 처분, 매각
- fluctuation 변동

Test & Reading

A 영어는 우리말로, 우리말은 영어로 쓰시오.

① property _____
② deduction _____
③ owe _____
④ beneficiary _____
⑤ fare _____
⑥ profit _____
⑦ finance _____
⑧ salary _____
⑨ share _____
⑩ surplus _____

⑪ 보험 _____
⑫ 자선 _____
⑬ 재산 _____
⑭ 대출 _____
⑮ 수수료 _____
⑯ 투자 _____
⑰ 채권 _____
⑱ 자본 _____
⑲ 임금 _____
⑳ 통합하다 _____

B 빈칸에 공통으로 들어갈 단어는?

① stabilize _____ 통화를 안정시키다   paper _____ 지폐
② have a prior _____ 우선 청구권이 있다   _____ damages 손해 배상을 요구하다
③ the second _____ quarter 회계 2분기   _____ policy 재정 정책
④ provide _____ 보상을 해주다   full _____ 완전 보상

C 다음 빈칸에 알맞은 단어를 〈보기〉에서 골라 넣으시오. (필요하면 형태를 변형하시오.)

[보기]
budget   cost   depreciate   fund   income

① They raised a scholarship ( ).
② Our house has ( ) since we bought it.
③ The finance committee controls the school's ( ).
④ Let me know how much it'll ( ) to repair.
⑤ I adjusted my expenses to my ( ).

D 이번 테마를 다룬 독해 지문을 읽으면서 관련 어휘의 뜻을 확인해 보자.

The rise in personal debt in recent years is due largely to aggressive and unwarranted hustling by credit card companies. In the last ten years, credit card debt has doubled. Today it is still rising. Credit cards with interest rates reaching nearly 20 percent are a remarkably **profitable** part of the **loan** business. Debtors pay an average of a thousand dollars a year in interest and **fees** alone, money that could instead have been used for a college or retirement **fund**. Using subtle tactics to tempt careless or inexperienced consumers to borrow, credit card companies have led consumers to hold more cards and to pay a bigger and bigger fraction of their **income** to the companies.

> **Translation** 최근 몇 년간 개인 부채의 상승은 주로 신용카드 회사들의 공격적이고 부당한 공세 때문에 발생한 것이다. 지난 10년 동안 신용카드 부채는 두 배로 상승했다. 오늘날 그것은 여전히 상승하고 있다. 거의 20퍼센트에 이르는 이자율을 지닌 신용카드는 loan업계에서 두드러지게 profitable한 분야가 되고 있다. 채무자들은 이자와 fee만 해도 연간 평균 1,000달러를 지불해야 하는데, 그 돈은 그렇게 사용되지 않았다면 대학 학비나 퇴직 fund를 위해 사용될 수도 있었던 것이다. 부주의하고 경험 없는 소비자들을 유혹하여 돈을 빌리게 하는 교묘한 수법을 사용하면서 신용카드 회사들은 소비자들에게 신용카드를 더 많이 소지하고 그들의 income 중 점점 더 큰 부분을 그 회사들에 지불하도록 유인해 왔다.

> **Words** • be due to ~ 때문이다 • aggressive 공격적인 • unwarranted 보증이 없는 • hustle 밀고 나가다 • interest rate 이자율 • remarkably 두드러지게 • retirement 퇴직 • subtle 미묘한 • tactic 전술 • tempt 유혹하다 • fraction 부분

정답 🔟

B ① currency ② claim ③ fiscal ④ coverage
C ① fund ② depreciated ③ budget ④ cost ⑤ income

경제 활동 (2)

25
Link Rank

누이 좋고 매부 좋은 비즈니스

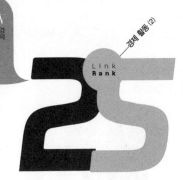

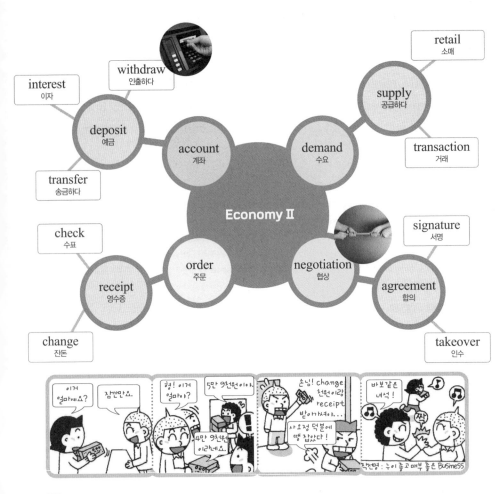

retail
소매

interest
이자

withdraw
인출하다

supply
공급하다

deposit
예금

account
계좌

demand
수요

transaction
거래

transfer
송금하다

Economy Ⅱ

check
수표

signature
서명

order
주문

negotiation
협상

agreement
합의

receipt
영수증

change
잔돈

takeover
인수

☐ 0715
negotiation
[nigòuʃiéiʃən]

(명) 협상, 교섭
start negotiations 교섭을 개시하다
a breakdown in the negotiations 협상의 결렬
There will be no further *negotiations* whatsoever.
어떠한 협상도 더 이상 없을 것이다. (기출 예문)
negotiate (동) 협상하다
(+ voca) = **bargaining** 거래, 교섭

☐ 0716
cooperate
[kouápərèit]

(동) 협력하다, 협동하다
cooperate with each other 서로 협력하다
cooperate in fighting terrorism 테러리즘과 싸우는 데 협력하다
Everyone *cooperated* with the police to find the lost child.
그 미아를 찾기 위해 모든 사람이 경찰과 협력했다. (기출 예문)
cooperation (명) 협력
(+ voca) = **collaborate** 협력하다

☐ 0717
account
[əkáunt]

(명) 계좌, 거래, 계정; 청구서
send an account 청구서를 보내다
a user account 사용자 계정
I opened an *account* at the bank. 나는 그 은행에 계좌를 개설했다.
accounting (명) 회계학

☐ 0718
balance
[bǽləns]

(명) 잔고, 거스름돈; 균형 (동) 균형을 잡다; 잔고를 맞추다
the balance of the account 계좌 잔고
keep the balance 거스름돈을 갖다
The government needs to *balance* the budget each year.
정부는 매년 예산 균형을 맞출 필요가 있다. (기출 예문)

☐ 0719
order
[ɔ́:rdər]

(명) 주문, 명령; 순서, 질서 (동) 주문하다
obey orders 명령에 따르다
derange the public order 공공질서를 어지럽히다
I *ordered* a glass of apple juice. 나는 한 잔의 사과 주스를 주문했다.

☐ 0720
supply
[səplái]

(동) 공급하다 (명) 공급
exceed supply 공급을 초과하다
supply the body with oxygen 몸에 산소를 공급하다
The water *supply* here is adequate. 여기의 물 공급은 충분하다.
supplier (명) 공급자, 제조업자
(+ voca) = **furnish** 공급하다, 제공하다

☐ 0721
demand
[dimǽnd]

명 수요, 요구 동 요구하다
demand for electricity 전기 수요
the interaction of supply and demand 공급과 수요의 상호 작용
He *demanded* a reversal of a previous decision.
그는 앞선 결정을 뒤집을 것을 요구했다. (기출 예문)
demanding 형 요구가 지나친, 벅찬
+ voca = **claim** 요구하다, 주장하다

☐ 0722
rent
[rént]

명 집세, 임대료 동 임대하다, 임차하다
rent a room to him 그에게 방을 세놓다
rent a car 자동차를 임대하다
He must pay his *rent* monthly in advance.
그는 집세를 매달 선불로 내야 한다.

☐ 0723
bankruptcy
[bǽŋkrʌptsi]

명 파산
file for bankruptcy 파산 신청을 하다
be on the verge of bankruptcy 파산 직전에 있다
When his business failed, he went into *bankruptcy*.
사업이 실패했을 때, 그는 파산했다. (기출 예문)
bankrupt 형 파산한

☐ 0724
change
[tʃéindʒ]

명 잔돈 동 잔돈으로 바꾸다, 환전하다
change booth 잔돈 환전소
change ten-dollar bill 10달러 지폐를 잔돈으로 바꾸다
You should think about having *change* for bus fare.
당신은 버스 요금을 낼 잔돈이 있는지 생각해야 한다.

☐ 0725
check
[tʃék]

명 수표
pay by check 수표로 지불하다
present a check 수표를 제시하다
A *check* was enclosed with his letter.
수표 한 장이 그의 편지에 동봉되어 있었다. (기출 예문)

☐ 0726
interest
[íntərist]

명 이자
live on the interest 이자로 생활하다
at an annual interest of ten percent 연이율 10%로
A rise in *interest* rates would severely retard economic
growth. 이자율 상승은 경제 성장을 심하게 지체시킬 것이다. (기출 예문)

□ 0727
debt
[dét]

(명) 빚, 채무
in **debt** 빚을 지고 있는
manage national **debt** 국채를 관리하다
Interest paid for foreign *debt* is threatening the economy.
외채에 대해 지불된 이자가 경제를 위협하고 있다.
debtor (명) 채무자

□ 0728
deposit
[dipázit]

(명) 예금; 계약금; 퇴적물 (동) 예금하다
deposit money in a bank 은행에 예금을 하다
put a **deposit** on a new house 새 집에 대해 계약금을 걸다
Deposits of the eroded materials are easily recognizable.
침식된 물질의 퇴적물은 쉽게 알아 볼 수 있다. (기출 예문)

□ 0729
exchange
[ikstʃéindʒ]

(명) 환전, 환 (동) 교환하다, 환전하다
the **exchange** rate 환율
draw a bill of **exchange** 환어음을 발행하다
For further information about the student *exchange*
scholarship, click here. 교환 학생에 관한 더 많은 정보를 원하신다면 여기를
클릭하십시오.

□ 0730
signature
[sígnətʃər]

(명) 서명
write my **signature** 내 서명을 하다
attest a **signature** 서명을 증명하다
You must confirm your identity with your *signature*.
당신은 서명을 통해 신원을 확인시켜야 한다. (기출 예문)
sign (동) 서명하다

□ 0731
transfer
[trænsfə́:r]

(동) 이동하다; 송금하다; 갈아타다 (명) 이동; 환승; 전학
transfer money 송금하다
transfer to another school 학교를 옮기다
At Suwon, we *transferred* from the train to a bus.
수원에서 우리는 기차에서 버스로 갈아탔다.
+ voca = shift 방향을 바꾸다, 옮기다

□ 0732
withdraw
[wiðdrɔ́:]
withdrew-withdrawn

(동) 인출하다, 꺼내다; 철회하다
withdraw money from a bank 은행에서 돈을 인출하다
withdraw his savings 그의 저금을 인출하다
How much do you want to *withdraw*? 돈을 얼마나 찾으시겠습니까?
withdrawal (명) 인출

□ 0733
stock
[sták]

(명) 주식
a **stock** market 주식 시장
a **stock** broker 주식 중개인
With *stocks*, you win some and you lose some.
주식으로 돈을 벌기도 하고 잃기도 한다. (기출 예문)

□ 0734
utility
[juːtíləti]

(명) 유용, 효용; 공공요금
be of no **utility** 유용하지 않다
marginal **utility** 한계 효용
She admitted the *utility* of arms control.
그녀는 무기 통제의 유용성을 인정했다.
utilize **(동)** 이용하다

□ 0735
retail
[ríːteil]

(명) 소매
sell goods by **retail** 상품을 소매로 팔다
retail food prices 식품 소매 가격
This job is open to applicants with over two years'
experience in *retail*. 이 일은 소매업에서 2년 이상의 경력이 있는 지원자에게
열려 있다. (기출 예문)
retailer **(명)** 소매업자
+ voca ↔ wholesale 도매

□ 0736
transaction
[trænsǽkʃən]

(명) 거래, 매매
cash **transactions** 현금 거래
transactions in real estate 부동산 거래
It is safe to refresh the web page at the end of the *transaction*.
거래가 끝나면 웹 페이지를 다시 시작하는 게 안전하다.
transact **(동)** 거래하다
+ voca = deal 거래

□ 0737
agreement
[əgríːmənt]

(명) 합의; 협정; 계약
an oral **agreement** 구두 합의
sign the **agreement** 협정에 서명하다
GM did not disclose details of the *agreement*.
GM은 계약의 세부사항을 공개하지 않았다. (기출 예문)
+ voca ↔ disagreement 불일치

□ 0738
receipt
[risíːt]

(명) 영수증; 수령
imprint a **receipt** with a seal 영수증에 도장을 찍다
be in **receipt** of your letter 당신의 편지를 받다
Please attach copies of all *receipts*.
모든 영수증 사본을 첨부해 주십시오.
receive **(동)** 받다

□ 0739
teller
[télər]

명 출납계, 은행 창구 직원

a **teller**'s window 출납 창구
automated **teller** machine 현금 자동 입출금기(ATM)
She was handing the bankbook to the *teller*.
그녀는 창구 직원에게 통장을 주고 있었다.

□ 0740
shipping
[ʃípiŋ]

명 선박, 적하, 해운

a **shipping** order 선적 주문서
protect merchant **shipping** 해운업을 보호하다
We are looking into alternate *shipping* methods.
우리는 다른 선적 방법을 알아보고 있다. (기출 예문)
ship **동** 발송하다, 선적하다

□ 0741
takeover
[téikòuvər]

명 인수; (소유, 지배권의) 획득

complete a **takeover** 인수를 완료하다
formal negotiations for a **takeover** 인수를 위한 공식 협상
He will be coming here in order to discuss the *takeover*.
그는 인수 문제를 논의하기 위해 여기에 올 것이다.

□ 0742
specifications
[spèsəfikéiʃəns]

명 명세서, 사양서; 설계서

purchase **specifications** 구입 명세서
conform to **specifications** 설계서에 따르다
The manufacturer's exact *specifications* have been lost.
그 제조업자의 정밀한 명세서가 분실되었다.
specify **동** 상술하다

□ 0743
warehouse
[wɛ́ərhàus]

명 창고

truck to the **warehouse** 창고까지 트럭으로 운반하다
steal goods from a **warehouse** 창고에서 물건을 훔치다
The car goes to the loading dock then back to the *warehouse*.
차가 짐 싣는 곳에 가다가 창고로 되돌아가고 있다. (기출 예문)

보·너·스·어·휘

은행

- balance 잔고(를 맞추다)
- bankbook 예금 통장
- bank vault 은행 금고
- clear 결제하다
- collateral 담보(물)

- loan 융자
- principal 원금
- mortgage 담보 대출
- wire transfer 온라인 송금
- delinquent account 체납 계좌

A 영어는 우리말로, 우리말은 영어로 쓰시오.

① retail _____   ⑪ 협력하다 _____

② stock _____   ⑫ 영수증 _____

③ debt _____   ⑬ 인수 _____

④ shipping _____   ⑭ 잔고 _____

⑤ exchange _____   ⑮ 창고 _____

⑥ bankruptcy _____   ⑯ 협상 _____

⑦ specifications _____ ⑰ 이자 _____

⑧ transaction _____   ⑱ 주문 _____

⑨ deposit _____   ⑲ 잔돈 _____

⑩ demand _____   ⑳ 공급하다 _____

B 빈칸에 공통으로 들어갈 단어는?

① send an _____ 청구서를 보내다   a user _____ 사용자 계정

② _____ money 송금하다   _____ to another school 학교를 옮기다

③ be of no _____ 유용하지 않다   marginal _____ 한계 효용

④ an oral _____ 구두 합의   sign the _____ 협정에 서명하다

C 다음 빈칸에 알맞은 단어를 〈보기〉에서 골라 넣으시오. (필요하면 형태를 변형하시오.)

┌─────────────── [보기] ───────────────┐
　　　signature　rent　withdraw　check　teller
└──┘

① A ( ) was enclosed with his letter.

② She was handing the bankbook to the ( ).

③ How much do you want to ( )?

④ He must pay his ( ) monthly in advance.

⑤ You must confirm your identity with your ( ).

D 이번 테마를 다룬 독해 지문을 읽으면서 관련 어휘의 뜻을 확인해 보자.

Whether it is a business-to-business **transaction** or a **retail** sale, e-commerce shifts the **balance** of power in favor of the customer. This happens because internet networks shorten the distance between the  customer and multiple **suppliers**. Instead of spending hours driving around comparison shopping, a Web shopper can quickly gather information about products and sellers from almost anywhere. Businesses have found that the real distance between producers and consumers has disappeared. In this new economic situation, the buyer is king. If one seller cannot deliver a superior product at a competitive price in real time, another seller will. The realization that any business can directly reach a final consumer is changing the relationships among producers, **wholesalers**, distributors, **retailers**, and consumers.

Translation 기업과 기업 사이의 transaction이든 retail이든 전자상거래든, 소비자 편으로 유리하게 힘의 balance를 옮기고 있다. 이 현상은 인터넷망이 소비자와 다수의 supplier들 간의 거리를 단축시키기 때문에 일어난 다. 상품 비교를 하러 운전하고 다니면서 많은 시간을 보내는 대신에, 인터넷 쇼핑객은 거의 모든 곳에서 상품과 판매자에 관한 정보를 금방 얻을 수 있다. 사업체들은 생산자와 소비자들 사이의 실제 거리가 사라졌다는 것을 발견하게 되었다. 이 러한 새로운 경제적 환경에서는 소비자가 왕이다. 한 판매자가 실시간에 경쟁력 있는 가격으로 우수한 제품을 배달할 수 없다면, 다른 판매자가 그런 일을 하게 될 것이다. 어떤 기업이든지 최종 소비자에게 그런 일을 하게 될 것이다. 어떤 기 업이든지 최종 소비자에게 직접 다가갈 수 있다는 인식은 생산자, wholesaler들, 배급업자, retailer들, 그리고 소비 자들 사이의 관계를 변화시키고 있다.

Words • deliver 배달하다 • superior 우수한 • shift 이동시키다 • competitive 경쟁력 있는 • distributor 분배자, 배급업자

정답

B ① account ② transfer ③ utility ④ agreement
C ① check ② teller ③ withdraw ④ rent ⑤ signature

백수인 우리형의
생존 전략

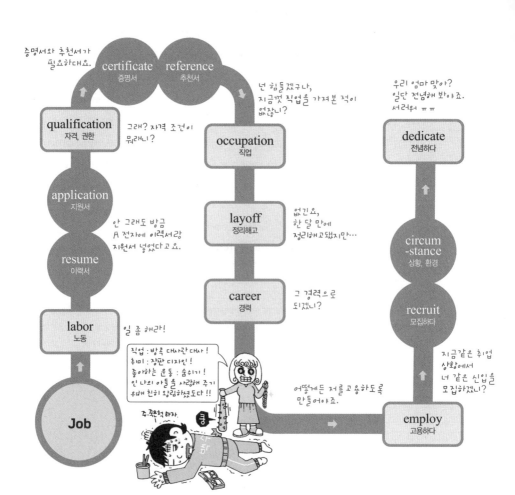

□ 0744
employ
[empl5i]

(동) 고용하다; 사용하다
employ a private detective 사립 탐정을 고용하다
employ music therapy 음악 치료 요법을 사용하다
He *employed* a lawyer. 그는 변호사를 고용했다.
employment (명) 고용 employer (명) 고용주 employee (명) 직원
+ voca = hire 고용하다

□ 0745
labor
[léibər]

(명) 노동; 수고; 해산
join the **labor** union 노동조합에 가입하다
easy labor 순산
She is not used to manual *labor*.
그녀는 육체 노동에 익숙하지 않다. (기출 예문)

□ 0746
leave
[líːv]

(명) 휴가; 허가 (동) 떠나다
ask for leave 휴가를 신청하다
without leave 무단으로
She made a signal to me to *leave* the room.
그녀는 나에게 방에서 나가라는 신호를 보냈다.
+ voca = permission 허가

□ 0747
occupation
[àkjəpéiʃən]

(명) 직업; 종사; 점령, 점유
a sedentary **occupation** 앉아서 일하는 직업
an **occupation** army 점령군
He gave up his *occupation* as a factory worker.
그는 공장 노동자로서의 직업을 포기했다.
occupy (동) 종사하다; 차지하다

□ 0748
application
[æplikéiʃən]

(명) 신청서, 지원서; 적용
submit an **application** 지원서를 제출하다
the **application** of a theory 이론의 적용
I will submit my *application* to the committee.
나는 내 신청서를 위원회에 제출할 것이다.
applicant (명) 지원자 apply (동) 신청하다; 적용하다

□ 0749
certificate
[sərtífəkit]

(명) 증명서, 자격증; 인증
a health **certificate** 건강 진단서
obtain a **certificate** 면허증을 따다
Having a *certificate* from a professional society is very
helpful. 전문 협회에서 주는 자격증을 갖고 있으면 아주 유용하다.
certification (명) 증명

□0750
contract
[kántrækt]

(명) 계약, 계약서 (동) 계약하다
contract terms 계약 조건
draft a contract 계약서를 쓰다
He agreed to sign a *contract* to play with the team for three years. 그는 그 팀에서 3년간 뛰기로 계약에 합의했다.

□0751
provide
[prəváid]

(동) 제공하다, 지급하다; 대비하다
provide childcare fee assistance 보육 비용을 지원하다
provide against accident 사고에 대비하다
These untrained waiters cannot *provide* a good service to their customers. 이 미숙한 웨이터들은 손님들에게 좋은 서비스를 제공할 수 없다.

□0752
dismiss
[dismís]

(동) 해고하다; 해산시키다; 기각하다
dismiss an assembly 집회를 해산시키다
dismiss all charges 모든 고소를 기각하다
He was *dismissed* for drunkenness.
그는 술버릇이 심해서 해고되었다. (기출 예문)
dismissal (명) 해고, 해산
(+ voca) = lay off 해고하다 = discharge 해고하다

□0753
promote
[prəmóut]

(동) 승진시키다, 진급시키다; 증진시키다
promote a pupil to a higher grade 학생을 진급시키다
promote international friendship 국제적인 친목을 증진시키다
He was *promoted* to colonel. 그는 대령으로 진급했다.
promotion (명) 승진

□0754
raise
[réiz]

(동) 올리다; 승진시키다; 기르다 (명) 가격 인상
raise a scholarship fund 장학 기금을 모금하다
raise rents 집세를 올리다
The union agreed to a 3 percent pay *raise*.
노조는 3% 임금 인상에 합의했다.

□0755
circumstance
[sə́ːrkəmstæns]

(명) 상황, 환경
comfortable circumstances 편안한 환경
live in difficult circumstances 어려운 환경에서 살다
Our country was in an awkward *circumstance*.
우리나라는 곤란한 상황에 처했다.
(+ voca) = condition 상황, 상태; 조건

□ 0756
resign
[rizáin]

(동) 사임하다, 사직하다
resign as chairman 의장직을 사임하다
be forced to **resign** 사직할 수밖에 없게 되다
He *resigned* because of the Watergate scandal.
그는 워터게이트 사건 때문에 사임했다. (기출 예문)
resignation (명) 사임, 체념

□ 0757
retire
[ritáiər]

(동) 은퇴하다; 물러가다
retire from the army 군에서 퇴역하다
retire to the drawing room 응접실로 가다
He is a *retired* officer in the British Army.
그는 영국 육군에서 퇴역한 장교이다.
retirement (명) 은퇴

□ 0758
dedicate
[dédikèit]

(동) (시간, 생애 등을) 바치다, 헌신하다; 헌정하다
a **dedicated** priest 헌신적인 신부
be **dedicated** to her husband 그녀의 남편에게 헌정되다
He *dedicated* his life to fighting corruption.
그는 평생을 부패와 싸우는 데 바쳤다. (기출 예문)
dedication (명) 바침, 헌정
(+ voca) = devote 바치다, 전념하다

□ 0759
enable
[enéibəl]

(동) 가능하게 하다, ~할 수 있게 하다; 허용하다
enable you to do anything 당신이 어떤 것도 할 수 있게 하다
enable income tax evasion 소득세를 면하게 해 주다
Mobile phone *enables* us to text many people at once.
휴대 전화는 우리가 한 번에 여러 사람에게 문자를 보낼 수 있게 해 준다.

□ 0760
profession
[prəféʃn]

(명) 직업, 전문직
change **professions** 직업을 바꾸다
enter the legal **profession** 법조계에 들어가다
A frivolous attitude won't help you in this *profession*.
경박한 태도는 이 직업에서 네게 도움이 되지 않을 것이다. (기출 예문)
professional (형) 전문적인, 전문직의

□ 0761
qualification
[kwὰləfəkéiʃən]

(명) 자격, 자격 증명서; 제한
have sufficient **qualifications** 충분한 자격을 갖추다
without **qualification** 무조건
It is not easy to find someone with his *qualifications*.
그와 같은 자격을 갖춘 사람을 찾는 것은 쉽지 않다.
qualify (동) ~에게 자격을 주다

☐ 0762
recruit
[rikrúːt]

(동) 모집하다, (신병을) 징집하다 (명) 신병, 신입 사원
recruit new members 신입 회원을 모집하다
untrained recruits 훈련되지 않은 신병
We plan to *recruit* more staff. 우리는 더 많은 직원을 채용할 계획이다.
recruitment (명) 채용 recruiter (명) 채용 담당자

☐ 0763
resume
[rézjumèi]

(명) 이력서
send resume by mail 이력서를 우편으로 보내다
ask for a resume 이력서를 요구하다
How many *resumes* have we received?
우리가 이력서를 몇 통이나 받았나요?

☐ 0764
career
[kəríər]

(명) 직업; 경력, 이력; 생애
a career in law 법률가로서의 경력
dual-career couple 맞벌이 부부
Include goals about finances, relationships, and your
career. 재정, 인간관계, 직업에 대한 목표를 포함시키도록 하시오. (기출 예문)

☐ 0765
reference
[réfərəns]

(명) 참조; 문의; 언급; 신원 보증인, 신원 증명서
avoid references to his opponent 그의 상대에 대한 언급을 피하다
contain many reference books 참고 서적이 많다
His *references* vouch for his ability.
신원 보증인들이 그의 능력을 보증해 준다. (기출 예문)

☐ 0766
motive
[móutiv]

(명) 동기, 목적 (형) 움직이게 하는, 운동의
motive force 원동력
from a dishonest motive 불순한 동기에서
His *motive* in going away was a wish to travel.
그가 떠나버린 동기는 여행하고픈 소망이었다. (기출 예문)
motivate (동) 동기를 부여하다 motivation (명) 동기 부여

☐ 0767
layoff
[léiɔ̀ːf]

(명) 정리해고; 시합 중지 기간
announce layoffs 정리해고를 발표하다
the layoff of over 200 employees 직원 200명 이상의 정리해고
We never experienced mass *layoff* like other companies.
우리는 다른 회사들처럼 대량 정리해고를 겪은 적이 없다.

□ 0768
shift
[ʃíft]

몡 교대, 교대 시간; 이동, 전환 동 바꾸다; 전가하다
shift workers 교대 근무자
a night shift 야간 근무
I was finishing up the dinner *shift* at one restaurant.
나는 한 식당에서 저녁 교대 근무를 마치고 있었다. (기출 예문)

□ 0769
workout
[wɔ́:rkàut]

몡 구조 조정; 운동
foreign debt workout 외채 구조 조정
facilitate debt workouts 채무 구조 조정을 활성화하다
We went to the school gym for a *workout*.
우리는 운동을 하러 학교 체육관에 갔다.
+ voca = exercise 운동

□ 0770
liable
[láiəbəl]

혱 책임져야 할; ~하기 쉬운, ~할 것 같은
be liable to error 틀리기 쉽다
be liable to rain 비가 올 것 같다
He is *liable* to them for his wife's debts.
그는 아내가 그들에게 빌린 돈에 대해 책임져야 한다.
liability 몡 책임; ~한 경향이 있음
+ voca = responsible 책임이 있는　= likely ~할 것 같은

□ 0771
dispute
[dispjú:t]

몡 논쟁, 분쟁 동 논쟁하다
a dispute over fishing rights 어업권 분쟁
dispute a statement 진술을 논박하다
I *disputed* with him about world peace.
나는 세계 평화에 대해 그와 논쟁했다. (기출 예문)

□ 0772
pension
[pénʃən]

몡 연금
live on a pension 연금으로 생활하다
an old-age pension 노령 연금
He is going to the bank to draw his *pension*.
그는 연금을 수령하러 은행에 갈 것이다.

보·너·스·어·휘

직업

- mechanic (자동차) 정비사
- vet(erinarian) 수의사
- interpreter 통역가
- composer 작곡가
- editor 편집자
- author 작가
- architect 건축가
- accountant 회계사
- operator (전화) 교환원
- pharmacist 약사
- statesman 정치가
- counselor 상담가
- attorney 변호사
- plumber 배관공
- physicist 물리학자
- stockbroker 주식 중개인
- diplomat 외교관
- flight attendant 승무원

A 영어는 우리말로, 우리말은 영어로 쓰시오.

① workout	_____	⑪ 증명서	_____
② layoff	_____	⑫ 연금	_____
③ profession	_____	⑬ 고용하다	_____
④ enable	_____	⑭ 제공하다	_____
⑤ dispute	_____	⑮ 이력서	_____
⑥ circumstance	_____	⑯ 휴가	_____
⑦ reference	_____	⑰ 자격	_____
⑧ retire	_____	⑱ 계약	_____
⑨ career	_____	⑲ 사임하다	_____
⑩ dedicate	_____	⑳ 신청서	_____

B 빈칸에 공통으로 들어갈 단어는?

① a sedentary _____ 앉아서 일하는 직업   an _____ army 점령군

② _____ a scholarship fund 장학 기금을 모금하다   _____ rents 집세를 올리다

③ join the _____ union 노동조합에 가입하다   easy _____ 순산

④ _____ an assembly 집회를 해산시키다   _____ all charges 모든 고소를 기각하다

C 다음 빈칸에 알맞은 단어를 〈보기〉에서 골라 넣으시오. (필요하면 형태를 변형하시오.)

┌─── **[보기]** ───┐
recruit liable shift promote motive

① His (_____) in going away was a wish to travel.

② We plan to (_____) more staff.

③ He is (_____) to them for his wife's debts.

④ I was finishing up the dinner (_____) at one restaurant.

⑤ He was (_____) to colonel.

D 이번 테마를 다룬 독해 지문을 읽으면서 관련 어휘의 뜻을 확인해 보자.

A **resume** is a list of information about you. It **provides** your **qualifications** to **employers**. **Qualifications** include your skills or talents related to the **occupation**. With a **resume**, an **recruiter** will know in which area your  aptitude lies or for which position you are suited well. A **resume** needs to be neat and well-organized. You need to organize your **resume** into several categories of information; that is, you need to write your personal data, **career** objectives, work experience, and education, on top of which you should write your own special skills and talents. These categories make a **resume** easy to read.

Translation resume는 당신에 대한 정보의 목록이다. 그것은 employer들에게 당신의 qualification들을 provide한다. 자질은 occupation과 관련된 당신만의 기술이나 재능을 포함한다. resume를 통해 recruiter는 당신의 적성이 어느 영역에 있는지, 혹은 당신이 어느 부서에 잘 어울리는지를 알게 된다. resume는 간결하고, 짜임새 있을 필요가 있다. 당신은 resume를 몇 가지 범주의 정보로 구성할 필요가 있다. 즉, 당신의 신상 정보, career 목표, 경력, 그리고 교육에 대해 쓸 필요가 있고, 그뿐만 아니라 당신만의 특별한 기술과 재능을 쓰는 게 좋다. 이렇게 카테고리로 나누면 읽기 쉬운 resume가 될 것이다.

Words • related to ~와 관련된 • aptitude 적성 • neat (문체 등이) 간결한 • organize 구성하다 • objective 목적

정답

B ① occupation ② raise ③ labor ④ dismiss
C ① motive ② recruit ③ liable ④ shift ⑤ promoted

V
경제

Link
Rank

27

경영

사랑도 보증이
필요할까?

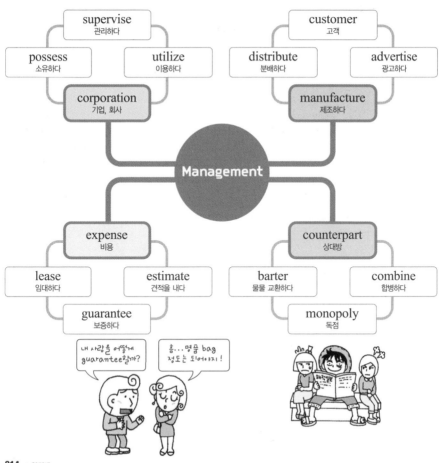

| supervise 관리하다 | customer 고객 |

| possess 소유하다 | utilize 이용하다 | distribute 분배하다 | advertise 광고하다 |

corporation 기업, 회사 / **manufacture** 제조하다

Management

expense 비용 / **counterpart** 상대방

| lease 임대하다 | estimate 견적을 내다 | barter 물물 교환하다 | combine 합병하다 |

| guarantee 보증하다 | monopoly 독점 |

내 사랑을 어떻게 guarantee할까?

흠...명품 bag 정도는 되어야지!

□ 0773

efficient
[ifíʃənt]

형 효율적인; 유능한
a fuel-efficient engine 연비가 좋은 엔진
an efficient secretary 유능한 비서
He is in charge of the *efficient* running of the office.
그는 사무실의 효율적인 운영을 책임지고 있다.
efficiency 명 효율 efficiently 부 효율적으로
+ voca = productive 생산적인 = competent 유능한

□ 0774

manufacture
[mæ̀njəfǽktʃər]

동 제조하다 명 제조, 제조품
manufacture cookers 요리 기구를 제조하다
glass manufacture company 유리 제조 공장
Oil is used in the *manufacture* of many goods.
석유는 많은 상품의 제조에 쓰인다. 기출 예문
manufacturer 명 제조업자

□ 0775

combine
[kəmbáin]

동 결합시키다, 합병하다
combine work with interest 일과 재미를 결합시키다
combine two classes 두 반을 합하다
The two firms *combined* to attain better management.
그 두 회사는 보다 나은 경영을 위해 합병했다. 기출 예문
combination 명 결합
+ voca = merge 합병하다 = integrate 통합하다

□ 0776

advertise
[ǽdvərtàiz]

동 광고하다, 광고를 내다
advertise on television 텔레비전에 광고하다
run an advertising agency 광고 회사를 운영하다
A blog can be a way of *advertising* myself.
블로그는 나 자신을 광고하는 하나의 방법이 될 수 있다.
advertisement 명 광고

□ 0777

possess
[pəzés]

동 소유하다, 지니다; 마음을 사로잡다
possess courage 용기를 내다
be possessed by a jealousy 질투에 사로잡히다
He once *possessed* an extensive farmland.
그는 한때 넓은 농지를 소유했다.
possession 명 소유

□ 0778

corporation
[kɔ̀ːrpəréiʃən]

명 기업, 회사, 법인
promote a new corporation 신규 회사를 설립하다
large multinational corporations 거대 다국적 기업
The *corporation* would go bankrupt sooner or later.
그 기업은 조만간 파산할 것이다. 기출 예문

☐ 0779
cease
[síːs]

(동) 그만두다, 중지하다, 멈추다
cease fire 사격을 중지하다
cease to exist 없어지다
We must *cease* dumping waste in the sea.
우리는 바다에 쓰레기를 내다버리는 일을 중단해야 한다. (기출 예문)

☐ 0780
customer
[kʌ́stəmər]

(명) 고객, 단골
a potential **customer** 잠재적 고객
collect **customer** responses 고객 반응을 수집하다
Honest merchants do not cheat their *customers*.
정직한 상인은 고객을 속이지 않는다.

☐ 0781
deal
[díːl]

(명) 거래; 분량 (동) 다루다, 처리하다
a fair **deal** 공정한 거래
accomplish a great **deal** 많은 업적을 이루다
This ambulance is equipped to *deal* with any emergency.
이 구급차는 어떠한 응급 상황에도 대처할 수 있는 장비를 갖추고 있다. (기출 예문)

☐ 0782
thorough
[θɔ́ːrou]

(형) 철저한, 면밀한
a **thorough** vegetarian 철저한 채식주의자
a **thorough** investigation 철저한 수사
The book has a very *thorough* index.
그 책에는 아주 철저한 색인이 있다. (기출 예문)
thoroughly (부) 철저히
(+ voca) = in-depth 면밀한, 상세한

☐ 0783
discount
[dískaunt]

(동) 할인하다; 에누리하여 듣다 (명) 할인
give a **discount** 할인해 주다
discounted air fares 할인된 항공료
You can get a *discount* for your credit card.
신용카드로 할인을 받을 수 있습니다.

☐ 0784
distribute
[distríbjuːt]

(동) 분배하다, 유통하다; 분포시키다
distribute the test papers 시험지를 나누어 주다
a widely **distributed** plant 널리 분포되어 있는 식물
He *distributed* the profits among his employees.
그는 종업원들에게 이윤을 분배했다. (기출 예문)
distribution (명) 분배

□ 0785
due
[dju:]

형 납기 예정의; ~하기로 되어 있는 명 지불되어야 할 것
become due 만기가 되다
be due to arrive 도착하기로 되어 있다
Members of the club pay $1,000 in annual *dues*.
그 클럽 회원은 연회비 1,000달러를 낸다.

□ 0786
estimate
[éstəmèit]

동 평가하다, 견적을 내다, 추정하다 명 평가; 견적
estimate for the repairs 수리비 견적을 내다
submit an estimate 견적서를 제출하다
The total cost of expenses is *estimated* at less than $1,000.
총 지출 비용이 1,000달러 보다 적은 것으로 추산된다.
+ voca = **evaluate** 평가하다, 어림하다

□ 0787
expense
[ikspéns]

명 비용, 지출; 경비
at public expense 공적 비용으로
at the expense of her health 그녀의 건강을 희생하여
Expenses outran income. 지출이 수입보다 많았다. (기출 예문)
expend 동 소비하다, 지출하다

□ 0788
guarantee
[gæ̀rəntí:]

동 보증하다, 장담하다 명 보증
under guarantee 보증 기간 중인
Quality Guaranteed 품질 보증 (표시)
Our service is *guaranteed* to improve the quality of your living environment. 저희 서비스로 고객님의 생활 환경의 질을 향상시켜 드릴 것을 약속합니다. (기출 예문)
+ voca = **warrant** 보증하다; 정당화하다

□ 0789
inventory
[ínvəntɔ̀:ri]

명 재고 목록, 재고 조사
receive inventory reports 재고 조사 보고를 받다
cut back on inventory 재고를 줄이다
When do you need those *inventory* estimates?
재고 조사 결과가 언제 필요하신가요? (기출 예문)

□ 0790
establishment
[istǽbliʃmənt]

명 설립; 시설
keep a large establishment 큰 업체를 갖고 있다
close the research establishment 연구 시설을 없애다
He is considering the *establishment* of a special foundation.
그는 특별 재단의 설립을 고려하고 있다.
establish 동 설립하다

☐ 0791
bid
[bíd]
bid-bid(den)

(명) 입찰(가) (동) 입찰하다, (가격을) 부르다
a rival bid 경쟁 입찰가
cut the minimum bid 최저 입찰가를 낮추다
A total of ten companies have *bid* to construct the resort.
총 10개 회사가 리조트 건설 공사에 입찰했다.

☐ 0792
lease
[líːs]

(동) 임대하다, 임차하다 (명) 임대차 계약, 임대차 기간
by lease 임대로
the terms of the lease 임대차 계약 조건
This car is under long-term *lease*. 이 차는 장기로 임대한 것이다.

☐ 0793
dump
[dʌ́mp]

(동) 덤핑하다, 헐값으로 팔다; 내버리다
dump the surplus goods in foreign markets
잉여 물자를 외국 시장에서 헐값으로 팔다
an anti-dumping act 반덤핑법
He *dumped* all his rubbish in front of our house.
그는 쓰레기를 죄다 우리집 앞에 내버렸다. (기출 예문)

☐ 0794
enterprise
[éntərpràiz]

(명) 기업, 사업
start on an enterprise 사업에 착수하다
a government enterprise 국영 기업
We know that every *enterprise* involves a lot of risk.
우리는 모든 사업이 많은 위험을 안고 있다는 것을 알고 있다.
+ voca = undertaking 사업; 인수

☐ 0795
globalization
[glòubəlizéiʃən]

(명) 세계화
in the age of globalization 세계화 시대에
anti-globalization protests 반세계화 시위
Attempts to define *globalization* seem little better.
세계화를 정의하려는 시도는 별로 나아진 게 없는 것 같다.
globalize (동) 세계화하다

☐ 0796
incorporate
[inkɔ́ːrpərèit]

(동) 법인(회사)으로 만들다; 통합시키다, 합병하다; 짜 넣다
be incorporated as a company 회사 조직이 되다
a firm incorporated with another 다른 회사와 합병한 회사
He *incorporated* the new geographical discoveries in his
maps. 그는 새로운 지리적 발견을 그의 지도에 추가했다.
incorporation (명) 회사

□ 0797
monopoly
[mənápəli]

(명) 독점, 독점권, 전매품
gain a monopoly 독점권을 얻다
a government monopoly 정부 전매품
Cigarette production is still a state *monopoly* in China.
중국에서 담배 생산은 여전히 국가 독점이다. (기출 예문)
monopolize (동) 독점하다, 독점권을 얻다

□ 0798
supervise
[súːpərvàiz]

(동) 관리하다, 감독하다, 지도하다
supervise workers 노동자를 감독하다
supervise a research 연구를 지도하다
Supervise children when they play in swimming pools.
아이들이 수영장에서 놀 때는 아이들을 통제하라.
supervision (명) 감독 supervisor (명) 감독관, 관리인

□ 0799
cargo
[káːrgou]

(명) 화물
cargo vessels 화물선
unload cargo from a ship 배에서 짐을 내리다
The truck's *cargo* was broken up in the accident.
트럭에 있는 짐이 사고로 파손되었다.
+ voca = freight 화물, 화물 운송

□ 0800
barter
[báːrtər]

(동) 물물 교환하다 (명) 물물 교환
barter wheat for machinery 밀을 기계와 교환하다
barter with the islanders 그 섬 주민들과 물물 교환을 하다
The Indians *bartered* furs for beads and guns.
인디언들은 모피를 구슬 및 총과 교환했다. (기출 예문)

□ 0801
counterpart
[káuntərpàːrt]

(명) 상대방, 상대물; 대응하는 사람(것)
have a counterpart 대응하는 사람이 있다
the counterpart of our prime minister
우리나라 총리에 해당하는 직책의 사람
The executive director phoned her *counterpart* in the other firm. 상무 이사가 다른 회사의 상무 이사에게 전화를 했다.

□ 0802
utilize
[júːtəlàiz]

(동) 이용하다, 활용하다
utilize the nutrients 영양소를 이용하다
utilize all available resources 모든 이용 가능한 자원을 활용하다
We are *utilizing* the athlete's popularity to sell our sporting goods. 우리는 운동 용품 판촉에 그 운동선수의 인기를 이용하고 있다.
+ voca = make use of ~을 이용하다

Test & Reading

A 영어는 우리말로, 우리말은 영어로 쓰시오.

① barter _____
② enterprise _____
③ dump _____
④ possess _____
⑤ inventory _____
⑥ globalization _____
⑦ guarantee _____
⑧ combine _____
⑨ incorporate _____
⑩ utilize _____

⑪ 독점 _____
⑫ 기업, 법인 _____
⑬ 입찰 _____
⑭ 고객 _____
⑮ 효율적인 _____
⑯ 할인하다 _____
⑰ 광고하다 _____
⑱ 분배하다 _____
⑲ 제조하다 _____
⑳ 화물 _____

B 빈칸에 공통으로 들어갈 단어는?

① _____ workers 노동자를 감독하다   _____ a research 연구를 지도하다
② at public _____ 공적 비용으로
   at the _____ of her health 그녀의 건강을 희생하여
③ become _____ 만기가 되다   be _____ to arrive 도착하기로 되어 있다
④ a fair _____ 공정한 거래   accomplish a great _____ 많은 업적을 이루다

C 다음 빈칸에 알맞은 단어를 〈보기〉에서 골라 넣으시오. (필요하면 형태를 변형하시오.)

[보기]
lease cease establishment counterpart thorough estimate

① We must ( ) dumping waste in the sea.
② The book has a very ( ) index.
③ The total cost of expenses is ( ) at less than $1,000.
④ He is considering the ( ) of a special foundation.
⑤ This car is under long-term ( ).
⑥ The executive director phoned her ( ) in the other firm.

D 이번 테마를 다룬 독해 지문을 읽으면서 관련 어휘의 뜻을 확인해 보자.

Suppose a **corporation** realizes that it is not achieving its goals or objectives **effectively**. In this case, it can be useful to get an outside consultant to **estimate** the company's performance and recommend changes to make it more **efficient**. This consultant can more objectively and **thoroughly** analyze the company's strengths and weaknesses as well as the opportunities and threats that face it. Then the company can replan its strategy on the basis of the consultant's advice. In this way, the **enterprise** will be able to get its intended results.

Translation 어떤 corporation이 자신들의 목적이나 목표를 effectively하게 달성하지 못하고 있다는 것을 인식한다고 가정해 보자. 이런 경우, 외부 컨설턴트에게 회사의 업무 실적을 estimate하고 그 업무 실적을 더욱 efficient하게 만들 수 있는 변화를 추천하게 하는 것이 유용할 수 있다. 이 경영 자문인은 그 회사가 직면한 기회와 위협뿐만 아니라 회사의 강점과 약점을 좀 더 객관적이고 thoroughly하게 분석할 수 있다. 그리고 나서 회사는 경영 자문인의 조언을 바탕으로 하여 전략을 다시 세울 수 있다. 이런 방식으로, enterprise는 자신이 의도한 결과를 얻을 수 있을 것이다.

Words • suppose 가정하다 • achieve 달성하다 • objective 목표 • analyze 분석하다 • recommend 추천하다 • objectively 객관적으로 • strength 강점 • threat 위협 • strategy 전략 • on the basis of ~을 토대로 하여

정답 🔒

B ① supervise ② expense ③ due ④ deal
C ① cease ② thorough ③ estimated ④ establishment ⑤ lease ⑥ counterpart

28

소비자

Link
Rank

노점상 아저씨가
화난 이유는?

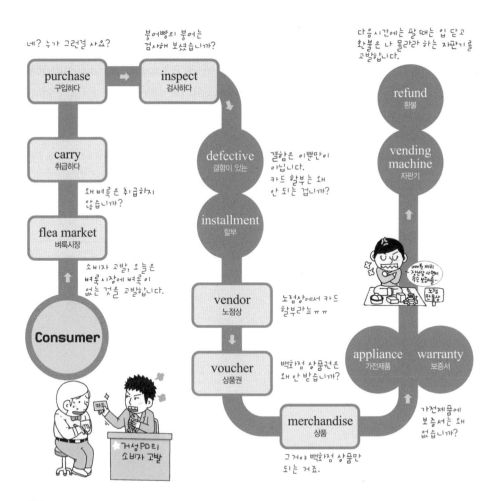

네? 누가 그런걸 사요?

붕어빵의 붕어는
검사해 보셨습니까?

다음시간에는 팔 때는 입 닫고
환불은 나 몰라라 하는 자판기를
고발합니다.

purchase
구입하다

inspect
검사하다

carry
취급하다

defective
결함이 있는

결함은 이쁜만이
아닙니다.
카드 할부는 왜
안 되는 겁니까?

refund
환불

**vending
machine**
자판기

왜 벼룩은 취급하지
않습니까?

flea market
벼룩시장

installment
할부

소비자 고발, 오늘은
벼룩시장에 벼룩이
없는 것을 고발합니다.

vendor
노점상

노점상에서 카드
할부라뇨ㅠㅠ

Consumer

voucher
상품권

백화점 상품권은
왜 안 받습니까?

appliance
가전제품

warranty
보증서

merchandise
상품

가전제품에
보증서는 왜
없습니까?

그거야 백화점 상품만
되는 거죠.

거성PD의
소비자 고발

□ 0803
price
[práis]

몡 가격, 시세; 대가 통 값을 매기다
reasonably priced accommodation 적당한 가격의 숙박 시설
at any price 어떤 대가를 치르더라도
The *price* of oil has gone up by 40 percent.
석유 가격이 **40%** 올랐다.
priceless 휑 아주 귀중한, 값을 매길 수 없는

□ 0804
purchase
[pə́:rtʃəs]

몡 구입, 구입한 물건 통 구입하다, 획득하다
the purchase of a car 자동차 구입
purchase a new coat 새 코트를 구입하다
That sunblock was a good *purchase*.
그 자외선 차단제는 정말 잘 구입한 것이었다.

□ 0805
refund
[rí:fʌnd]

몡 환불 통 환불해 주다
claim a refund 환불을 요구하다
refund a deposit 예탁금을 환불하다
His travel expenses will be *refunded* within five days.
그의 여행 경비는 **5**일 내로 환불될 것이다.
refundable 휑 환불 가능한

□ 0806
consume
[kənsú:m]

통 소비하다; 먹어 버리다
consume energy 에너지를 소비하다
consume alcohol 술을 마시다
This car *consumes* a lot of gas. 이 자동차는 많은 휘발유를 소비한다.
consumption 몡 소비, 소모 consumer 몡 소비자

□ 0807
appliance
[əpláiəns]

몡 기구, 장비, 가전제품
move an appliance 장비를 옮기다
medical appliances 의료 기구
A refrigerator is an *appliance* where food can be stored.
냉장고는 음식을 보관할 수 있는 가전제품이다.

□ 0808
carry
[kǽri]

통 나르다, 전하다; 실행하다; 취급하다(팔다)
carry weather reports 일기 예보를 전하다
carry out reforms in education 교육 개혁을 실행하다
Do you *carry* the PhotoPro model 4000 digital camera?
포토프로 모델 **4000** 디지털 카메라를 취급합니까? (기출 예문)
+ voca = **convey** 운반하다 = **deal in** (상품을) 취급하다

□ 0809
charge
[tʃáːrdʒ]

ⓥ 부과하다, 청구하다 ⓝ 요금, 청구 금액
postal charges 우편 요금
at no charge 무료로
I was *charged* with the task of creating a website.
나에게 웹사이트를 제작하는 업무가 주어졌다.
chargeable ⓗ (비용 등이) 부과되어야 할

□ 0810
goods
[gúdz]

ⓝ 상품, 제품
advertise goods 상품 광고를 하다
goods in stock 재고품
There is a 25% discount on all electrical *goods*.
모든 전자 제품을 25% 할인해 준다. (기출 예문)

□ 0811
convenience
[kənvíːnjəns]

ⓝ 편의, 편리
for convenience 편의상
at your convenience 편리한 때에
They decided to rob a *convenience* store.
그들은 편의점을 털기로 작정했다.
convenient ⓗ 편리한

□ 0812
defective
[diféktiv]

ⓗ 결함이 있는
recall defective goods 불량품을 회수하다
be defective in good sense 분별력이 모자라다
I should return that *defective* product to China.
나는 그 결함 있는 제품을 중국에 반품해야 한다.
defect ⓝ 결함

□ 0813
warranty
[wɔ́ːrənti]

ⓝ 보증, 보증서
under warranty 보증 기간 중에 있는
buy a car without a warranty 보증서 없이 차를 사다
The *warranty* lasts for two years. 품질 보증 기간은 2년이다.
warrant ⓥ 보증하다; 정당화하다
➕ voca = guarantee 보증

□ 0814
installment
[instɔ́ːlmənt]

ⓝ 할부, 할부금
pay in installments 분납하다
in monthly installments 월부로
To arrange *installment* payments, please press 2.
분할 납입을 하시려면 2번을 누르세요.

□ 0815
encourage
[enkɔ́:ridʒ]

(동) 장려하다, 조장하다; 용기를 북돋우다
encourage exports 수출을 장려하다
encourage bad habits 나쁜 습관을 조장하다
Computer games *encourage* kids to stay indoors longer.
컴퓨터 게임은 아이들로 하여금 실내에 더 오래 있게 한다.
encouragement (명) 격려
+ voca = inspire 격려하다; 영감을 주다

□ 0816
merchandise
[mɔ́:rtʃəndàiz]

(명) 상품
forward the **merchandise** 상품을 발송하다
pay for broken merchandise 파손된 상품에 대해 변상하다
He knew how to ship *merchandise* to remote areas.
그는 상품을 먼 지역에 배편으로 보내는 방법을 알고 있었다.

□ 0817
inspect
[inspékt]

(동) 검사하다, 점검하다; 검열하다
inspect the books 장부를 검사하다
inspect the machine 기계를 점검하다
Customs officers *inspected* travellers' bags.
세관 직원들이 여행자들의 가방을 검사했다.
inspection (명) 검사; 검열

□ 0818
deficiency
[difíʃənsi]

(명) 부족, 결핍; 손실 금액
supply a deficiency 부족함을 보충하다
vitamin deficiency 비타민 결핍
AIDS is an acronym for Acquired Immune *Deficiency*
Syndrome. AIDS는 후천성 면역 결핍 증후군의 축약어이다. (기출 예문)
deficient (형) 부족한
+ voca ↔ sufficiency 충분

□ 0819
volunteer
[vàləntíər]

(명) 지원자, 자원 봉사자 (동) 자진하여 하다
join in as a volunteer 지원자로 참가하다
volunteer a song 자진해서 노래를 부르다
The Health Clinic is relying on *volunteers*.
그 건강 클리닉은 자원 봉사자들에 의존하고 있다. (기출 예문)

□ 0820
subsequent
[sʌ́bsikwənt]

(형) 그 후의; 계속해서 일어나는
the first and subsequent visits 첫 방문과 그 뒤로 계속된 방문
the subsequent chapter 바로 다음 장
Subsequent events verified our testimony.
그 후의 사건들은 우리의 증언을 입증해 주었다. (기출 예문)
subsequently (부) 그 후에, 이어서

□ 0821
grocery
[gróusəri]

(명) 식료품, 식료품점
a grocery bill 식료품점의 계산서
run a grocery 식료품점을 운영하다
I meant to go to the *grocery* store on the way home.
나는 집에 가는 도중 식료품 가게에 들를 생각이었다.

□ 0822
bargain
[bá:rgən]

(명) 싼 물건; 거래 (동) 흥정하다
pick up a good bargain 싼 물건을 잘 고르다
buy at a bargain 싸게 사다
The boy made a *bargain* to exchange baseball gloves.
그 소년은 야구 글러브를 교환하기 위해 거래를 했다.

□ 0823
browse
[bráuz]

(동) 구경하다, 훑어 보다; 방목하다
browse in a bookshop 서점에서 둘러보다
browse through a magazine 잡지를 훑어 보다
The museum's collection is available for *browsing*.
그 박물관의 소장품은 구경할 수 있게 되어 있다.
+ voca = scan 대충 훑어 보다 = skim 대충 읽다

□ 0824
recession
[risékʃən]

(명) 경기 후퇴, 불경기
foresee a recession 경기 후퇴를 내다보다
a continuous recession 계속되는 불경기
The industry had to cope with war and *recession* at the same
time. 산업은 전쟁과 불황을 동시에 대처해야 했다. (기출 예문)
+ voca = depression 불경기

□ 0825
wholesale
[hóulsèil]

(명) 도매 (형) 도매의
wholesale prices 도매 가격
a wholesale dealer 도매상
They will sell to you at *wholesale* prices.
그들은 당신에게 도매 가격으로 판매할 것이다.
wholesaler (명) 도매상

□ 0826
resentment
[rizéntmənt]

(명) 분개, 원한
bear no resentment 원한이 없다
cause resentment 분개심을 일으키다
Rage, envy, *resentment* are in themselves mere misery.
분노, 시기, 원망은 그 자체로 불행일 뿐이다. (기출 예문)
resent (동) 분개하다
+ voca = animosity 증오, 원한

□ 0827
vendor
[véndər]

명 노점상, 상인
newspaper vendor 신문 자판기
manage new vendor 신규 점포를 관리하다
I often buy some snacks from a street *vendor*.
나는 종종 가판대에서 약간의 간식을 산다.

□ 0828
vending machine
[véndiŋ məʃíːn]

명 자판기
use a vending machine 자판기를 이용하다
buy a drink at the vending machine 자판기에서 마실 것을 사다
He took the *vending machine* off a dump truck.
그는 덤프트럭에서 자판기를 내렸다.

□ 089
Lost and Found
[lɔ́ːst ænd fáund]

명 유실물 센터
ask for the Lost and Found 유실물 센터를 문의하다
check with the Lost and Found department
유실물 센터에서 확인하다
Lost and Found is the place where lost property is kept.
유실물 센터는 유실물이 보관되는 곳이다.

□ 0830
drugstore
[drʌ́gstɔ̀ːr]

명 잡화를 겸한 약국
work in a drugstore 약국에서 일하다
rush to a drugstore 약국으로 달려가다
You'll find a *drugstore* around the corner.
모퉁이를 돌면 약국이 보일 겁니다. (기출 예문)
(+ voca) = pharmacy 약국

□ 0831
voucher
[váutʃər]

명 상품권, 교환권, 할인권
sales voucher 상품 교환권
receive a $20 gift voucher 20달러짜리 상품권을 받다
This *voucher* entitles you to $5 off the cost of a meal.
이 할인권을 제시하시면 식사비를 5달러 할인해 드립니다.

□ 0832
flea market
[flíː màːrkit]

명 벼룩시장
hold flea markets 벼룩시장을 열다
sell at the flea market 벼룩시장에서 팔다
A *flea market* takes place here each Wednesday.
벼룩시장은 수요일마다 이곳에서 열린다.

A 영어는 우리말로, 우리말은 영어로 쓰시오.

① goods _____   ⑪ 노점상 _____

② carry _____   ⑫ 보증 _____

③ encourage _____   ⑬ 가격 _____

④ Lost and Found _____   ⑭ 식료품 _____

⑤ browse _____   ⑮ 상품권 _____

⑥ recession _____   ⑯ 기구 _____

⑦ purchase _____   ⑰ 약국 _____

⑧ wholesale _____   ⑱ 벼룩시장 _____

⑨ volunteer _____   ⑲ 할부금 _____

⑩ bargain _____   ⑳ 자판기 _____

B 빈칸에 공통으로 들어갈 단어는?

① _____ the books 장부를 검사하다   _____ the machine 기계를 점검하다

② bear no _____ 원한이 없다   cause _____ 분개심을 일으키다

③ supply a _____ 부족을 보충하다   vitamin _____ 비타민 결핍

④ _____ energy 에너지를 소비하다   _____ alcohol 술을 마시다

C 다음 빈칸에 알맞은 단어를 〈보기〉에서 골라 넣으시오. (필요하면 형태를 변형하시오.)

[보기]

refund   defective   subsequent   convenience   merchandise   charge

① They decided to rob a ( ) store.

② I was ( ) with the task of creating a website.

③ ( ) events verified our testimony.

④ His travel expenses will be ( ) within five days.

⑤ He knew how to ship ( ) to remote areas.

⑥ I should return that ( ) product to China.

D 이번 테마를 다룬 독해 지문을 읽으면서 관련 어휘의 뜻을 확인해 보자.

I was thrilled when your establishment moved into our neighborhood. I appreciate the **convenience** that your family-run business provides. Your store is always clean and well-stocked, and your workers are always attentive and knowledgeable. But I would like to bring one consideration to your attention, and that is the cost of your **merchandise**. I realize that a family-run business will **charge** more than a chain store, and I've been willing to pay that difference. Frequently, however, your **prices** are nearly double what I would have paid at other stores. I want to continue **purchasing** household **goods** at your store, but I'm not sure I can consistently afford to pay such high **prices**.

Translation 귀하의 시설이 우리의 이웃에 들어 왔을 때 저는 아주 기뻤습니다. 가족이 운영하는 귀하의 사업체가 제공하는 convenience에 감사드립니다. 귀하의 가게는 항상 깨끗하고 잘 저장되어 있으며, 점원들도 늘 세심하고 지식을 갖추고 있습니다. 그러나 귀하가 관심 있게 고려하기를 바라는 한 가지가 있는데, 그것은 merchandise의 비용입니다. 저는 가족이 운영하는 사업체가 체인점보다 더 charge할 것이라는 사실을 알고 있으며 그래서 그 차액을 기꺼이 지불해 왔습니다. 하지만, 종종, 귀사의 price는 제가 다른 가게에서 샀더라면 지불하게 될 금액의 거의 두 배나 됩니다. 저는 귀하의 가게에서 가정 goods를 계속 purchase하기를 원하지만 지속적으로 그렇게 높은 price를 지불할 수 있을지 확신할 수 없습니다.

Words • thrilled 몹시 기쁜 • establishment 시설 • appreciate 감사히 여기다 • family-run 가족이 경영하는 • attentive 세심한 • be willing to 기꺼이 ~하다 • frequently 종종 • consistently 지속적으로

정답 🔒

B ① inspect ② resentment ③ deficiency ④ consume
C ① convenience ② charged ③ subsequent ④ refunded ⑤ merchandise ⑥ defective

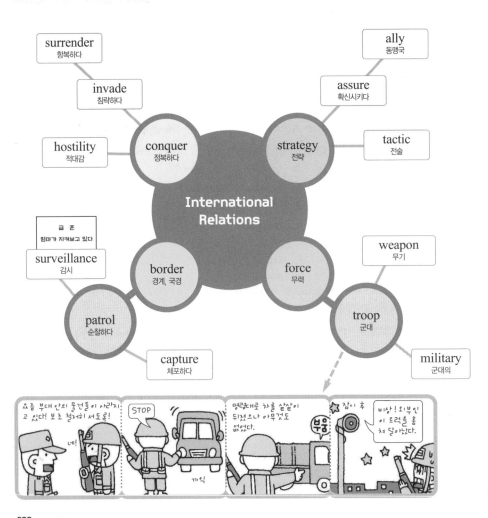

Link
Rank

국제관계

스파이가 훔쳐간 물건

surrender
항복하다

invade
침략하다

hostility
적대감

conquer
정복하다

ally
동맹국

assure
확신시키다

strategy
전략

tactic
전술

International Relations

금 존
엄마가 지켜보고 있다

surveillance
감시

border
경계, 국경

force
무력

weapon
무기

patrol
순찰하다

troop
군대

capture
체포하다

military
군대의

□ 0833
ally
[əlái]

명 동맹국 동 동맹시키다, 연합시키다
a war between former **allies** 과거 동맹국들 사이의 전쟁
the **allied** forces 연합군
Japan was once *allied* with England. 일본은 한때 영국과 동맹을 맺었다.
alliance 명 동맹
+ voca = confederate 동맹국, 연합국

□ 0834
bomb
[bάm]

명 폭탄
drop a **bomb** 폭탄을 투하하다
a **bomb**-disposal squad 폭탄 제거반
The hydrogen *bomb* is one of the nuclear weapons.
수소 폭탄은 핵무기의 하나이다. (기출 예문)

□ 0835
border
[bɔ́:rdər]

명 경계, 국경; 가장자리 동 접경하다
the **border** between Spain and France 스페인과 프랑스 사이의 국경
the **border** of a lake 호숫가
They have not resolved *border* conflicts yet.
그들은 국경 분쟁을 아직 해소하지 못했다.

□ 0836
assure
[əʃúər]

동 확신시키다, 보장하다
an **assured** position 보장된 지위
rest **assured** 안심하고 있다
I *assured* myself that he was safe. 나는 그가 안전함을 확신했다.
assurance 명 확신, 보장; 보험
+ voca = convince 확신시키다

□ 0837
force
[fɔ́:rs]

명 무력, 병력, 힘 동 강요하다
send naval **forces** 해군 부대를 보내다
force a decision 결정을 강요하다
Persuasion is better than *force*. 설득이 무력보다 낫다. (기출 예문)
+ voca = compel 억지로 시키다

□ 0838
patriot
[péitriət]

명 애국자
an enthusiastic **patriot** 열렬한 애국자
stand for the **patriot** citizen 애국 시민을 대표하다
The early American *patriots* achieved freedom.
초기 미국의 애국자들은 자유를 쟁취했다.
patriotic 형 애국의

□ 0839
surrender
[səréndər]

(동) 항복하다; 내주다
surrender to the enemy 적에게 항복하다
surrender power 권력을 내주다
The hijacker *surrendered* peacefully. 그 납치범은 순순히 항복했다.

➕ voca = **yield** 굴복하다, 양보하다; (결과 등을) 낳다

□ 0840
military
[mílitèri]

(형) 군대의, 군사의
military discipline 군기
protect **military** facilities 군사 시설을 보호하다
All young men have to do *military* service.
모든 젊은 남자는 군 복무를 해야 한다.

□ 0841
conquer
[káŋkər]

(동) 정복하다, 이기다
conquer an enemy 적을 정복하다
conquer a disease 병을 이겨내다
Rome was *conquered* by the barbarians.
로마는 야만인들에 의해 정복되었다. (기출 예문)

conquest (명) 정복
➕ voca = **defeat** 패배시키다

□ 0842
retreat
[ri:trí:t]

(명) 후퇴, 퇴각 (동) 후퇴하다
be in **retreat** 후퇴 중이다
retreat from the front 전방에서 후퇴하다
They will not *retreat* under the protection of a total cease-
fire. 그들은 전면 휴전의 보호 아래 후퇴하지 않을 것이다. (기출 예문)

□ 0843
invade
[invéid]

(동) 침략하다, 침해하다
eject an **invading** army 침략군을 몰아내다
invade the territory 영토를 침해하다
Germany *invaded* Poland in 1939. 독일은 폴란드를 1939년에 침략했다.
invasion (명) 침략

□ 0844
capture
[kǽptʃər]

(동) 붙잡다, 생포하다; 사로잡다 (명) 생포, 포획
be **captured** and disarmed 생포되어 무장 해제당하다
capture the imagination 상상력을 사로잡다
Government troops have succeeded in *capturing* the rebel
leader. 정부군은 반군 지도자를 생포하는 데 성공했다. (기출 예문)

➕ voca ↔ **release** 석방하다, 풀어주다

□ 0845
troop
[trúːp]

(동) 군대, 병력; 무리
regular **troops** 상비군
a **troop** of schoolchildren 한 무리의 학생들
They sent the *troops* to keep order.
그들은 질서 유지를 위해 군대를 보냈다. (기출 예문)

□ 0846
weapon
[wépən]

(명) 무기, 병기
carry **weapons** 무기를 지니다
ban nuclear **weapons** 핵무기를 금지하다
A spear is a primitive *weapon*. 창은 원시적인 무기이다.
(+ voca) = arm 무기

□ 0847
strategy
[strǽtədʒi]

(명) 전략
modern military **strategy** 현대 군사 전략
devise economic **strategies** 경제 전략을 고안하다
Does our original marketing *strategy* address their needs?
우리 본래의 마케팅 전략이 그들의 요구에 초점을 맞추고 있는가? (기출 예문)
strategic (형) 전략의

□ 0848
refugee
[rèfjudʒíː]

(명) 피난민, 망명자
the flight of **refugees** 피난민들의 탈출
harbor **refugees** 망명자들을 숨겨 주다
She provided the *refugees* with blankets.
그녀는 피난민들에게 담요를 제공했다.
refuge (명) 피난, 피난처
(+ voca) = escapee 도피자; 망명자

□ 0849
discharge
[distʃáːrdʒ]

(동) 제대시키다, 석방하다; 발사하다 (명) 제대
be honorably **discharged** 명예롭게 제대하다
discharge a gun 발포하다
He was found not guilty and *discharged*.
그는 무죄 판결을 받고 석방되었다.

□ 0850
execute
[éksikjùːt]

(동) 실행하다; 처형하다
be **executed** as a deserter 탈영병으로 처형되다
be **executed** for murder 살인죄로 처형되다
We *execute* the scheme as previously agreed.
우리는 전에 합의한대로 계획을 실행한다. (기출 예문)
execution (명) 실행; 처형
(+ voca) = implement 실행하다, 이행하다

□ 0851
hostility
[hɑstíləti]

명 적대감; 반대; 교전
meet with much hostility 많은 반대에 부딪히다
open hostilities 교전을 개시하다
He began to express *hostility* towards his opponent.
그는 그의 상대를 향한 적대감을 표출하기 시작했다.
hostile 형 적대적인

□ 0852
assault
[əsɔ́:lt]

명 급습 동 급습하다, 습격하다
take a town by assault 급습하여 마을을 점령하다
assault jacket 방탄복
They will launch an *assault* against him.
그들은 그에 대한 급습을 시작할 것이다.
+ voca = attact 공격하다, 습격하다

□ 0853
tactic
[tǽktik]

명 전술, 책략
a survival tactic 생존 전술
change tactics 전술을 바꾸다
Her remark was a *tactic* to pass the bills.
그녀의 발언은 법안을 통과시키기 위한 책략이었다.

□ 0854
patrol
[pətróul]

동 순찰하다 명 순찰, 순찰병
patrol the park 그 공원을 순찰하다
be on patrol 순찰 중이다
The government will use retired policemen to *patrol*
schools. 정부는 학교 순찰을 위해 퇴직 경찰관을 활용할 것이다.

□ 0855
intervene
[ìntərví:n]

동 끼어들다, 개입하다
intervene in a quarrel 말싸움에 끼어들다
decide when to intervene 개입 시기를 결정하다
The United States *intervened* to calm tensions between
India and Pakistan. 미국은 인도와 파키스탄 사이의 긴장을 가라앉히기 위하여
개입했다. 기출 예문
intervention 명 개입

□ 0856
surveillance
[sə:rvéiləns]

명 감시
under strict surveillance 엄중한 감시하에
favor surveillance cameras 감시 카메라에 찬성하다
Video *surveillance* equipment will be installed in the
parking lot. 비디오 감시 장치가 주차장에 설치될 것이다.
surveil 동 감시하다

□ 0857
assassination
[əsæ̀sənéiʃən]

명 암살
the **assassination** of the president 대통령 암살
plot **assassination** 암살 음모를 꾸미다
Another politician survived an *assassination* attempt.
또 한 명의 정치인이 암살을 모면했다.
assassinate **동** 암살하다

□ 0858
disarmament
[disá:rməmənt]

명 군비 축소; 무장 해제
a nuclear **disarmament** 핵 무기 감축
preliminary talks on **disarmament** 군비 축소에 관한 예비 회담
A location for the *disarmament* negotiations does not
matter. 군축 협상 장소는 문제가 되지 않는다.
disarm **동** 무장 해제하다

□ 0859
frontier
[frʌntíər]

명 국경, 변경; 미개척의 영역
violate a **frontier** 국경을 침범하다
frontier spirit 개척자 정신
There's a lot of drug smuggling across this *frontier*.
이 국경 너머로 수많은 마약 밀매가 있다.

□ 0860
axis of evil
[ǽksis ɑv í:vəl]

명 악의 축
devise the phrase "**axis of evil**" "악의 축"이라는 말을 만들어 내다
the use of the term "**axis of evil**" "악의 축"이라는 용어의 사용
President Bush said North Korea was a part of the "*axis of
evil.*" 부시 대통령은 북한을 "악의 축"의 일부분이라고 말했다.

□ 0861
draft system
[drǽft sìstəm]

명 징병제
military **draft system** 군 징병제
mandatory **draft system** 의무 징병제
The military mobilizes the required resources through the
draft system. 군은 징병제를 통해 필요한 자원을 동원한다.

□ 0862
mine-clearing
[màin-klíəriŋ]

명 지뢰 제거
conduct **mine-clearing** operations 지뢰 제거 작업을 실시하다
concentrate on **mine-clearing** 지뢰 제거에 집중하다
Training include *mine-clearing* and building schools.
훈련에는 지뢰 제거와 학교 건설이 포함되어 있다.

A 영어는 우리말로, 우리말은 영어로 쓰시오.

① tactic _____
② mine-clearing _____
③ intervene _____
④ assure _____
⑤ draft system _____
⑥ capture _____
⑦ refugee _____
⑧ discharge _____
⑨ assassination _____
⑩ axis of evil _____

⑪ 순찰하다 _____
⑫ 애국자 _____
⑬ 군비 축소 _____
⑭ 군대 _____
⑮ 전략 _____
⑯ 감시 _____
⑰ 침략하다 _____
⑱ 실행하다 _____
⑲ 동맹국 _____
⑳ 폭탄 _____

B 빈칸에 공통으로 들어갈 단어는?

① _____ to the enemy 적에게 항복하다 _____ power 권력을 내주다
② violate a _____ 국경을 침범하다 the _____ spirit 개척자 정신
③ be in _____ 후퇴 중이다 _____ from the front 전방에서 후퇴하다
④ _____ an enemy 적을 정복하다 _____ a disease 병을 이겨내다

C 다음 빈칸에 알맞은 단어를 〈보기〉에서 골라 넣으시오. (필요하면 형태를 변형하시오.)

[보기]
border weapon hostility assault military force

① Persuasion is better than ( ).
② He began to express ( ) towards his opponent.
③ All young men have to do ( ) service.
④ They will launch an ( ) against him.
⑤ A spear is a primitive ( ).
⑥ They have not resolved ( ) conflicts yet.

D 이번 테마를 다룬 독해 지문을 읽으면서 관련 어휘의 뜻을 확인해 보자.

All America waited anxiously. Many of us prayed. Captain Scott O'Grady's F-16 had been shot down as he was flying over Serbia. Had he been killed or **captured**? Was he seriously injured? The hours ticked by. Five

days passed. On the sixth day another pilot picked up a faint message from O'Grady's radio. He was alive, managing somehow to hide from **hostile** soldiers. Immediately all the resources needed for a daring rescue **tactic** were set in motion. O'Grady was snatched up to safety by a helicopter and the U.S. rejoiced. Newsweek magazine reported that the **weapons** and machinery used for the rescue of that one pilot were valued at $6 billion.

Translation 미국 전체가 애태우며 기다렸다. 우리 중 많은 이들이 기도했다. Scott O'Grady 대위의 F-16 전투기가 세르비아 상공을 날다가 격추당했다. 그는 과연 살해했을까? 아니면 **capture**되었을까? 심한 부상을 입었을까? 시간이 흘렀다. 5일이 지나갔다. 6일째 되는 날 또 다른 한 조종사가 O'Grady의 무전기로부터 오는 희미한 메시지를 포착했다. 그는 용케도 **hostile**한 군의 눈을 피해 아직 살아 있었던 것이다. 즉시 아주 힘든 구조 **tactic**에 필요한 모든 자원이 동원되기 시작했다. O'Grady는 헬리콥터에 태워져 안전하게 구조되었고 미국은 기뻐했다. 뉴스위크지는 이 한 비행사를 구조하는 데 동원된 **weapon**과 기계 장비는 모두 60억 달러에 상당한다고 보도했다.

Words • anxiously 근심하며 • shot down 격추하다, 쏘아 죽이다 • tick (시간이) 똑딱거리며 지나다 • faint 희미한 • daring 대담한 • rescue 구출 • snatch 간신히 구해내다 • rejoice 기뻐하다 • machinery 기계

정답 🔒

B ① surrender ② frontier ③ retreat ④ conquer
C ① force ② hostility ③ military ④ assault ⑤ weapon ⑥ border

Link
Rank

30

더불어 사는
세계 시민의 자세

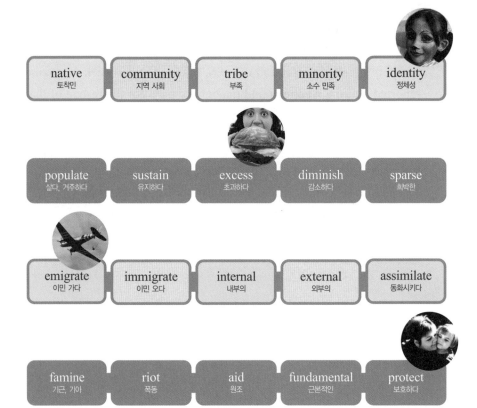

native 토착민	community 지역 사회	tribe 부족	minority 소수 민족	identity 정체성

| populate 살다, 거주하다 | sustain 유지하다 | excess 초과하다 | diminish 감소하다 | sparse 희박한 |

| emigrate 이민 가다 | immigrate 이민 오다 | internal 내부의 | external 외부의 | assimilate 동화시키다 |

| famine 기근, 기아 | riot 폭동 | aid 원조 | fundamental 근본적인 | protect 보호하다 |

□ 0863
globe
[glóub]

⑲ 지구; 구, 공
half the globe away 지구의 반대쪽에
form a large globe 커다란 구를 형성하다
He has been lecturing all around the *globe* for a decade.
그는 10년 동안 세계 곳곳을 다니며 강연을 해오고 있다.
global ⑲ 지구의

□ 0864
tribe
[traib]

⑲ 부족, 종족
Indian tribes 인디언 부족
the elders of the tribe 그 부족의 원로들
Navajo is the name of a *tribe* of Native Americans.
Navajo는 미국 인디언들 중의 한 부족의 이름이다.
tribal ⑲ 부족의

□ 0865
minority
[mainɔ́:riti]

⑲ 소수, 소수 민족
belong to a minority group 소수 집단에 속하다
the oppressed minority 탄압받는 소수 민족
The lineup of America's major *minorities* has been stable.
미국의 주요 소수 민족 진용은 안정되어 왔다. (기출 예문)

□ 0866
protect
[prətékt]

⑧ 보호하다, 지키다
protect the environment 환경을 보호하다
protect an invention 발명품을 보호하다
The government restricted imports to *protect* domestic industry. 정부는 내수 산업을 보호하기 위해 수입을 제한했다.
protection ⑲ 보호 **protectionism** ⑲ 보호주의, 보호 정책

□ 0867
emigrate
[éməgrèit]

⑧ 이민 가다
emigrate to Australia 호주로 이민 가다
emigrate and start a new life 이민 가서 새 삶을 시작하다
More and more people are *emigrating* to Canada.
점점 더 많은 사람들이 캐나다로 이민을 가고 있다.
emigration ⑲ (타국으로의) 이주

□ 0868
immigrate
[íməgrèit]

⑧ 이민 오다, 이주시키다
immigrate to Australia 호주로 이민 오다
immigrate cheap labor 저임금 노동자를 이주시키다
She *immigrated* to this country from India the day before last. 그녀는 재작년에 인도에서 이 나라로 이민 왔다. (기출 예문)
immigration ⑲ (외국으로부터의) 이민

□ 0869
ethic
[éθik]

⑱ 윤리, 도덕
a strong professional **ethic** 강한 직업 윤리
global standard **ethic** management 세계적 수준의 윤리 경영
He is noted for his excellent work *ethic*.
그는 훌륭한 노동관으로 유명하다.
ethical ⑲ 윤리의, 윤리적인

□ 0870
famine
[fémin]

⑱ 기근, 기아
raise money for **famine** relief 기아 구호를 위해 기금을 모으다
die of **famine** 굶어 죽다
Disease and *famine* are often legacies of war.
질병과 기근은 흔히 전쟁의 유산이다. (기출 예문)

□ 0871
aid
[éid]

⑱ 원조, 구호 ⑲ 원조하다, 돕다
economic **aid** to developing countries 개발도상국에 대한 경제 원조
first **aid** to the injured 부상자에 대한 응급 처치
Flights of *aid* to the capital city remain suspended.
수도로 가는 구호 항공편이 중단된 상태이다. (기출 예문)

□ 0872
community
[kəmjú:nəti]

⑱ 지역 사회, 공동체, ~계
promote a sense of **community** 공동체 의식을 촉진하다
the scientific **community** 과학계
He really wants to contribute something to the *community*.
그는 정말로 지역 사회에 무언가 기여하기를 원한다.

□ 0873
sustain
[səstéin]

⑲ 유지하다; 지탱하다; 부양하다
sustain life 생명을 유지하다
sustain weight 무게를 지탱하다
He was nurtured and *sustained* by his uncle.
그의 삼촌이 그를 양육하고 부양했다.
+ voca = maintain 유지하다

□ 0874
identity
[aidéntəti]

⑱ 정체성; 신원; 동일성
damage national **identity** 국가 정체성을 해치다
perceive difference and **identity** 차이와 동일성을 감지하다
Two detectives assumed the *identities* of antiques dealers.
두 형사는 골동품상 신분으로 가장했다. (기출 예문)
identify ⑲ 확인하다; 동일시하다

□ 0875
fundamental
[fʌndəméntl]

(형) 근본적인, 중요한 (명) 기본
make a **fundamental** error 근본적인 오류를 범하다
the **fundamentals** of education 교육의 기본
That is a *fundamental* change in politics.
그것은 정치에서의 근본적인 변화이다. (기출 예문)

□ 0876
external
[ikstə́:rnəl]

(형) 외부의, 대외적인
for **external** use only 외용약
an **external** debt 외채
No *external* pressure was involved. 외압은 없었다.
+ voca = exterior 외부의

□ 0877
internal
[intə́:rnl]

(형) 내부의, 국내의
examine **internal** organs 내부 장기를 검사하다
knock down a couple of **internal** walls 내벽 두 개를 허물다
Two officers are under *internal* investigation.
두 경관이 내부 조사를 받고 있는 중이다. (기출 예문)
+ voca = interior 내부의

□ 0878
diminish
[dimíniʃ]

(동) 감소하다, 줄다
the law of **diminishing** utility 효용 체감의 법칙
diminish in population 인구가 감소되다
The food supply is beginning to *diminish*.
식량 공급이 줄어들기 시작하고 있다.
+ voca = decrease 감소하다

□ 0879
industrialize
[indʌ́striəlàiz]

(동) 산업화하다
a highly **industrialized** country 고도로 산업화된 국가
be slow to **industrialize** 산업화에 느린
The canal will *industrialize* the country.
그 운하로 인해 그 나라는 산업화될 것이다.
industrial (형) 산업의

□ 0880
populate
[pápjəlèit]

(동) 살다, 거주하다
thinly **populated** regions 인구 밀도가 낮은 지역
a heavily **populated** district 인구 밀도가 높은 지구
The country is densely *populated*. 그 국가는 인구가 조밀하다.
population (명) 인구
+ voca = inhabit ~에 살다

☐ 0881
embody
[embádi]

(동) 구현하다, 구체적으로 나타내다
embody the spirit of the constitution 헌법 정신을 구현하다
embody ideas 관념을 구체적으로 나타내다
The building is said to *embody* a new Europe.
그 건물은 새로운 유럽을 나타낸다고 한다.

☐ 0882
indispensable
[ìndispénsəbəl]

(형) 필수불가결한, 피할 수 없는 (명) 필수불가결한 사람
an **indispensable** tool 필수불가결한 도구
an **indispensable** duty 피할 수 없는 의무
This is an *indispensable* book for designers.
이것은 디자이너들에게 필수불가결한 책이다.

+ voca = essential 본질적인, 필수적인

☐ 0883
ubiquitous
[ju:bíkwətəs]

(형) 도처에 존재하는, 편재하는
become **ubiquitous** 편재하게 되다
ubiquitous learning environment 유비쿼터스 학습 환경
A *ubiquitous* city has *ubiquitous* information technology.
유비쿼터스 도시는 유비쿼터스 정보 기술을 갖추고 있다.

☐ 0884
deficient
[difíʃənt]

(형) 부족한, 불충분한 (명) 결함 있는 사람
be **deficient** in iron 철이 부족한
a mentally **deficient** child 지적장애 아동
The town is *deficient* in health personnel and facilities.
그 마을은 보건 인력과 시설이 부족하다.

deficiency (명) 부족, 불충분

☐ 0885
sparse
[spá:rs]

(형) (인구 등이) 희박한, 드문드문 난
be **sparsely** populated 인구가 드물다
a **sparse** beard 드문드문 난 수염
Due to a lack of fresh water, trees are *sparse*.
맑은 물이 부족해서 나무가 드물다.

☐ 0886
excess
[iksés]

(명) 초과, 여분, 과잉 (형) 초과한, 여분의
an **excess** of imports 수입 초과
an **excess** population 과잉 인구
The stadium has a capacity in *excess* of 20,000.
그 경기장은 2만 명 이상을 수용할 수 있다.

excessive (형) 과도한, 지나친

□ 0887
geometric
[dʒìːəmétrik]

(형) 기하학의, 기하급수적인
increase by **geometric** progression 기하급수적으로 증가하다
a **geometric** pattern 기하학적 문양
He proposed the theory that population increased at a
geometric rate. 그는 인구가 기하급수적으로 증가한다는 이론을 제시했다.
geometry (명) 기하학

□ 0888
native
[néitiv]

(형) 타고난, 토착민의 (명) 토착민, 토박이
a **native** Londoner 런던 토박이
a **native** talent 천부적인 재능
Many *native* speakers of a language show indifference to
grammatical points. 많은 원어민들은 문법적인 부분에 대해서는 무관심을
보인다. (기출 예문)

□ 0889
hierarchy
[háiərɑ̀ːrki]

(명) 계급 제도, 위계
rise in the **hierarchy** 계급이 상승하다
occupational **hierarchy** 직업상의 위계
There's a very rigid social *hierarchy* in their society.
그들의 사회에는 아주 엄격한 사회적 계급 제도가 있다. (기출 예문)

□ 0890
repress
[riprés]

(동) 억누르다, 억압하다
repress a sneeze 재채기를 억누르다
repressed desire 억압된 욕망
Repressing tears is harmful to our body.
눈물을 억누르는 것은 우리 몸에 해롭다.
repression (명) 억압

□ 0891
assimilate
[əsíməlèit]

(동) 동화하다, 흡수하다
assimilate other cultures 다른 문화들을 동화시키다
assimilate the Western civilization 서양 문명을 흡수하다
All those immigrants *assimilated* into the German culture.
그 이민자들은 모두 독일 문화에 동화되었다.
assimilation (명) 동화

□ 0892
riot
[ráiət]

(명) 폭동, 소동; 격발 (동) 폭동을 일으키다
excite a **riot** 폭동을 일으키다
a **riot** of emotion 감정의 격발
The police were equipped with *riot* shields.
경찰은 폭동 진압용 방패를 갖추고 있었다. (기출 예문)

A 영어는 우리말로, 우리말은 영어로 쓰시오.

① repress _____   ⑪ 원조 _____
② geometric _____   ⑫ 지역 사회 _____
③ indispensable _____   ⑬ 동화하다 _____
④ deficient _____   ⑭ 감소하다 _____
⑤ minority _____   ⑮ 이민 가다 _____
⑥ ubiquitous _____   ⑯ 이민 오다 _____
⑦ populate _____   ⑰ 초과 _____
⑧ embody _____   ⑱ 희박한 _____
⑨ industrialize _____   ⑲ 근본적인 _____
⑩ internal _____   ⑳ 정체성 _____

B 빈칸에 공통으로 들어갈 단어는?

① excite a _____ 폭동을 일으키다   a _____ of emotion 감정의 격발
② _____ life 생명을 유지하다   _____ weight 무게를 지탱하다
③ half the _____ away 지구 반대쪽에   form a large _____ 커다란 구를 형성하다
④ a _____ Londoner 런던 토박이   a _____ talent 천부적인 재능

C 다음 빈칸에 알맞은 단어를 〈보기〉에서 골라 넣으시오. (필요하면 형태를 변형하시오.)

┌─────────────── [보기] ───────────────┐
  protect external tribe famine ethic hierarchy
└───┘

① He is noted for his excellent work (   ).
② There's a very rigid social (   ) in their society.
③ *Navajo* is the name of a (   ) of Native Americans.
④ Disease and (   ) are often legacies of war.
⑤ No (   ) pressure was involved.
⑥ The government restricted imports to (   ) domestic industry.

D 이번 테마를 다룬 독해 지문을 읽으면서 관련 어휘의 뜻을 확인해 보자.

In developing countries, such as Costa Rica, Indonesia and the Philippines, impoverished rural families **migrate** by the hundreds of thousands to the densely **populated** cities. There they are often able to find work, but it's almost impossible to sustain their housing. As a result, thousands of makeshift unsanitary shelters are being thrown up in **communities** without streets and water-supply or sewage-disposal systems. These squatter areas are health and fire hazards. Many African nations need an **global aid** to modernize a primitive and **deficient** housing stock in order to prevent a possible disaster as they have inadequate resources.

Translation 코스타리카, 인도네시아, 필리핀 같은 개발도상국에서는 가난에 허덕이는 농촌 사람들이 몇십만 명씩이나 populated된 밀도가 높은 도시로 migrate해 온다. 거기서 그들은 종종 일자리를 찾을 수는 있지만 주거 장소를 유지하기란 거의 불가능하다. 결과적으로 수천 개의 비위생적인 임시 가옥이 도로와 상하수도 시설도 없는 community들에 마구 지어지고 있다. 이 무단 거주자 지역은 건강을 위협하고 화재의 위험도 있다. 많은 아프리카 국가는 그들이 부적절한 자원을 가짐에 따라 일어날 수 있는 재난을 막기 위해 원시적이고 deficient한 주택 공급을 현대화할 global aid를 필요로 한다.

Words • impoverished 빈곤한 • makeshift 임시변통의 • unsanitary 비위생적인 • shelter 거처 • throw up (건물 등을) 마구잡이로 급히 짓다 • sewage-disposal system 하수 처리 시설 • squatter 무단 (공유지) 거주자 • hazard 재난 • stock 마련, 공급 • provision (필수품의) 공급, 지급

정답

B ① riot ② sustain ③ globe ④ native
C ① ethic ② hierarchy ③ tribe ④ famine ⑤ external ⑥ protect

사회 문제

Link Rank

31 무관심, 통합의 장애물

| discriminate 차별하다 | gender 성 | sexism 성차별 | prejudice 편견 | exclude 배제하다 |

| deviation 탈선 | gambling 도박 | abortion 낙태 | suicide 자살 | disappearance 실종 |

| oblige 강요하다 | interfere 간섭하다 | oppress 압박하다 | exploit 착취하다 | torment 고통을 주다 |

| indifferent 무관심한 | obstacle 장애(물) | contribute 기여하다 | donate 기부하다 | comply 따르다 |

□ 0893
prejudice
[prédʒədis]

명 편견
a deep-seated **prejudice** 뿌리 깊은 편견
combat public **prejudice** 대중의 편견과 싸우다
A judge must be free from *prejudice*. 판사는 편견이 없어야 한다.
＋ voca = **bias** 선입견, 편견

□ 0894
restrain
[ristréin]

동 억제하다, 구속하다, 제지하다
restrain his anger 그의 화를 억제하다
restrain oneself 자제하다
He became violent and had to be *restrained* by hotel staff.
그는 난폭해져 호텔 직원의 제지를 받아야 했다. (기출 예문)
restraint 명 억제, 구속
＋ voca = **control** 통제하다; 억제하다

□ 0895
integration
[ìntəgréiʃən]

명 통합, 인종 통합; (수학) 적분
economic reform and **integration** 경제 개혁 및 통합
reach a horizontal **integration** 수평적 통합에 이르다
The *integration* process is going on smoothly.
통합 과정이 순조롭게 나아가고 있다.
integrate 동 통합하다

□ 0896
segregation
[sègrigéiʃən]

명 분리, 인종 차별
a policy of racial **segregation** 인종 분리 정책
defeat many **segregation** laws 많은 차별 법들을 없애다
We should abolish *segregation* in public schools.
우리는 공립 학교에서의 인종 차별을 폐지해야 한다.
segregate 동 (인종·성별 등으로) 분리하다

□ 0897
discriminate
[diskrímənèit]

동 차별하다, 구별하다, 분별하다
discriminate against minorities 소수자를 차별하다
discriminate right from wrong 선악을 분별하다
It is difficult to *discriminate* between real and pretended
cases of poverty. 진짜 가난과 위장된 가난을 구별하는 것은 어렵다. (기출 예문)
discrimination 명 차별

□ 0898
contribute
[kəntríbjuːt]

동 기여하다, 기부하다
contribute to our success 우리의 성공에 기여하다
contribute a large sum 많은 액수를 기부하다
The drama *contributed* to promoting the Korean Wave in
Asia. 그 드라마는 아시아에서 한류를 촉진하는 데 기여했다.
contribution 명 기여, 기부

□ 0899
compulsory
[kəmpʌ́lsəri]

(형) 의무적인, 필수의, 강제적인
compulsory education 의무 교육
compulsory measures 강제 조치
It is *compulsory* for competitors to wear gloves.
선수들은 의무적으로 글러브를 껴야 한다.
compulsion (명) 강제, 강박 compel (동) 억지로 ~하게 하다

□ 0900
abortion
[əbɔ́ːrʃən]

(명) 낙태
have an **abortion** 낙태하다
approve of **abortion** 낙태에 동의하다
She has stated her immovable opposition to *abortion*.
그녀는 낙태에 대한 확고부동한 반대를 표명했다. (기출 예문)

□ 0901
exclude
[iksklúːd]

(동) 배제하다, 제외하다, 차단하다
exclude all foreigners 모든 외국인을 배제하다
exclude the subject from the study 그 문제를 연구에서 제외하다
They *excluded* her from the meeting.
그들은 그 모임에서 그녀를 제외시켰다. (기출 예문)
exclusion (명) 배제 exclusive (형) 배타적인; 독점적인

□ 0902
indifferent
[indífərənt]

(형) 무관심한; 중립의; 관계없는
be **indifferent** to dress 옷차림에 무관심하다
remain **indifferent** 중립을 지키다
She is *indifferent* to social and political issues.
그녀는 사회적, 정치적 문제에 대해 무관심하다.
indifference (명) 무관심

□ 0903
donate
[dóuneit]

(동) 기부하다, 기증하다
donate blood 헌혈하다
donate his books to the library 그의 책들을 도서관에 기증하다
She *donated* two million won to a charity.
그녀는 자선 단체에 2백만 원을 기부했다. (기출 예문)
donation (명) 기증

□ 0904
hinder
[híndər]

(동) 방해하다, 막다, 지체시키다
hinder growth 성장을 방해하다
hinder me from passing 내가 지나가는 것을 방해하다
What has *hindered* the development of tourism?
무엇이 관광 사업의 발전을 가로막았는가?
hindrance (명) 방해
(+ voca) = **prevent** 방해하다; 예방하다

□ 0905
interfere
[ìntərfíər]

동 간섭하다, 방해하다; 해치다
interfere in my life 내 생활에 간섭하다
interfere with health 건강을 해치다
The sound of the radio *interferes* with my work.
라디오 소리가 내 일을 방해한다. (기출 예문)
interference 명 간섭
+ voca = **intervene** 개입하다, 간섭하다

□ 0906
suicide
[súːəsàid]

명 자살
elect suicide 자살을 택하다
commit double suicide 동반 자살하다
He'd attempted *suicide* three times before he actually
succeeded. 그는 실제로 자살에 성공하기 전까지 세 번의 자살 시도를 했었다.

□ 0907
comply
[kəmplái]

동 따르다, 응하다
comply with a rule 규칙에 따르다
comply with his request 그의 요구에 응하다
You should *comply* with the treatment that the physician
has prescribed. 너는 의사 선생님이 처방해 준 치료법을 따라야 한다.
compliance 명 응함

□ 0908
exploit
[éksplɔit]

동 착취하다; 이용하다; 개발하다
exploit natural resources 천연 자원을 이용하다
exploit a mine 광산을 개발하다
They abused and *exploited* the native people for their land.
그들은 자신들의 영토를 위해 원주민들을 혹사하고 착취했다.
exploitation 명 착취
+ voca = **take advantage of** ~을 이용하다

□ 0909
oppress
[əprés]

동 압박하다, 탄압하다, 박해하다
oppress the poor and weak 가난하고 약한 사람을 압박하다
oppress the natives 원주민을 박해하다
A good government will not *oppress* the people.
좋은 정부는 국민을 탄압하지 않을 것이다. (기출 예문)
oppression 명 압박, 탄압

□ 0910
obstacle
[ábstəkəl]

명 장애(물), 방해(물)
contend against an obstacle 장애와 싸우다
fall over an unseen obstacle 보이지 않는 장애물에 걸려 넘어지다
The clearing of *obstacles* out of the way is needed
urgently. 길에 장애물을 치우는 일이 시급하다. (기출 예문)
+ voca = **obstruction** 방해물

□ 0911
gender
[dʒéndər]

(명) (사회적) 성
gender equality 성평등
eradicate **gender** discrimination 성차별을 근절하다
There are three *genders* in German. 독일어에는 세 가지 성이 있다.

□ 0912
oblige
[əbláidʒ]

(동) 강요하다, 어쩔 수 없이 ~하게 하다; 호의를 보이다
be **obliged** to go 가지 않을 수 없다
be **obliging** on the project 계획에 협조적이다
Falling profits *obliged* them to close the factory.
이윤 감소로 인해 그들은 공장을 닫아야 했다.
obligation (명) 의무, 책임
+ voca = **compel** 억지로 ~하게 하다　= **force** ~하도록 강요하다

□ 0913
deviation
[dìːviéiʃən]

(명) 탈선, 일탈; 편차
a slight **deviation** 약간의 탈선
the standard **deviation** 표준 편차
Deviation is not a serious threat to social organization.
일탈 행위가 사회 조직에 중대한 위협이 되지는 않는다.
deviate (동) 탈선하다, 일탈하다

□ 0914
gambling
[gǽmbəliŋ]

(명) 도박, 노름
be addicted to **gambling** 도박에 중독되다
be intent on **gambling** 도박에 빠지다
He had to borrow money to pay off his *gambling* debts.
그는 도박 빚을 갚기 위해 돈을 빌려야 했다. (기출 예문)
gamble (동) 도박하다

□ 0915
euthanasia
[jùːθənéiʒiə]

(명) 안락사
perform **euthanasia** 안락사를 실행하다
a national debate on **euthanasia** 안락사에 대한 전국적 논쟁
He became an advocate for voluntary *euthanasia*.
그는 자발적 안락사의 옹호자가 되었다.

□ 0916
disappearance
[dìsəpíərəns]

(명) 실종, 행방불명
notice the child's **disappearance** 그 아이의 실종을 알아채다
a **disappearance** from home 가출
His *disappearance* became widespread around the world.
그의 실종은 세계적으로 널리 알려졌다.
disappear (동) 사라지다
+ voca ↔ **appearance** 출현; 외양

□ 0917
sexism
[séksizm]

몡 성차별(주의)
sexism in the selection of staff 직원 채용 시의 성차별
an implicit **sexism** 무언의 성차별주의
She overcame *sexism* and other obstacles in the party.
그녀는 당 내에서의 성차별과 다른 장애물들을 극복했다. (기출 예문)

□ 0918
bribery
[bráibəri]

몡 뇌물 수수
be accessible to **bribery** 뇌물에 약한
be accused of **bribery** 뇌물 수수로 피소되다
The mayor was arrested on charges of *bribery* last month.
시장은 뇌물 수수 혐의로 지난달에 체포되었다.

bribe 몡 뇌물

□ 0919
seclude
[siklú:d]

동 떼어놓다, 격리하다, 은둔하다
seclude him from his companions 그를 동료들로부터 떼어놓다
live in a **secluded** place 외딴 곳에 살다
This area of the national park still remains *secluded*.
국립공원의 이쪽 구역은 여전히 외떨어져 있다.

seclusion 몡 격리, 은둔

□ 0920
torment
[tɔ́:rment]

동 고통을 주다, 못살게 굴다 몡 고통
be **tormented** by flies 파리떼에 시달리다
endure years of **torment** 고통의 세월을 견디다
It was wicked of you to *torment* the poor cat.
네가 그 가련한 고양이를 괴롭힌 건 나빴다. (기출 예문)

□ 0921
juvenile
[dʒú:vənəl]

몡 청소년, 아동 혱 청소년의, 아동의
guide a **juvenile** delinquent 비행 청소년을 선도하다
the issue of **juvenile** smoking 청소년 흡연 문제
Juvenile crimes show a tendency to decrease.
청소년 범죄가 줄어드는 경향을 보이고 있다.

□ 0922
crack
[kræk]

동 갈라지다, 금이 가다, 부수다; 열다 몡 갈라진 금
hear a **crack** 갈라지는 소리를 듣다
in a **crack** 순식간에
It's a rare opportunity to *crack* the global market.
그것은 세계 시장에 진출할 수 있는 드문 기회다.

cracky 혱 금이 간

A 영어는 우리말로, 우리말은 영어로 쓰시오.

① discriminate _____   ⑪ 기부하다 _____
② oblige _____   ⑫ 실종 _____
③ gender _____   ⑬ 통합 _____
④ restrain _____   ⑭ 성차별(주의) _____
⑤ contribute _____   ⑮ 자살 _____
⑥ obstacle _____   ⑯ 도박 _____
⑦ comply _____   ⑰ 안락사 _____
⑧ crack _____   ⑱ 낙태 _____
⑨ oppress _____   ⑲ 방해하다 _____
⑩ deviation _____   ⑳ 배제하다 _____

B 빈칸에 공통으로 들어갈 단어는?

① _____ in my life 내 생활에 간섭하다   _____ with health 건강을 해치다
② _____ natural resources 천연 자원을 이용하다
   _____ a mine 광산을 개발하다
③ _____ education 의무 교육   _____ measures 강제 조치
④ be _____ to dress 옷차림에 무관심하다 remain _____ 중립을 지키다

C 다음 빈칸에 알맞은 단어를 〈보기〉에서 골라 넣으시오. (필요하면 형태를 변형하시오.)

─[보기]─
segregation prejudice seclude torment bribery juvenile

① ( ) crimes show a tendency to decrease.
② A judge must be free from ( ).
③ This area of the national park still remains ( ).
④ The mayor was arrested on charges of ( ) last month.
⑤ It was wicked of you to ( ) the poor cat.
⑥ We should abolish ( ) in public schools.

D 이번 테마를 다룬 독해 지문을 읽으면서 관련 어휘의 뜻을 확인해 보자.

The Netherlands on Wednesday became the world's first country to legalize the controversial **euthanasia**, which was immediately met with both warm praise and outrage from around the world. It  was the final legislative act in 30-year public discussion over **euthanasia** in that country, although mercy killings and assisted **suicides** have been discreetly practiced and tolerated for years. The landmark legislation reopened the discussion in other countries over the issue that has been one of the biggest controversies, along with **abortion**, the death penalty and the marriage of gay couples.

Translation 수요일에 네덜란드는 논란 중인 **euthanasia**를 합법화한 세계 최초의 국가가 되었으며, 이것은 즉시 세계 전역에서 뜨거운 칭찬과 격분을 모두 마주했다. 비록 안락사와 **suicide** 방조가 수년간 조심스럽게 실행되고 용인되었지만, 그것은 그 나라에서 30년 동안 **euthanasia**를 두고 벌어진 공공 논쟁이 최종적인 입법 행위가 된 것이었다. 이 획기적 입법화는 다른 국가들에서 **abortion**, 사형, 동성 부부의 결혼과 함께 가장 큰 논란거리 중 하나였던 이 문제에 관한 논쟁을 재개시켰다.

Words • legalize 합법화하다 • controversial 논란의 • outrage 격노 • legislative 입법상의 • act 행위, 조례 • mercy killing 자비로운 죽임 (안락사) • discreetly 조심스럽게 • tolerate 허용하다 • landmark 획기적 사건 • reopen 재개하다 • death penalty 사형

정답

B ① interfere ② exploit ③ compulsory ④ indifferent
C ① juvenile ② prejudice ③ secluded ④ bribery ⑤ torment ⑥ segregation

Link
Rank
32

이 학교는 이게
유행인가?

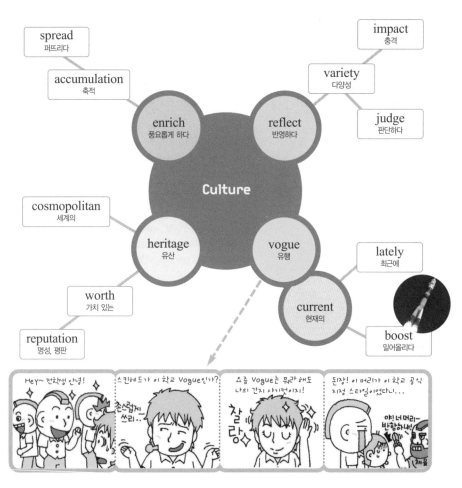

spread
퍼뜨리다

accumulation
축적

impact
충격

variety
다양성

enrich
풍요롭게 하다

reflect
반영하다

judge
판단하다

Culture

cosmopolitan
세계의

heritage
유산

vogue
유행

lately
최근에

worth
가치 있는

current
현재의

reputation
명성, 평판

boost
밀어올리다

☐ 0923
cultural
[kʌ́ltʃərəl]

⑱ 문화의, 문화적인
cultural lag 문화 지체
understand **cultural** differences 문화적 차이를 이해하다
He regarded the north of the country as a separate *cultural*
entity. 그는 그 나라의 북부를 별개의 문화적 독립체로 간주했다. (기출 예문)

☐ 0924
civilize
[sívəlàiz]

⑧ 개화하다, 문명화하다
a **civilized** society 문명 사회
live a **civilized** life 문화 생활을 하다
They tried to *civilize* the tribe in the late 1800s by educating
children.
1800년대 후반에 그들은 아이들을 교육시킴으로써 그 부족을 개화시키려고 노력했다.
civilization ⑲ 문명 civilized ⑲ 문명화한

☐ 0925
reflect
[riflékt]

⑧ 반영하다; 반사하다; 반성하다
reflect changing attitudes 변화하는 태도를 반영하다
reflect on past mistakes 과거의 실수를 반성하다
The light *reflects* from the water. 빛이 수면으로부터 반사된다. (기출 예문)
reflection ⑲ 반영; 반사; 반성 reflective ⑲ 반영하는; 반사하는

☐ 0926
reputation
[rèpjətéiʃən]

⑲ 명성, 평판
acquire a good **reputation** 좋은 명성을 얻다
regain **reputation** 명성을 회복하다
Please consult a lawyer of good *reputation*.
평판이 좋은 변호사와 상담하세요.

☐ 0927
variety
[vəráiəti]

⑲ 다양성, 변화; 변종, 품종
give **variety** to a diet 식사에 변화를 가져오다
produce new **varieties** 신품종을 생산하다
You will see an amazing *variety* of plants and animals
there. 너는 그곳에서 굉장히 다양한 동식물들을 볼 것이다. (기출 예문)
various ⑱ 다양한

☐ 0928
distinctive
[distíŋktiv]

⑱ 구별되는, 특색 있는, 뚜렷한
add a **distinctive** flavor 특색 있는 풍미를 더하다
the **distinctive** features of Viking ships 바이킹 배의 뚜렷한 특징
She was dressed in a *distinctive* red coat.
그녀는 눈에 띄는 붉은색 코트를 입고 있었다.
distinction ⑲ 구별
+ voca = characteristic 독특한, 특징적인

□ 0929
appreciate
[əprí:ʃièit]

(동) 감상하다; 인정하다; 인식하다; 감사하다
appreciate an excellent piece of music 명곡을 감상하다
appreciate the value of design 디자인의 가치를 인정하다
I *appreciate* your kindness. 당신의 친절에 감사드립니다.
appreciation (명) 감상

□ 0930
impact
[ímpækt]

(명) 충격, 영향, 충돌 (동) 충격을 주다, 영향을 주다
soften the **impact** of a collision 충돌의 충격을 완화하다
the **impact** of Western capitalism 서구 자본주의의 영향
This stiffening helps absorb and redistribute the force of the *impact*.
이렇게 단단해지는 것은 충격의 힘을 흡수해 재분배하는 데 도움을 준다.
+ voca = shock 충격, 충돌

□ 0931
heritage
[héritidʒ]

(명) 유산
hand down a **heritage** 유산을 전하다
spiritual **heritage** 정신적 유산
The state has a rich cultural *heritage*.
그 주(州)는 풍부한 문화 유산을 갖고 있다. (기출 예문)
+ voca = inheritance 유산 = legacy 유산, 유증

□ 0932
spread
[spred]
spread-spread

(동) 퍼뜨리다, 펼치다, 흩뿌리다; 퍼지다
spread rumors 루머를 퍼뜨리다
spread its wings 날개를 펼치다
The disease *spread* fast through infected birds.
그 질병은 감염된 새들을 통해 급속히 퍼졌다.
+ voca = circulate (소문 등을) 퍼뜨리다 = stretch 펴다, 뻗다

□ 0933
attitude
[ǽtitjùːd]

(명) 태도, 자세; 사고방식
adopt a cautious **attitude** 신중한 태도를 취하다
assume a haughty **attitude** 거만한 태도를 취하다
Julie has a very positive *attitude* to life.
Julie는 삶에 대해 매우 긍정적인 태도를 갖고 있다.

□ 0934
worth
[wəːrθ]

(형) 가치 있는, ~할 만한 (명) 가치
be **worth** reading 읽을 가치가 있다
be **worth** a try 시도할 만하다
Few knew his true *worth*. 그의 진가를 아는 사람은 거의 없었다. (기출 예문)
worhty (형) 가치 있는, 훌륭한
+ voca = value 가치 ↔ worthless 가치 없는

□ 0935
deserve
[dizə́:rv]

동 ~을 받을 만하다
deserve praise 칭찬받을 만하다
deserve good pay 좋은 급여를 받을 만하다
He *deserves* to be punished for his behavior during Chelsea's Champions League Semi.
첼시의 챔피언스리그 준결승전에서의 행동에 대해 그는 마땅히 처벌받을 만하다.
+ voca = merit ~을 받을 만하다

□ 0936
judge
[dʒʌdʒ]

동 판단하다; 재판하다; ~라고 생각하다 명 판사, 재판관; 심사원
judge her honest 그녀가 정직하다고 생각하다
an impartial **judge** 공정한 재판관
A *judge* describes how the process is going to work.
판사가 그 과정이 진행되는 절차를 설명해 준다. **기출 예문**
judgment 명 판단

□ 0937
current
[kə́:rənt]

형 현재의, 현재 유행하는 명 흐름, 경향; 전류
fly with the **current** of air 기류를 타고 날다
switch off the electric **current** 전기 스위치를 끄다
They have had candid talks about the *current* crisis.
그들은 현재의 위기에 관해 솔직한 이야기를 했었다. **기출 예문**
currently 부 현재 currency 명 통화; 유통
+ voca = present 현재의

□ 0938
revolution
[rèvəlú:ʃən]

명 혁명, 대변혁; 회전
stir up **revolution** 혁명을 선동하다
the **revolution** of the earth around the sun 지구의 공전
The Industrial *Revolution* took place in England in 18th century. 산업 혁명은 18세기 영국에서 발생했다.
revolutionary 형 혁명적인

□ 0939
myth
[miθ]

명 신화; 잘못된 통념
Greek **myth** 그리스 신화
the **myth** about modern technology 현대 과학 기술에 대한 잘못된 통념
In Roman *myth*, Mercury was the messenger of the gods.
로마 신화에서 머큐리는 신들의 전령이었다. **기출 예문**

□ 0940
ignorance
[ígnərəns]

명 무지, 무식
display his **ignorance** 그의 무지를 드러내다
assume **ignorance** 모르는 척하다
Ignorance breeds prejudice and leads to isolation.
무지는 편견을 낳고 고립되게 한다.
ignorant 형 무지한

□ 0941
vogue
[voug]

(명) 유행, 인기
a **vogue** for health foods 건강식품의 유행
have a great **vogue** 대유행이다
Growing a mustache has come back into *vogue*.
콧수염을 기르는 게 다시 유행이다.

+ voca = **fad** (일시적) 유행

□ 0942
sow
[sou]

(동) 씨를 뿌리다
sow seeds in the ground 땅에 씨를 뿌리다
the sky **sown** with stars 별이 총총한 하늘
As you *sow*, so shall you reap. [속담] 뿌린 대로 거둔다.

□ 0943
flock
[flɑk]

(동) 모이다, 떼지어 오다 (명) 떼, 무리
see a **flock** of birds 새떼를 보다
come in **flocks** 떼를 지어 오다
People *flock* to the beaches to enjoy the clear water.
사람들이 맑은 물을 즐기기 위해 그 해변에 몰려든다.

+ voca = **gather** 모이다   = **group** 떼, 그룹

□ 0944
lately
[léitli]

(부) 최근에, 요즈음
see him **lately** 최근에 그를 보다
look sad **lately** 요즘 슬퍼 보이다
Delivery has been backed up *lately* due to the holiday
season. 휴가철이라 최근에 배달이 밀려 있다. (기출 예문)

+ voca = **recently** 최근에

□ 0945
boost
[bu:st]

(동) 밀어올리다, 경기를 부양하다 (명) 밀어올림, 경기 부양
boost prices 물가를 올리다
boost morale 사기를 올리다
Some governments *boosted* their economies with extra
spending. 몇몇 정부들은 추가 지출로 경기를 부양했다.

□ 0946
chief
[tʃi:f]

(명) 장(長), 우두머리   (형) 최고의; 주요한
the **chief** of police 경찰서장
Chief Executive Officer 최고경영자(CEO)
His *chief* merit is frankness. 그의 주된 장점은 솔직함이다.

+ voca = **head** 우두머리; 머리

□ 0947
ascent
[əsént]

(명) 상승, 오르기, 등반
the **ascent** of a balloon 기구의 상승
make an **ascent** of a mountain 산에 오르다
The sudden *ascent* of the elevator made us dizzy.
엘리베이터가 갑자기 올라가서 우리는 어지러웠다. (기출 예문)
ascend (동) 오르다
+ voca ↔ **descent** 하강

□ 0948
joint
[dʒɔint]

(명) 접합, 관절 (형) 공동의 (동) 접합하다
a **joint** investment 공동 출자
Joint Security Area 공동 경비 구역(JSA)
Swimming does not put much strain on the *joints*.
수영은 관절에 많은 긴장을 주지 않는다.

□ 0949
accumulation
[əkjùːmjəléiʃən]

(명) 축적
an **accumulation** of toxic chemicals 유독성 화학 물질의 축적
plans for the **accumulation** of money 재산 축적 계획
He wrote an article about the *accumulation* of capital.
그는 자본 축적에 관한 글을 썼다. (기출 예문)
accumulate (동) 축적하다

□ 0950
folklore
[fóuklɔːr]

(명) 민속, 민속학
research on **folklore** 민속 연구
the National **Folklore** Museum 국립 민속 박물관
Her books are usually based on *folklore* and fairy-tale.
그녀의 책들은 대개 민속학과 동화에 기초해 있다.

□ 0951
venture
[véntʃər]

(동) 모험하다, 위험을 무릅쓰고 ~하다 (명) 모험, 모험적 사업
venture into the water 위험을 무릅쓰고 물에 들어가다
organize a **venture** business 벤처 기업을 설립하다
It's a bold *venture* starting a business these days.
요즘 사업을 시작한다는 것은 대담한 모험이다. (기출 예문)
venturous (형) 모험적인, 대담한

□ 0952
cosmopolitan
[kɑ̀zməpɑ́lətən]

(형) 세계의, 세계주의의, 세계적인
a **cosmopolitan** city 세계적인 도시
a **cosmopolitan** outlook 세계주의적인 조망
Music is one of the most *cosmopolitan* arts.
음악은 가장 세계적인 예술 중 하나이다. (기출 예문)
cosmopolitanism (명) 세계주의

A 영어는 우리말로, 우리말은 영어로 쓰시오.

① deserve _____   ⑪ 상승 _____

② current _____   ⑫ 다양성 _____

③ impact _____   ⑬ 무지 _____

④ distinctive _____   ⑭ 민속 _____

⑤ venture _____   ⑮ 축적 _____

⑥ boost _____   ⑯ 반영하다 _____

⑦ cultural _____   ⑰ 판단하다 _____

⑧ sow _____   ⑱ 혁명 _____

⑨ joint _____   ⑲ 명성 _____

⑩ flock _____   ⑳ 신화 _____

B 빈칸에 공통으로 들어갈 단어는?

① the _____ of police 경찰서장   _____ Executive Officer 최고경영자(CEO)

② be _____ reading 읽을 가치가 있다 be _____ a try 시도할 만하다

③ see him _____ 최근에 그를 보다   look sad _____ 요즘 슬퍼 보이다

④ _____ rumors 루머를 퍼뜨리다   _____ its wings 날개를 펼치다

C 다음 빈칸에 알맞은 단어를 〈보기〉에서 골라 넣으시오. (필요하면 형태를 변형하시오.)

┌─────────── [보기] ───────────┐
  vogue civilize cosmopolitan appreciate attitude heritage
└────────────────────────────────┘

① I ( ) your kindness.

② Growing a mustache has come back into ( ).

③ They tried to ( ) the tribe in the latter 1800s by educating children.

④ Julie has a very positive ( ) to life.

⑤ Music is one of the most ( ) arts.

⑥ The state has a rich cultural ( ).

D 이번 테마를 다룬 독해 지문을 읽으면서 관련 어휘의 뜻을 확인해 보자.

Lately, a growing number of young artists in their twenties and thirties have been winning a **reputation** as the mainstream of the local art world. Just a few years ago, it was prominent artists well over forty who enriched domestic art. But in response to the diversifying taste of art fans, younger artists began to take the lead with **cosmopolitan** artistic views. Due to their active participation in international art fairs and their open **attitudes**, younger artists seem to be quicker in grasping the global art trend. To top it off, they come with a much stronger self-awareness which plays a role in drawing international attention to Korean contemporary art. With their works gaining enthusiastic responses in the global art market, commercial galleries are now casting more attention to young artists.

Translation Lately, 20대와 30대의 점점 더 많은 젊은 예술가들이 국내 예술계에서 주류로 reputation을 얻어가고 있다. 몇년 전만 해도 국내 예술을 풍요롭게 했던 사람들은 40세가 훨씬 넘은 저명한 예술가들이었다. 그러나 예술 팬들의 다양해진 취향에 맞추어 젊은 예술가들이 cosmopolitan 예술관을 가지고 주도권을 잡기 시작했다. 국제 예술 박람회에 적극적으로 참가하고 열린 attitude를 가지고 있기 때문에, 젊은 예술가들은 국제적인 예술 경향을 파악하는 데 있어서 더 빠른 것처럼 보인다. 그것 말고도 그들은 한국의 현대 예술에 국제적인 관심을 불러일으키는 데 일조를 하고 있는 훨씬 더 강한 자각심을 가지고 있다. 그들의 작품이 국제 예술 시장에서 열렬한 반응을 얻음에 따라 상업적인 화랑들은 이제 젊은 예술가들에게 더 많은 관심을 보이고 있다.

Words • mainstream 주류 • prominent 저명한 • enrich 풍성하게 하다 • domestic 국내의 • diversify 다양화하다 • participation 참여 • fair 박람회 • grasp 파악하다 • to top it off 게다가 • contemporary 당대의, 현대의 • enthusiastic 열렬한 • commercial 상업적인

정답

B ① chief ② worth ③ lately ④ spread
C ① appreciate ② vogue ③ civilize ④ attitude ⑤ cosmopolitan ⑥ heritage

문학과 언어

Link
Rank

33

열공 안 하면
이태백 된다가 뭥미?

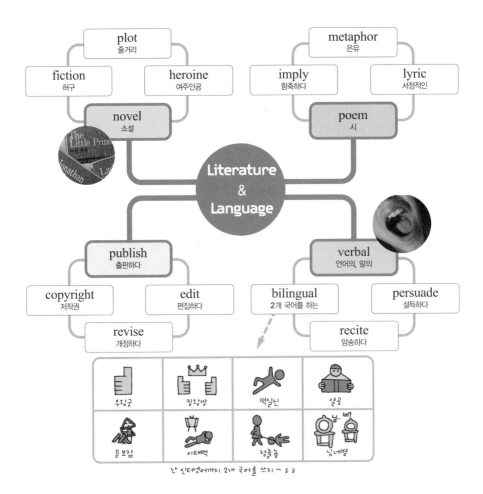

plot 줄거리		metaphor 은유
fiction 하구	heroine 여주인공	imply 함축하다	lyric 서정적인
novel 소설		**poem** 시

Literature & Language

publish 출판하다		**verbal** 언어의, 말의
copyright 저작권	edit 편집하다	bilingual 2개 국어를 하는	persuade 설득하다
revise 개정하다		recite 암송하다

| 우왕굿 | 킹왕짱 | 떡실신 | 열공 |
| 듣보잡 | 이태백 | 정줄놓 | 님님네병 |

난 인터넷에까지 2개 국어를 쓰지 ~ ㅎㅎ

□ 0953
literature
[lítərətʃər]

圆 문학; 문헌
popular literature 대중 문학
the literature on linguistics 언어학에 관한 문헌
She has a taste for *literature*. 그녀는 문학에 취미를 갖고 있다.

literary 圓 문학의

□ 0954
novel
[návəl]

圆 소설 圓 새로운, 신기한
read three novels 소설 세 편을 읽다
a novel solution to the problem 그 문제에 대한 새로운 해결책
He postponed the publication of his new *novel*.
그는 신작 소설 출판을 연기했다. (기출 예문)

novelty 圓 진기함 novelist 圓 소설가

□ 0955
poem
[póuim]

圆 시
learn the poem by heart 그 시를 암송하다
write a lyric poem 서정시를 쓰다
He translated the Latin *poem* into English prose.
그는 라틴어 시를 영어 산문으로 옮겼다.

poet 圓 시인

□ 0956
theme
[θí:m]

圆 주제, 테마
the theme of this seminar 이 세미나의 주제
variations on a theme 한 주제의 변주들
About half of those games have violent *themes*.
그 게임들 중 절반 정도는 폭력적인 주제를 갖고 있다. (기출 예문)

+ voca = subject 주제

□ 0957
fiction
[fíkʃən]

圆 소설, 허구
science fiction 공상 과학 소설(SF)
distinguish fact from fiction 사실과 허구를 구분하다
One may wonder if literary *fiction* is destined to become an
old-fashioned genre.
사람들은 문학 소설이 구식 장르가 될 운명은 아닌가 생각할지도 모른다. (기출 예문)

fictional 圓 소설적인, 허구의

□ 0958
plot
[plɑt]

圆 줄거리, 구상; 음모 圄 구상하다; 음모하다
construct the plot of a play 연극의 줄거리를 구성하다
plot to overthrow the government 정부 전복을 음모하다
Two men formed a *plot* to rob the jewelry store.
두 남자가 보석상을 털 음모를 꾸몄다.

□ 0959
biography
[baiágrəfi]

⑲ 전기, 일대기
a new **biography** of Adam Smith 새로 나온 Adam Smith 전기
an authorized **biography** 인가를 얻은 전기
Do you prefer *biography* or fiction?
당신은 전기를 좋아하세요, 아니면 소설을 좋아하세요?

□ 0960
solitude
[sálətʃùːd]

⑲ 고독
love **solitude** 고독을 사랑하다
live in **solitude** 고독하게 살다
In her youth she was inclined to *solitude*.
젊었을 때 그녀는 고독한 경향이 있었다.
solitary ⑳ 고독한
(+ voca) = isolation 고립, 고독

□ 0961
legend
[lédʒənd]

⑲ 전설, 전설적 인물
according to **legend** 전설에 따르면
a living **legend** 살아 있는 전설
She is writing a thesis on Irish *legend* and mythology.
그녀는 아일랜드 전설과 신화에 관한 논문을 쓰고 있는 중이다. (기출 예문)
legendary ⑳ 전설의, 전설로 남을 만한

□ 0962
publish
[pábliʃ]

⑧ 출판하다, 발표하다
publish a paper 논문을 출판하다
published 20 volumes 20권을 출판하다
The government will *publish* the employment statistics.
정부는 고용 통계 자료를 발표할 것이다. (기출 예문)
publication ⑲ 출판

□ 0963
tradition
[trədíʃən]

⑲ 전통, 관례
stick to an old **tradition** 옛 전통을 답습하다
defy **tradition** 전통을 거역하다
He wanted to keep the family *tradition* alive.
그는 가문의 전통을 생생하게 지키고 싶었다.
traditional ⑳ 전통적인

□ 0964
edit
[édit]

⑧ 편집하다
edit a journal 잡지를 편집하다
complete the **editing** 편집을 마치다
The *edited* version was trimmed down to ten minutes.
이 편집본은 10분 분량으로 줄었다.
editor ⑲ 편집자 editorial ⑳ 편집자의 ⑲ 사설

0965
copyright
[kápiràit]

명 저작권, 판권
have the **copyright** of a book 책의 판권을 갖고 있다
infringe a **copyright** 저작권을 침해하다
The purpose of *copyrights* law is to protect authors.
저작권법의 목적은 작가를 보호하는 것이다.

0966
define
[difáin]

동 정의하다; 한정하다; 밝히다
define a word 단어의 정의를 내리다
define a boundary 경계를 정하다
It is very difficult to *define* the concept of beauty.
미의 개념을 정의하는 것은 아주 어렵다. 기출 예문
definition 명 정의

0967
destiny
[déstəni]

형 운명, 숙명
by **destiny** 운명적으로
believe in **destiny** 운명을 믿다
Nobody can tell about his *destiny*. 누구도 자기 운명을 알 수 없다.
+ voca = fate 운명

0968
persuade
[pəːrswéid]

동 설득하다, 납득시키다
persuade the public 공중을 설득하다
be easily **persuaded** 쉽게 설득당하다
Mother *persuaded* me to go to hospital.
어머니가 나를 설득해 병원에 가도록 했다. 기출 예문
persuasion 명 설득 persuasive 형 설득력 있는

0969
imply
[implái]

동 함축하다, 의미하다, 암시하다
catch the **implied** meaning 암시된 의미를 파악하다
implied agreement 암묵적 동의
The fact that he was here *implies* a degree of interest.
그가 여기 있었다는 사실은 어느 정도의 관심을 의미한다.
implication 명 함축

0970
critic
[krítik]

명 비평가, 비판하는 사람
a literary **critic** 문학 비평가
critics of government policy 정부 정책을 비판하는 사람들
Most *critics* were surprised at the choice.
대부분의 비평가들은 그 선정에 놀랐다. 기출 예문
criticize 동 비평하다

□ 0971
heroine
[hérouin]

명 여주인공
the **heroine** of a novel 소설의 여주인공
play a **heroine** 여주인공으로 분장하다
In the movie, the *heroine* appeared to die of a broken heart.
그 영화에서 여주인공은 실연으로 죽은 것처럼 보였다. (기출 예문)
➕ voca **hero** 영웅, 남주인공

□ 0972
verbal
[vɔ́ːrbəl]

형 말의, 언어의
make a **verbal** contract 구두 계약을 하다
non-**verbal** communication 비언어적 의사 소통
It can be difficult to give a *verbal* description of things like colors and sounds. 색채나 소리 같은 것을 말로 묘사하는 일은 어려울 수 있다.
verbally 𝗽 말로, 언어로

□ 0973
draft
[dræft]

명 초안; 징병; 통풍 동 초안을 작성하다; 징병하다
draft young people 젊은이들을 징병하다
make a **draft** 통풍을 시키다
When will the first *draft* be ready? 언제 초안이 나올 수 있나요?

□ 0974
manuscript
[mǽnjəskrìpt]

명 원고, 손으로 쓴 것
read his novel in **manuscript** 그의 소설을 원고로 읽다
a medieval **manuscript** 중세 필사본
The printer lost the last page of the author's *manuscript*.
그 인쇄업자는 저자 원고의 마지막 쪽을 잃어버렸다. (기출 예문)

□ 0975
playwright
[pléiràit]

명 극작가
a prolific **playwright** 다작의 극작가
British **playwright** Harold Pinter 영국 극작가 Harold Pinter
Shakespeare is one of the best *playwrights* in English literature. Shakespeare는 영문학에서 가장 위대한 극작가 중 한 사람이다.

□ 0976
lyric
[lírik]

형 서정적인, 서정시의 명 서정시, 노래 가사
a song with sad **lyrics** 가사가 슬픈 노래
be renowned as a **lyric** poet 서정 시인으로 유명한
Lyric poetry deals mostly with love. 서정시는 대부분 사랑을 다룬다.

□ 0977
metaphor
[métəfɔ:r]

명 은유
a **metaphor** for human society 인간 사회에 대한 은유
be unable to perceive **metaphor** 은유를 감지하지 못하는
A *metaphor* like "Achilles is a lion" is based on comparison.
"아킬레우스는 사자"와 같은 은유는 비교에 기초해 있다.
＋ voca simile 직유　allegory 풍유

□ 0978
preface
[préfis]

명 서문, 머리말
write a **preface** 서문을 쓰다
the opening paragraph of the **preface** 서문의 첫 문단
Does your history book have a *preface* written by the
author? 네 역사책에 저자가 쓴 서문이 있니? 기출 예문

□ 0979
satire
[sǽtaiər]

명 풍자
a work full of **satire** 풍자로 가득한 작품
sharp political **satire** 날카로운 정치적 풍자
Her play was a cruel *satire* on life in the 80s.
그녀의 연극은 80년대 삶에 관한 지독한 풍자였다. 기출 예문

□ 0980
revise
[riváiz]

동 개정하다, 바꾸다
a **revised** edition 개정판
revise the constitution 헌법을 개정하다
This book has been completely *revised* by new authors.
이 책은 새로운 저자들에 의해 전면적으로 개정되었다.
revision 명 개정

□ 0981
recite
[risáit]

동 암송하다, 낭송하다; 자세히 이야기하다
recite an English poem 영시를 암송하다
recite a spell 주문을 외우다
She *recited* the whole poem without any mistake.
그녀는 실수 없이 그 시 전체를 암송했다.
recital 명 낭송, 독창회

□ 0982
bilingual
[bailíŋgwəl]

형 2개 국어를 하는, 이중 언어의
bilingual in English and French 영어와 프랑스어 2개 국어를 하는
grow up in a **bilingual** environment 이중 언어 환경에서 성장하다
The school runs a *bilingual* teaching program.
그 학교는 이중 언어 교육 프로그램을 실행하고 있다.

A ▶ 영어는 우리말로, 우리말은 영어로 쓰시오.

① copyright _____   ⑪ 시 _____

② imply _____   ⑫ 극작가 _____

③ bilingual _____   ⑬ 여주인공 _____

④ biography _____   ⑭ 소설 _____

⑤ revise _____   ⑮ 고독 _____

⑥ metaphor _____   ⑯ 문학 _____

⑦ preface _____   ⑰ 편집하다 _____

⑧ persuade _____   ⑱ 주제 _____

⑨ critic _____   ⑲ 출판하다 _____

⑩ verbal _____   ⑳ 전설 _____

B ▶ 빈칸에 공통으로 들어갈 단어는?

① _____ a boundary 경계를 정하다   _____ a word 단어의 정의를 내리다

② make a _____ 통풍을 시키다   _____ young people 젊은이들을 징병하다

③ _____ a spell 주문을 외우다   _____ an English poem 영시를 암송하다

④ science _____ 공상 과학 소설

distinguish fact from _____ 사실과 허구를 구분하다

C ▶ 다음 빈칸에 알맞은 단어를 〈보기〉에서 골라 넣으시오. (필요하면 형태를 변형하시오.)

┌─────────── [보기] ───────────┐
lyric plot tradition satire manuscript destiny
└─────────────────────────────────┘

① Nobody can tell about his ( ).

② Two men formed a ( ) to rob the jewelry store.

③ ( ) poetry deals mostly with love.

④ The printer lost the last page of the author's ( ).

⑤ Her play was a cruel ( ) on life in the 80s.

⑥ He wanted to keep the family ( ) alive.

D 이번 테마를 다룬 독해 지문을 읽으면서 관련 어휘의 뜻을 확인해 보자.

What is the future **destiny** of **literature**? Who will be tomorrow's great **novelists** and **poets**? What captures the imagination of young people and inspires them? In this era of cell phones and instant messages, does **literature** have a future? *Teen Pens* showcases the talents of young **fiction** writers and **poets**. In this monthly **published** magazine, 12 teenage authors and artists prove that creativity and love of language still flourish. These are truly works of **literature**, written by the teens that may be the great writers and **critics** of tomorrow. Meet tomorrow's great writers, today. Subscribe to *Teen Pens* magazine and join the young authors' club.

Translation literature의 미래 destiny는 무엇일까요? 누가 내일의 위대한 novelist들과 poet들이 될까요? 무엇이 젊은 사람들의 상상력을 사로잡아 그들에게 영감을 불어넣어 줄까요? 휴대 전화와 즉석 메시지를 보내는 시대에서 literature는 미래를 가지고 있을까요? *Teen Pens*는 젊은 fiction 작가들과 poet들의 재능을 보여 줍니다. 매달 publish되는 이 잡지에서 12명의 10대 작가들과 예술가들은 창의성과 언어에 대한 사랑이 여전히 번창하고 있다는 것을 증명합니다. 이것들은 정말로 내일의 위대한 작가와 critic들이 될 수 있는 10대들에 의해 쓰인 literature 작품입니다. 오늘, 내일의 위대한 작가를 만나십시오. *Teen Pens*잡지를 구독 신청하시고, 젊은 작가들의 클럽에 합류하세요.

Words • capture 붙잡다 • inspire 영감을 주다 • era 시대 • showcase 전시하다
• creativity 창의성 • flourish 번영하다 • subscribe 구독을 예약하다

정답 🔒

B ① define ② draft ③ recite ④ fiction
C ① destiny ② plot ③ lyric ④ manuscript ⑤ satire ⑥ tradition

Link
Rank

대중문화

34 빅뱅 콘서트 보러 갈까?

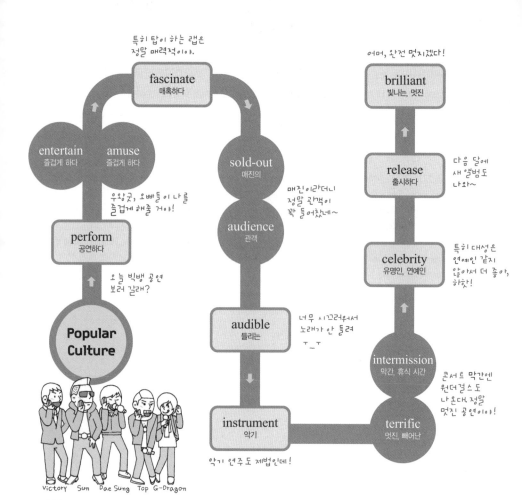

특히 탑이 하는 랩은
정말 매력적이야.

fascinate
매혹하다

entertain
즐겁게 하다

amuse
즐겁게 하다

우왕굿, 오빠들이 나를
즐겁게 해줄 거야!

perform
공연하다

오늘 빅뱅 공연
보러 갈래?

**Popular
Culture**

sold-out
매진의

매진이라더니
정말 관객이
꽉 들어찼네~

audience
관객

audible
들리는

너무 시끄러워서
노래가 안 들려
ㅜ_ㅜ

instrument
악기

악기 연주도 제법인데!

어머, 완전 멋지겠다!

brilliant
빛나는, 멋진

release
출시하다

다음 달에
새 앨범도
나와~

celebrity
유명인, 연예인

특히 대성은
연예인 같지
않아서 더 좋아,
하핫!

intermission
막간, 휴식 시간

콘서트 막간엔
원더걸스도
나온대, 정말
멋진 공연이야!

terrific
멋진, 빼어난

Victory Sun Dae Sung Top G-Dragon

□ 0983
audience
[ɔ́ːdiəns]

(명) 청중, 관객, 시청자
address an audience 청중에게 연설하다
an audience rating survey 시청률 조사
The *audience* roared with laughter at the scene.
청중은 그 장면에서 폭소를 터뜨렸다.

□ 0984
perform
[pərfɔ́ːrm]

(동) 공연하다, 연주하다; 수행하다
perform a play 연극을 공연하다
perform the piano 피아노를 연주하다
Computers can *perform* many different tasks.
컴퓨터는 많은 다양한 업무를 수행할 수 있다. (기출 예문)
performance (명) 공연, 수행 performer (명) 연주자, 연기자, 실행자

□ 0985
release
[rilíːs]

(동) 개봉하다, 출시하다; 석방하다 (명) 개봉, 출시; 석방
a recently released film 최근 개봉된 영화
release some prisoners 죄수 몇 명을 석방하다
Parts of these classes were *released* as records.
이 수업의 일부분은 음반으로 출시되었다. (기출 예문)

□ 0986
subjective
[səbdʒéktiv]

(형) 주관적인; 주격의
make a subjective judgement 주관적인 판단을 하다
the subjective case 주격
This conclusion is based on *subjective* reasoning.
이 결론은 주관적 추론에 기초하고 있다.
+ voca ↔ **objective** 객관적인

□ 0987
accompany
[əkʌ́mpəni]

(동) 동행하다, 동반하다; 반주하다
accompany a song with a flute 플루트로 노래 반주를 하다
strong winds accompanied by rain 비를 동반한 강풍
Many attendants *accompanied* the prime minister.
많은 수행원들이 총리와 동행했다. (기출 예문)

□ 0988
composer
[kəmpóuzər]

(명) 작곡가
the most popular composer 가장 인기 있는 작곡가
composers and arrangers 작곡가들과 편곡가들
A famous *composer* conducted the orchestra in the concert hall. 유명한 작곡가가 콘서트홀에서 관현악단을 지휘했다.
compose (동) 작곡하다, 작문하다

☐ 0989
fascinate
[fǽsənèit]

(동) 매혹하다, 매료시키다
fascinate the audience 관객을 매혹시키다
be **fascinated** by her beauty 그녀의 미모에 매료되다
I was *fascinated* by the goodness of her heart.
나는 그녀의 선한 마음에 매혹되었다.
⊕ voca = **captivate** 사로잡다, 매혹하다

☐ 0990
instrument
[ínstrəmənt]

(명) 도구; 악기; 계기
sell musical **instruments** 악기를 팔다
sophisticated surgical **instruments** 정교한 수술 도구
A trumpet is a wind *instrument*. 트럼펫은 관악기이다.
⊕ voca = **implement** 도구

☐ 0991
role
[róul]

(명) 배역; 역할, 구실
play main **role** 주인공 역할을 하다
play an important **role** 중요한 역할을 하다
A parent's *role* is not easy to perform.
부모 구실을 하는 것은 쉽지 않다. (기출 예문)

☐ 0992
director
[diréktər]

(명) 감독, 지시자
the best **director** prize 최우수 감독상
work as floor **director** 무대 감독을 하다
The *director*'s cut was released on DVD in France.
감독판이 프랑스에서 DVD로 발매되었다.

☐ 0993
amuse
[əmjúːz]

(동) 즐겁게 하다, 재미있게 하다
amuse children 아이들을 즐겁게 해주다
a very **amusing** story 매우 재미있는 이야기
Her wit and humor *amused* the audience.
그녀의 재치와 유머가 청중들을 즐겁게 했다.
amusement (명) 즐거움, 재미

☐ 0994
award
[əwɔ́ːrd]

(동) 수여하다, 주다 (명) 상, 상금
award a scholarship 장학금을 주다
win many **awards** 많은 상을 수상하다
A gold medal was *awarded* to the winner.
우승자에게 금메달이 수여되었다. (기출 예문)

☐ 0995
pursue
[pərsú]

(동) 추구하다; 뒤쫓다
pursue eternity 영원을 추구하다
pursue the thief 그 도둑을 뒤쫓다
Lions are *pursuing* their prey. 사자들이 먹이를 뒤쫓고 있다. (기출 예문)
pursuit (명) 추구

☐ 0996
entertain
[èntərtéin]

(동) 즐겁게 하다; 대접하다
an **entertaining** book 재미있는 책
entertain guests 손님을 대접하다
The play *entertained* me very much.
그 연극은 나를 아주 즐겁게 해 주었다. (기출 예문)
entertainment (명) 오락, 연예; 대접

☐ 0997
string
[stríŋ]

(명) (악기의) 현, 현악기; 끈
a **string** quartet 현악 사중주
touch the **strings** 현악기를 연주하다
Don't bind it with a *string*. 그것을 끈으로 묶지 마십시오.

☐ 0998
intermission
[ìntərmíʃən]

(명) 휴식 시간, 막간; 중단
during **intermission** 막간에
without **intermission** 끊임없이
There will be a fifteen-minute *intermission* after the first
act. 1막이 끝난 후 15분의 막간 휴식이 있을 것이다.
+ voca = **interval** 간격, 막간

☐ 0999
imitate
[ímitèit]

(동) 모방하다, 흉내 내다, 본받다
imitate his brother 그의 형을 흉내 내다
imitate her good conduct 그녀의 선행을 본받다
Excellent painters tend to *imitate* nature perfectly.
뛰어난 화가는 자연을 완벽하게 모사하는 경향이 있다.
imitation (명) 모방
+ voca = **mimic** 흉내 내다

☐ 1000
brilliant
[bríljənt]

(형) 빛나는, 뛰어난, 멋진
full of **brilliant** gold 빛나는 금으로 가득한
a **brilliant** performance 멋진 연주
Others will know him as the most *brilliant* theoretical
physicist. 다른 사람들은 그를 가장 뛰어난 이론 물리학자로 알 것이다. (기출 예문)
+ voca = **splendid** 멋진, 화려한

☐ 1001
tune
[tjúːn]

(명) 곡조, 가락 (동) (악기를) 조율하다, (엔진을) 조정하다
stay tuned 채널을 고정하다
need tuning 조율이 필요하다
I like *tunes* with slow tempo. 나는 느린 박자의 곡들을 좋아한다. (기출 예문)

☐ 1002
chorus
[kɔ́ːrəs]

(명) 합창(단); 일제히 내는 소리
a mixed chorus 혼성 합창
shout in chorus 일제히 외치다
The pop singer would sing in the *chorus* with other guests.
그 유행가 가수는 다른 초대 손님과 함께 합창을 하곤 했다.

☐ 1003
audible
[ɔ́ːdəbl]

(형) 들리는
in a scarcely audible voice 거의 안 들리는 목소리로
his audible sigh 들리는 그의 한숨
Not all sounds are *audible* to human beings.
모든 소리가 인간에게 다 들리는 것은 아니다.

☐ 1004
celebrity
[səlébrəti]

(명) 명사, 유명인; 명성
a national celebrity 국가적인 명사
succeed as a celebrity chef 유명한 요리사로 성공하다
He was a composer of considerable *celebrity*.
그는 상당한 유명 작곡가였다. (기출 예문)
celebrated (형) 유명한

☐ 1005
terrific
[tərífik]

(형) 빼어난, 멋진; 무시무시한
do a terrific job 일을 빼어나게 잘하다
look terrific 멋져 보이다
Juvenile crime is increasing at a *terrific* rate.
청소년 범죄가 무시무시한 속도로 증가하고 있다. (기출 예문)

☐ 1006
contrive
[kəntráiv]

(동) 고안하다; 용케 ~하다
contrive a new kind of engine 신형 엔진을 고안하다
contrive a means of escape 탈출 방법을 고안하다
I will *contrive* to come back home by ten o'clock.
10시까지 어떻게든 집에 돌아올게요. (기출 예문)
(+ voca) = devise 고안하다

□ 1007
viewpoint
[vjú:pɔ̀int]

(명) 관점, 견해
from a practical **viewpoint** 실용적 관점에서
have a narrow-minded **viewpoint** 좁은 견해를 갖다
There is a wide gap between the *viewpoints* of the two.
두 견해 사이에는 커다란 차이가 있다. (기출 예문)
+ voca = perspective 견지, 시각

□ 1008
preview
[prí:vjù:]

(명) 예고편, 시사회, 미리 보기
give a **preview** 시사회를 열다
use the **preview** pane 미리보기 창을 사용하다
She recently saw a *preview* of the romantic movie.
그녀는 최근에 그 멜로영화의 예고편을 보았다.

□ 1009
dub
[dʌ́b]

(형) 재녹음하다 (명) 재녹음, 더빙
dub a film into English 영화를 영어로 더빙하다
a **dubbed** version 더빙판
The Korean *dubbed* version is slightly different from the
original English. 이 한국어 더빙판은 영어 원작과 약간 다르다.

□ 1010
assigned
[əsáind]

(형) 지정된; 할당된; 임명된
within **assigned** area 지정된 구역 안에서
assigned reading 독서 과제
An attendant asked him to return to his *assigned* seat.
승무원이 그에게 지정된 좌석으로 돌아갈 것을 요청했다.
assignment (명) 할당; 숙제

□ 1011
sold - out
[sóuldáut]

(형) 매진된
be **sold out** for today 오늘은 매진이다
outside a **sold-out** theater 매진된 극장 밖에서
All the tickets are already *sold out*. 모든 표가 이미 매진이다.

□ 1012
vulgar
[vʌ́lgər]

(형) 저속한, 비속한
a **vulgar** novel 저속한 소설
use **vulgar** language 비속어를 쓰다
The committee will censor the film to remove *vulgar*
content. 위원회는 저속한 내용을 없애기 위해 그 영화를 심의할 것이다.

A 영어는 우리말로, 우리말은 영어로 쓰시오.

① sold-out _____   ⑪ 도구 _____

② tune _____   ⑫ 고안하다 _____

③ dub _____   ⑬ 작곡가 _____

④ brilliant _____   ⑭ 배역 _____

⑤ celebrity _____   ⑮ 개봉하다 _____

⑥ assigned _____   ⑯ 동행하다 _____

⑦ amuse _____   ⑰ 감독 _____

⑧ viewpoint _____   ⑱ 모방하다 _____

⑨ entertain _____   ⑲ 청중 _____

⑩ award _____   ⑳ 저속한 _____

B 빈칸에 공통으로 들어갈 단어는?

① during _____ 막간에   without _____ 끊임없이

② the _____ case 주격   make a _____ judgement 주관적 판단을 하다

③ give a _____ 시사회를 열다   use the _____ pane 미리보기 창을 사용하다

④ a mixed _____ 혼성 합창   shout in _____ 일제히 외치다

C 다음 빈칸에 알맞은 단어를 〈보기〉에서 골라 넣으시오. (필요하면 형태를 변형하시오.)

┌─────────────── 【 보기 】───────────────┐
  string fascinate terrific pursue perform audible
└──┘

① Computers can (   ) many different tasks.

② Lions are (   ) their prey.

③ I was (   ) by the goodness of her heart.

④ Not all sounds are (   ) to human beings.

⑤ Juvenile crime is increasing at a (   ) rate.

⑥ Don't bind it with a (   ).

D 이번 테마를 다룬 독해 지문을 읽으면서 관련 어휘의 뜻을 확인해 보자.

At the music festival the piano-duo competition was in progress. The first pair of entrants played their piece without mistakes. As the second **performers** were making an unsteady start, my companion  leaned over and whispered, "The first pair has won already." At the end, the judge stood. "The first contestants were **terrific**", he began. "Mechanically, their **performance** was good, but what we want is music. The second players had a little trouble getting started, but then we heard distinct melody and beautiful **tune**. They listened to each other's playing and played their **instrument** in perfect harmony. They entered into the spirit intended by the **composer**. They made music and **entertained** the **audience**."

> **Translation** 음악제에서 피아노 이중주 경연이 진행 중이었다. 첫 참가자들은 실수 없이 곡을 연주했다. 두 번째 **performer**들이 불안정한 출발을 했을 때, 내 친구가 나에게 몸을 기울여 "보나마나 첫 번째 참가자들이 이겼군."하고 속삭였다. 연주가 다 끝나고 심사위원이 나왔다. "첫 번째 참가자들은 **terrific**했습니다. 기술적으로 그들의 **performance**는 훌륭했지만, 우리가 원하는 것은 음악입니다. 두 번째 참가자들은 시작할 때 좀 불안했지만, 우리는 곧 분명한 각자의 선율과 아름다운 **tune**을 들을 수 있었습니다. 두 사람이 서로의 음을 듣고 완벽한 조화를 이루며 그들의 **instrument**를 연주했습니다. 그들은 **composer**가 의도한 정신을 잘 구현했습니다. 진정한 음악을 만들어 낸 것이고 **audience**를 **entertain**하게 했습니다."라고 말했다.

> **Words** • competition 경연대회 • in progress 진행 중인 • entrant 참가자 • mechanically 기술적으로 • distinct 분명한

정답

B ① intermission ② subjective ③ preview ④ chorus
C ① perform ② pursuing ③ fascinated ④ audible ⑤ terrific ⑥ string

34 빅뱅 콘서트 보러 갈까? • **277**

건축과 미술

Link Rank

35

걸작에는 가짜와 도난이 많다?

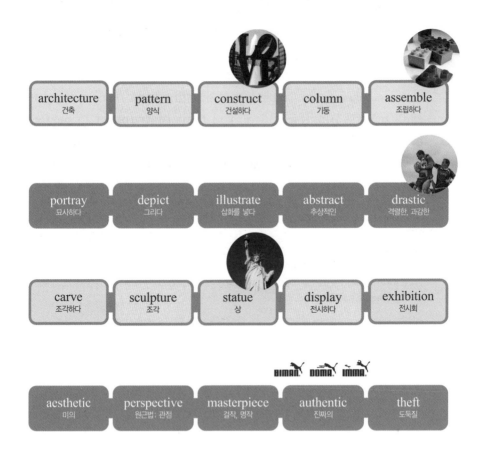

architecture	pattern	construct	column	assemble
건축	양식	건설하다	기둥	조립하다

portray	depict	illustrate	abstract	drastic
묘사하다	그리다	삽화를 넣다	추상적인	격렬한, 과감한

carve	sculpture	statue	display	exhibition
조각하다	조각	상	전시하다	전시회

aesthetic	perspective	masterpiece	authentic	theft
미의	원근법; 관점	걸작, 명작	진짜의	도둑질

□ 1013
architecture
[ɑ́ːrkətèktʃər]

⑱ 건축, 건축 양식, 건축물; 구성
purchase **architecture** 건축물을 구매하다
the architecture of a novel 소설의 구성
Greek *architecture* made much use of columns and beams.
그리스 건축 양식은 기둥과 들보를 많이 이용했다. (기출 예문)

□ 1014
pattern
[pǽtərn]

⑱ 양식, 패턴; 무늬; 견본
study employment **patterns** 고용 유형을 연구하다
choose a pattern 견본을 선택하다
The hat is decorated with flower and bird *patterns*.
모자는 꽃과 새 문양으로 장식된다. (기출 예문)

□ 1015
abstract
[æbstrǽkt]

⑲ 추상적인, 추상파의 ⑱ 개요; 추상 ⑧ 추상하다; 추출하다
the **abstract** of the statement 그 성명서의 개요
abstract iron from ore 광석에서 철을 추출하다
She continued to produce *abstract* work throughout her
life. 그녀는 평생 추상화 작품을 계속해서 그렸다.
abstraction ⑱ 추상, 추출
+ voca ↔ **concrete** 구체적인, 유형의

□ 1016
statue
[stǽtʃuː]

⑱ 상(像), 조각상
a lifelike **statue** 실물과 같은 조각상
erect a bronze statue 동상을 세우다
The *Statue* of Liberty is in New York. 자유의 여신상은 뉴욕에 있다.

□ 1017
carve
[kɑːrv]

⑧ 조각하다, 새겨 넣다; 쌓아 올리다
carve his name on a tree 나무에 그의 이름을 새겨 넣다
carve out a career 경력을 쌓아 올리다
He *carved* a statue of wood. 그는 목상을 조각했다. (기출 예문)
carving ⑱ 조각
+ voca = **engrave** 새기다

□ 1018
column
[kάləm]

⑱ 기둥; (신문 등의) 난, 칼럼
a help-wanted **column** 구인란
read the baseball column 야구 칼럼을 읽다
The *columns* were made of stone. 그 기둥들은 돌로 만들어진 것이었다.

□ 1019
construct
[kənstrʌ́kt]

(동) 건설하다; 구성하다
construct a model 모형을 건설하다
construct a theory 이론을 구성하다
They *constructed* a fortress to defend the new canal.
그들은 새 운하를 지키기 위해 요새를 지었다.
construction (명) 건설; 구성
+ voca = build 건설하다 ↔ destroy 파괴하다

□ 1020
illusion
[ilú:ʒən]

(명) 환상, 환영
awake from an **illusion** 환상에서 깨어나다
an optical **illusion** 착시
He cherished the *illusion* that she loved him.
그는 그녀가 자신을 사랑한다는 환상을 품고 있었다. (기출 예문)

□ 1021
illustrate
[íləstrèit]

(동) 삽화를 넣다; 설명하다, 예증하다
an **illustrated** magazine 삽화가 있는 잡지
illustrate a point 예를 통해 설명하다
It *illustrates* the importance of knowing when to leave.
그것은 떠나야 할 때를 아는 것의 중요성을 설명한다.
illustration (명) 삽화; 예증

□ 1022
portray
[pɔ:rtréi]

(동) 그리다, 묘사하다
be **portrayed** as a cold character 차가운 인물로 묘사되다
portray police work realistically 경찰 업무를 사실적으로 보여주다
Perspective is a method of *portraying* objects on a flat
surface. 원근법은 물체를 평면에 그리는 하나의 방법이다.

□ 1023
perspective
[pərspéktiv]

(명) 원근법; 관점; 전망
linear **perspective** 직선 원근법
from a new **perspective** 새로운 관점에서
In the 15th century, Italian artists rediscovered the rules of
perspective. 15세기 이탈리아에서 예술가들은 원근법의 법칙을 재발견했다.

□ 1024
theft
[θeft]

(명) 도둑질, 절도
commit a **theft** 도둑질을 하다
be accused of art **theft** 미술품 절도죄로 고소되다
He manipulated the account to conceal his *theft*.
그는 도둑질을 감추기 위해 장부를 조작했다. (기출 예문)

□ 1025
drastic
[drǽstik]

형 격렬한, 과감한
adopt **drastic** measures 과감한 수단을 쓰다
a **drastic** cutback 대폭적인 삭감
We were explaining the *drastic* decline in sales.
우리는 급격한 판매 부진을 설명하고 있었다.
drastically 부 과감하게
+ voca = radical 과격한, 급진적인

□ 1026
prevail
[privéil]

동 보급되다, 유행하다; 우세하다
prevail throughout the country 전국적으로 유행하다
prevail in the end 결국 우세하다
Witch hunts *prevailed* in the Middle Ages.
중세에는 마녀 사냥이 널리 행해졌다. (기출 예문)
prevailing 형 널리 행해지는; 우세한

□ 1027
insert
[insə́ːrt]

동 삽입하다, 끼워 넣다
insert the key into the lock 열쇠를 자물쇠에 끼우다
insert a coin into a slot 동전을 투입구에 넣다
I'm having a problem *inserting* one file into another.
나는 한 파일을 다른 파일에 삽입하는 데 애를 먹고 있다. (기출 예문)
insertion 명 삽입, 삽입물

□ 1028
display
[displéi]

동 전시하다; 발휘하다; 펴다 명 전시
display products 제품을 전시하다
display talent 재능을 발휘하다
The peacock *displayed* its feathers. 공작이 깃털을 폈다.
+ voca = exhibit 전시하다

□ 1029
masterpiece
[mǽstərpìːs]

명 걸작, 명작
put the **masterpiece** on exhibition 그 명작을 전시하다
an immortal **masterpiece** 불후의 명작
Without a doubt, this picture counts as a *masterpiece*.
의심의 여지 없이, 이 그림은 걸작으로 여겨진다.

□ 1030
sculpture
[skʌ́lptʃər]

명 조각 동 조각하다
teach **sculpture** 조각을 가르치다
sculpture a statue 상을 조각하다
His *sculptures* are famous for their fineness.
그의 조각들은 그 섬세함으로 유명하다.
sculptor 명 조각가

□ 1031
authentic
[ɔ:θéntik]

⑱ 진정한, 진짜의; 믿을 만한, 인증된
an **authentic** picture 원본 사진
an **authentic** deed 인증된 문서
I heard an *authentic* account of the collision.
나는 그 충돌 사고에 대한 믿을 만한 이야기를 들었다.
+ voca = **genuine** 진짜의, 진품의 ↔ **fake** 가짜의, 위조의

□ 1032
exhibition
[èksəbíʃən]

⑲ 전시, 전람회, 박람회; 표출
close an **exhibition** 전람회를 끝내다
attend a trade **exhibition** 무역 박람회에 참석하다
They held an *exhibition* of antique cars.
그들은 골동품 차 전시회를 열었다. (기출 예문)
exhibit ⑧ 전시하다

□ 1033
handicraft
[hǽndikrὲft]

⑲ 수공예, 수공예품
feature **handicrafts** 수공예품을 선보이다
learn **handicraft** skills 수공예 기술을 배우다
Each village has its own traditional dress and *handicrafts*.
마을마다 고유한 전통 의상과 수공예품이 있다.
handcraft ⑧ 손으로 만들다

□ 1034
institute
[ínstətjù:t]

⑲ 협회, 연구소 ⑧ 세우다, 설립하다
found a research **institute** 연구소를 창립하다
institute an association 협회를 설립하다
They have decided to establish an art *institute*.
그들은 미술 협회를 설립하기로 결정했다.
institution ⑲ 시설; 제도

□ 1035
ascribe
[əskráib]

⑧ ~의 탓으로 돌리다, ~의 것으로 하다
ascribe the failure to bad luck 실패를 불운 탓으로 돌리다
ascribe the play to Marlowe 그 희곡을 Marlowe의 것으로 보다
The police *ascribed* the automobile accident to fast driving.
경찰에 의하면 그 자동차 사고의 원인은 과속 운전이다. (기출 예문)
+ voca = **attribute** ~의 탓으로 하다

□ 1036
aesthetic
[esθétik]

⑱ 미의, 미학의, 심미적인 ⑲ 미학
destroy **aesthetic** value 미적 가치를 파괴하다
aesthetic plastic surgery 미용 성형 수술
The buildings did have much *aesthetic* qualities.
그 건물들은 미적인 속성이 참으로 많았다.

□ 1037
depict
[dipíkt]

(동) 그리다, 묘사하다
depict her lying on a bed 침대에 누워 있는 그녀를 그리다
depict a sunset 석양을 묘사하다
Any bump or line will be sufficient to *depict* a feature.
어떠한 융기나 선도 생김새를 묘사하기에 충분할 것이다. (기출 예문)
depiction (명) 묘사

□ 1038
assemble
[əsémbəl]

(동) 조립하다; 모으다, 집합하다
assemble the part of the machine 그 기계의 부품들을 조립하다
assemble evidence 증거를 모으다
All the students *assembled* in the auditorium for a lecture.
모든 학생이 강연을 듣기 위해 강당에 모였다.
assembly (명) 조립; 모임, 집합

□ 1039
marble
[má:rbəl]

(명) 대리석 (형) 대리석으로 만든; 차가운
as hard as **marble** 대리석처럼 차가운
floors made of **marble** 대리석으로 만들어진 바닥
It resembles a statue of *marble* which stands in the desert.
그것은 사막에 서 있는 대리석 조상과 흡사하다.
marbling (명) 대리석 무늬

□ 1040
brick
[brik]

(명) 벽돌 (동) 벽돌로 막다
lay **bricks** 벽돌을 쌓다
baked and unbaked **bricks** 구운 벽돌과 굽지 않은 벽돌
A mason builds with stone, *brick* or similar materials.
석공은 돌이나 벽돌 혹은 유사한 재료로 짓는다. (기출 예문)

□ 1041
sequence
[sí:kwəns]

(명) 연속, 연쇄; 순서; 귀결
in alphabetical **sequence** 알파벳순으로
a natural **sequence** 당연한 귀결
The *sequence* of events led up to the war.
잇따른 사건들이 전쟁을 초래하게 되었다. (기출 예문)
(+ voca) = **succession** 연속, 계속   = **series** 연속, 연속물

□ 1042
ceramics
[səræmiks]

(명) 도자기류, 도예
a collector of Korean **ceramics** 한국 도자기 수집가
among **ceramics** professionals 도예 전문가들 사이에서
The antique shops sell Japanese *ceramics*.
그 골동품 가게들은 일본 도자기를 판매한다.

Test & Reading

A 영어는 우리말로, 우리말은 영어로 쓰시오.

① construct _____ ⑪ 대리석 _____
② illusion _____ ⑫ 건축 _____
③ illustrate _____ ⑬ 벽돌 _____
④ assemble _____ ⑭ 협회 _____
⑤ sculpture _____ ⑮ 기둥 _____
⑥ prevail _____ ⑯ 원근법 _____
⑦ pattern _____ ⑰ 추상적인 _____
⑧ carve _____ ⑱ 도둑질 _____
⑨ ascribe _____ ⑲ 수공예 _____
⑩ portray _____ ⑳ 삽입하다 _____

B 빈칸에 공통으로 들어갈 단어는?

① a lifelike _____ 실물과 같은 조상   erect a bronze _____ 동상을 세우다
② _____ products 제품을 전시하다   _____ talent 재능을 발휘하다
③ in alphabetical _____ 알파벳순으로   a natural _____ 당연한 귀결
④ adopt _____ measures 과감한 수단을 쓰다   a _____ cutback 대폭적인 삭감

C 다음 빈칸에 알맞은 단어를 〈보기〉에서 골라 넣으시오. (필요하면 형태를 변형하시오.)

[보기]
ceramics masterpiece exhibition authentic aesthetic depict

① They held an ( ) of antique cars.
② Without a doubt, this picture counts as a ( ).
③ Any bump or line will be sufficient to ( ) a feature.
④ I heard an ( ) account of the collision.
⑤ The buildings did have much ( ) qualities.
⑥ The antique shops sell Japanese ( ).

D 이번 테마를 다룬 독해 지문을 읽으면서 관련 어휘의 뜻을 확인해 보자.

Every civilization on earth has produced its own artistic **sculpiure**, using any material available from wood to whalebones. Examples of the Stone Age **carvings** of animals, dating back 20,000 years, have been found in French and Spanish caves. The ancient Greeks **constructed** beautiful life-size **statues** such as *the Venus de Milo*. In the 1500s the Italian genius Michelangelo **carved** dramatic figures such as David, Moses, and Jesus. Twentieth-century **sculpture** has experimented with new directions, often shaping metal and wire into forms that **depict** ideas rather than people.

> **Translation** 지구상의 모든 문명은 나무에서 고래 뼈에 이르기까지 사용 가능한 모든 재료를 이용하여 독특한 예술적 sculpture를 낳았다. 지금부터 2만 년 전으로 거슬러 올라가는 석기시대 동물 carving들의 견본들이 프랑스나 스페인 동굴에서 발견되었다. 고대 그리스인들은 〈밀로의 비너스〉 같은 아름다운 실물 크기의 statue들을 construct 했다. 1500년대에 이탈리아의 천재 미켈란젤로는 다윗, 모세, 예수와 같은 극적인 인물들을 carve했다. 20세기 sculpture는 새로운 방향을 가지고 실험되었으며, 흔히 금속과 철사를 인물보다는 이념을 depict하는 형태로 모양을 만들었다.

> **Words** • artistic 예술적인 • date back ~으로 거슬러 올라가다 • life-size 실물 크기의 • experiment 실험하다 • represent 나타내다

정답 ⓘ
B ① statue ② display ③ sequence ④ drastic
C ① exhibition ② masterpiece ③ depict ④ authentic ⑤ aesthetic ⑥ ceramics

동식물

Link
Rank

36 점심 종소리에 길들여진 우리

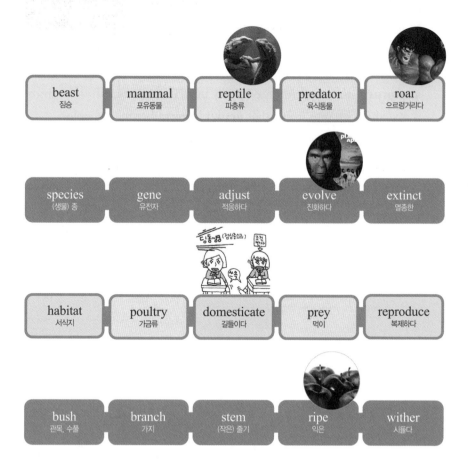

beast	mammal	reptile	predator	roar
짐승	포유동물	파충류	육식동물	으르렁거리다

species	gene	adjust	evolve	extinct
(생물) 종	유전자	적응하다	진화하다	멸종한

habitat	poultry	domesticate	prey	reproduce
서식지	가금류	길들이다	먹이	복제하다

bush	branch	stem	ripe	wither
관목, 수풀	가지	(작은) 줄기	익은	시들다

□ 1043
beast
[bíːst]

(명) 짐승, 동물; 몹시 싫은 것
a **beast** of pray 육식동물, 맹수
track a wild **beast** 야수의 자취를 쫓다
A horse was a *beast* of burden. 말은 짐을 나르는 동물이었다. 기출 예문
+ voca = brute 짐승

□ 1044
blossom
[blásəm]

(명) 꽃 (동) 꽃이 피다; 번영하다
come into **blossom** 꽃이 피기 시작하다
blossoming season 개화기
Each *blossom* has one hundred short petals.
각각의 꽃에는 백 개의 짧은 꽃잎이 있다.
+ voca = bloom 꽃

□ 1045
ripe
[raip]

(형) 익은; 기회가 무르익은
at a **ripe** age 고령에
wait for a **ripe** opportunity 기회가 무르익기를 기다리다
Soon *ripe*, soon rotten. 빨리 익으면 빨리 썩는다.
ripen (동) 익다
+ voca = mature 익은, 성숙한 ↔ unripe 익지 않은

□ 1046
bush
[buʃ]

(명) 관목, 수풀, 덤불
hide behind the **bushes** 수풀 뒤에 숨다
beat around the **bush** 변죽을 울리다, 요점을 피하다
I scratched my hand on a *bush*. 덤불에 내 손을 할퀴었다. 기출 예문
bushy (형) 관목이 우거진

□ 1047
diversity
[divə́ːrsəti]

(명) 다양성
unity in diversity 다양성 속의 통일성
explain cultural **diversity** 문화적 다양성을 설명하다
Biological *diversity* is essential for human survival.
생물학적 다양성은 인간의 생존에 필수적이다.
diverse (형) 다양한, 다른
+ voca = variety 다양성

□ 1048
fur
[fəːr]

(명) 털; 모피 동물, 모피 옷
hunt **fur** 토끼 사냥을 하다
wear expensive **furs** 비싼 모피 옷을 입고 있다
Its bottom is bordered with white *fur*.
그것의 아랫부분은 흰 털로 단이 둘러져 있다.
furry (형) 털로 덮인, 모피로 만든

□ 1049
stem
[stem]

명 (작은) 줄기; 대, 가문 동 생기다, 유래하다
stem cell research 줄기 세포 연구
descend from an ancient **stem** 오래된 가문 출신이다
The word cookie *stems* from the Dutch word "koekje."
cookie라는 단어는 네덜란드어 koekje에서 유래했다.
+ voca = originate 유래하다, 기원하다

□ 1050
mammal
[mǽməl]

명 포유동물
belong to **mammals** 포유류에 속하다
marine **mammals** 해양 포유동물
Dinosaurs might have been warm-blooded animals that
behaved like *mammals*. 공룡은 온혈 동물로 포유류처럼 행동했을지 모른다.

□ 1051
species
[spíːʃiːz]

명 (생물) 종, 인류
protect endangered **species** 멸종 위기에 처한 종을 보호하다
the future of our **species** 인류의 미래
Some *species* of whales are already extinct.
어떤 고래 종들은 이미 멸종되었다. (기출 예문)
specific 형 특정한

□ 1052
prey
[prei]

명 먹이; 희생 동 잡아먹다, 괴롭히다
stalk its **prey** 먹이에 몰래 접근하다
prey on his mind 그의 마음을 괴롭히다
He became a *prey* to the plague. 그는 그 전염병의 희생이 되었다.

□ 1053
migrate
[máigreit]

동 이주하다, 이동하다
migrate to warmer countries 더 따뜻한 나라들로 이주하다
migrate in large numbers 떼지어 이동하다
We must prevent the spread of bird flu through these
migrating birds. 우리는 이런 철새들을 통한 조류 독감의 확산을 막아야 한다.
migration 명 이주

□ 1054
gene
[dʒiːn]

명 유전자
a dominant **gene** 우성 유전자
experiments with **gene**-altered rice 유전자 변형 쌀의 실험
Large quantities of alcohol may affect the quality of the
human *gene*. 다량의 음주가 인간 유전자의 질에 영향을 끼칠 수도 있다.
genetic 형 유전자의, 유전학의 genetics 명 유전학

□ 1055
adjust
[ədʒʌ́st]

(동) 적응하다; 조정하다, 맞추다
adjust to the new time zone 새 시간대에 적응하다
adjust the seat to her height 키에 맞게 좌석을 조정하다
In less than a second, the lens *adjusts* focus.
1초도 안 되어 렌즈는 초점을 맞춘다. (기출 예문)

□ 1056
evolve
[ivάlv]

(동) 진화하다, 서서히 진행시키다
evolve from a single ancestor 단일 조상에서 진화하다
evolve a scheme 계획을 서서히 진행시키다
Living things *evolve* in response to their environment.
생물은 환경에 대한 반응으로 진화한다.
evolution (명) 진화

□ 1057
extinct
[ikstíŋkt]

(형) 멸종한, 사멸한
an **extinct** species 멸종된 종
an **extinct** volcano 사화산
Many tribes became *extinct* when they came into contact
with fatal illnesses. 많은 부족들이 치명적인 질병과 접촉하게 되면서 절멸하게
되었다.
extinction (명) 멸종, 사멸

□ 1058
agriculture
[ǽgrikʌ̀ltʃər]

(명) 농업
intensive **agriculture** 집약 농업
the Department of **Agriculture** 농무부
The most important role of these rivers was in *agriculture*.
이 강들의 가장 중요한 역할은 농업에 있었다. (기출 예문)
agricultural (형) 농업의

□ 1059
reproduce
[rìːprədjúːs]

(동) 복제하다, 번식하다, 재생하다
reproduce a new variety of sheep 신종 양을 번식시키다
have the right to **reproduce** 복제권을 지니다
Others are being reduced in number faster than they can
reproduce. 다른 종들은 그들이 번식할 수 있는 것보다 수적으로 더 빠르게 줄어들고
있다. (기출 예문)
reproduction (명) 복제, 번식, 재생
(+ voca) = breed 낳다, 번식하다 = duplicate 복제하다, 복사하다

□ 1060
predator
[prédətər]

(명) 육식동물; 약탈자
be vulnerable to **predators** 육식 동물의 공격에 취약하다
a natural **predator** 천적
Predators like tigers compete for prey.
호랑이 같은 육식동물은 먹이를 얻기 위해 경쟁한다.

□ 1061
crawl
[krɔːl]

⑧ 기어가다, (식물의 덩굴이) 기다
crawl under the bed 침대 밑으로 기어 들어가다
crawl into a hole 구멍으로 기어 들어가다
Fortunately, the survivor *crawled* from under the ruins.
다행히도 그 생존자는 잔해 밑에서 기어 나왔다.

□ 1062
habitat
[hǽbitæt]

⑲ 서식지, 거주지
provide a rich habitat 비옥한 서식지를 제공하다
habitat damage and drought 서식지 파괴와 가뭄
A lot of wildlife is losing its natural *habitat*.
많은 야생 동물이 천연 서식지를 잃고 있다. (기출 예문)

□ 1063
hibernate
[háibərnèit]

⑧ 동면하다
hibernate during the winter 겨울에 동면하다
hibernate for three to four months 서너 달 동면하다
The turtle *hibernates* in a shallow burrow.
거북이는 얕은 굴에서 동면한다. (기출 예문)

hibernation ⑲ 동면

□ 1064
domesticate
[douméstəkèit]

⑧ (동물을) 길들이다; 야만인을 교화하다; 가정적이 되다
domesticated animals 가축
become more domesticated 더 가정적이 되다
Most *domesticated* dogs will not bite anyone.
대부분의 길들여진 개는 아무도 물지 않을 것이다.

domestic ⑲ 길든; 가정적인
+ voca = **civilize** 문명화하다, 교화하다 = **tame** 길들이다

□ 1065
reptile
[réptil]

⑲ 파충류
numerous reptile species 수많은 파충류
reptiles crawl 파충류가 기어가다
Each species of *reptile* such as lizards or turtles is different
from each other. 도마뱀이나 거북이와 같은 파충류의 각각의 종은 서로 다르다.

□ 1066
specimen
[spésəmən]

⑲ 견본, 표본
a blood specimen 혈액 견본
take a specimen 예를 들다
He has to be a fine *specimen* of health.
그는 건강의 좋은 표본이 되어야 한다.

□ 1067
branch
[bræntʃ]

몡 가지; 지점

sit on a branch 가지에 앉다
open a branch 지점을 개설하다
Small frogs were observed on tree *branches*.
나뭇가지에서 작은 개구리들이 관찰되었다.

□ 1068
roar
[rɔːr]

동 으르렁거리다, 고함치다   몡 으르렁거리는 소리, 큰소리

roar with laughter 웃겨서 큰소리를 내다
a roar of applause 큰 박수갈채
The crowd *roared* whenever he touched the ball.
그가 공을 잡을 때마다 관중들이 소리를 질렀다.

□ 1069
wither
[wíðər]

동 시들다, 약해지다

wither from lack of water 물 부족으로 시들다
withered limbs 약해진 팔다리
The hot sun *withered* the leaves. 뜨거운 태양으로 나뭇잎들이 시들었다.
➕ voca ↔ flourish 번창하다, 무성하다

□ 1070
yield
[jíːld]

동 산출하다; 양도하다; 굴복하다   몡 산출

yield high profits 높은 수익을 내다
yield possession 소유권을 양도하다
The enemy *yielded* to our brave soldiers.
적이 우리의 용맹한 군인들에게 항복했다.
➕ voca = produce 생산하다   = submit 굴복하다, 복종하다

□ 1071
poultry / fowl
[póultri/fául]

몡 (식용의) 가금류 (집에서 기르는 짐승)

help poultry farmers 가금류 농가를 돕다
neither fish nor fowl 정체를 알 수 없는
The farmer raises *poultry* for meat and eggs.
그 농부는 고기와 알을 얻으려고 가금류를 기른다. 기출 예문

보·너·스·어·휘

동식물

- goat 염소
- goose 거위
- sheep 양
- bat 박쥐
- lizard 도마뱀
- ape 원숭이
- tortoise 육지 거북이

- turtle 바다 거북이
- mosquito 모기
- swallow 제비
- squirrel 다람쥐
- crow 까마귀
- bark 나무껍질
- bud 싹, 봉오리

- forest 숲
- hay 건초
- herb 풀잎, 향료식물
- leaf 잎
- seaweed 해초
- palm tree 야자수

A 영어는 우리말로, 우리말은 영어로 쓰시오.

① adjust _____ ⑪ 유전자 _____

② bush _____ ⑫ 견본 _____

③ reptile _____ ⑬ 농업 _____

④ domesticate _____ ⑭ 줄기 _____

⑤ wither _____ ⑮ 복제하다 _____

⑥ fur _____ ⑯ 가금류 _____

⑦ blossom _____ ⑰ 짐승 _____

⑧ predator _____ ⑱ 진화하다 _____

⑨ hibernate _____ ⑲ 이주하다 _____

⑩ crawl _____ ⑳ 포유동물 _____

B 빈칸에 공통으로 들어갈 단어는?

① _____ high profits 높은 수익을 내다 _____ possession 소유권을 양도하다

② sit on a _____ 가지에 앉다 open a _____ 지점을 개설하다

③ an _____ species 멸종된 종 an _____ volcano 사화산

④ _____ with laughter 웃겨서 큰소리를 내다

　a _____ of applause 큰 박수갈채

C 다음 빈칸에 알맞은 단어를 〈보기〉에서 골라 넣으시오. (필요하면 형태를 변형하시오.)

──────[보기]──────
prey habitat ripe diversity species

① Some (　　　) of whales are already extinct.

② Soon (　　　), soon rotten.

③ He became a (　　　) to the plague.

④ A lot of wildlife is losing its natural (　　　).

⑤ Biological (　　　) is essential for human survival.

D 이번 테마를 다룬 독해 지문을 읽으면서 관련 어휘의 뜻을 확인해 보자.

In addition to **yielding** crops, hunting for food has always been part of human life worldwide. Since the dawn of human history, people living in the rain forests have hunted for bushmeat. For thousands  of years they have lived in harmony with their **habitats**, that is, forest world. Today, however, the commercial bushmeat trade worldwide has become so large that many animals are literally on the edge of **extinction**. Indeed, if the bushmeat trade of endangered **species** isn't stopped immediately, some **mammals** will soon be hunted out of existence.

Translation 곡식을 yield하는 것에 더하여 식량 사냥은 언제나 전 세계적으로 인간 생활의 일부였다. 인간의 역사가 시작된 이래로 열대 우림 지역에 사는 사람들은 야생동물 고기 사냥을 해왔다. 수천 년 동안 그들은 자신들의 **habitat**인 열대 우림 세계와 조화를 이루며 살아 왔다. 그러나 오늘날 전 세계적으로 상업적인 야생동물 고기 매매가 너무 광범위해져서 많은 동물들이 문자 그대로 **extinction**에 직면해 있다. 실제로 위기에 처한 **species**의 야생동물 고기 매매가 즉시 중단되지 않으면, 몇몇 **mammal**들은 곧 사냥으로 인해 존재하지 않게 될 것이다.

Words • dawn 시초; 새벽 • bushmeat 야생동물 고기 • in harmony with ~와 조화를 이루어 • commercial 상업적인 • literally 문자 그대로 • on the edge of ~에 직면한 • endanger 위험에 빠뜨리다 • out of existence 존재하지 않는

B ① yield ② branch ③ extinct ④ roar
C ① species ② ripe ③ prey ④ habitat ⑤ diversity

Link
Rank

자연 현상

기상이변, 더 이상
먼 얘기가 아니다

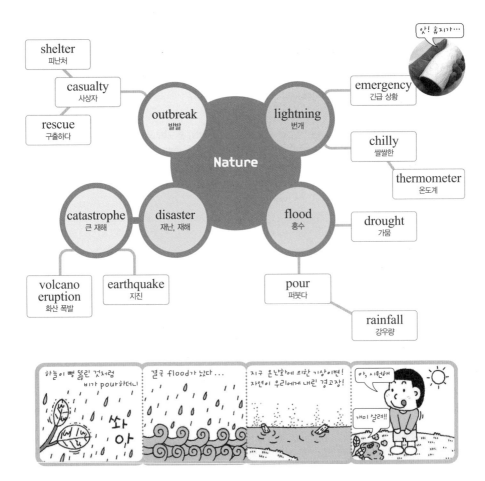

앗! 휴지가…

shelter
피난처

casualty
사상자

rescue
구출하다

outbreak
발발

lightning
번개

Nature

emergency
긴급 상황

chilly
쌀쌀한

thermometer
온도계

catastrophe
큰 재해

disaster
재난, 재해

flood
홍수

drought
가뭄

**volcano
eruption**
화산 폭발

earthquake
지진

pour
퍼붓다

rainfall
강우량

하늘이 뻥 뚫린 것처럼
비가 pour하더니
쏴
아

결국 flood가 났다…

지구 온난화에 의한 기상이변!
자연이 우리에게 내린 경고장!

앗, 시원해

개미 살려!!

□ 1072
lightning
[láitniŋ]

(명) 번개
rain with **lightning** 천둥번개를 동반한 비
with **lightning** speed 번개처럼 빠른 속도로
The tyrant was killed by *lightning*. 그 폭군은 번개를 맞아 사망했다.
+ voca = thunder 천둥, 우레

□ 1073
shower
[ʃáuər]

(명) 소나기; 다량
be caught in a **shower** 소나기를 만나다
a **shower** of presents 많은 선물
The *shower* refreshed the plants. 소나기로 식물들이 생기가 넘쳤다.

□ 1074
rainfall
[réinfɔ̀:l]

(명) 강우, 강우량
measure **rainfall** 강우량을 측정하다
an average annual **rainfall** 연평균 강우량
Rainfall varies from 2000 to 3000 mm per year.
연간 강우량은 2천에서 3천 밀리미터 사이다.

□ 1075
waterfall
[wɔ́:tərfɔ̀:l]

(명) 폭포
spray from a **waterfall** 폭포에서 나오는 물보라
four miles above the **waterfall** 폭포 상류 쪽으로 4마일
I took a photograph of the beautiful *waterfalls*.
나는 아름다운 폭포 사진을 찍었다.

□ 1076
thermometer
[θərmάmitər]

(명) 온도계
read a **thermometer** 온도계의 눈금을 읽다
a clinical **thermometer** 체온계
Most *thermometers* contain mercury in a narrow tube.
대부분의 온도계는 좁은 관 안에 수은이 있다. (기출 예문)

□ 1077
disaster
[dizǽstər]

(명) 재난, 재해
prepare against a **disaster** 재해에 대비하다
a man-made **disaster** 인재
This was the worst natural *disaster* in the country's history.
이것은 그 나라 역사상 최악의 자연 재해였다.
disastrous (형) 재난을 일으키는, 파괴적인

□ 1078
flood
[flʌd]

뗑 홍수, 범람 통 범람시키다, 밀려오다
suffer from a **flood** 수해를 입다
a **flood** of cars on the streets 거리에 있는 많은 차들
Only five persons survived the terrible *flood*.
불과 다섯 사람만이 그 끔찍한 홍수에서 살아남았다.
flooding 뗑 홍수

□ 1079
pour
[pɔ:r]

통 퍼붓다, 쏟다, 흘러나오다
rain **pouring** down in torrents 억수로 쏟아지는 비
pour boiling water into a cup 끓는 물을 컵에 붓다
Water *poured* from the open fire hydrant.
열린 소화전에서 물이 쏟아져 나왔다.

□ 1080
drought
[draut]

뗑 가뭄
bring the **drought** to an end 가뭄을 해갈하다
shrink from **drought** 가뭄으로 줄어들다
There was a prolonged *drought* last summer.
지난 여름에는 장기간의 가뭄이 있었다. (기출 예문)

□ 1081
earthquake
[ə́:rθkweik]

뗑 지진
record an **earthquake** 지진의 진도를 기록하다
a town levelled by an **earthquake** 지진으로 내려앉은 마을
The *earthquake* caused much damage to the crops.
그 지진으로 농작물이 많은 피해를 입었다. (기출 예문)

□ 1082
catastrophe
[kətǽstrəfi]

뗑 큰 재해, 파탄
avert a **catastrophe** 큰 재해를 피하다
a financial **catastrophe** 재정 파탄
The consequences of the *catastrophe* are not yet known.
그 재해가 초래한 결과는 아직 알려지지 않았다.

□ 1083
emergency
[imə́:rdʒənsi]

뗑 긴급 상황, 비상 사태, 응급실 뼝 비상용의
through the **emergency** exit 비상구를 통해
declare a state of **emergency** 비상 사태를 선포하다
The plane for Toronto made an *emergency* landing.
토론토행 비행기가 비상 착륙을 했다.
emergent 뼝 긴급한; 신생의

□ 1084
evaporate
[ivǽpərèit]

(동) 증발하다, 증발시키다
evaporate solution 용액을 증발시키다
evaporate any remaining moisture 남은 수분을 다 증발시키다
All the water in the dish has *evaporated*.
접시에 있던 물이 모두 증발했다. (기출 예문)
evaporation (명) 증발

□ 1085
chilly
[tʃíli]

(형) 쌀쌀한, 냉담한
get a little **chilly** 조금 쌀쌀해지다
a **chilly** reception 냉대
He dived into the *chilly* water to look for the other boy.
그는 다른 아이를 찾으러 차가운 물 속에 들어갔다.
chill (명) 추위, 한기

□ 1086
survive
[sərváiv]

(동) 살아남다; ~보다 오래 살다
survive a plane crash 비행기 추락 사고에서 살아남다
survive his children 그의 자식들보다 오래 살다
She conceives of society as a jungle where only the fittest
survive. 그녀는 사회를 적자들만 생존하는 정글이라고 생각한다.
survival (명) 생존

□ 1087
vivid
[vívid]

(형) 생생한, 선명한, 생기 있는
a **vivid** description 생생한 묘사
a **vivid** tone 선명한 색조
I have *vivid* memories of his facial contour.
나는 그의 얼굴 윤곽을 생생하게 기억한다. (기출 예문)

□ 1088
shelter
[ʃéltər]

(명) 피난, 피난처, 주거 (동) 피난하다
food, clothing and **shelter** 의식주
shelter from the rain 비를 피하다
Thousands of refugees have no secure *shelter*.
수천 명의 난민들에게 안전한 거처가 없다.

□ 1089
rescue
[réskjuː]

(동) 구조, 구출 (동) 구출하다
attempt a **rescue** 구출을 시도하다
rescue a child from drowning 물에 빠진 아이를 구출하다
The utility of the *rescue* equipment has to be assessed in a
real emergency. 구조 장비의 유용성은 실제 긴급 상황에서 평가되어야 한다.
(+ voca) = **save** 구조하다

□ 1090
barometer
[bərámətər]

명 기압계; 지표
a **barometer** rises 기압계 눈금이 올라가다
a **barometer** of public opinion 여론의 지표
A *barometer* is used to measure the pressure of the atmosphere. 기압계는 기압을 재는 데 쓰인다. 기출 예문

□ 1091
eclipse
[iklíps]

명 〈천문〉 (해·달의) 식(蝕); (명성의) 실추
observe a solar **eclipse** 일식을 관찰하다
calculate a lunar **eclipse** 월식일을 계산하다
A solar *eclipse* happens when the moon passes between the earth and the sun. 일식은 달이 지구와 태양 사이를 지나갈 때 생긴다.

□ 1092
overflow
[òuvərflóu]

동 (강이) 범람하다; (감정이) 충만하다
keep water from **overflowing** 홍수를 막다
overflow with gratitude 감사의 마음이 충만하다
Many basements flooded when the river *overflowed*.
강물이 범람해 많은 지하실에 물이 찼다. 기출 예문

□ 1093
typhoon
[taifúːn]

명 태풍
issue a **typhoon** warning 태풍 경보를 발하다
the track of a **typhoon** 태풍의 진로
A tremendous *typhoon* is approaching at a velocity of 100km per hour. 무시무시한 태풍이 시속 **100km**로 접근하고 있다.

□ 1094
evacuate
[ivǽkjuèit]

동 피난시키다, 후송시키다; 비우다
evacuate the wounded 부상병을 후송하다
evacuate a house 집을 비워주다
Everyone was *evacuated* except for one old man.
한 노인만 빼고 모든 사람이 대피했다.

evacuation 명 피난
+ voca = vacate 비우다

□ 1095
volcano eruption
[vɑlkéinou irʌ́pʃən]

명 화산 폭발
a **volcano** erupts 화산이 폭발하다
burst into **eruption** 갑자기 폭발하다
What is fearful about volcanoes is their explosive *eruptions*. 화산에서 무서운 것은 그 폭발적인 분출이다.

□ 1096
frost
[frɔ́ːst]

⑲ 서리
a severe **frost** 된서리
be damaged by a late **frost** 늦서리의 피해를 입다
The plant is particularly sensitive to spring *frosts*.
그 식물은 봄 서리에 특히 민감하다.

frosty ⑱ 서리 내리는; 냉담한

□ 1097
flourish
[flə́ːriʃ]

⑧ 무성하게 자라다; 번창하다 ⑲ 번영, 융성
a **flourishing** film business 번창하는 영화 사업
in full **flourish** 융성하여
His garden ponds *flourished* with beautiful flowers.
그의 정원 연못은 아름다운 꽃들이 무성했다.

+ voca = **thrive** 번영하다; 잘 자라다

□ 1098
phenomenon
[finámənὰn]

⑲ 현상
a natural **phenomenon** 자연 현상
yellow sand **phenomenon** 황사 현상
This *phenomenon* was common in the South America.
이런 현상은 남미에서 흔한 것이었다.

phenomena ⑲ (pl.) 현상

□ 1099
outbreak
[áutbrèik]

⑲ (전쟁, 질병 등의) 발발
at the **outbreak** of war 전쟁이 발발했을 때
prevent **outbreaks** of disease 질병의 발발을 막다
This could be the biggest *outbreak* of cholera ever.
이는 사상 최대의 콜레라 발병일 수 있다.

□ 1100
casualty
[kǽʒuəlti]

⑲ 사상자, 희생자, 인명 손실
a list of **casualties** 사상자 명단
report **casualties** 사상자를 보고하다
We must achieve our mission without any *casualties*.
우리는 인명 손실 없이 우리의 임무를 수행해야 한다.

+ voca = **victim** 희생자, 피해자

□ 1101
magnificent
[mægnífəsənt]

⑱ 웅장한, 장엄한, 멋진
a **magnificent** sight 장엄한 광경
a **magnificent** landscape 멋진 풍경
The king had a *magnificent* palace. 그 왕에게는 웅장한 궁전이 있었다.

magnificence ⑲ 웅장, 장엄
+ voca = **majestic** 장엄한

A 영어는 우리말로, 우리말은 영어로 쓰시오.

① phenomenon _____ ⑪ 사상자 _____
② chilly _____ ⑫ 구조 _____
③ catastrophe _____ ⑬ 온도계 _____
④ volcano eruption _____ ⑭ 번개 _____
⑤ flourish _____ ⑮ 가뭄 _____
⑥ survive _____ ⑯ 태풍 _____
⑦ eclipse _____ ⑰ 지진 _____
⑧ evaporate _____ ⑱ 서리 _____
⑨ emergency _____ ⑲ 강우(량) _____
⑩ pour _____ ⑳ 폭포 _____

B 빈칸에 공통으로 들어갈 단어는?

① prepare against a _____ 재해에 대비하다 a man-made _____ 인재

② a _____ rises 기압계 눈금이 올라가다

 a _____ of public opinion 여론의 지표

③ be caught in a _____ 소나기를 만나다 a _____ of presents 많은 선물

④ food, clothing and _____ 의식주 _____ from the rain 비를 피하다

C 다음 빈칸에 알맞은 단어를 〈보기〉에서 골라 넣으시오. (필요하면 형태를 변형하시오.)

┌─────────────── 【 보기 】 ───────────────┐
 overflow evacuate vivid magnificent flood outbreak
└──┘

① Only five persons survived the terrible ( ).

② I have ( ) memories of his facial contour.

③ This could be the biggest ( ) of cholera ever.

④ Everyone was ( ) except for one old man.

⑤ The king had a ( ) palace.

⑥ Many basements flooded when the river ( ).

D 이번 테마를 다룬 독해 지문을 읽으면서 관련 어휘의 뜻을 확인해 보자.

Recently, many countries experienced massive **flooding**. Many died as the floodwaters rushed through their homes. Were those **floods** simply "natural" **phenomenon**? At a time of increasing  global warming, we can't be sure. Over the past twenty years the number of **typhoon**, tsunami and other large-scale weather **disasters** has grown rapidly. Many scientists believe that these developments are the direct result of global warming, a process that produces greater instability in the world's climate. As the global warming gets worse, **rainfall** will become more intense, and this will lead to huge catastrophe such as **floods**, **volcano eruption**, and avalanches, they say. At the same time there will be increased risk of soil erosion. Some predict that such disturbances will increase in the years to come.

Translation 최근에 많은 나라들이 대규모 **flooding**을 겪었다. 홍수가 거주 지역을 덮쳐 수많은 희생자가 생겼다. 그 **flood**들은 '자연적 **phenomenon**이었는가? 지구 온난화가 증가하는 시기라는 점에서 자연적인 현상이라고만 할 수는 없다. 지난 **20**년에 걸쳐 수많은 **typhoon**과 쓰나미, 그리고 그밖의 대규모 기상 **disaster**들이 급격하게 나타났다. 많은 과학자들은 이러한 상황이 지구의 기후를 불안정하게 하는 과정인 지구 온난화의 직접적인 결과라고 믿고 있다. 과학자들은 지구 온난화가 보다 심해짐에 따라 **rainfall**이 증가하여 **flood**, **volcano eruption**, 눈사태와 같은 거대한 재해를 가져올 것이라고 말한다. 동시에 토양 침식의 위험도 증가할 것이다. 일부 과학자들은 그러한 혼란이 수년 이내에 확대될 것으로 예측한다.

Words • instability 불안정 • intense 격렬한, 심한 • landslide 산사태 • avalanche 눈사태 • soil erosion 토양 침식

정답

B ① disaster ② barometer ③ shower ④ shelter
C ① flood ② vivid ③ outbreak ④ evacuated ⑤ magnificent ⑥ overflowed

Link
Rank
환경 보호

독가스의 정체

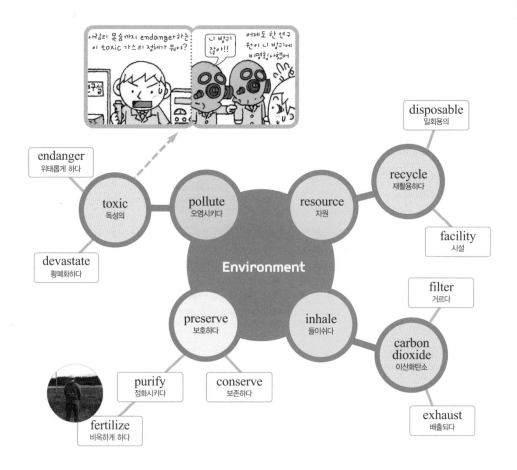

disposable
일회용의

endanger
위태롭게 하다

toxic
독성의

pollute
오염시키다

resource
자원

recycle
재활용하다

devastate
황폐화하다

Environment

facility
시설

filter
거르다

preserve
보호하다

inhale
들이쉬다

carbon
dioxide
이산화탄소

purify
정화시키다

conserve
보존하다

fertilize
비옥하게 하다

exhaust
배출되다

1102
pollute
[pəlúːt]

(동) 오염시키다, 더럽히다
be **polluted** with chemical waste 화학 폐기물로 오염되다
pollute his honor 그의 명예를 더럽히다
The factory was ordered to clean the *polluted* stream.
그 공장은 오염된 시냇물을 정화하라는 명령을 받았다.
pollution (명) 오염

1103
resource
[ríːsɔːrs]

(명) (pl.) 자원, 재산; 수단
exploit mineral **resources** 광물 자원을 이용하다
exhaust **resources** 자원을 고갈시키다
They developed their natural *resources*.
그들은 그들의 천연 자원을 개발했다. (기출 예문)

1104
recycle
[riːsáikəl]

(동) 재활용하다
recycle used things 중고품을 재활용하다
recycled paper 재활용지
The glass from bottles can be *recycled*. 병 유리는 재활용될 수 있다.
recycling (명) 재활용

1105
environment
[inváiərənmənt]

(명) 환경
destruction of the **environment** 환경 파괴
environment-friendly vehicles 환경 친화적 차량
We must preserve the *environment* for future generations.
우리는 미래 세대를 위해 환경을 지켜야 한다.
environmental (형) 환경의

1106
preserve
[prizə́ːrv]

(동) 보호하다, 보존하다
preserve their heritage 그들의 문화 유산을 보존하다
preserve chastity 절개를 지키다
Salt is used to *preserve* food. 소금은 음식물을 보존하는 데 쓰인다.
preservation (명) 보호, 보존 preservative (명) 방부제
+ voca = protect 보호하다

1107
facility
[fəsíləti]

(명) 시설, 설비; 재능; 편의
inspections of nuclear **facilities** 핵 시설에 대한 사찰
have a **facility** for languages 언어에 재능이 있다
They afforded every *facility* for the students.
그들은 학생들에게 모든 편의를 제공했다.
facilitate (동) 용이하게 하다; 촉진하다

□ 1108
eliminate
[ilímənèit]

(동) 제거하다, 없애다; 탈락시키다; 배설하다
eliminate defective products 불량품을 제거하다
eliminate discrimination 차별을 없애다
They framed a plan to *eliminate* unnecessary processes.
그들은 불필요한 절차들을 없애버릴 계획을 짰다.
elimination (명) 제거; (경기) 예선; 배설
+ voca = **get rid of** ~을 제거하다

□ 1109
conserve
[kənsə́:rv]

(동) 보존하다, 유지하다
conserve wildlife 야생 동물을 보호하다
conserve body heat 체온을 유지하다
Everyone needs to *conserve* energy and their resources.
누구나 에너지 및 자원을 보존할 필요가 있다.
conservation (명) 보존

□ 1110
factor
[fǽktər]

(명) 요인, 요소, 인자
a critical **factor** 결정적인 요인
miss an important **factor** 중요한 요소를 간과하다
There are lots of *factors* that evolve living things.
생물을 진화시키는 많은 인자들이 있다. (기출 예문)

□ 1111
exhaust
[igzɔ́:st]

(명) 배출되다; 써버리다, 소진시키다 (명) 배기, 배기가스
exhaust emissions 배기가스 배출
exhaust our money 우리 돈을 다 써버리다
I have *exhausted* myself swimming. 나는 수영을 해서 지쳐버렸다.
exhausting (형) 지치게 하는, 고단한

□ 1112
purify
[pjúərəfài]

(동) 정화시키다, 깨끗하게 하다
purify the air 공기를 정화하다
drink **purified** water 정화된 물을 마시다
The soul gets *purified* of sin by sufferings.
영혼은 고난에 의해 죄로부터 정화된다.
purification (명) 정화

□ 1113
leak
[li:k]

(명) 새는 곳 (동) 새다
detect a gas **leak** 가스 누출을 탐지하다
be apt to **leak** 잘 새다
When the roof *leaks*, only the parent worries about what contractor to employ.
지붕이 새면, 어떤 업자를 부를지 부모만 걱정한다. (기출 예문)
leakage (명) 누출, 누출량

□ 1114
endanger
[endéindʒər]

(동) 위태롭게 하다, 위험에 빠뜨리다
endanger public education 공교육을 위태롭게 하다
reform the **Endangered** Species Act 멸종 위기종 보호법을 개정하다
I want you to write an essay on *endangered* species.
나는 네가 멸종 위기종에 관한 에세이를 쓰기를 바란다. (기출 예문)
(+ voca) = threaten 위협하다

□ 1115
fertilize
[fə́ːrtəlàiz]

(동) 비옥하게 하다; 비료를 주다
fertilize the soil 땅을 비옥하게 하다
fertilize plants 식물에 비료를 주다
Don't *fertilize* more than is recommended.
권장량 이상의 비료를 주지 마시오.
fertilizer (명) 비료

□ 1116
toxic
[táksik]

(형) 독성의, 유독한
dump **toxic** waste 유독성 폐기물을 버리다
release **toxic** substances 유독성 물질을 방출하다
Fumes from an automobile are *toxic*.
자동차에서 나오는 배기가스는 유독하다. (기출 예문)
(+ voca) = poisonous 유독한

□ 1117
inhale
[inhéil]

(동) (공기, 가스 등을) 들이쉬다
inhale deeply 숨을 깊이 들이쉬다
inhale the smoke 담배 연기를 들이쉬다
It is dangerous to *inhale* ammonia fume.
암모니아 연기를 들이쉬는 것은 위험하다. (기출 예문)
(+ voca) ↔ exhale 내쉬다

□ 1118
ecology
[iːkálədʒi]

(명) 생태학, 생태
principles of deep **ecology** 심층 생태학의 원리
observe the **ecology** of dolphins 돌고래의 생태를 관찰하다
Forest *ecology* is the scientific study of patterns and processes in forests. 산림 생태학은 산림의 양식과 과정에 대한 과학적 연구이다.

□ 1119
emit
[imít]

(동) 배출하다, 내뿜다
emit carbon dioxide 이산화탄소를 배출하다
emit a strong smell 강한 냄새를 내뿜다
Emission tests detect whether the products *emit* harmful gasses. 배출 검사는 그 제품들이 유해 가스를 배출하는지의 여부를 탐지한다.
emission (명) 배출
(+ voca) = give off 방출하다

□ 1120
ecosystem
[ékosìstəm]

(명) 생태계
damage ecosystem 생태계를 손상시키다
biologically diverse ecosystems 생물학적으로 다양한 생태계
Sharks play an important role in the ocean *ecosystem*.
상어는 해양 생태계에서 중요한 역할을 한다. (기출 예문)

□ 1121
pesticide
[péstəsàid]

(명) 살충제, 농약
use less pesticide 농약을 덜 사용하다
be sprayed with pesticides 살충제가 뿌려지다
Pesticide is used to destroy harmful insects.
살충제는 해로운 곤충을 박멸하는 데 쓰인다.

□ 1122
stain
[stein]

(명) 얼룩; 오점 (동) 얼룩지게 하다, 더럽히다
be full of stains 얼룩으로 가득한
an obstinate stain 잘 빠지지 않는 얼룩
There were many blood *stains* at the scene of murder.
살인 현장에는 많은 핏자국이 있었다. (기출 예문)

(+ voca) = blot 얼룩; 흠, 오점

□ 1123
contamination
[kəntæmənéiʃən]

(명) 오염; 혼성
prevent soil contamination 토양 오염을 막다
atmospheric contamination 대기 오염
It is urgent to reduce the *contamination* of drinking water.
식수 오염을 줄이는 것이 시급하다.

contaminate (동) 오염시키다

□ 1124
carbon dioxide
[káːrbən daiáksaid]

(명) 이산화탄소
take carbon dioxide 이산화탄소를 흡입하다
increase in carbon dioxide levels 이산화탄소 수치 상승
The forest decreases the amount of *carbon dioxide*.
숲은 이산화탄소의 양을 줄여준다.

□ 1125
devastate
[dévəstèit]

(동) 황폐화하다, 파괴하다; 압도하다
devastate marine life 해양 생물을 파괴하다
a devastating famine 압도적인 기아
The king's dominion was *devastated* by the invading army.
왕의 영토는 침략군에 의해 황폐화되었다. (기출 예문)

devastation (명) 황폐

☐ 1126
drain
[drein]

(동) 배수하다, 배수 설비를 하다; (물을) 빼내다 (명) 배수
block the **drain** pipe 배수관을 막다
drain a house 집에 배수 설비를 하다
She *drained* the water out of the flooded basement.
그녀는 침수된 지하실에서 물을 빼냈다.

☐ 1127
corrode
[kəróud]

(동) 부식하다, 침식하다; (마음, 건강 등을) 해치다
corroded copper pipes 부식된 동파이프
be **corroded** by acids 산에 의해 침식되다
Brass is the best as it does not *corrode*.
놋쇠는 부식되지 않기 때문에 가장 낫다.
corrosion (명) 부식
(+ voca) = erode 침식하다

☐ 1128
sanitation
[sænətéiʃən]

(명) 위생, 하수 처리
attend to **sanitation** 위생에 주의하다
raise some **sanitation** issues 위생 문제를 제기하다
She is responsible for *sanitation* at the food court.
그녀는 그 식당가의 위생을 책임지고 있다.
sanitary (형) 위생의, 위생적인

☐ 1129
sewage
[sú:idʒ]

(명) 하수, 하수 오물
a **sewage** outlet 하수 배출구
chemically treated **sewage** 화학적으로 처리된 하수
Some cities do not have proper facilities for the disposal of
sewage. 몇몇 도시는 하수 오물 처리 시설을 제대로 갖추고 있지 않다. (기출 예문)

☐ 1130
filter
[fíltər]

(동) 여과하다, 거르다 (명) 여과 장치
filter off impurities 불순물을 여과하여 제거하다
a **filtered** list of items 걸러진 항목 목록
We can make the water safer by passing it through a water
filter. 우리는 물을 여과기에 통과시켜 더 안전하게 할 수 있다.

☐ 1131
disposable
[dispóuzəbəl]

(형) 일회용의; 처분할 수 있는 (명) 일회용품
a **disposable** razor 일회용 면도기
disposable income 가처분 소득
We use a lot of *disposable* products every day.
우리는 매일 많은 일회용 제품을 사용한다.
disposal (명) 폐기, 처분

Test & Reading

A 영어는 우리말로, 우리말은 영어로 쓰시오.

① purify _____
② fertilize _____
③ corrode _____
④ pollute _____
⑤ sanitation _____
⑥ contamination _____
⑦ leak _____
⑧ factor _____
⑨ emit _____
⑩ endanger _____

⑪ 생태학 _____
⑫ 이산화탄소 _____
⑬ 환경 _____
⑭ 여과하다 _____
⑮ 얼룩 _____
⑯ 생태계 _____
⑰ 살충제 _____
⑱ 자원 _____
⑲ 들이쉬다 _____
⑳ 하수 오물 _____

B 빈칸에 공통으로 들어갈 단어는?

① a _____ razor 일회용 면도기   have less _____ income 가처분 소득이 적다
② block the _____ pipe 배수관을 막다   _____ a house 집에 배수 설비를 하다
③ _____ defective products 불량품을 제거하다
   _____ discrimination 차별을 없애다
④ _____ their heritage 그들의 문화 유산을 보존하다 _____ chastity 절개를 지키다

C 다음 빈칸에 알맞은 단어를 〈보기〉에서 골라 넣으시오. (필요하면 형태를 변형하시오.)

[보기]
facility toxic recycle devastate conserve exhaust

① I have ( ) myself swimming.
② The glass from bottles can be ( ).
③ The king's dominion was ( ) by the invading army.
④ Everyone needs to ( ) energy and their resources.
⑤ Fumes from an automobile are ( ).
⑥ They afforded every ( ) for the students.

308 • VIII 자연과 과학

D 이번 테마를 다룬 독해 지문을 읽으면서 관련 어휘의 뜻을 확인해 보자.

The most obvious reason to **recycle** waste is to save **resources**. Paper companies can **preserve** more trees if they collect old paper and make the used paper into new paper. Picking up all the trash paper along the road also **purifies** the **environment**. By saving  trees, they save the earth's **resources**. Companies that make aluminum cans can also save **resources**. As there is a limited supply of aluminum, it will all be gone some day. So, if we **recycle** aluminum cans, we can use the same aluminum over and over again, and in this way we can **conserve** the earth's **resources**.

Translation 폐기물을 recycle하는 가장 명백한 이유는 resources를 절약하는 것이다. 제지 회사들은 폐지를 수집하여 그 헌 종이를 새 종이로 만들면 나무를 preserve할 수 있다. 도로 위의 모든 폐지를 수집하는 것은 또한 environment를 purify한다. 나무를 절약함으로써, 그 회사들은 지구의 resources를 절약한다. 알루미늄 캔을 만드는 회사들도 resources를 절약할 수 있다. 알루미늄은 그 공급량이 제한되어 있기 때문에 언젠가는 모두 없어지고 말 것이다. 그러므로 만약 우리가 알루미늄 캔을 recycle한다면 우리는 동일한 알루미늄을 반복해서 사용할 수 있고, 이러한 방법으로 우리는 지구의 resources를 conserve할 수 있다.

Words • obvious 명백한 • waste 폐기물 • trash 쓰레기 • limited 한정된 • supply 공급

정답 ⓐ

B ① disposable ② drain ③ eliminate ④ preserve
C ① exhausted ② recycled ③ devastated ④ conserve ⑤ toxic ⑥ facility

과학 일반

Link
Rank

39

몸속 투시 안경이 있다! 없다?

| substance | solid | liquid | fusion | vapor |
| 물질 | 고체의 | 액체 | 용해, 융해 | 수증기 |

| element | atomic | particle | compound | density |
| 요소, 원소 | 원자의 | 분자, 입자 | 혼합물 | 밀도, 비중 |

| principle | craft | equipment | electronic | artificial |
| 원리, 원칙 | 기술, 공예 | 장비, 장치 | 전자의 | 인공의 |

| analyze | devise | invent | experiment | fix |
| 분석하다 | 고안하다 | 발명하다 | 실험 | 고치다 |

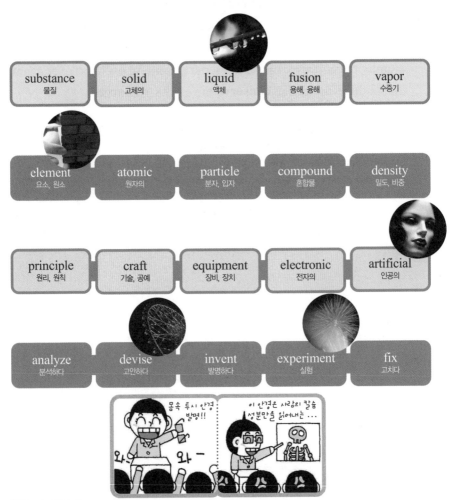

□ 1132
analyze
[ǽnəlàiz]

동 분석하다
analyze the results 결과를 분석하다
analyze the cause of failure 실패 원인을 분석하다
They do not have the tools to *analyze* complex processes.
그들은 복잡한 과정을 분석할 도구를 갖고 있지 않다.
analysis 명 분석

□ 1133
invent
[invént]

동 발명하다; 꾸며내다
invent a new product 새로운 제품을 발명하다
invent an excuse 핑계를 꾸며내다
The newly *invented* microscope was used to investigate his
claim. 새로이 발명된 현미경이 그의 주장을 조사하는 데 사용되었다. (기출 예문)
invention 명 발명, 발명품

□ 1134
surface
[sə́ːrfis]

명 표면, 외양
explore the surface of the moon 달 표면을 탐험하다
sink below the surface 수면 밑으로 가라앉다
The *surface* of the road is rough. 길의 표면이 울퉁불퉁하다.

□ 1135
fix
[fiks]

동 고치다; 고정시키다
fix his bicycle 그의 자전거를 고치다
fix a poster on the wall 벽에 포스터를 붙이다
He tried to *fix* the car by himself. 그는 차를 자기 힘으로 고쳐보려고 했다.
（+ voca） = **mend** 수선하다

□ 1136
equipment
[ikwípmənt]

명 장비, 장치
set up equipment 장비를 설치하다
repair of safety equipment 안전 장비 수리
They provide most of the *equipment* for play.
그들이 경기에 필요한 대부분의 장비를 제공한다.
equip 동 갖추다
（+ voca） = **device** 장치, 고안품

□ 1137
principle
[prínsəpl]

명 원리, 원칙
apply a principle 원리를 적용하다
a fundamental principle 기본 원칙
The shapes of Korean kites are based on scientific
principles. 한국 연들의 형태는 과학적 원리에 기초하고 있다. (기출 예문)

□ 1138
artificial
[àːrtəfíʃəl]

(형) 인공의, 모조의; 가짜의
specialize in **Artificial** Intelligence 인공 지능을 전공하다
implant **artificial** teeth 의치를 끼워 넣다
Sometimes she wears a white dress covered with *artificial* blood. 때로 그녀는 가짜 피가 잔뜩 묻은 하얀색 드레스를 입기도 한다. (기출 예문)
+ voca ↔ **natural** 자연적인

□ 1139
concrete
[kánkriːt]

(형) 구체적인, 유형의
take **concrete** steps 구체적인 수단을 취하다
have no **concrete** evidence 구체적인 증거가 없다
You need to make the situation more *concrete*.
당신은 그 상황을 더욱 구체화시킬 필요가 있다.
+ voca ↔ **abstract** 추상적인

□ 1140
liquid
[líkwid]

(명) 액체 (형) 액체의, 유동성의
drink plenty of **liquids** 많은 물을 마시다
use **liquid** soap 액체 비누를 사용하다
Water passes from a *liquid* to a solid when it freezes.
물이 얼면 액체에서 고체가 된다. (기출 예문)

□ 1141
absorb
[əbzɔ́ːrb]

(동) 흡수하다; 몰두시키다
an **absorbing** film 흡입력 있는 영화
be **absorbed** in reading a book 독서에 열중해 있다
The dry earth *absorbs* water quickly. 마른 땅이 물을 빠르게 흡수한다.
absorption (명) 흡수

□ 1142
element
[éləmənt]

(명) 요소; 원소
chemical **elements** 화학 원소
a key **element** in the decision 결정의 중요한 요소
Good health is an important *element* of our success.
건강은 우리가 성공하는 데 중요한 요소이다.
elemental (형) 요소의, 기본적인

□ 1143
experiment
[ikspérəmənt]

(명) 실험
carry out an **experiment** 실험을 실시하다
prove a theory by **experiment** 실험으로 학설을 증명하다
I believe the *experiment* is highly educational.
나는 이 실험이 상당히 교육적이라고 생각한다. (기출 예문)
experimental (형) 실험의

□ 1144
substance
[sʌ́bstəns]

(명) 물질; 실체
break down a **substance** 물질을 분해하다
a toxic **substance** 유독성 물질
Depression results from an imbalance between two *substances* in the body. 우울증은 몸속에 있는 두 물질간의 불균형 때문에 생긴다.
substantial (형) 물질의; 실질적인
+ voca = material 물질, 재료; 자료

□ 1145
solid
[sɑ́lid]

(형) 고체의; 단단한, 건장한 (명) 고체
a **solid** state 고체 상태
a man of **solid** frame 건장한 체격을 가진 사람
The building has a *solid* foundation. 그 건물은 기초가 견고하다.
+ voca = firm 굳은, 단단한

□ 1146
devise
[diváiz]

(동) 고안하다, 생각해내다
devise a method 방법을 고안하다
devise an effective plan 효과적인 계획을 생각해내다
The traitor *devised* a way to kill the prince.
그 반역자는 왕자를 살해하는 방법을 생각해냈다.
device (명) 고안, 장치

□ 1147
electronic
[ilèktrɑ́nik]

(형) 전자의
study **electronic** engineering 전자 공학을 공부하다
a conference on **electronic** voting 전자 투표에 관한 회의
Electronic media and computer games are becoming more influential. 전자 매체와 컴퓨터 게임이 점점 더 영향력을 갖고 있다. (기출 예문)
electron (명) 전자

□ 1148
transmit
[trænsmít]

(동) 전송하다, 전달하다, 옮기다
transmit by satellite 위성으로 전송하다
transmit a disease to others 병을 다른 사람에게 옮기다
The chemical helps *transmit* nerve impulses.
그 화학 물질은 신경 자극을 전달하도록 도와 준다. (기출 예문)
transmission (명) 전송, 전달

□ 1149
particle
[pɑ́ːrtikl]

(명) 입자, 작은 조각
yellow dust **particles** 황사 입자
choke on a **particle** of food 작은 음식물 조각이 목에 걸리다
Pressure would separate and suspend the *particles*.
압력은 그 입자들을 분리하고 둥둥 뜨게 만들 것이다. (기출 예문)

□ 1150
atomic
[ətámik]

몡 원자의

drop **atomic** bombs 원자 폭탄을 투하하다
peaceful uses of **atomic** energy 원자력의 평화적 이용
Scientists have discovered many new *atomic* particles.
과학자들은 많은 새로운 원자 입자를 발견하였다. (기출 예문)
atom 몡 원자

□ 1151
fusion
[fjú:ʒən]

몡 융합, 용해, 융해

create a **fusion** of cultures 문화 융합을 낳다
the point of **fusion** 융해점
This *fusion* reaction is the basis to make a hydrogen bomb.
이 핵융합 반응이 수소 폭탄을 만드는 기반이다.
fuse 동 융합하다

□ 1152
mixture
[míkstʃər]

몡 혼합, 혼합물

stir the **mixture** 혼합물을 젓다
a **mixture** of surprise and horror 놀라움과 공포감이 뒤섞인 감정
This tasty *mixture* of ham and fish is cooked in a heavy
pot. 이 맛있는 햄과 생선의 혼합물은 큰 냄비에서 조리된다. (기출 예문)
mix 동 혼합하다
+voca = **blend** 혼합, 혼합물

□ 1153
heredity
[hirédəti]

몡 유전; 세습

the role of **heredity** versus environment 유전 대 환경의 역할
gain a better understanding of **heredity** 유전을 더 잘 이해하다
Genes are tiny units of *heredity* located within every living
thing. 유전이란 모든 생물체가 가지고 있는 작은 유전형질 단위이다.
hereditary 형 유전성의; 세습의

□ 1154
craft
[kræft]

몡 기술; 공예

win by **craft** 술책으로 이기다
learn a **craft** 공예를 배우다
The exhibition features traditional bamboo *crafts*.
이 전시회에는 전통 대나무 공예를 선보이고 있다.

□ 1155
compound
[kəmpáund]

몡 혼합물, 화합물 형 합성의 동 혼합하다

remove toxic **compounds** 독성 화합물을 제거하다
a **compound** word 합성어
He elucidated the structure of organic *compounds*.
그는 유기 화합물의 구조를 밝혀냈다.

□ 1156
magnify
[mǽgnəfài]

동 확대하다

magnify an object 10 times 물체를 10배 확대하다
look at a thing through a **magnifying** glass 확대경으로 보다
A microphone is used to *magnify* small sounds.
확성기는 작은 소리를 확대하는 데 쓰인다. (기출 예문)
+ voca = enlarge 크게 하다

□ 1157
vapor
[véipər]

명 수증기, 김

change water into **vapor** 물을 증기로 변화시키다
emit **vapor** 증기를 내뿜다
Humidity is the amount of water *vapor* in the air.
습도는 공기 중의 수증기의 양이다.

□ 1158
density
[dénsəti]

명 밀도, 밀집, 농도

calculate population **density** 인구 밀도를 계산하다
increasing traffic **densities** 증가하는 교통량
Bone *density* has nothing to do with a person's amount of
body fat. 골밀도는 사람의 체지방량과 아무 관련이 없다.
dense 형 밀집한

□ 1159
fragile
[frǽdʒəl]

형 깨지기 쉬운; 허약한

pack **fragile** articles 깨지기 쉬운 물건을 싸다
the nation's **fragile** economy 그 나라의 허약한 경제
Plan with the movers how to move the *fragile* objects.
깨지기 쉬운 물건을 어떻게 나를지 짐꾼들과 계획을 세우시오.
+ voca = brittle 부서지기 쉬운, 깨지기 쉬운

□ 1160
radioactive
[rèidiouǽktiv]

형 방사성의, 방사능의

radioactive fallout 방사성 낙진
radioactive contamination 방사능 오염
She is in charge of managing *radioactive* waste.
그녀는 핵폐기물 관리 책임을 맡고 있다.

□ 1161
fossil
[fásl]

명 화석

form a **fossil** 화석이 되다
dependence on **fossil** fuels 화석 연료 의존도
Scientists are still debating whether the *fossils* represents a
new species. 과학자들은 그 화석이 새로운 종을 나타내는지 아직 논쟁 중이다.

A 영어는 우리말로, 우리말은 영어로 쓰시오.

① atomic _____ ⑪ 유전 _____
② compound _____ ⑫ 입자 _____
③ element _____ ⑬ 원리 _____
④ fragile _____ ⑭ 흡수하다 _____
⑤ artificial _____ ⑮ 고안하다 _____
⑥ density _____ ⑯ 분석하다 _____
⑦ mixture _____ ⑰ 실험 _____
⑧ electric _____ ⑱ 액체 _____
⑨ substance _____ ⑲ 화석 _____
⑩ radioactive _____ ⑳ 구체적인 _____

B 빈칸에 공통으로 들어갈 단어는?

① create a _____ of cultures 문화 융합을 낳다 point of _____ 융해점

② _____ a new product 새로운 제품을 발명하다

  _____ an excuse 핑계를 꾸며내다

③ win by _____ 술책으로 이기다 learn a _____ 공예를 배우다

④ a _____ state 고체 상태 a man of _____ frame 건장한 체격을 가진 사람

C 다음 빈칸에 알맞은 단어를 〈보기〉에서 골라 넣으시오. (필요하면 형태를 변형하시오.)

┌─────────────── 【 보기 】───────────────┐
│ equipment vapor surface fix magnify transmit │
└──────────────────────────────────────┘

① He tried to ( ) the car himself.

② A microphone is used to ( ) small sounds.

③ The ( ) of the road is rough.

④ The chemical helps ( ) nerve impulses.

⑤ Humidity is the amount of water ( ) in the air.

⑥ They provide most of the ( ) for play.

D 이번 테마를 다룬 독해 지문을 읽으면서 관련 어휘의 뜻을 확인해 보자.

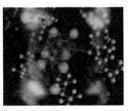

Chemical changes are often called chemical reactions. In a chemical reaction, the original **substances** are named the reactants. The new **substances** are the products. In every chemical reaction, the reactants' **atoms** are rearranged to form the new products. Many chemical reactions fall into one of several main types. Three key types of chemical reactions refer to a synthesis reaction, a replacement reaction, and a decomposition reaction. Synthesis reactions are so named because they involve two separate things joining together to form one **compound**. A decomposition is the opposite. It is the breaking down of a more complex **substance** into two simpler **substances**. A replacement reaction takes place when **elements** switch, or replace each other.

Translation 화학 변화는 종종 화학 작용이라고도 불린다. 화학 작용에서, 원래의 **substance**는 반응물이라고 이름 지어진다. 새로운 **substance**는 생성물이다. 모든 화학 작용에서, 반응물의 **atom**들은 새로운 생성물을 형성하기 위해 재배열된다. 많은 화학 작용들은 몇개의 주요한 형태 중의 하나에 포함된다. 화학 작용의 세 가지 중요한 형태는 합성 작용, 치환 작용, 그리고 분해 작용이다. 합성 작용은 떨어져 있는 두 개의 것이 혼합하여 하나의 **compound**를 만들기 때문에 그렇게 이름 붙여진다. 분해는 그 반대이다. 그것은 더 복잡한 **substance**를 두 개의 더 단순한 **substance**들로 쪼개는 작용이다. 치환 작용은 **element**들이 서로 교환하거나 다른 것을 대신할 때 발생한다.

Words • chemical reaction 화학 작용 • reactant 반응물 • product 생성물 • rearrange 재배치하다 • refer to 언급하다 • synthesis 합성 • replacement 대체 • decomposition 분해 • involve 포함하다 • separate 별개의 • opposite 반대 • complex 복잡한 • replace 대체하다

정답 ⑦

B ① fusion ② invent ③ craft ④ solid
C ① fix ② magnify ③ surface ④ transmit ⑤ vapor ⑥ equipment

과학기술의 발달

Link Rank

40 변신 로봇의 이름, 트랜스포머

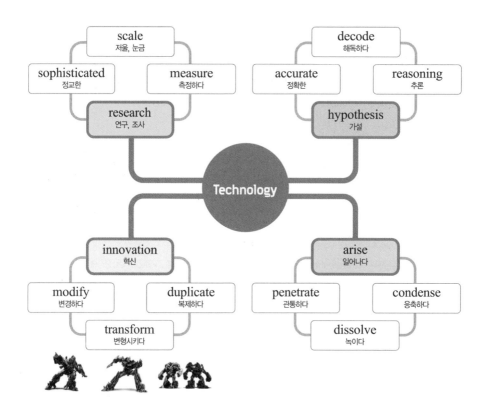

scale
저울, 눈금

sophisticated
정교한

measure
측정하다

research
연구, 조사

decode
해독하다

accurate
정확한

reasoning
추론

hypothesis
가설

Technology

innovation
혁신

modify
변경하다

duplicate
복제하다

transform
변형시키다

arise
일어나다

penetrate
관통하다

condense
응축하다

dissolve
녹이다

□ 1162
research
[risə́:rtʃ]

몡 연구, 조사 동 연구하다
conduct research 연구를 수행하다
research and development department 연구 개발 부서
Mathematical *research* is often filled with mistakes.
수학 연구는 흔히 실수로 가득 차 있다. 기출 예문

➕ voca = **study** 연구

□ 1163
method
[méθəd]

몡 방법
adopt a method 방법을 채택하다
the deductive method 연역법
Canals were the main *method* of transporting goods until
then. 당시에는 운하가 상품 수송의 주된 방법이었다. 기출 예문

□ 1164
measure
[méʒər]

동 측정하다 몡 측정, (계량의) 단위
measure the degree of slope 경사도를 측정하다
a measure of length 길이의 단위
The tailor is *measuring* him for a new suit.
새 양복을 위해 그의 치수를 재는 중이다.
measurement 몡 측량, 치수

□ 1165
technology
[teknálədʒi]

몡 과학기술
apply technology 과학기술을 응용하다
information technology industry 정보 기술 산업
Science has contributed much to modern *technology*.
과학은 현대 과학기술에 많은 기여를 했다.
technological 몡 과학기술의

□ 1166
clone
[kloun]

몡 복제 생물, 복제품 동 복제하다
produce a clone 복제 생물을 만들다
create a cloned cat 복제 고양이를 만들다
He was the first in the world to *clone* human embryos.
그는 세계 최초로 인간 배아를 복제했다.

□ 1167
accurate
[ǽkjərit]

톙 정확한, 정밀한
provide accurate information 정확한 정보를 제공하다
keep accurate records 정확한 기록을 남기다
Accurate measurements show that it is flowing.
정확하게 측정해 보면 그것이 흐르고 있음을 알 수 있다. 기출 예문
accuracy 몡 정확성
➕ voca = **precise** 정확한 ↔ **inaccurate** 부정확한

□ 1168
scale
[skeil]

(명) 저울, 눈금; 규모; 비례
a bathroom scale 욕실 체중계
on a large scale 대규모로
I made a model on a *scale* of half size.
나는 실물의 절반 크기 모형을 만들었다. (기출 예문)

□ 1169
reasoning
[ríːzəniŋ]

(명) 추론, 추리
based on logical reasoning 논리적 추론에 근거한
inductive reasoning 귀납적 추리
The conclusion is based on faulty *reasoning*.
그 결론은 잘못된 추론에 근거하고 있다.
reason (동) 추론하다

□ 1170
innovation
[ìnouvéiʃən]

(명) 혁신, 기술 혁신
be against innovation 혁신에 반대하다
pursue energy innovations 에너지 기술 혁신을 추구하다
There have been recently many *innovations* in service
industries. 서비스 산업에서 최근에 많은 혁신이 있었다.
innovational (형) 혁신적인

□ 1171
modify
[mádəfài]

(동) 변경하다, 수정하다
modify their behavior 그들의 행동을 고치다
genetically modified food 유전자 조작 식품
The landlady has *modified* the terms of lease.
여자 집주인은 임대 조건을 변경하였다. (기출 예문)
modification (명) 변경

□ 1172
sophisticated
[səfístəkèitid]

(형) 정교한, 세련된
feature a sophisticated design 정교한 디자인을 갖추고 있다
have sophisticated tastes 세련된 취향을 갖고 있다
The work demands *sophisticated* skills and equipment.
그 작업은 정교한 기술과 장비를 요한다.
(+ voca) = elaborate 정교한; 공들인　　= delicate 정교한, 섬세한

□ 1173
duplicate
[djúːpləkit]

(동) 복제하다 (명) 복제, 복제품
duplicate a key 열쇠를 복제하다
make a duplicate 사본을 만들다
He was found to have *duplicated* the document.
그가 그 문서를 복사한 것으로 밝혀졌다.
duplication (명) 복제; 중복
(+ voca) = reproduce 재생하다, 복사하다

□ 1174
hypothesis
[haipáθəsis]

몡 가설
form a **hypothesis** 가설을 세우다
refute his **hypothesis** 그의 가설을 반박하다
Let us act on the *hypothesis* that he is honest.
그가 정직하다는 가설에 따라 행동하도록 하자. (기출 예문)

□ 1175
transform
[trænsfɔ́ːrm]

똥 변형시키다, 바꾸다
transform electronic sounds 전자 음향을 변형하다
transform electricity into mechanical energy
전기를 기계 에너지로 바꾸다
I figured out how they *transform* from vehicle to robot in
the moive. 나는 어떻게 그들이 영화 속에서 자동차에서 로봇으로 바뀌는지 알아냈다.
transformation 몡 변형 transformable 옝 변형할 수 있는

□ 1176
infinite
[ínfənit]

옝 무한한, 막대한
infinite space 무한한 공간
infinite patience 무한한 인내심
Every moment of life is of *infinite* value.
삶의 모든 순간은 무한한 가치를 지니고 있다.
(+ voca) ⟷ finite 한정된, 유한의

□ 1177
arise
[əráiz]
arose-arisen

똥 일어나다, 나타나다, 생기다
arise from many causes 많은 원인으로부터 생기다
should the need **arise** 필요하다면
A conflict of opinions *arose* over the technical problem.
그 기술적 문제를 놓고 의견 충돌이 일어났다.

□ 1178
dissolve
[dizálv]

똥 녹이다, 용해시키다; 해산하다
dissolve stubborn stains 찌든 얼룩을 용해시키다
dissolve Parliament 의회를 해산하다
Dissolve two spoons of powder in warm water.
가루 두 스푼을 따뜻한 물에 녹이도록 하라. (기출 예문)
dissolution 옝 용해, 해산
(+ voca) = melt 녹이다, 용해하다

□ 1179
synthetic
[sinθétik]

옝 합성의; 종합의 몡 합성물
a **synthetic** detergent 합성 세제
a **synthetic** judgment 종합적 판단
We developed the *synthetic* fibers that are stronger than
steel. 우리는 강철보다 더 강한 합성 섬유를 개발했다.
synthesis 몡 합성

□ 1180
decode
[diːkóud]

동 해독하다, (암호를) 풀다
decode symbols 상징을 해독하다
decoding equipment 암호 해독 장비
These signals are *decoded* by a television monitor.
이 신호들은 TV 모니터에 의해 해독된다.
+ voca ↔ **encode** 암호화하다

□ 1181
molecule
[máləkjùːl]

명 분자
form a molecule of water 물 분자를 이루다
an ozone molecule 오존 분자
The *molecules* in the liquid-crystal layer rotate.
액정막의 분자들이 순환한다.
molecular 형 분자의

□ 1182
organism
[ɔ́ːrgənìzəm]

명 유기체, 미생물
infect other organisms 다른 유기체를 감염시키다
detect living organisms 살아 있는 유기체를 탐지하다
Every new *organism* begins as a single cell.
모든 새로운 유기체는 하나의 세포로 시작한다. (기출 예문)
organic 형 유기체의, 유기적인

□ 1183
penetrate
[pénətrèit]

동 관통하다, 투과하다, 스며들다
penetrate the body 인체를 관통하다
penetrate a crowd 인파를 뚫고 나아가다
The bullet could not *penetrate* the wall. 총알은 벽을 관통할 수 없었다.
penetration 명 관통
+ voca = **pierce** 꿰뚫다, 관통하다

□ 1184
fetus
[fíːtəs]

명 태아
protect a fetus 태아를 보호하다
disregard the life of the fetus 태아의 생명을 무시하다
It has harmful effects on the *fetus*. 그것은 태아에 해로운 영향을 끼친다.
+ voca = **embryo** (임신 8주까지의) 태아

□ 1185
condense
[kəndéns]

동 응축하다, 압축하다; 요약하다
drink condensed milk 농축 우유를 마시다
condense a paragraph into a sentence
한 문단을 한 문장으로 요약하다
The water vapor *condenses* into clouds. 수증기는 구름으로 응축된다.
condensation 명 응축

□ 1186
alchemy
[ǽlkəmi]

몡 연금술, 비법
be obsessed with **alchemy** 연금술에 집착해 있다
speculate on the **alchemy** 연금술에 대해 숙고하다
Pity changed her feeling as if by *alchemy*.
마치 연금술에 의한 것처럼 동정심이 그녀의 기분을 바꾸어 놓았다. (기출 예문)
alchemist 몡 연금술사

□ 1187
apparatus
[æ̀pəréitəs]

몡 기구, 장치
purchase fire **apparatus** 소방 기구를 구입하다
control the **apparatus** of government 정부 기구를 통제하다
The *apparatus* was useful in testing data.
그 장비는 자료를 시험하는 데 유용했다.
+ voca = **machanism** 기계 장치, 기구

□ 1188
magnet
[mǽgnit]

몡 자석; 사람의 마음을 끄는 사람[물건]
the polarity of a **magnet** 자석의 양극성
the best **magnets** to attract customers
고객을 끌어당기는 인기 상품
The actor was the *magnet* that drew great audiences.
그 배우는 많은 관객을 끌어당긴 사람이었다.
magnetic 톙 자석의; 매력 있는

□ 1189
screw
[skrú:]

몡 나사 톰 나사로 고정하다
loosen a **screw** 나사를 풀다
screw the desk to the floor 책상을 바닥에 나사못으로 고정하다
The *screw* was too tight to turn. 나사가 꽉 조여 있어서 돌릴 수 없었다.

□ 1190
nucleus
[njú:kliəs]

몡 핵; 핵심
the **nucleus** of a cell 세포핵
the **nucleus** of the community 지역 사회의 핵심
The electrons revolve around the *nucleus*.
전자들은 핵의 주위를 돈다. (기출 예문)
nuclear 톙 핵의, 핵무기의

□ 1191
semiconductor
[sèmikəndʌ́ktər]

몡 반도체
invest in **semiconductor** facilities 반도체 설비에 투자하다
semiconductor output growth 반도체 생산 증가
The *semiconductor* industry achieved a trade surplus.
반도체 업계는 무역 흑자를 달성했다.

A 영어는 우리말로, 우리말은 영어로 쓰시오.

① accurate _____ ⑪ 저울 _____
② condense _____ ⑫ 나사 _____
③ modify _____ ⑬ 혁신 _____
④ transform _____ ⑭ 반도체 _____
⑤ alchemy _____ ⑮ 유기체 _____
⑥ duplicate _____ ⑯ 태아 _____
⑦ arise _____ ⑰ 방법 _____
⑧ apparatus _____ ⑱ 분자 _____
⑨ research _____ ⑲ 가설 _____
⑩ technology _____ ⑳ 자석 _____

B 빈칸에 공통으로 들어갈 단어는?

① _____ space 무한한 공간 _____ patience 무한한 인내심

② _____ stubborn stains 찌든 얼룩을 용해시키다

_____ Parliament 의회를 해산하다

③ a _____ detergent 합성 세제 a _____ judgment 종합적 판단

④ _____ the body 인체를 관통하다 _____ a crowd 인파를 뚫고 나아가다

C 다음 빈칸에 알맞은 단어를 〈보기〉에서 골라 넣으시오. (필요하면 형태를 변형하시오.)

┌─────────────[보기]─────────────┐
nucleus measure reasoning decode sophisticated clone
└──────────────────────────────────┘

① He was the first in the world to ( ) human embryos.
② The electrons revolve around the ( ).
③ The conclusion is based on faulty ( ).
④ These signals are ( ) by a television monitor.
⑤ The tailor is ( ) him for a new suit.
⑥ The work demands ( ) skills and equipment.

D 이번 테마를 다룬 독해 지문을 읽으면서 관련 어휘의 뜻을 확인해 보자.

Scientists should be allowed to experiment on human embryos or **fetuses** for medical purposes. Some scientists say that although the **cloning** of human embryos for **research** could cause potential problems, it should nevertheless be allowed to proceed, provided that it is done in strict **methods**. They also point out that the benefits of this kind of **research** far outweigh the problems. For example, cells taken from embryos within two weeks of fertilization are seen as potentially useful for **research** into finding a cure for debilitating diseases such as Parkinson's disease and Alzheimer's.

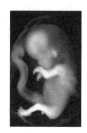

Translation 과학자들이 의학적 목적을 위해서 인간의 (임신 8주까지의) 태아 또는 **fetus**들을 실험하는 것은 허용되어야 한다. 어떤 과학자들은 비록 **research**를 위한 인간 배아 **cloning**이 잠재적인 문제를 야기할 수도 있지만, 그럼에도 불구하고 엄격한 **method**들로 진행된다면 허락되어야 한다고 말한다. 그들은 또한 이런 종류의 **research**가 주는 장점이 문제점보다 훨씬 많다는 것을 지적하기도 한다. 예를 들어, 수정이 된지 2주 내에 태아로부터 얻어진 세포는 파킨슨병이나 치매처럼 쇠약하게 만드는 질병의 치료법을 찾는 **research**에 잠정적인 도움을 줄 것으로 여겨진다.

Words • potential 잠재적인 • nevertheless 그럼에도 불구하고 • proceed 진행되다
• point out ~을 지적하다 • outweigh 더 중대하다 • fertilization 수정 • debilitating 쇠약하게 하는
• Alzheimer's (disease) 치매

정답

B ① infinite ② dissolve ③ synthetic ④ penetrate
C ① clone ② nucleus ③ reasoning ④ decoded ⑤ measuring ⑥ sophisticated

Link Rank

47 노트북은 Notebook이 아니다

컴퓨터와 통신

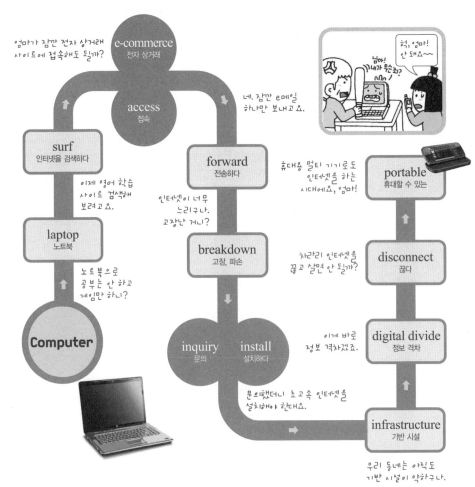

엄마가 잠깐 전자 상거래 사이트에 접속해도 될까?

e-commerce
전자 상거래

헉, 엄마! 안 돼요~~

넘아! 내가 무슨죄?

네, 잠깐 e메일 하나만 보내고요.

access
접속

surf
인터넷을 검색하다

이제 영어 학습 사이트 검색해 보려고요.

forward
전송하다

portable
휴대할 수 있는

휴대용 멀티 기기로도 인터넷을 하는 시대예요, 엄마!

인터넷이 너무 느리구나. 고장난 거니?

laptop
노트북

노트북으로 공부는 안 하고 게임만 하니?

breakdown
고장, 파손

disconnect
끊다

차라리 인터넷을 끊고 살면 안 될까?

Computer

inquiry
문의

install
설치하다

digital divide
정보 격차

이게 바로 정보 격차겠죠.

문의했더니 초고속 인터넷을 설치해야 한대요.

infrastructure
기반 시설

우리 동네는 아직도 기반 시설이 약하구나.

□ 1192
access
[ǽkses]

명 접근; 접속; 진입로
be denied access 접근이 거부되다
get access to classified information 기밀 정보에 접근할 수 있게 되다
We live in a world of instant *access* to information.
우리는 정보에 즉각 접속 가능한 세계에 살고 있다. (기출 예문)
accessible 형 접근하기 쉬운

□ 1193
mobile
[móubəl]

형 이동성의, 기동력 있는 명 휴대전화
a mobile library 이동 도서관
a mobile industry 휴대전화 산업
A woman held her *mobile* phone at her ear.
한 여자가 휴대전화를 귀에 대고 있었다.
mobility 명 이동성, 기동성

□ 1194
inquiry
[inkwáiəri]

명 문의; 조사
welcome inquiries from readers 독자들의 문의를 환영하다
conduct an exhaustive inquiry 철저한 조사를 하다
The committee held an official *inquiry* into the matter.
위원회는 그 문제에 대한 공식적인 조사를 실시했다. (기출 예문)
inquire 동 문의하다; 조사하다

□ 1195
attached
[ətǽtʃt]

형 첨부된, 붙어 있는
remove the attached file 첨부 파일을 제거하다
be attached to an e-mail file 전자 우편 파일에 첨부되다
The small yard is *attached* to the front of my house.
작은 뜰이 우리집 앞에 붙어 있다.
attach 동 첨부하다, 붙이다 attachment 명 첨부 문서, 부착

□ 1196
install
[instɔ́ːl]

동 설치하다; 임명하다
install a different computer system 다른 컴퓨터 시스템을 설치하다
have a telephone installed 전화를 개설하다
The plumber is coming to *install* the new washing machine. 배관공이 새 세탁기를 설치하러 올 것이다.
installation 명 설치; 장비
+ voca = set up 설치하다

□ 1197
security
[sikjúəriti]

명 안전; 보장
tighten up security 보안을 강화하다
a social security number 사회 보장 번호
They concluded a mutual *security* agreement.
그들은 상호 안보 협정을 체결했다. (기출 예문)
secure 형 안전한 동 지키다; 보증하다

□ 1198
virtual
[vэ́:rtʃuəl]

(형) 가상의, 허상의; 실질적인
run **virtual** advertising 가상 광고를 하다
virtual head of the business 회사의 실질적인 우두머리
We can make friends on *virtual* space.
우리는 가상공간에서 친구를 사귈 수 있다.
virtually (부) 가상으로; 사실상

□ 1199
compatible
[kəmpǽtəbəl]

(형) 호환 가능한, 양립 가능한
mutually **compatible** computers 상호 호환 가능한 컴퓨터들
be **compatible** with one another 서로 양립 가능하다
Your computers must be *compatible* with the external hard
drive. 여러분의 컴퓨터는 외장형 하드 드라이브와 호환 가능해야 한다.
compatibility (명) 호환성
(+ voca) ↔ **incompatible** 호환성이 없는, 양립할 수 없는

□ 1200
surf
[sə:rf]

(동) 인터넷을 검색하다; 파도타기를 하다
enjoy **surfing** the internet 인터넷 검색을 즐기다
speed up web **surfing** 인터넷 검색 속도를 높이다
I often *surf* the internet for technical terms.
나는 전문용어를 찾기 위해 인터넷을 자주 검색한다.

□ 1201
store
[stɔ:r]

(동) 저장하다, 비축하다 (명) 저장소, 비축
store large-capacity files 대용량 파일을 저장하다
store food for the winter 겨울에 대비해 식량을 비축하다
Food can be *stored* at low temperatures in a refrigerator.
냉장고에서는 음식을 저온에 보관할 수 있다. (기출 예문)
(+ voca) = **save** 저축하다; 저장하다

□ 1202
delete
[dilí:t]

(동) 삭제하다
delete entire contents 내용 전체를 삭제하다
restore the **deleted** history 삭제된 역사를 복원하다
Delete bad email before it gets to your computer.
유해 메일이 네 컴퓨터에 영향을 주기 전에 그것을 삭제하시오.
deletion (명) 삭제
(+ voca) = **erase** 지우다   = **remove** 제거하다

□ 1203
portable
[pɔ́:rtəbl]

(형) 휴대할 수 있는 (명) 휴대용 기구
a **portable** radio 휴대용 라디오
design a **portable** device 휴대용 장비를 설계하다
I'm planning to purchase a new *portable* media player soon.
나는 곧 새로운 휴대용 미디어 플레이어를 구입할 계획이다.

□ 1204
anonymous
[ənániməs]

(형) **익명의**
receive an **anonymous** letter 익명의 편지를 받다
remain **anonymous** 익명으로 남다
An *anonymous* benefactor donated 2 million dollars.
한 익명의 기부자가 2백만 달러를 기부했다. (기출 예문)

□ 1205
extension
[ikstén∫ən]

(명) **확장, 연장; 내선**
give an **extension** 기한을 연장해 주다
have an **extension** cord 전기 연결선이 있다
The *extension* of the subway line will create more jobs.
지하철 노선 확장으로 더 많은 일자리가 창출될 것이다.
extend (동) 확장하다 extensive (형) 넓은, 광범위한

□ 1206
forward
[fɔ́:rwərd]

(동) **전송하다** (부) **앞으로** (형) **앞의**
forward letters to a new address 편지를 새 주소로 전송하다
move **forward** with plan 계획을 추진하다
The soldiers marched steadily *forward*.
군인들은 꾸준히 앞으로 행진하였다.
（+ voca） ↔ backward 뒤로

□ 1207
disconnect
[dìskənékt]

(동) **(전화 등을) 끊다, 분리하다, 관계를 끊다**
disconnect all open files 모든 열려 있는 파일의 연결을 끊다
disconnect the power source 전원을 차단하다
I was *disconnected* four times today. 오늘 통화가 네 번이나 끊겼다.
disconnection (명) 단절, 분리

□ 1208
cyberspace
[sáibərspèis]

(명) **사이버 공간, 인터넷**
exist only in **cyberspace** 사이버 공간 안에만 존재하다
outside of **cyberspace** 사이버 공간 밖에서
Cyberspace is full of various kinds of political parodies.
사이버 공간은 온갖 종류의 정치적 패러디로 가득하다.

□ 1209
digital divide
[dídʒitl diváid]

(명) **정보 격차**
create a new kind of **digital divide** 새로운 종류의 정보 격차를 낳다
the **digital divide** between rural and urban areas
시골과 도시 지역의 정보 격차
The president strived to narrow the *digital divide*.
대통령은 정보 격차를 좁히기 위해 노력했다.

□ 1210
breakdown
[bréikdàun]

(명) 고장, 파손; 붕괴; 쇠약
avoid family breakdowns 가정 붕괴를 피하다
have a nervous breakdown 신경 쇠약이 있다
Computer *breakdowns* are difficult to repair completely.
컴퓨터 고장은 완벽하게 고치기 어렵다.

□ 1211
patent
[pǽtənt]

(명) 특허(권), 특허품 (형) 특허의
obtain a patent 특허를 얻다
infringe a patent 특허권을 침해하다
They fought a legal battle over the *patent* rights.
그들은 특허권을 두고 법적으로 싸웠다.

□ 1212
telecommuting
[teləkəmjúːtiŋ]

(명) 재택근무
start telecommuting 재택근무를 시작하다
search for telecommuting jobs 재택근무 일자리를 찾아보다
My employer allowed *telecommuting*.
내 고용주는 재택근무를 허락해 주었다.
telecommute (동) 재택근무하다

□ 1213
telegraph
[téləgræf]

(명) 전보, 전신 (동) 전보를 치다, 전신으로 보내다
telegraph the information 그 정보를 전보로 알리다
telegraph money order 전신환
The tragic news was sent by *telegraph*.
그 비극적인 소식은 전보로 보내졌다.

□ 1214
laptop
[lǽptàp]

(명) 노트북 컴퓨터
plug in my laptop 내 노트북 컴퓨터를 연결하다
spare him a laptop 그에게 노트북 컴퓨터를 빌려 주다
I notice you're using a PT3000 *laptop*.
네가 PT3000 노트북 컴퓨터를 쓰고 있는 것을 봤어. (기출 예문)
desktop 탁상용 컴퓨터

□ 1215
peripheral
[pərífərəl]

(명) 주변 장치 (형) 주변의; 말초의
the peripheral nervous system 말초 신경계
computer and its peripherals 컴퓨터와 그 주변 장치
Peripherals may not include internal devices.
주변 장치는 내부 장치를 포함하지 않을 수도 있다.
periphery (명) 주변

□ 1216
compress
[kəmprés]

(동) 압축하다, 압박하다
download a **compressed** file 압축 파일을 내려 받다
compress into two pages 두 페이지로 압축하다
Poor posture *compresses* the body's organs.
나쁜 자세는 신체 기관을 압박한다.

□ 1217
built-in
[bíltín]

(형) 내장된; 붙박이의
a phone with a **built-in** antenna 안테나 내장형 휴대폰
make **built-in** bookcases 붙박이 책장을 만들다
My mobile phone has a *built-in* camera.
내 휴대전화는 내장형 카메라를 갖추고 있다.

□ 1218
infrastructure
[ínfrəstrÀktʃər]

(명) 기반 시설; 하부 구조
build up the IT **infrastructure** IT 기반 시설을 구축하다
funding of **infrastructure** 기반 시설에 대한 자금 조달
The city has the *infrastructure* to become a global center.
그 도시는 세계적인 중심지가 될 만한 기반 시설을 갖추고 있다.

□ 1219
subscription
[sÀbskrípʃən]

(명) 가입; 예약 구독; 기부금
renew **subscription** 예약 구독을 갱신하다
collect **subscriptions** 기부금을 걷다
The site requires no *subscription* fee. 이 사이트는 가입비가 필요 없다.
subscribe (동) 예약 구독하다; 기부하다

□ 1220
e-commerce
[í:kɑ̀məːrs]

(명) 전자 상거래
support **e-commerce** 전자 상거래를 지원하다
build an **e-commerce** site 전자 상거래 사이트를 구축하다
Complex *e-commerce* laws affect online businesses.
복잡한 전자 상거래법이 온라인 사업에 영향을 미친다.

보·너·스·어·휘

약어

- ASAP = As Soon As Possible 가능한 한 빨리
- DIY = Do It Yourself 스스로 하세요
- B&B = Bed and Breakfast 숙박과 아침식사
- M&A = Merger and Acquisition 인수 합병
- IOU = I Owe You 차용증서
- PE = Physical Education 체육(시간)
- ATM = Automatic Teller Machine 현금자동인출기
- AI = Artificial Intelligence 인공지능, 로봇
- TGIF = Thank God It's Friday 금요일(주말)임에 감사해요
- CEO = Chief Executive Officer 최고 경영자

A 영어는 우리말로, 우리말은 영어로 쓰시오.

① infrastructure _____   ⑪ 주변 장치 _____
② forward _____   ⑫ 저장하다 _____
③ digital divide _____   ⑬ 설치하다 _____
④ compress _____   ⑭ 전보 _____
⑤ built-in _____   ⑮ 가상의 _____
⑥ inquiry _____   ⑯ 전자 상거래 _____
⑦ laptop _____   ⑰ 삭제하다 _____
⑧ disconnect _____   ⑱ 호환 가능한 _____
⑨ telecommuting _____   ⑲ 특허 _____
⑩ cyberspace _____   ⑳ 접근 _____

B 빈칸에 공통으로 들어갈 단어는?

① a _____ radio 휴대용 라디오   design a _____ device 휴대용 장비를 설계하다
② avoid family _____ 가정 붕괴를 피하다
   have a nervous _____ 신경 쇠약이 있다
③ give an _____ 기한을 연장해 주다   have an _____ cord 전기 연결선이 있다
④ tighten up _____ 보안을 강화하다   a social _____ number 사회 보장 번호

C 다음 빈칸에 알맞은 단어를 〈보기〉에서 골라 넣으시오. (필요하면 형태를 변형하시오.)

┌─────────────[보기]─────────────┐
│   mobile   attached   surf   subscription   anonymous   │
└──────────────────────────────────┘

① I often ( ) the internet for technical terms.
② The site requires no ( ) fee.
③ The small yard is ( ) to the front of my house.
④ An ( ) benefactor donated 2 million dollars.
⑤ A woman held her ( ) phone at her ear.

D 이번 테마를 다룬 독해 지문을 읽으면서 관련 어휘의 뜻을 확인해 보자.

It will no longer be necessary to commute to and from work. Instead, everything will be done at home with the help of teleconferencing. There are already an estimated ten million  **telecommuters** in the world today. In the future, all we will need may be an electronic communication system with a robot secretary. The Internet has the enormous potential to change the way we do business, which is referred to as e-business. New ways of business will develop and be accepted in **e-commerce**. Different sorts of **virtual** transaction systems will be used. However, no **virtual** transaction system will be free from **security** problems.

Translation 직장으로 출퇴근하는 것은 더 이상 필요하지 않을 것이다. 대신에 화상회의의 도움으로 모든 것이 집에서 이루어질 것이다. 오늘날 이미 전 세계에는 약 천만 명의 **telecommuter**들이 있다. 미래에는 로봇 비서를 갖춘 전자 통신 시스템만 필요할지도 모른다. 인터넷은 우리가 상거래를 하는 방식을 변화시킬 상당한 잠재력을 가지고 있으며, 이는 인터넷 사업이라고 일컬어진다. 새로운 방식의 사업이 개발되어 **e-commerce**로 이루어질 것이다. 다양한 종류의 **virtual** 거래 시스템이 사용될 것이다. 하지만, 어떠한 **virtual** 거래 시스템도 **security** 문제로부터 자유로울 수는 없을 것이다.

Words • commute 통근하다 • teleconferencing 화상회의 • estimate 주정하다
• secretary 비서 • enormous 거대한 • potential 잠재력 • be referred to as ~라고 불리다
• transaction 거래

우주와 해양

Link Rank

42 내 몸에 GPS 있다

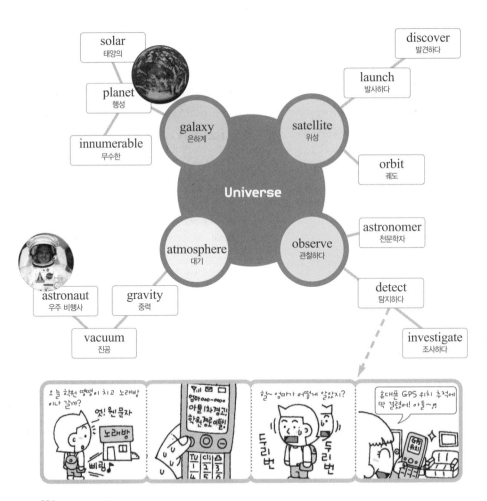

solar 태양의

planet 행성

innumerable 무수한

galaxy 은하계

discover 발견하다

launch 발사하다

satellite 위성

orbit 궤도

Universe

astronomer 천문학자

observe 관찰하다

atmosphere 대기

detect 탐지하다

astronaut 우주 비행사

gravity 중력

investigate 조사하다

vacuum 진공

□ 1221
atmosphere
[ǽtməsfiər]

몡 대기; 분위기
pollute the atmosphere 대기를 오염시키다
feel a carnival atmosphere 축제 분위기를 느끼다
The *atmosphere* is heated from below. 대기는 아래에서부터 뜨거워진다.

□ 1222
explode
[iksplóud]

동 폭발하다, 폭파시키다; (감정이) 격발하다
explode the cave 동굴을 폭파시키다
explode with laughter 웃음을 터뜨리다
The bomb *exploded* at a busy railway junction.
그 폭탄은 북적이는 환승역에서 폭발했다. 기출 예문
explosion 몡 폭발

□ 1223
investigate
[invéstəgèit]

동 조사하다, 연구하다
investigate the case thoroughly 사건을 철저히 조사하다
investigate field of archaeology 고고학 분야를 연구하다
The police *investigated* the cause of the accident.
경찰은 그 사고의 원인을 조사했다. 기출 예문
investigation 몡 조사

□ 1224
observe
[əbzə́:rv]

동 관찰하다, 관측하다; 준수하다
observe the behavior of birds 새의 행동을 관찰하다
observe the school code 교칙을 준수하다
He *observed* the height of the sun all day long.
그는 하루 종일 태양의 고도를 관측했다.
observation 몡 관찰 observance 몡 준수

□ 1225
discover
[diskʌ́vər]

동 발견하다, 알아내다
discover new facts 새로운 사실을 발견하다
discover it by accident 그것을 우연히 발견하다
Gold ore was *discovered* in California in 1848.
금광석이 1848년에 캘리포니아에서 발견되었다. 기출 예문
discovery 몡 발견
+ voca = find out 발견하다, 찾아내다

□ 1226
detect
[ditékt]

동 찾아내다, 탐지하다
detect a fake 위조품을 찾아내다
detect the strong smell of smoke 짙은 연기 냄새를 탐지하다
A safety-monitoring committee *detected* the problems.
안전 감시 위원회는 그 문제들을 찾아냈다.
detection 몡 탐지 detective 몡 탐정

□ 1227
universe
[júːnəvəːrs]

명 우주; 만물
unlock the mysteries of the **universe** 우주의 신비를 밝히다
all things in the **universe** 우주에 있는 만물
The *universe* is infinite in theory. 우주는 이론적으로 무한하다.
universal **형** 우주의; 보편적인

□ 1228
astronaut
[ǽstrənɔːt]

명 우주 비행사
be retired as an **astronaut** 우주 비행사로 은퇴하다
discuss other **astronauts** 다른 우주 비행사들에 대해 이야기하다
Korea's first *astronaut* Lee So-yeon returned to earth
safely. 한국 최초의 우주 비행사 이소연이 안전하게 지구로 돌아왔다.

□ 1229
astronomer
[əstránəmər]

명 천문학자
be famous as an **astronomer** 천문학자로 유명하다
named for the **astronomer** 천문학자의 이름을 딴
Dutch *astronomer* Christian Huygens constructed the first
pendulum clock.
네덜란드의 천문학자 **Christian Huygens**가 최초의 추시계를 만들었다. (기출 예문)
astronomical **형** 천문학의

□ 1230
gravity
[grǽvəti]

명 중력, 인력; 중대성
the law of **gravity** 중력의 법칙
the **gravity** of the situation 상황의 중대성
The only force acting is *gravity*. 작용하는 유일한 힘은 중력이다.
gravitational **형** 중력의

□ 1231
vacuum
[vǽkjuəm]

명 진공; 공백
put the **vacuum** cleaner in the corner 진공 청소기를 구석에 두다
fill the power **vacuum** 권력 공백을 메우다
Unlike light, sound does not travel in a *vacuum*.
빛과는 달리, 소리는 진공 상태에서 전달되지 않는다.

□ 1232
launch
[lɔːntʃ]

동 발사하다; (신제품 등을) 내놓다; 개시하다
launch a missile 미사일을 발사하다
launch a new product 새 상품을 시장에 내놓다
They *launched* the campaign with "Freedom" as the
slogan. 그들은 "자유"를 표어로 내걸고 그 운동을 개시했다. (기출 예문)
+ voca = release 출시하다 = set to 착수하다

□ 1233
orbit
[ɔ́ːrbit]

⑱ 궤도 ⑧ 궤도를 돌다
draw a circular **orbit** 원 궤도를 그리다
put a satellite into **orbit** 위성을 궤도에 진입시키다
The spacecraft successfully went into *orbit* around Mars.
그 우주선이 화성 궤도에 성공적으로 진입했다.

□ 1234
rotate
[róuteit]

⑧ 회전하다, 선회하다; 윤작하다
rotate through 360 degrees 360도 회전하다
rotate crops in fields 밭에서 작물을 윤작하다
The fact that the earth *rotates* is apparent to everybody.
지구가 자전한다는 사실은 모든 사람에게 분명하다. (기출 예문)
rotation ⑱ 회전
+ voca = revolve 회전하다, 선회하다

□ 1235
space
[speis]

⑱ 우주; 공간; 장소
be in **space** 우주에 있다
stare into the vacant **space** 빈 공간을 응시하다
There is no more *space* to save any new files.
새 파일을 저장할 공간이 더 이상 없다.
spatial ⑲ 우주의; 공간의
+ voca = room 장소; 여지

□ 1236
planet
[plǽnit]

⑱ 행성
the nearest **planet** to Earth 지구에 가장 가까운 행성
the future of our **planet** 우리 지구의 미래
Pluto is now the farthest *planet* from the sun.
명왕성은 현재 태양에서 가장 멀리 떨어진 행성이다. (기출 예문)
planetary ⑲ 행성의

□ 1237
blast
[blæst]

⑱ 돌풍; 폭발 ⑧ 폭파하다
victims of bomb **blast** 폭탄 폭발로 인한 희생자
blast the enemy's positions 적의 요충지를 폭파시키다
250 people were killed in the *blast*. 250명이 그 돌풍으로 숨졌다.
+ voca = explosion 폭발

□ 1238
wreck
[rek]

⑱ 난파, 조난, 난파선 ⑧ 난파시키다
save a ship from a **wreck** 배의 조난을 구조하다
be **wrecked** in a storm 폭풍우로 조난하다
Unfortunately, he disappeared in the *wreck*.
불행히도 그는 그 조난 사고로 실종되었다.

□ 1239
telescope
[téləskòup]

(명) 망원경
look through a telescope 망원경으로 보다
collapse a telescope 망원경을 접다
They viewed the night sky through *telescopes*.
그들은 망원경을 통해 밤하늘을 보았다.

□ 1240
hemisphere
[hémisfìər]

(명) 반구; 대뇌 반구
the northern hemisphere 북반구
the left cerebral hemisphere 대뇌 좌반구
They researched three automobile markets in different
hemispheres. 그들은 상이한 반구에 있는 세 개의 자동차 시장을 조사했다.

□ 1241
chaos
[kéiɑs]

(명) 혼돈, 대혼란, 무질서
be in political chaos 정치적 혼란 상태에 있다
avoid traffic chaos 교통 대란을 피하다
Elite troops used the cover of *chaos* to attack Catholic
churches. 정예 부대는 혼란을 구실로 가톨릭 교회를 공격했다. (기출 예문)
chaotic (형) 혼돈스러운
(+ voca) **= confusion** 혼란

□ 1242
satellite
[sǽtəlàit]

(명) 위성, 인공위성
inject the satellite into its orbit 위성을 궤도에 쏘아 올리다
a satellite state 위성 국가
The *satellite* can measure minute movements of the earth's
surface. 이 위성은 지구 표면의 미세한 움직임을 측정할 수 있다. (기출 예문)

□ 1243
mineral
[mínərəl]

(명) 광물, 무기물
mineral products 광산물
mineral matter 광물질
They have completed extraction of all *minerals* and coal.
그들은 모든 광물과 석탄의 채광을 마쳤다.

□ 1244
galaxy
[gǽləksi]

(명) 은하계, 은하수
the existence of other galaxies 다른 은하계의 존재
a galaxy of Hollywood stars 기라성 같은 할리우드 스타들
Astronomers discovered one of the most distant *galaxies*.
천문학자들은 가장 멀리 있는 은하계 중 하나를 발견했다. (기출 예문)

□ 1245
innumerable
[injú:mərəbəl]

(형) 무수한, 셀 수 없이 많은
face **innumerable** problems 무수한 문제에 직면하다
perform **innumerable** miracles 무수한 기적을 행하다
He makes *innumerable* excuses whenever things go wrong.
상황이 나빠질 때마다 그는 무수한 변명들을 꾸며낸다.
+ voca ↔ **numerable** 셀 수 있는 = **countless** 무수한

□ 1246
solar
[sóulər]

(형) 태양의, 태양의 작용에 의한; 양력의
utilize **solar** power 태양력을 이용하다
in the **solar** system 태양계에서
Solar cells generate electricity directly when struck by sunlight. 태양 전지는 햇빛을 받으면 바로 전기를 발생시킨다. 기출 예문

□ 1247
lunar
[lú:nər]

(형) 달의, 달의 작용에 의한; 음력의
see **lunar** rock samples 달 암석 표본을 보다
according to the **lunar** calendar 음력으로
This year's *lunar* eclipse can be seen from Europe.
올해의 월식은 유럽에서 볼 수 있다.

□ 1248
terrestrial
[təréstriəl]

(형) 지상의; 육지의; 지구의
a threat to **terrestrial** broadcasters 지상파 방송사들에 대한 위협
terrestrial radiation 지구 복사열
Terrestrial animals are animals that live on land.
육서동물은 지상에 사는 동물이다.

□ 1249
anchor
[æŋkər]

(명) 닻; (뉴스의) 사회자 (동) 정박하다; 앵커를 맡다
cast **anchor** 닻을 내리다
ride at **anchor** 정박해 있다
The *anchor* caught in the mud of the lake bottom.
닻이 호수 바닥의 진흙에 끼었다. 기출 예문
anchorage (명) 닻을 내림

□ 1250
comet
[kámit]

(명) 혜성
discover a new **comet** 새로운 혜성을 발견하다
the tail of a **comet** 혜성의 꼬리
The orbit of this *comet* intersects the orbit of the Earth.
이 혜성의 궤도는 지구의 궤도를 가로지른다. 기출 예문

Test & Reading

A 영어는 우리말로, 우리말은 영어로 쓰시오.

① chaos _____
② hemisphere _____
③ galaxy _____
④ solar _____
⑤ blast _____
⑥ space _____
⑦ planet _____
⑧ lunar _____
⑨ detect _____
⑩ universe _____

⑪ 혜성 _____
⑫ 발견하다 _____
⑬ 조사하다 _____
⑭ 회전하다 _____
⑮ 관찰하다 _____
⑯ 천문학자 _____
⑰ 광물 _____
⑱ 폭발하다 _____
⑲ 우주 비행사 _____
⑳ 망원경 _____

B 빈칸에 공통으로 들어갈 단어는?

① the law of _____ 중력의 법칙   the _____ of the situation 상황의 중대성
② cast _____ 닻을 내리다   ride at _____ 정박해 있다
③ _____ a missile 미사일을 발사하다
   _____ a new product 새 상품을 시장에 내놓다
④ inject the _____ into its orbit 위성을 궤도에 쏘아 올리다
   a _____ state 위성 국가

C 다음 빈칸에 알맞은 단어를 〈보기〉에서 골라 넣으시오. (필요하면 형태를 변형하시오.)

┌─────────────── [보기] ───────────────┐
  vacuum terrestrial atmosphere wreck innumerable orbit
└──┘

① The spacecraft successfully went into (   ) around the Mars.
② Unfortunately, he disappeared in the (   ).
③ He makes (   ) excuses whenever things go wrong.
④ (   ) animals are animals that live on land.
⑤ The (   ) is heated from below.
⑥ Unlike light, sound does not travel in a (   ).

D 이번 테마를 다룬 독해 지문을 읽으면서 관련 어휘의 뜻을 확인해 보자.

Scientists learn about the **Universe** by the light that we can see. The light is in the form of radio waves, X-ray, and gamma ray emission. But what if there is material that does not glow? How will we ever know it is there? Such

material is called dark matter and **astronomers** now believe that most of the material in the **Universe** is made of this stuff. It is **mineral** that does not emit sufficient light for us to directly **detect** it. However, there are a variety of ways that we can indirectly **observe** it. The most common method involves the fact that the dark matter has a **gravitational** pull on both the light and the sources of light. This allows us to measure how heavy dark matter is.

Translation 과학자들은 우리가 보는 빛을 이용해서 Universe에 대해 배운다. 빛은 전파, 엑스레이, 감마선 방출의 형태를 띠고 있다. 그러나 만약 우주에 빛을 내지 못하는 물질이 있다면 어떨까? 그것이 존재한다는 것을 어떻게 알 수 있을까? 그것은 암흑물질이라고 하는 것으로 astronomer들은 Universe의 대부분의 물질들이 이런 성분으로 구성되어 있다고 이제는 믿고 있다. 그것은 우리가 그것을 직접적으로 detect할 수 있을 만큼의 충분한 빛을 방출하지 못하는 mineral이다. 그러나 우리가 그것을 간접적으로 observe할 수 있는 다양한 방법들이 있다. 가장 흔한 방법은 암흑물질이 빛과 광원에 미치는 gravitational의 당기는 힘을 가지고 있다는 사실을 포함하고 있다. 이것은 암흑물질이 얼마나 무거운지 측정할 수 있게 해 준다.

Words • radio wave 전파 • emission 방출 • stuff 물질, 성분 • sufficient 충분한
• indirectly 간접적으로 • allow A to B A가 B할 수 있게 하다

정답 👆

B ① gravity ② anchor ③ launch ④ satellite
C ① orbit ② wreck ③ innumerable ④ terrestrial ⑤ atmosphere ⑥ vacuum

Link
Rank

수리적 이해

43 + − × ÷ 를 영어로?

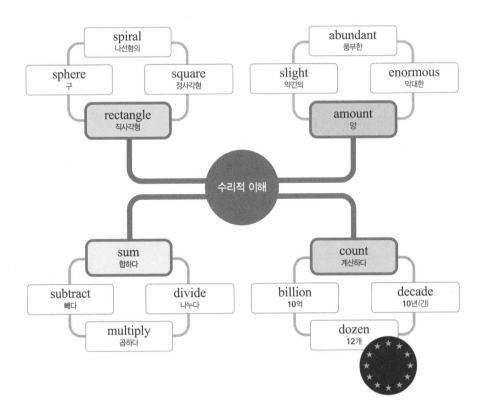

□ 1251
amount
[əmáunt]

명 양; 총액, 총계　**동** ~에 달하다

figure out an amount 양을 계산하다
amount to five million dollars 5백만 달러에 달하다
Fruits contain a large *amount* of water and vitamin.
과일은 많은 양의 수분과 비타민을 포함하고 있다.

□ 1252
approximate
[əpráksəmèit]

형 대략의; 근접한　**동** ~에 가깝다

the approximate size of this room 이 방의 대략적인 크기
at an approximate cost of $10 대략 10달러의 비용으로
His account *approximated* to the truth. 그의 이야기는 진실에 가까웠다.
approximately **부** 대략

□ 1253
considerable
[kənsídərəbəl]

형 상당한

a considerable sum of money 상당한 액수의 돈
have considerable influence 상당한 영향을 끼치다
It seems to be a matter of *considerable* complexity.
그것은 상당히 복잡한 문제인 듯하다. （기출 예문）
considerably **부** 상당히, 꽤

□ 1254
quantity
[kwántəti]

명 양

quantity-driven expansion 양 위주의 확장
consume great quantities of chips 많은 감자칩을 소비하다
He tends to focus on quality than *quantity* of homework.
그는 과제의 양보다 질에 더 집중하는 경향이 있다.

□ 1255
abundant
[əbʌ́ndənt]

형 풍부한, 많은

be abundant in energy resources 에너지 자원이 풍부하다
have abundant evidence 많은 증거가 있다
This seaweed is often *abundant* on the West Coast.
이 해초는 흔히 서부 해안에 많이 있다. （기출 예문）
abundance **형** 풍부, 다량

□ 1256
enormous
[inɔ́ːrməs]

형 막대한, 엄청난

gather enormous attention 막대한 관심을 모으다
a man of enormous size 덩치가 엄청나게 큰 사람
Celebrities are often under *enormous* pressure to do good.
유명인들은 종종 선행을 해야 한다는 엄청난 압력을 받는다.
enormously **부** 막대하게
+ voca = immense 거대한, 막대한

□ 1257
vast
[væst]

형 거대한, 광대한
a **vast** tidal wave 거대한 해일
spend a **vast** sum of money 거액을 쓰다
We feel awe when we stand near *vast* mountains.
광대한 산 근처에 서 있으면 우리는 경외감을 느낀다. 기출 예문

vastly 부 광대하게

□ 1258
permanent
[pə́ːrmənənt]

형 영구적인, 종신의
a **permanent** peace agreement 영구 평화 협정
secure **permanent** employment 종신 고용을 보장하다
He is seeking a *permanent* job. 그는 평생 직장을 찾고 있다.
permanently 부 영원히
➕ voca = constant 지속적인 = eternal 영원한

□ 1259
temporary
[témpərèri]

형 일시적인, 임시의
cause **temporary** paralysis 일시적인 마비를 일으키다
get a **temporary** job 임시직을 구하다
The drop in sales is only a *temporary* phenomenon.
판매 감소는 일시적 현상일 뿐이다.

temporarily 부 일시적으로, 임시로

□ 1260
decade
[dékeid]

명 10년(간)
the first **decade** of the 19th century 19세기의 첫 10년간
reach his eighth **decade** 그의 나이 80에 이르다
Many trees were uprooted in the worst storm of the *decade*.
10년만의 최악의 폭풍으로 많은 나무들의 뿌리가 뽑혔다. 기출 예문

□ 1261
length
[leŋkθ]

명 길이
be 50 meters in **length** 길이가 50미터이다
speak at **length** 상세하게 이야기하다
The *length* of this computer screen is twice its breadth.
이 컴퓨터 화면의 길이는 그 폭의 두 배이다.

lengthen 동 늘이다

□ 1262
count
[kaunt]

동 계산하다, 세다; ~라고 생각하다; 중요하다 명 계산, 셈
count from one to five 1에서 5까지 세다
count on him 그에게 의지하다
Let's *count* heads so we can buy tickets for the show.
사람 수를 세어 공연 티켓을 사자.

countable 형 셀 수 있는

□ 1263
slight
[slait]

형 약간의, 적은; 경미한
after a **slight** hesitation 약간 망설이다가
have a **slight** acquaintance 조금 알다
He is absent under the *slightest* pretence.
그는 아주 조그만 핑계라도 있으면 결석한다. (기출 예문)

slightly 🖣 약간

□ 1264
plenty
[plénti]

명 풍부함, 많음
yield **plenty** of fruit 열매를 많이 맺다
have **plenty** of sleep 잠을 충분히 자다
The doctor advised her to drink *plenty* of water.
의사는 그녀에게 물을 많이 마시라고 충고했다.

plentiful 🖲 풍부한

□ 1265
sum
[sʌm]

명 총계, 총액; 요점 동 합하다; 요약하다
earn large **sums** of money 거액의 돈을 벌다
to **sum** up 요약하면
The total *sum* of tuition fee is well over 300 dollars these days. 요즘 수업료 총액이 3백 달러를 훨씬 웃돈다.

□ 1266
vertical
[və́ːrtikəl]

형 수직의 명 수직선
draw **vertical** lines 수직선을 그리다
out of the **vertical** 수직에서 벗어나
Floors are horizontal and walls are *vertical*.
바닥은 수평이고 벽은 수직이다. (기출 예문)

(+ voca) ↔ horizontal 수평의 = upright 똑바로 선, 수직의

□ 1267
multiply
[mʌ́ltəplài]

동 곱하다; 증가하다; 번식하다
multiply two by five 2에 5를 곱하다
multiply five times 5배로 증가하다
Flies *multiply* more rapidly in warm climates.
파리는 온난한 기후에서 더 빨리 번식한다.

multiplication 🖲 곱셈; 증식, 증가

□ 1268
divide
[diváid]

동 나누다, 분할하다
divide eight by two 8을 2로 나누다
divide equally 이등분하다
His sons *divided* their inheritance without any problem.
그의 아들들은 아무런 문제 없이 유산을 나누어 가졌다.

division 🖲 나누기

□ 1269
spiral
[spáiərəl]

형 나선형의 명 나선형 동 나선형을 그리다; 상승하다
climb in a spiral 나선형으로 올라가다
spiraling oil prices 유가 상승
Spiral pattern is one of the most attractive patterns for us.
나선형 무늬는 우리에게 가장 매력적인 무늬 중 하나이다.

□ 1270
subtract
[səbtrǽkt]

동 빼다, 공제하다
subtract two from six 6에서 2를 빼다
learn how to subtract 뺄셈을 배우다
You have to *subtract* 25% tax from the sum you receive.
당신이 받는 총액에서 세금 **25%**를 공제해야 한다. (기출 예문)
subtraction 명 뺄셈, 삭감
➕ voca = **deduct** 빼다, 공제하다

□ 1271
sphere
[sfíər]

명 구; 천체; 영역
the surface of a sphere 구의 표면
invade the spheres of privacy 사생활의 영역을 침범하다
A *sphere* is round in any directions. 구는 모든 방향에서 둥글다.
spherical 형 구형의

□ 1272
width
[widθ]

명 폭, 너비
be 5 feet in width 폭이 5피트이다
at the shoulder width 어깨 너비로
Many customers are not concerned about the car's *width*.
많은 고객들은 그 차의 폭에는 신경을 쓰지 않는다.
wide 형 넓은 widen 동 넓히다
➕ voca = **breadth** 폭

□ 1273
rectangle
[rétæ̀ŋgəl]

명 직사각형
draw a rectangle 직사각형을 그리다
the four sides of a rectangle 직사각형의 네 변
The school playground was a large *rectangle*.
학교 운동장은 커다란 직사각형 모양이었다.
rectangular 형 직사각형의

□ 1274
square
[skwέər]

명 정사각형; 광장; 제곱, 평방 형 정사각형의
per square meter 평방미터당
need a square piece of paper 정사각형 종이 조각이 필요하다
People celebrate the coming of the new year in Times
Square. 사람들은 타임스 광장에서 새해가 오는 것을 축하한다.
squarely 부 정사각형으로; 정면으로

□ 1275
triple
[trípəl]

⟨형⟩ 3배의 ⟨동⟩ ~을 3배로 하다 ⟨명⟩ 3배
get a triple crown 삼관왕이 되다
have a triple purpose 세 가지 목적이 있다
Automobile production is expected to *triple* by 2012.
자동차 생산이 **2012**년에 세 배가 될 것으로 기대된다.

□ 1276
dozen
[dʌ́zn]

⟨명⟩ 12개
sell eggs by the dozen 달걀을 다스 단위로 팔다
a baker's dozen 빵집의 1dozen(13개)
The cost of a *dozen* roses rose twofold as a result of high
demand. 많은 수요로 **12**송이의 장미 가격이 **2**배로 올랐다. (기출 예문)

□ 1277
billion
[bíljən]

⟨명⟩ 10억 ⟨형⟩ 10억의
assess a house at one billion dollars 집을 10억 달러로 평가하다
about fifteen billion years ago 대략 150억 년 전에
Billions of dollars go to the salaries of sports heroes each
year. 매년 수십 억 달러의 돈이 스포츠 영웅들의 봉급으로 나간다. (기출 예문)

□ 1278
diameter
[daiǽmitər]

⟨명⟩ 지름, 직경
5 inches in diameter 직경 5인치
have a diameter of 30 meters 지름이 30미터이다
Its *diameter* is about 10 meters. 그것의 직경은 약 **10**미터이다.
⊕ voca **radius** 반지름, 반경

□ 1279
dot
[dɑt]

⟨명⟩ 점 ⟨동⟩ 점을 찍다; 점재하다
mark a dot 점을 찍다
on the dot 정각에, 제시간에
Draw two *dotted* lines that will quarter the flower.
꽃을 4등분하는 두 점선을 그려라. (기출 예문)

- dozens of 수십의
- thousands of 수천의
- hundreds of 수백의
- tens of thousands of 수만의
- hundreds of thousands of 수십만의
- millions of 수백만의
- tens of millions of 수천만의
- hundreds of millions of 수억의
- billions of 수십억의
- tens of billions of 수백억의
- hundreds of billions of 수천억의
- trillions of 수조의
- zillions of (가상적인) 엄청난 수의

A 영어는 우리말로, 우리말은 영어로 쓰시오.

① quantity _____   ⑪ 직사각형 _____

② vast _____   ⑫ 구 _____

③ abundant _____   ⑬ 나선형의 _____

④ subtract _____   ⑭ 정사각형 _____

⑤ enormous _____   ⑮ 일시적인 _____

⑥ plenty _____   ⑯ 폭 _____

⑦ slight _____   ⑰ 곱하다 _____

⑧ divide _____   ⑱ 10년간 _____

⑨ triple _____   ⑲ 10억 _____

⑩ approximate _____   ⑳ 지름 _____

B 빈칸에 공통으로 들어갈 단어는?

① 50 meters in _____ 길이가 50미터인 speak at _____ 상세하게 이야기하다

② mark a _____ 점을 찍다   on the _____ 정각에

③ sell eggs by the _____ 달걀을 다스 단위로 팔다 a baker's _____ 13개

④ _____ from one to five 1에서 5까지 세다 _____ on him 그에게 의지하다

C 다음 빈칸에 알맞은 단어를 〈보기〉에서 골라 넣으시오. (필요하면 형태를 변형하시오.)

┏━━━━━━━━━━━━ 【 보기 】━━━━━━━━━━━━┓
    amount   vertical   considerable   permanent   sum
┗━━━━━━━━━━━━━━━━━━━━━━━━━━━━━━━━━━┛

① He is seeking a (   ) job.

② The total (   ) of tuition fee is well over 300 dollars these days.

③ It seems to be a matter of (   ) complexity.

④ Floors are horizontal and walls are (   ).

⑤ Fruits contain a large (   ) of water and vitamin.

D 이번 테마를 다룬 독해 지문을 읽으면서 관련 어휘의 뜻을 확인해 보자.

With a compass, you can draw circles with a certain radius or a certain **diameter**. To do this, make a **dot** for the center of the circle you want to draw, and open the compass to the **length** of the radius of the circle. Put one point of the compass on a piece of paper. Keeping the point still, swing the arm of the compass around until it draws a circle. Now, try to draw a circle with a **diameter** 4 centimeters. Since the **diameter** of a circle is always twice its radius, open the compass to a **length** of 2 centimeters.

Translation 여러분들은 컴퍼스를 가지고 일정한 반지름이나 diameter를 가진 원을 그릴 수 있다. 원을 그리기 위해서, 여러분들이 그리고자 하는 원의 중심에 dot를 찍고, 컴퍼스를 원의 반지름을 length만큼 벌려라. 컴퍼스의 한 쪽 끝을 종이 위에 대고, 그 끝을 고정시킨 다음, 컴퍼스를 원이 그려질 때까지 돌려라. 자, 이제 diameter가 4cm인 원을 그려보자. 원의 diameter는 언제나 원의 반지름의 두 배이기 때문에, 컴퍼스의 length를 2cm 넓이로 벌려야 한다.

Words • compass (제도용) 컴퍼스 • still 정지한 • swing around 회전시키다

정답 🔒

B ①length ②dot ③dozen ④count
C ①permanent ②sum ③considerable ④vertical ⑤amount

—도표와 그래프

Link
Rank

44

사랑을 그래프로 그리면

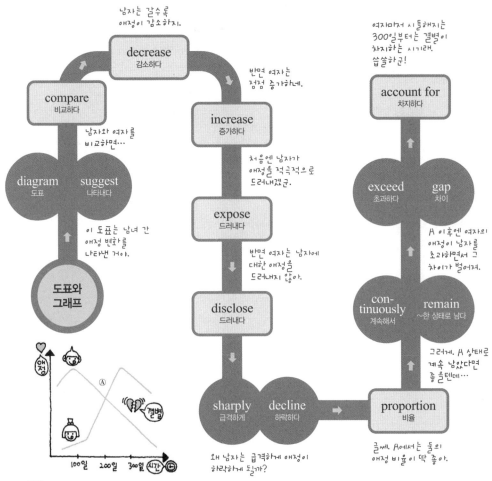

남자는 갈수록 애정이 감소하지.

decrease 감소하다

반면 여자는 점점 증가하네.

compare 비교하다

남자와 여자를 비교하면…

diagram 도표

suggest 나타내다

이 도표는 남녀 간 애정 변화를 나타낸 거야.

도표와 그래프

increase 증가하다

처음엔 남자가 애정을 적극적으로 드러내겠군.

expose 드러내다

반면 여자는 남자에 대한 애정을 드러내지 않아.

disclose 드러내다

sharply 급격하게

decline 하락하다

왜 남자는 급격하게 애정이 하락하게 될까?

proportion 비율

글쎄, A에서는 둘의 애정 비율이 딱 좋아.

여자마저 시들해지는 300일부터는 결별이 차지하는 시기래. 씁쓸하군!

account for 차지하다

exceed 초과하다

gap 차이

A 이후엔 여자의 애정이 남자를 초과하면서 그 차이가 벌어져.

con-tinuously 계속해서

remain ~한 상태로 남다

그러게, A 상태로 계속 남았다면 좋을텐데…

□ 1280
compare
[kəmpέər]

동 비교하다
(as) compared to the developed countries 선진국과 비교할 때
compare my ability to the other's 내 능력을 다른 사람과 비교하다
Sales rose 5 percent in August *compared* to the last year.
작년과 비교할 때 판매가 **5%** 증가했다.
comparison 명 비교

□ 1281
indicate
[índikèit]

동 가리키다; 나타내다, 암시하다
indicate the shop 그 가게를 가리키다
indicate a different approach 다른 접근을 암시하다
The figures *indicate* a 3 percent rise in household debt.
이 수치들은 가구 부채가 **3%** 증가했음을 나타낸다.
indication 명 암시, 표시

□ 1282
suggest
[səgdʒést]

동 제안하다; 나타내다, 암시하다
suggest a hike 도보 여행을 제안하다
make a suggestion 제안하다
This chart *suggests* that the poor tend to smoke more.
이 도표는 가난한 사람들이 담배를 더 피우는 경향이 있음을 나타낸다.
suggestion 명 제안; 시사

□ 1283
demonstrate
[démənstrèit]

동 논증하다; ~임을 보여 주다; 시위를 하다
demonstrate his courage 그의 용감함을 보여 주다
demonstrate against the war 반전 시위를 하다
Demonstrate that the earth goes round the sun.
지구가 태양 주위를 돈다는 것을 논증하라. (기출 예문)
demonstration 명 논증; 시위

□ 1284
show
[ʃóu]

동 보여 주다, 나타내다; 표시하다
show no mercy 자비를 베풀지 않다
show him contempt 그를 경멸하다
These statistics *show* deaths per 1,000 of population.
이 통계 자료는 인구 천 명당 사망자 수를 보여 준다. (기출 예문)

□ 1285
expose
[ikspóuz]

동 드러내다; 폭로하다; 노출하다
expose a system rife with errors 오류로 가득한 체계를 폭로하다
expose your skin to the sun 햇빛에 피부를 노출하다
Corporate networks were constantly *exposed* to external
attack. 회사 통신망이 외부의 공격에 끊임없이 노출되었다.
exposure 명 노출
+ voca ↔ **hide** 감추다, 숨기다

□ 1286
disclose
[disklóuz]

(동) 드러내다; 밝히다; 털어놓다
disclose the number of servers 서버 수를 보여 주다
disclose details 세부 사항을 밝히다
A review of the facts *disclosed* his error.
사실에 대한 재조사로 그의 잘못이 드러났다. (기출 예문)
disclosure (명) 공개; 폭로

□ 1287
decline
[dikláin]

(동) 기울다, 하락하다; 거절하다 (명) 하락; 쇠퇴
be in a state of **decline** 하락세에 있다
decline the offer 그 제의를 거절하다
A prime reason for our economic *decline* is lack of
investment. 경기 하락의 주요 원인은 투자 부족이다. (기출 예문)

□ 1288
increase
[inkrí:s]

(동) 증가하다, 늘리다 (명) 증가
increase in price 가격 상승
increase the pace of reforms 개혁 속도를 높이다
The number of women faculty members has *increased* by
250% since 1975. 여자 교수의 수는 **1975**년 이후 **250%** 증가했다.
increasingly (부) 점점 더

□ 1289
decrease
[dikrí:s]

(동) 감소하다, 줄이다 (명) 감소
be on the **decrease** 감소하고 있다
decrease the size of grants 보조금 규모를 줄이다
Sales of recorded music has *decreased* due to the illegal
downloads. 불법 다운로드로 인해 음반 판매량이 감소했다.

□ 1290
remain
[riméin]

(동) ~인 채로 있다, 여전히 ~이다 (명) 나머지; 유적
remain motionless 움직이지 않고 있다
remain unfocused 집중되지 않은 상태로 있다
My goals often *remain* unfulfilled.
나의 목표는 종종 이루어지지 않은 채로 남겨진다.
+ voca = **stay** 머무르다; ~인 채로 있다

□ 1291
reveal
[riví:l]

(동) 드러내다, 폭로하다; 나타내다
reveal his ignorance 그의 무지를 드러내다
reveal a decline 감소를 나타내다
Moles *reveal* a person's character. 점은 사람의 성격을 드러낸다.
revelation (명) 폭로; 계시

□ 1292
exceed
[iksíːd]

동 **초과하다**; 능가하다
exceed the age limit 제한 연령을 초과하다
exceed in number 수적으로 능가하다
His expenditure *exceeds* his income. 그의 지출은 그의 수입을 초과한다.
excess 명 초과, 과잉

□ 1293
account for
[əkáunt fər]

동 **~의 비율을 차지하다**; 설명하다; ~의 원인이 되다
account for a third of their salaries 그들 봉급의 3분의 1을 차지하다
account for the incident 그 사건을 설명하다
People aged 65 years or older *account for* 50% of the population of the district.
65세 이상의 노인이 그 지역 인구의 **50%**를 차지한다.

□ 1294
equal
[íːkwəl]

형 **동등한**; (수량, 거리 등이) 같은 명 동등한 것
have an **equal** opportunity 균등한 기회를 갖다
have no **equal** 필적할 만한 사람이 없다
All people are *equal* before the law. 모든 사람은 법 앞에서 평등하다.
equality 명 동등, 평등

□ 1295
average
[ǽvəridʒ]

형 **평균의** 명 평균
be about **average** height 키가 보통이다
be above **average** 평균 이상이다
Our company restricts staff from working for more than an *average* of 48 hours a week.
우리 회사는 직원들이 주간 평균 **48**시간 이상 일하는 것을 제한하고 있다.

□ 1296
rate
[réit]

명 **비율**; 시세; 등급 동 평가하다
a rise in interest **rates** 이자율 상승
at any **rate** 어쨌든
The postwar birth *rate* increased rapidly.
전후 출생률은 급속히 증가했다. (기출 예문)
+ voca = ratio 비, 비율

□ 1297
continuously
[kəntínjuəsli]

부 **계속해서**
stir **continuously** 계속 휘젓다
continuously updated geographic information
계속해서 갱신되는 지리 정보
The number of blood donors has *continuously* decreased.
헌혈자 수가 계속해서 감소했다.
continuous 형 계속적인

□ 1298
uncover
[ʌnkʌ́vər]

동 폭로하다, 털어놓다; 적발하다
uncover a secret 비밀을 폭로하다
uncover a plot 음모를 적발하다
He *uncovered* clues to the development of cancers.
그는 암 발병에 대한 단서를 밝혀냈다.

□ 1299
proportion
[prəpɔ́ːr∫ən]

명 비율; 몫
in proportion to ~에 비례하여
have a well-proportioned form 균형 잡힌 체격이다
The *proportion* of girls to boys in our class is one to five.
우리 반의 여학생 대 남학생의 비율은 1대 3이다.

□ 1300
equivalent
[ikwívələnt]

형 대등한; 맞먹는 명 대등한 것
an equivalent sum 같은 액수
be equivalent to that word 그 말에 해당하는
An inch is *equivalent* to exactly 2.54 centimeters.
1인치는 정확히 2.54센티미터와 같다.

□ 1301
percentage
[pərséntidʒ]

명 비율, 백분율
in percentage terms 비율로 말하면
be expressed as a percentage 백분율로 표시되다
The *percentage* of CO2 emissions is greater from power utilities than from transportation. 전력 설비에서 나오는 이산화탄소 비율이 운송 부문에서 나오는 이산화탄소 비율보다 더 크다. 기출 예문

□ 1302
sharply
[∫áːrpli]

부 급격히; 심하게; 첨예하게
rise sharply 급격히 상승하다
be sharply divided 첨예하게 갈라서다
Our share of the market has decreased *sharply* this year.
우리의 시장 점유율이 올해 급격히 감소했다. 기출 예문
sharp 형 날카로운
+ voca = **rapidly** 급속히

□ 1303
follow
[fálou]

동 ~의 뒤에 오다; 뒤따르다
A be followed by B A 다음에 B가 오다
be followed by a press conference 이어서 기자 회견이 있다
An autograph signing will *follow* after the show.
쇼가 끝난 후 사인회가 있을 것이다.
following 형 다음의

☐ 1304
unlike
[ʌnláik]

(전) ~와 달리 (형) ~같지 않은
unlike his brother 그의 형과 달리
be **unlike** him 그 사람답지 않다
Unlike a stream, a glacier cannot be seen to move.
시냇물과 달리, 빙하는 움직이는 것을 볼 수 없다. (기출 예문)
unlikely (형) 있음직하지 않은

☐ 1305
unfold
[ʌnfóuld]

(동) 펴다, 펼치다; 나타내다
unfold the blankets 담요를 펼치다
watch history **unfold** 역사가 펼쳐지는 것을 보다
It *unfolds* the link that binds them together.
그것은 그것들을 함께 묶어주는 연결 고리를 보여 준다.

☐ 1306
gap
[gæp]

(명) 차이, 격차; 틈
overcome generation **gap** 세대 차이를 극복하다
close a **gap** 갈라진 틈을 메우다
The *gap* between rich and poor is still widening.
빈부 격차가 여전히 커지고 있다. (기출 예문)

☐ 1307
per
[pə́:r]

(전) ~당, ~마다, ~에 의하여
10 persons **per** square mile 평방마일당 10명
cost $5 **per** year 해마다 5달러가 들다
A typhoon is approaching at a velocity of 20 km *per* hour.
태풍이 시속 20킬로미터의 속도로 접근 중이다. (기출 예문)

☐ 1308
diagram
[dáiəgræm]

(명) 도표; 도해
prepare a **diagram** 도표를 준비하다
a **diagram** of the structure of the organization 조직도
The above *diagram* shows simple electrical circuits.
위의 도해는 간단한 전기 회로를 보여 준다.

☐ 1309
two-thirds
[tu:θə́:rdz]

(명) 3분의 2
two-thirds of our customers 우리 고객의 3분의 2
two-thirds of those who exercise 운동하는 사람의 3분의 2
Two-thirds of adult Americans are overweight.
미국 성인의 3분의 2가 과체중이다.

A 영어는 우리말로, 우리말은 영어로 쓰시오.

① proportion _____ ⑪ 초과하다 _____
② account for _____ ⑫ 계속해서 _____
③ gap _____ ⑬ 평균 _____
④ reveal _____ ⑭ 동등한 _____
⑤ expose _____ ⑮ 논증하다 _____
⑥ compare _____ ⑯ 감소하다 _____
⑦ indicate _____ ⑰ 증가하다 _____
⑧ percentage _____ ⑱ 뒤따르다 _____
⑨ suggest _____ ⑲ 비율 _____
⑩ disclose _____ ⑳ 3분의 2 _____

B 빈칸에 공통으로 들어갈 단어는?

① _____ a secret 비밀을 폭로하다 _____ a plot 음모를 적발하다
② be in a state of _____ 하락세에 있다 _____ the offer 그 제의를 거절하다
③ _____ his brother 그의 형과 달리 be _____ him 그 사람답지 않다
④ _____ the blankets 담요를 펼치다
  watch history _____ 역사가 펼쳐지는 것을 보다

C 다음 빈칸에 알맞은 단어를 〈보기〉에서 골라 넣으시오. (필요하면 형태를 변형하시오.)

┏━━━━━━[보기]━━━━━━┓
show per equivalent remain sharply diagram
┗━━━━━━━━━━━━━━━━━━┛

① An inch is ( ) to exactly 2.54 centimeters.
② Our share of the market has decreased ( ) this year.
③ These statistics ( ) deaths per 1,000 of population.
④ The above ( ) shows simple electrical circuits.
⑤ My goals often ( ) unfulfilled.
⑥ A typhoon is approaching at a velocity of 20km ( ) hour.

D 이번 테마를 다룬 독해 지문을 읽으면서 관련 어휘의 뜻을 확인해 보자.

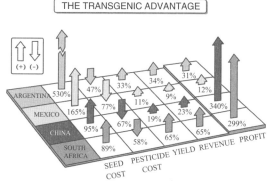

This **diagram indicates** the economic advantages of transgenic cotton farming over conventional farming in four countries in 2003. In all of the countries, the seed cost was higher for the transgenic crop than that for the conventional one. However, lower pesticide costs, higher yields, and higher revenues made the transgenic crop more profitable. The profit **ratio** varied from country to country. In Argentina, the **ratio** of the transgenic seed cost to the cost of the conventional seed was higher than that of the other countries. In China, the profit **rate** of the transgenic crop to the conventional crop was the highest, **followed** by South Africa. Among the nations, Mexico's crop **showed** the lowest **rate** in terms of yield and profit as **compared** to the conventional crop.

Translation 이 diagram은 2003년 4개국의 재래식 농업에 대한 유전자 이식 면화 농업의 경제적 장점을 indicate한다. 모든 나라들에서 유전자 변형 작물에 대한 씨앗 비용은 재래식보다 높았다. 하지만, 더 낮은 살충제 비용, 더 높은 수확량, 그리고 더 높은 소득 총액이 유전자 이식 작물을 유리하게 만들었다. 수익 ratio는 나라마다 달랐다. 아르헨티나의 경우 재래식 작물에 대한 유전자 이식 작물의 씨앗 비용의 ratio는 다른 나라들보다 높았다. 전통 작물에 대한 유전자 이식 작물의 수익 rate는 중국이 가장 높았으며 남아프리카가 그 뒤를 follow했다. 그 나라들 중에서 멕시코의 (유전자 이식) 작물은 전통 작물과 compare했을 때 수확량과 수익에 있어서 가장 낮은 rate를 show했다.

Words • advantage 이익, 이점 • transgenic 유전자 이식의 • conventional 재래식의, 전통적인 • pesticide 살충제 • cost 비용 • yield 수확량; 양보하다 • revenue 수익성 • profitable 이익이 되는 • vary 다양하다

정답 🔒

B ① uncover ② decline ③ unlike ④ unfold
C ① equivalent ② sharply ③ show ④ diagram ⑤ remain ⑥ per

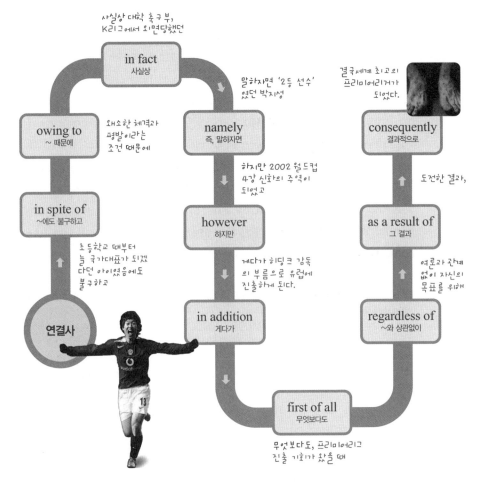

Link Rank
연결사

45

박지성은 평발이었음에도 불구하고

사실상 대한 축구부,
K리그에서 외면당했던

in fact
사실상

말하자면 '2등 선수'
였던 박지성

결국 세계 최고의
프리미어리거가
되었다.

owing to
~ 때문에

왜소한 체격과
평발이라는
조건 때문에

namely
즉, 말하자면

consequently
결과적으로

하지만 2002 월드컵
4강 신화의 주역이
되었고

도전한 결과,

in spite of
~에도 불구하고

however
하지만

as a result of
그 결과

초등학교 때부터
늘 국가대표가 되겠
다던 아이였음에도
불구하고

게다가 히딩크 감독
의 부름으로 유럽에
진출하게 된다.

여론과 관계
없이 자신의
목표를 위해

연결사

in addition
게다가

regardless of
~와 상관없이

first of all
무엇보다도

무엇보다도, 프리미어리그
진출 기회가 왔을 때

□ 1310
accordingly
[əkɔ́:rdiŋli]

(부) **따라서, 그러므로**

The cost of materials rose sharply last year. *Accordingly*, this increase was passed on to the consumer in higher prices.

작년에 재료비가 급등했다. 따라서 인상분은 소비자들에게 높은 가격으로 돌아갔다.

+ voca = **according to** ~에 따라, ~에 의하면

□ 1311
since
[sins]

(부) **~이므로, ~이니까**

Since Sam has never been unhappy with his occupation, he cannot understand the attitude of those who have no desire to take up any occupation.

Sam은 그의 직업에 만족하지 않은 적이 없기 때문에, 어떤 다른 직업을 시작해 보려고 하지 않는 사람들의 태도를 이해할 수 없다. (기출 예문)

□ 1312
therefore
[ðέərfɔ̀:r]

(부) **그러므로**

The camera is becoming more skillful and talented than ever before. *Therefore,* in recent years, multiple screen viewing has been gaining popularity.

카메라는 예전 어느 때보다 더 성능이 좋아지고 있다. 그래서 최근에는 한 화면에서 여러 장면을 보는 것이 인기를 끌고 있다.

□ 1313
hence
[hens]

(부) **그래서, 따라서**

Oil prices for home heating are expected to rise this winter. *Hence*, many residents are turning to wood stoves to reduce heating costs. 가정 난방용 석유 가격이 올 겨울 인상될 것으로 예상된다. 따라서 많은 주민들은 난방 비용을 줄이기 위해 나무 난로로 교체하고 있다.

□ 1314
besides
[bisáidz]

(부) **~외에도, 게다가**

Besides keeping it extraordinarily fit through regular exercise and balanced diet, he maintains excellent health by always caring for his body diligently.

그는 규칙적인 운동과 균형잡힌 식사를 통해 몸을 아주 건강하게 유지할 뿐 아니라, 자신의 몸을 항상 부지런히 돌봄으로써 뛰어난 건강을 유지한다.

□ 1315
furthermore
[fə́:rðərmɔ̀:r]

(부) **더욱이**

I think the American people turned against this bill and *furthermore* they don't trust Congress. 나는 미국인들이 이 법안에 대해 반감을 가지고 있다고 생각한다. 더욱이 그들은 국회를 신뢰하지 않는다.

☐ 1316
moreover
[mɔ:róuvər]

(튀) 게다가, 더욱이

I would not like to go skating; *moreover* the ice is too thin to bear my weight.

나는 스케이트 타러 가고 싶지 않다. 게다가 얼음이 너무 얇아서 내 무게를 지탱할 수 없다.

☐ 1317
except
[iksépt]

(튀) ~을 제외하고

In the 17th century, Londoners of every sort enjoyed the theater, *except* some strict people who thought it wasted time that should have been spent working.

연극이 노동에 쓰여야 했던 시간을 낭비한다고 생각했던 몇몇 엄격한 사람들을 제외하고, 17세기에 모든 부류의 런던 사람들은 연극을 즐겼다. (기출 예문)

☐ 1318
however
[hauévər]

(튀) 하지만, 그렇지만

We take in water mainly by drinking. *However*, there is plenty of water in most solid foods.

우리는 주로 마시는 것으로 물을 섭취한다. 그러나 고형 음식물 속에도 물이 많이 들어 있다.

☐ 1319
although
[ɔ:lðóu]

(튀) 비록 ~일지라도

Although our night vision is not as good as that of a cat, our color vision is excellent.

비록 우리의 야간 시력은 고양이의 시력만큼 좋지는 않지만, 우리의 색깔에 대한 시력은 탁월하다. (기출 예문)

☐ 1320
otherwise
[ʌðərwàiz]

(튀) 그렇지 않으면

We should reduce our product cost, *otherwise* we are going to get into big trouble.

생산 비용을 줄여야 한다. 그렇지 않으면 우리는 큰 문제에 봉착하게 될 것이다. (기출 예문)

☐ 1321
nevertheless
[nèvərðəlés]

(튀) 그럼에도 불구하고

Controversial matters involving the two groups were discussed; *nevertheless*, most of the representatives remained calm.

두 집단 간의 쟁점이 논의되었으나 대부분의 대표들은 침묵을 지켰다.

□ 1322
in spite of

(부) ~에도 불구하고

People continue to enjoy travel and the exchange of goods and ideas *in spite of* all the different kinds of barriers.

사람들은 온갖 종류의 장애에도 불구하고 계속해서 여행과 물자 및 생각의 교류를 즐긴다.

□ 1323
in conclusion

(부) 결론적으로

In conclusion, the most important feature to look for in accounting software is the ability to customize the product and tailor it to your specific needs.

결론적으로 회계 소프트웨어에서 찾아야 할 가장 중요한 특성은 그 제품을 개인화할 수 있는 그리고 그것을 귀하의 특정한 필요에 따라 맞출 수 있는 능력이다. [기출 예문]

□ 1324
in other words

(부) 다시 말해서

The most recent definition of development emphasizes sustainable development. *In other words*, it is development which aims to protect, not destroy, the earth's resources.

발전의 가장 최근의 정의는 지속 가능한 발전을 강조한다. 다시 말하면, 그것은 지구의 자원을 파괴하지 않고 보호하는 것을 목표로 삼는 발전이다. [기출 예문]

□ 1325
for instance

(부) 예를 들면

Over the last thirty years crop yields have increased sharply. *For instance*, the corn yield has gone up more than 40% in that period.

지난 **30**년간 곡물 수확량이 크게 증가했다. 예를 들면, 옥수수 수확량은 그 기간에 **40%** 이상 증가했다.

□ 1326
on the contrary

(부) 정반대로

It doesn't seem ugly to me; *on the contrary*, I think it's rather beautiful.

내가 볼 땐 그것이 추하지 않다. 오히려 난 그것이 꽤 아름답다고 생각한다.

(+voca) = in (by) contrast 대조적으로

□ 1327
regardless of

(부) ~와 상관없이

The plan for a new office tower went ahead *regardless of* local opposition.

새로운 사무실 건물 건립 계획은 지역의 반대와 상관없이 진행되었다.

□ 1328
similarly
[símələrli]

㉫ 마찬가지로, 유사하게

Soaring eagles have the incredible ability to see a mouse in the grass from a mile away. *Similarly*, cats have the extraordinary ability to see in the dark.

비상하고 있는 독수리는 1마일이나 떨어져 있는 풀밭에 있는 쥐를 볼 수 있는 엄청난 능력을 가지고 있다. 마찬가지로, 고양이는 어둠 속에서도 볼 수 있는 비범한 능력을 지니고 있다. (기출 예문)

□ 1329
namely
[néimli]

㉫ 즉, 말하자면

In this lecture, I want to address about a major threat to our society, *namely* AIDS.

이 강연에서 저는 우리 사회가 당면한 중대 위협, 즉 에이즈에 대해 말씀드리고자 합니다.

□ 1330
unless
[ənlés]

㉫ ~이 아닌 경우에는

Even for ordinary women, it was not acceptable to go alone *unless* they were selling something.

보통의 여성들도 물건을 파는 것이 아니라면 혼자 다니는 것은 용납될 수 없었다. (기출 예문)

□ 1331
consequently
[kánsikwəntli]

㉫ 결과적으로

My car suddenly broke down in an unfamiliar area, and *consequently*, I arrived rather late at the conference.

내 차가 낯선 지역에서 갑자기 고장이 나서 나는 결국 회의에 상당히 늦게 도착했다.

□ 1332
first of all

㉫ 무엇보다도, 우선 첫째로

First of all, could you tell me your official title?

우선 정식 직함을 말씀해 주시겠습니까?

+ voca = in the first place 첫째로

□ 1333
owing to

㉫ ~ 때문에

Korea is expected to be among the world's top four auto-making countries by 2010 *owing to* its skilled human workforce and leading information technology.

숙련된 인력 그리고 선도적인 정보 기술 덕택에 한국은 2010년경에 세계 4대 자동차 생산국에 속할 것으로 예상된다. (기출 예문)

+ voca = on account of ~때문에

□ 1334
in addition

(부) 게다가, 더구나

The value of diamonds remains relatively unchanged. *In addition*, the diamond is the hardest substance ever known.
다이아몬드의 가치는 비교적 변함없이 유지된다. 게다가, 다이아몬드는 알려진 물질들 중에서 가장 단단하다. (기출 예문)

□ 1335
as a result

(부) 그 결과

Changes that take place in the language of one part of the community do not spread elsewhere. *As a result*, the speech varieties become more distinct from one another.
공동체의 일부분의 언어에서 발생한 변화들은 다른 곳으로 전파되지 않는다. 결과적으로, 언어 변형이 서로 더욱 달라진다. (기출 예문)

□ 1336
in fact

(부) 실제로, 사실상

Dolphins feel no need to take over new areas. *In fact*, they never even fight over food.
돌고래는 새로운 지역을 점령할 필요를 느끼지 않는다. 실제로 그들은 먹이 때문에 싸우는 경우도 전혀 없다.

+ voca = as a matter of fact 사실상

□ 1337
in short

(부) 간단히 말해서

In short, the decline in physical activity has contributed to obesity and long-term health problems. 간단히 말하면, 육체적 활동의 감소가 비만과 만성적 건강 문제에 영향을 미쳐 왔다. (기출 예문)

□ 1338
that is to say

(부) 즉, 다시 말하면

He is planning to leave for Republic of South Africa two weeks from now, *that is to say*, on the eighth of March.
그는 지금으로부터 2주 후, 즉 3월 8일에 남아프리카 공화국으로 떠날 계획이다.

□ 1339
on the other hand

(부) 반면에

Styling is related to surface treatment and appearance. Design, *on the other hand*, is primarily concerned with problem solving, the function of a product.
스타일링은 표면 처리 및 외양과 관계가 있다. 반면에, 디자인은 주로 문제 해결, 제품의 기능과 관련이 있다.

A▶ 영어는 우리말로, 우리말은 영어로 쓰시오.

① in short _____ ⑪ 다시 말해서 _____

② that is to say _____ ⑫ ~을 제외하고 _____

③ therefore _____ ⑬ ~때문에 _____

④ in fact _____ ⑭ ~외에도 _____

⑤ hence _____ ⑮ 예를 들면 _____

⑥ nevertheless _____ ⑯ 정반대로 _____

⑦ on the other hand _____ ⑰ ~에도 불구하고 _____

⑧ in addition _____ ⑱ 그렇지 않으면 _____

⑨ accordingly _____ ⑲ 마찬가지로 _____

⑩ as a result _____ ⑳ 결론적으로 _____

B▶ 다음 빈칸에 알맞은 단어를 〈보기〉에서 골라 넣으시오. (필요하면 형태를 변형하시오.)

[보기]
namely   moreover   although   first of all
unless   consequently   regardless of

① In this lecture, I want to address about a major threat facing our society, (　　　　) AIDS.

② The plan for a new office tower went ahead (　　　　) local opposition.

③ (　　　　) our night vision is not as good as that of a cat, our color vision is excellent.

④ I would not like to go skating; (　　　　) the ice is too thin.

⑤ My car suddenly broke down and (　　　　) I arrived rather late at the conference.

⑥ Even for ordinary women, it was not acceptable to go alone (　　　　) they were selling something.

⑦ (　　　　), could you tell me your official title?

C 이번 테마를 다룬 독해 지문을 읽으면서 관련 어휘의 뜻을 확인해 보자.

When you clean out your storage room, don't throw out any "junk" until you determine its potential as a collectible. **In fact**, what often appears to be a piece of worthless old junk may very well be quite valuable. **For instance**, people often sell old record albums, bottles and books for pennies only to see them resold for tens or hundreds of dollars as parts of larger collections. Rarer cases involve people selling paintings that were actually painted by famous painters. **Therefore**, before you have a garage sale, call an antique dealer to help you separate the valuable from the worthless junk.

Translation 창고를 청소할 때, 수집할 만한 물건으로서 그것의 가능성을 결정할 때까지는 어떤 '쓰레기'도 버리지 마라. **In fact**, 가치 없는 낡은 쓰레기 조각이 충분히 귀중한 것일 수도 있다. **For instance**, 사람들은 종종 오래된 레코드판, 병, 책을 값싸게 팔고 그것들이 나중에 더 큰 수집품의 일부로 수십, 수백만 달러로 다시 팔리는 것을 본다. 드문 경우지만, 유명한 화가가 그린 그림을 파는 사람이 있다. **Therefore**, 차고 세일을 하기 전에 귀중품과 쓸모없는 폐물을 구별하는 것을 도와달라고 골동품 판매상에게 전화를 하라.

Words • storage 창고 • junk 쓰레기, 폐물 • potential 잠재력 • collectible 수집 대상품 • collection 수집물, 소장품 • garage sale 차고 판매 (중고품 염가 판매) • antique 골동품 • valuable 귀중품

정답 🔒
B ① namely ② regardless of ③ Although ④ moreover ⑤ consequently ⑥ unless ⑦ First of all

□ 1340
favorable
[féivərəbəl]

⑲ 호의적인; 좋은
make a **favorable** impression 좋은 인상을 주다
a **favorable** opportunity 좋은 기회
The novel received *favorable* comments. 그 소설은 호평을 받았다.
favor ⑲ 호의

□ 1341
serious
[síəriəs]

⑲ 진지한, 심각한; 중대한
make a **serious** suggestion 진지한 제안을 하다
make a **serious** mistake 중대한 실수를 하다
The physical damage of the war is *serious*.
그 전쟁의 물리적 피해는 심각하다. (기출 예문)
seriously ⑭ 진지하게
+ voca = earnest 진지한, 열심인

□ 1342
critical
[krítikəl]

⑲ 비평의; 비판적인; 중대한
a collection of **critical** essays 평론집
be at a **critical** moment 중대한 순간에 있다
She was *critical* of my painting. 그녀는 내 그림에 비판적이었다.
criticism ⑲ 비평; 비판
+ voca = crucial 중대한

□ 1343
extreme
[ikstríːm]

⑲ 극단적인; 극도의
have **extreme** views 극단적인 견해를 갖고 있다
exercise **extreme** caution 극도의 주의를 기울이다
His angry tone denoted *extreme* displeasure.
그의 화난 어조에 심한 불쾌감이 드러났다. (기출 예문)
extremely ⑭ 극단적으로, 몹시

□ 1344
offensive
[əfénsiv]

⑲ 공격적인; 불쾌한, 무례한 ⑲ 공격, 공세
take **offensive** action 공격적 행동을 취하다
mount an economic **offensive** 경제 공세를 하다
Your opponent may treat you in an *offensive* manner.
상대 선수가 불쾌한 태도로 당신을 대할 수도 있다.
offense ⑲ 공격
+ voca = agressive 공격적인

□ 1345
positive
[pázətiv]

⑲ 긍정적인; 적극적인; 양성 반응의
make a **positive** contribution 긍정적인 공헌을 하다
test **positive** for a disease 질병 테스트 결과는 양성이다
A *positive* outcome comes from *positive* thought.
긍정적인 결과는 긍정적인 생각으로부터 나온다.
positively ⑭ 긍정적으로; 명확하게

□ 1346
negative
[négətiv]

형 부정적인; 소극적인 명 부정적인 말; 거부; 음화
be in the **negative** 부정적이다
have a **negative** approach 소극적으로 접근하다
His answer was *negative*. 그의 대답은 부정적이었다. 기출 예문
negatively 부 부정적으로; 소극적으로

□ 1347
delicate
[délikət]

형 섬세한; 미묘한
with her **delicate** hands 그녀의 섬세한 손으로
realize the **delicate** situation 미묘한 사정을 알아차리다
This put him in a *delicate* situation. 이 일로 그는 미묘한 입장에 놓였다.
delicacy 명 섬세함; 미묘함
+ voca = fine 섬세한, 미세한

□ 1348
moderate
[mádərət]

형 온건한; 적당한; 온화한
present **moderate** opinions 온건한 견해를 제시하다
travel at a **moderate** speed 적당한 속도로 달리다
Even *moderate* winds can blow it down.
온화한 바람만으로도 그것을 넘어가게 할 수 있다. 기출 예문
moderately 부 알맞게
+ voca ↔ extreme 과격한, 극단적인

□ 1349
urgent
[ɔ́ːrdʒənt]

형 긴급한
on **urgent** business 긴급한 용무로
be in **urgent** need of repair 긴급히 수리할 필요가 있다
It's an *urgent* order. 그것은 긴급 명령이다. 기출 예문
urgency 명 긴급 urge 동 재촉하다; 설득하다
+ voca = emergent 긴급한; 출현하는

□ 1350
tense
[tens]

형 긴장된, 팽팽한 동 긴장시키다
look kind of **tense** 좀 긴장되어 보이다
tense a muscle 근육을 긴장시키다
The office was so *tense* lately. 최근에 사무실은 아주 긴장된 분위기였다.
tension 명 긴장
+ voca = strained 긴장한, 팽팽한

□ 1351
neutral
[njúːtrəl]

형 중립적인, 중립국의
remain politically **neutral** 정치적으로 중립을 유지하다
a permanent **neutral** state 영세 중립국
The government should be *neutral* with regard to religion.
종교에 관해 정부는 중립을 지켜야 한다.
+ voca ↔ biased 치우친, 편향된

□ 1352
monotonous
[mənátənəs]

⑱ 단조로운, 지루한
speak in a **monotonous** voice 단조로운 목소리로 말하다
a **monotonous** journey 지루한 여행
He was bored with the *monotonous* life day by day.
그는 하루하루 단조로운 생활에 싫증이 났다.
monotony ⑲ 단조로움

□ 1353
hospitable
[haspítəbəl]

⑱ 우호적인, 환대하는; 잘 받아들이는
receive a **hospitable** treatment 환대를 받다
be **hospitable** to new ideas 새로운 안을 잘 받아들이는
I found Chinese people to be *hospitable* and warm.
나는 중국 사람들이 우호적이고 따뜻하다고 느꼈다.
hospitality ⑲ 환대

□ 1354
hostile
[hástil]

⑱ 적대적인, 적군의
assume a **hostile** attitude 적대적인 태도를 취하다
be **hostile** to strangers 이방인에게 적대적인
He seems to have some *hostile* feeling toward me.
그는 나에게 적대적인 감정을 갖고 있는 것 같다. (기출 예문)
hostility ⑲ 적대 행위, 적개심

□ 1355
desperate
[déspərit]

⑱ 필사적인; 절망적인
make **desperate** efforts 필사적인 노력을 하다
a **desperate** situation 절망적인 상황
The homeless are in *desperate* need of food.
집 없는 사람들에게는 식량이 절실히 필요하다.
desperation ⑲ 필사적임; 절망 desperately ⑭ 필사적으로

□ 1356
pessimistic
[pèsəmístik]

⑱ 비관적인, 염세적인
have a **pessimistic** outlook 비관적 전망을 하다
produce **pessimistic** results 비관적 결과를 낳다
They felt *pessimistic* about the future. 그들은 미래를 비관적으로 보았다.
pessimism ⑲ 비관주의
+ voca ↔ optimistic 낙관적인

□ 1357
gloomy
[glú:mi]

⑱ 우울한, 침울한; 어둑한
gloomy introspection 우울한 자기반성
have a **gloomy** turn of mind 어두운 면이 있다
It was such a *gloomy* day. 참 우울한 날이었다.
+ voca = blue 우울한 = depressed 의기소침한, 우울한

□ 1358
ironic
[airánik]

⑱ 반어적인; 빈정대는

in an **ironical** sense 반어적인 의미로
an **ironic** compliment 빈정대는 아첨
He gave an *ironic* comment on my work.
그는 내 작품에 대해 빈정대는 논평을 했다. (기출 예문)
irony ⑲ 반어; 풍자

□ 1359
exotic
[igzátik]

⑱ 이국적인, 이국풍의

make an **exotic** impression 이국적인 인상을 주다
the smell of **exotic** spices 이국적인 향신료 냄새
She was attracted by his *exotic* features.
그녀는 그의 이국적인 외모에 매혹되었다. (기출 예문)

□ 1360
cynical
[sínikəl]

⑱ 냉소적인, 비꼬는

make **cynical** remarks 비꼬아 말하다
the **cynical** side of her nature 그녀의 성격의 냉소적인 측면
The musician has a *cynical* view of the world.
그 음악가는 냉소적인 세계관을 갖고 있다.

□ 1361
humorous
[hjú:mərəs]

⑱ 익살스러운, 해학적인

on a **humorous** note 익살스러운 어조로
the **humorous** aspect of the situation 그 상황의 해학적 측면
The story is neither realistic nor *humorous*.
그 이야기는 사실적이지도 않고 해학적이지도 않다. (기출 예문)
humor ⑲ 유머, 익살, 해학

□ 1362
dull
[dʌl]

⑱ 지루한; 우둔한

his **dull** lecture 그의 지루한 강연
a **dull** little boy 우둔한 아이
I found Mrs. Jones *dull*. 나는 Jones 부인이 우둔하다고 생각했다.
+ voca = boring 지루한 = stupid 우둔한

□ 1363
awkward
[ɔ́:kwərd]

⑱ 어색한, 거북한

cause **awkward** movement 어색한 동작을 유발하다
dodge **awkward** questions 거북한 질문을 피하다
Seals are *awkward* on land but graceful in the water.
바다표범은 육지에서는 어색해 보이지만 물속에서는 우아하다. (기출 예문)
+ voca = clumsy 어색한, 서툰

□ 1364
affirmative
[əfə́ːrmətiv]

(형) 긍정적인, 확정적인 (명) 긍정적인 말
reply in the **affirmative** 긍정적으로 대답하다
end **affirmative** action 소수계 우대 정책을 폐지하다
It is not certain that the answer will be *affirmative*.
답변이 긍정적일지는 확실하지 않다.
affirm (동) 단언하다; 긍정하다

□ 1365
festive
[féstiv]

(형) 축제의
during the **festive** season 축제 기간 동안
cook **festive** dishes 축제 음식을 요리하다
We could feel a *festive* atmosphere.
우리는 축제 분위기를 느낄 수 있었다.
festival (명) 축제

□ 1366
dreary
[dríəri]

(형) 쓸쓸한, 황량한; 따분한
on **dreary** winter mornings 쓸쓸한 겨울 아침에
a **dreary** sight 황량한 광경
The farmhouse looked *dreary* in the rain.
농가는 빗속에서 쓸쓸해 보였다.
+ voca = desolate 황량한; 고독한

□ 1367
mysterious
[mistíəriəs]

(형) 불가사의의, 신비한
a **mysterious** fire 원인 불명의 화재
a **mysterious** smile 신비한 미소
The *mysterious* disappearance of my brother upset
everyone. 우리 형의 불가사의한 실종은 모두를 당황하게 했다. (기출 예문)
mystery (명) 불가사의, 신비

□ 1368
sarcastic
[saːrkǽstik]

(형) 풍자의, 비꼬는
pass several **sarcastic** remarks 비꼬는 말을 주고받다
in a **sarcastic** manner 비꼬는 투로
He was noted for his *sarcastic* wit. 그는 풍자적인 기지로 유명했다.
+ voca = satirical 비꼬는, 풍자적인

□ 1369
melancholy
[mélənkàli]

(형) 우울한, 침울한 (명) 우울
feel **melancholy** 우울해지다
wear a **melancholy** expression 침울한 표정을 짓다
Goya struggled with his feelings of deep *melancholy*.
Goya는 심한 우울감과 싸웠다. (기출 예문)

Test & Reading

A 영어는 우리말로, 우리말은 영어로 쓰시오.

① hostile _____
② gloomy _____
③ moderate _____
④ ironic _____
⑤ festive _____
⑥ extreme _____
⑦ affirmative _____
⑧ melancholy _____
⑨ awkward _____
⑩ hospitable _____

⑪ 긍정적인 _____
⑫ 냉소적인 _____
⑬ 익살스러운 _____
⑭ 부정적인 _____
⑮ 진지한 _____
⑯ 비관적인 _____
⑰ 긴급한 _____
⑱ 이국적인 _____
⑲ 공격적인 _____
⑳ 호의적인 _____

B 빈칸에 공통으로 들어갈 단어는?

① look kind of _____ 좀 긴장되어 보이다 _____ a muscle 근육을 긴장시키다
② his _____ lecture 그의 지루한 강연 a _____ little boy 우둔한 아이
③ on _____ winter mornings 쓸쓸한 겨울 아침에 a _____ sight 황량한 광경
④ a _____ fire 원인 불명의 화재 a _____ smile 신비한 미소

C 다음 빈칸에 알맞은 단어를 〈보기〉에서 골라 넣으시오. (필요하면 형태를 변형하시오.)

[보기]
critical delicate neutral monotonous sarcastic desperate

① The government should be ( ) with regard to religion.
② He was noted for his ( ) wit.
③ She was ( ) of my painting.
④ He was bored with the ( ) life day by day.
⑤ The homeless are in ( ) need of food.
⑥ This put him in a ( ) situation.

• IX Special Track

D 이번 테마를 다룬 독해 지문을 읽으면서 관련 어휘의 뜻을 확인해 보자.

The stream rapidly descended and wound between steep hills before suddenly widening out. Green banks and **exotic** orchards appeared before us. We heard the song of the **hospitable** laborers as we floated down the river. I lay at the bottom of the boat looking up at the flowing clouds in the blue sky. I drank in a calmness to which I had long been a stranger. The village was behind the **monotonous** branches that were waving in the **favorable** wind. My **gloomy** feelings were disappearing. This place had a spirit that was in harmony with man. The charm of this river helped me to forget all of my **melancholy**.

Translation 물살이 빠르게 가파른 언덕 사이로 굽이쳐 흘러 내려가더니 갑자기 넓게 퍼졌다. 푸른 강둑과 **exotic**한 과수원이 우리들 앞에 나타났다. 우리는 강을 따라 떠내려가면서 **hospitable**한 일꾼들의 노랫소리를 들었다. 나는 파란 하늘에 떠다니는 구름을 올려다보면서 배의 바닥에 누웠다. 나는 오랫동안 낯설었던 평온 속에서 술을 마셨다. **favorable**한 바람에 흔들리고 있는 **monotonous**한 가지들 뒤편에 마을이 있었다. 나의 **gloomy**한 기분은 사라지고 있었다. 이곳은 인간과 조화를 이루는 영혼을 가지고 있었다. 이 강의 매력 덕분에 나는 모든 **melancholy**를 잊어버릴 수 있었다.

Words • stream 물살 • descend 내려가다 • wind 굽이치다 • steep 가파른 • widen 넓어지다 • bank 둑 • orchard 과수원 • float 떠다니다 • flow 흐르다 • harmony 조화 • charm 매력

정답 🔒

B ① tense ② dull ③ dreary ④ mysterious
C ① neutral ② sarcastic ③ critical ④ monotonous ⑤ desperate ⑥ delicate

다의어 (1)

Link Rank 47

bear가 bear해서 단군을 bear했지

bear	곰	참다	낳다	품다

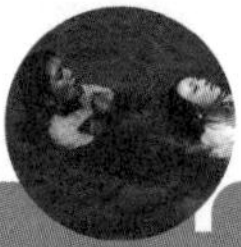
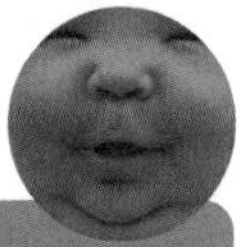

deliver	배달하다	구조하다	연설하다	아이를 낳다

hang	걸다, 매달다	(전화를 끊지 않고) 기다리다	빈둥거리며 놀다	교수형에 처하다

figure	숫자	계산하다	몸매	이해하다

허리둘레? 90cm　　90/2.54≒35inch　　내 라인은?

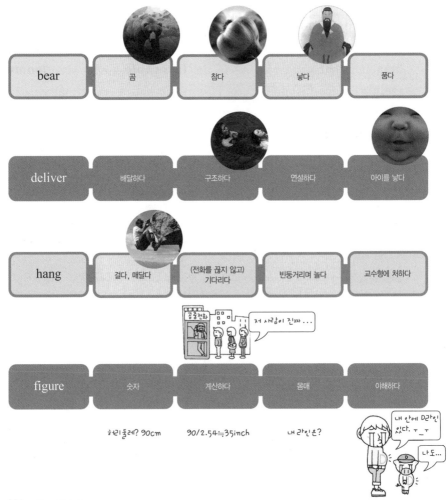

□ 1370
apply
[əplái]

(동) 적용하다; 지원하다, 신청하다; 바르다
apply to small companies 작은 회사들에 적용하다
apply paint to a house 집에 페인트를 바르다
Any UK resident over 18 may *apply*.
18세 이상의 영국 거주자라면 누구나 신청할 수 있다. 기출 예문
application (명) 적용; 지원 applicant (명) 지원자

□ 1371
break
[breik]
broke - broken

(동) 깨다, 부수다; 중단하다; 어기다; 고장나다; 일어나다
(명) 파괴; 잠깐의 휴식
break his word 그의 약속을 어기다
take a break 휴식을 취하다
The Second World War *broke* out in 1939.
제2차 세계대전은 **1939**년에 일어났다.

□ 1372
cause
[kɔːz]

(명) 원인; 대의명분 (동) 야기하다, 일으키다
cause and effect 원인과 결과
cause accidents 사고를 일으키다
Internet game addiction can *cause* serious social problems.
인터넷 게임 중독은 심각한 사회 문제를 일으킬 수 있다.
+ voca = **reason** 이유 = **result in** ~을 초래하다

□ 1373
deliver
[dilívər]

(동) 배달하다; 구조하다; 연설하다; 아이를 낳다
deliver newspapers 신문을 배달하다
deliver a healthy girl 건강한 딸을 낳다
President Obama is supposed to *deliver* a speech in Korea.
Obama 대통령이 한국에서 연설을 하기로 되어 있다.
delivery (명) 배달; 연설; 출산

□ 1374
bear
[bɛər]
bore - born

(명) 곰 (동) 참다, 견디다; (아이를) 낳다; (열매를) 맺다; (생각을) 품다
a heavy load to bear 견디기 힘든 부담
bear beautiful flowers 아름다운 꽃을 피우다
I *bear* them no malice. 나는 그들에게 악의를 품고 있지 않다. 기출 예문
+ voca = **endure** 참다, 견디다

□ 1375
figure
[fígjər]

(명) 형체; 숫자; 몸매; 인물; 도형 (동) 계산하다; 이해하다
be poor at figures 숫자에 약하다
figure it out 그것을 이해하다
He perceived a giant *figure* in the distance.
그는 멀리 있는 거대한 형체를 감지했다.
+ voca = **shape** 모양; 상태

□ 1376
concern
[kənsə́ːrn]

동 걱정하다; 관계하다 명 걱정; 관심
with a **concerned** look 걱정스러운 표정으로
be **concerned** with the crime 그 범죄와 관련이 있다
Many people are *concerned* about the destruction of the
rainforests. 많은 사람들이 열대우림 파괴에 대해 걱정하고 있다. 기출 예문
➕ voca = anxiety 걱정

□ 1377
complimentary
[kàmpləméntəri]

형 칭찬하는, 경의를 표하는; 무료의, 초대의
add some **complimentary** words 칭찬의 말을 덧붙이다
a **complimentary** ticket 초대권
Later scholars were not so *complimentary* about his work.
훗날의 학자들은 그의 작업에 그다지 경의를 표하지 않았다.
compliment 명 칭찬, 찬사
➕ voca = free 무료의

□ 1378
company
[kʌ́mpəni]

명 친구, 동료; 회사; 동행, 교제; 손님
keep good **company** 좋은 친구와 사귀다
have **company** for the weekend 주말에 손님이 오다
Pressure for higher wages could force *companies* to raise
prices. 높은 임금에 대한 압력으로 인해 회사들은 가격 인상을 했다. 기출 예문

□ 1379
commit
[kəmít]

동 (죄를) 범하다; 맡기다; 다짐하다; 헌신하다
commit an absurd mistake 어처구니없는 실수를 범하다
commit a crime 죄를 짓다
Melanie has *committed* herself to helping the poor.
Melanie는 가난한 사람들을 돕기로 다짐했다.
commitment 명 공약; 위임; 헌신 commission 명 수수료
➕ voca = entrust 맡기다, 위임하다

□ 1380
cover
[kʌ́vər]

동 덮다; 보호하다, 감추다; 다루다; 보상하다
be **covered** with sweat 땀으로 뒤덮이다
cover a mistake 잘못을 감추다
Most dental services are not *covered* by insurance.
대부분의 치과 치료는 보험 처리가 되지 않는다.
coverage 명 적용 범위; 취재 범위

□ 1381
effect
[ifékt]

명 효과, 영향, 효력; 결과; 취지 동 (변화 등을) 초래하다; 이루다
have a beneficial **effect** 유익한 영향이 있다
take instant **effect** 즉시 효력을 나타내다
A compromise has been duly *effected* between the two.
양자 사이에 타협이 알맞게 이루어졌다. 기출 예문
effective 형 효과적인, 효력이 있는

□ 1382
meet
[miːt]
met-met

(동) 만나다; 충족시키다
meet with approval 동의를 얻다
meet the demands 수요를 충족시키다
All participants must *meet* five qualifications.
모든 참가자들은 다섯 가지 자격 조건을 충족시켜야 한다.
+ voca = satisfy 만족시키다

□ 1383
matter
[mǽtər]

(명) 물질; 문제 (동) 중요하다, 문제가 되다
have nothing to do with the matter 그 문제와 아무 관계가 없다
as a matter of fact 사실상
It doesn't *matter* how much you have.
당신이 얼마를 가졌는지는 중요하지 않다.
+ voca = count 중요하다; 계산하다

□ 1384
follow
[fálou]

(동) 따르다; 이해하다; 당연한 결과로 ~이 되다
follow policy 방침을 따르다
follow his logic 그의 논리를 이해하다
If that is true, it *follows* that he is guilty.
만일 그게 사실이면, 그는 유죄가 된다.
+ voca = accompany 동반하다 = conform (규칙 등을) 따르다

□ 1385
hang
[hæŋ]
hung-hung

(동) 걸다; 교수형에 처하다(hanged-hanged); 빈둥거리며 놀다; (전화를 끊지 않고) 기다리다(~on)
hang oneself 목매어 자살하다
hang around 어슬렁거리다
He *hung* a portrait of his grandfather on the wall.
그는 할아버지의 초상화를 벽에 걸었다.

□ 1386
hand
[hænd]

(동) 넘겨주다 (명) 손; 소유권; 시계 바늘; 도움, 일손; 박수
the minute hand 분침
take on hands 일꾼을 고용하다
A stranger *handed* me a pamphlet about the end of the world. 한 낯선 사람이 나에게 세계 종말에 관한 팸플릿을 건네주었다. (기출 예문)
handy (형) 유용한, 편리한

□ 1387
firm
[fəːrm]

(형) 확고한; 굳은, 견고한 (명) 회사 (동) 견고해지다
be on firm ground 확고한 기초 위에 있다
express her firm conviction 그녀의 굳은 신념을 표현하다
There is room for cooperation between the two competing *firms*. 그 두 경쟁 회사 사이에는 협력할 여지가 있다. (기출 예문)
firmly (부) 확고하게; 굳게

☐ 1388
mark
[ma:rk]

몡 표시; 표적; 자국; 점수 동 나타내다, 표를 하다; 채점하다
wide of the mark 표적에서 크게 벗어난
mark exams 시험을 채점하다
This invention *marks* the beginning of a new era.
이 발명은 새로운 시대의 시작을 나타낸다. (기출 예문)
marked 형 두드러진; 표시가 있는

☐ 1389
ground
[graund]

몡 땅; 운동장; 기초, 이유; 영역
동 ~에 근거하다; grind(분쇄하다)의 과거(분사)
on economic grounds 경제적인 이유로
ground beef 갈은 쇠고기
Dr. Harry has broken new *ground* in the study of stomach cancer. Harry 박사는 위암 연구의 새로운 영역을 개척해 왔다.
+ voca = **foundation** 기초 = **reason** 이유 = **field** 분야, 영역

☐ 1390
line
[lain]

몡 선, 줄; 끈; 전화선; 경계; 대사, 짧은 편지
wait in line 줄을 서서 기다리다
draw a pair of parallel lines 평행선 한 쌍을 그리다
A boundary is a *line* that separates any two areas.
경계는 두 지역을 나누는 선이다. (기출 예문)
+ voca = **row** 줄, 열 = **border** 경계, 국경

☐ 1391
floor
[flɔ:r]

몡 바닥; (각) 층; 최저(액); 발언권
go through the floor 가격이 바닥으로 떨어지다
ask for the floor 발언권을 요구하다
The glass bottle fell on the *floor* in small pieces.
유리병이 바닥에 떨어져 산산조각이 났다.

☐ 1392
bar
[ba:r]

몡 막대기; 장애물; 판매대; 법정 동 막다; 금하다; 빗장을 지르다
lower the bar by two inches 막대기를 2인치 낮추다
bar the way 길을 가로막다
Students are *barred* from using the internet in class.
학생들은 수업 중 인터넷 사용이 금지된다.
+ voca = **prohibit** 금하다, 금지하다

☐ 1393
arm
[a:rm]

몡 팔; 무기(-s) 동 무장시키다
seize him by the arm 그의 팔을 잡다
supply arms 무기를 공급하다
Snakes do not have *arms* or legs. 뱀은 팔이나 다리가 없다.
+ voca = **weapon** 무기

□ 1394
bow
[báu]

(명) 절; 활; 뱃머리; 나비넥타이 (동) 절하다, 인사하다
hunt with **bows** and arrows 활과 화살로 사냥하다
tie a ribbon in a **bow** 리본을 나비 매듭으로 매다
Amy stood up to *bow* to her teacher.
Amy는 선생님께 인사하기 위해 일어섰다.

□ 1395
civil
[sívəl]

(형) 시민의; 국내의; 예의 바른
revise **civil** law 민법을 개정하다
take part in a **civil** war 내전에 참전하다
Every citizen has *civil* rights and duties.
모든 시민은 시민의 권리와 의무를 지닌다.
civilian (명) 시민
+ voca = civic 시민의   = polite 예의 바른

□ 1396
corner
[kɔ́ːrnər]

(명) 모퉁이 (형) 모퉁이에 있는 (동) 매점하다, 독점하다
around the **corner** 임박하여
corner wheat 밀을 매점하다
They walked down to the *corner* mailbox.
그들은 모퉁이에 있는 우체통까지 걸어 내려갔다.

□ 1397
lot
[lɑt]

(명) 제비뽑기; 운, 운명; 부지; 많음
choose by **lot** 제비뽑기로 뽑다
an underground parking **lot** 지하 주차장
He bought a *lot* with a view to building a house.
그는 집을 지을 목적으로 부지를 샀다.
+ voca = lottery 복권   = destiny 운명

□ 1398
bug
[bʌg]

(명) 벌레; 컴퓨터의 오류 (동) 도청하다; 귀찮게 하다; 해충을 구제하다
get the **bugs** out of a program 프로그램에서 오류를 없애다
as snug as a **bug** in a rug 편안하게 앉아서
Tiny *bugs* were all over the walls. 작은 벌레들이 벽을 뒤덮고 있었다.
+ voca = bother 귀찮게 하다

□ 1399
flush
[flʌʃ]

(동) 얼굴을 붉히다; (물을) 쏟아 내리다
flush to the ears 귀까지 붉어지다
flush the toilet 변기의 물을 내리다
His cheeks *flushed* red. 그의 뺨이 붉어졌다.

A 영어는 우리말로, 우리말은 영어로 쓰시오.

① bug _____   ⑪ 칭찬하는 _____

② commit _____   ⑫ 효과 _____

③ follow _____   ⑬ 걸다 _____

④ arm _____   ⑭ 얼굴을 붉히다 _____

⑤ matter _____   ⑮ 적용하다 _____

⑥ ground _____   ⑯ 배달하다 _____

⑦ company _____   ⑰ 덮다 _____

⑧ hand _____   ⑱ 바닥 _____

⑨ bar _____   ⑲ 만나다 _____

⑩ concern _____   ⑳ 확고한 _____

B 빈칸에 공통으로 들어갈 단어는?

① around the _____ 임박하여   _____ wheat 밀을 매점하다

② choose by _____ 제비뽑기로 뽑다

　an underground parking _____ 지하 주차장

③ wide of the _____ 표적에서 크게 벗어난   _____ exams 시험을 채점하다

④ _____ his word 그의 약속을 어기다   take a _____ 휴식을 취하다

C 다음 빈칸에 알맞은 단어를 〈보기〉에서 골라 넣으시오. (필요하면 형태를 변형하시오.)

————————【 보기 】————————
bow　civil　bear　cause　figure　line

① I ( ) them no malice.

② A boundary is a ( ) that separates any two areas.

③ He perceived a giant ( ) in the distance.

④ Amy stood up to ( ) to his teacher.

⑤ Every citizen has ( ) rights and duties.

⑥ Internet game addiction can ( ) serious social problems.

D 이번 테마를 다룬 독해 지문을 읽으면서 관련 어휘의 뜻을 확인해 보자.

If you ever feel ill when traveling in remote foreign parts, just drop some gunpowder into a glass of warm, soapy water, and swallow it. That was the advice of Francis Galton in a book called *The Art of Travel*. Bee stings?

Well, the tar scraped out of a tobacco pipe and **applied** on the skin relieves the pain. Galton's book proved a bestseller. It **covered** every situation, from constructing boats, huts, and tents in a hurry to catching fish without a **line**. It told readers how to find firewood in a rainstorm (under the roots of a tree) and where to put your clothes when it's raining so that they don't get wet (just take them off and sit on them).

Translation 먼 외국 지역을 여행하다가 속이 안 좋으면 따뜻한 비눗물에 화약을 넣어 마셔 보라. 그것은 「여행의 기술」이라는 책에서 Francis Galton이 하는 충고다. 벌에 쏘였다면? 담뱃대에서 긁어낸 타르를 피부에 **apply**하면 통증이 줄어든다. Galton의 책은 베스트셀러가 되었다. 그 책은 빠른 시간에 보트, 오두막, 텐트 등을 만드는 것부터 **line** 없이 고기를 잡는 것까지 모든 상황을 **cover**했다. 그 책은 독자들에게 폭풍우 가운데서 땔나무를 찾는 법과(나무뿌리 아래쪽) 비가 올 때 옷을 젖지 않게 어디에 둘 것인지(벗어서 깔고 앉으면 된다) 알려 주었다.

Words • remote 먼 • gunpowder 화약 • swallow 삼키다 • sting 쏘다 • scrape 긁어내다 • relieve 경감시키다 • firewood 장작 • rainstorm 폭풍우

정답

B ① corner ② lot ③ mark ④ break
C ① bear ② line ③ figure ④ bow ⑤ civil ⑥ cause

Link Rank
다의어 (2)

48

mine에서
mine이 나왔다

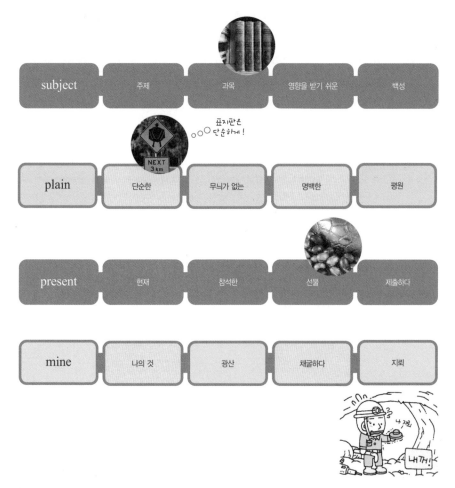

| subject | 주제 | 과목 | 영향을 받기 쉬운 | 백성 |

표지판은
단순하게!

NEXT
3 km

| plain | 단순한 | 무늬가 없는 | 명백한 | 평원 |

| present | 현재 | 참석한 | 선물 | 제출하다 |

| mine | 나의 것 | 광산 | 채굴하다 | 지뢰 |

나 지뢰

내꺼!

□ 1400
pay
[pei]

(동) 지불하다; 이익이 되다; 보상하다; 표하다; 벌을 받다
pay him respect 그에게 경의를 표하다
pay the price 대가를 치르다
Engineering field is one of the well-*paid* careers.
공학 분야는 보수가 좋은 직업 중 하나이다.
payment (명) 지불, 납입

□ 1401
present
[prézənt]

(형) 참석한; 현재의 (명) 현재; 선물 (동) 제출하다, 제시하다; 선물하다
all the people **present** 참석자 전원
present spectacular scenes 웅장한 장면을 보여 주다
The *present* constitution gives supreme authority to the
presidency. 현행 헌법은 대통령직에 최고 권위를 부여한다. (기출 예문)
presence (명) 현존; 출석 presentation (명) 제출; 발표
+ voca ↔ **absent** 결석한

□ 1402
help
[help]

(동) 돕다, 도움이 되다; 피하다 (명) 도움; (음식의) 한 그릇; 종업원
cannot **help** laughing 웃지 않을 수 없다
Help Wanted 종업원 구함
Do you need any *help*? 도와 드릴까요?
+ voca = **aid** 돕다, 원조하다

□ 1403
objective
[əbdʒéktiv]

(형) 객관적인; 목적의; 객관식의 (명) 목표
make an **objective** evaluation 객관적인 평가를 하다
an **objective** test 객관식 시험
You will be interested in the *objective* of our committee.
당신은 우리 위원회의 목적에 흥미가 있을 것이다. (기출 예문)
object (명) 물건; 대상; 목적
+ voca = **purpose** 목적

□ 1404
subject
[sʌ́bdʒikt]

(명) 주제; 과목; 백성; 주체 (형) 영향을 받기 쉬운; 지배를 받는
wander from the **subject** 주제에서 벗어나다
be **subject** to alteration 변경될 수 있다
We learn many *subjects* in school. 우리는 학교에서 여러 과목을 배운다.
subjective (형) 주관적인
+ voca = **topic** 주제 = **subordinate** 지배하에 있는

□ 1405
last
[læst]

(형) 마지막의; 지난 (부) 마지막으로 (동) 지속되다; 충분하다
miss the **last** bus 마지막 버스를 놓치다
since **last** term 지난 학기 이래
Military service *lasts* for two years. 군 복무는 2년 동안 지속된다.
lastly (부) 결국, 마지막으로
+ voca = **continue** 계속되다, 지속되다

□ 1406
part
[pɑːrt]

영 부분; (pl.)부품; 지역; 역할; 편 동 나누다; 헤어지다
in **part** 부분적으로는
take his **part** in the discussion 토론에서 그의 편을 들다
Some *parts* of the world suffer regularly from famine.
세계의 몇몇 지역은 정기적으로 기근을 겪는다. (기출 예문)
partial 형 부분적인; 편파적인
(+ voca) = separate 떼어놓다

□ 1407
regard
[rigɑ́ːrd]

동 ~으로 간주하다, ~으로 여기다 명 관계; 고려; 안부 인사(-s)
as **regards** ~에 관해서 말하면
give my **regards** 내 안부 인사를 전하다
She *regards* any advice from me as interference.
그녀는 내 충고는 무엇이든지 간섭으로 여긴다. (기출 예문)
regardless 형 부주의한, 관심 없는
(+ voca) = consider ~으로 여기다

□ 1408
pronounce
[prənáuns]

동 발음하다; 공표하다, 단언하다; 선고하다
pronounce Spanish well 스페인어 발음을 잘하다
pronounce the picture to be a forgery
그 그림을 위작이라고 단언하다
The judge *pronounce*d him guilty. 판사는 그에게 유죄를 선고했다.
pronunciation 명 발음 pronouncement 명 선언, 발표

□ 1409
proof
[pruːf]

명 증명, 증거; (알코올의) 표준 강도 형 ~의 작용을 받지 않는
above **proof** 알코올의 표준 강도 이상
a **fireproof** safe 내화 금고
The *proof* was based on a wrong premise.
그 증명은 그릇된 전제에 기초해 있었다.
prove 동 입증하다

□ 1410
master
[mǽstər]

명 주인; 스승, 대가; 석사 동 정복하다; 숙달하다
get a **master**'s degree 석사 학위를 받다
master English 영어에 숙달하다
Freud was the *master* of psychology. 프로이트는 심리학의 대가였다.
mastery 명 지배; 숙달
(+ voca) ↔ servant 하인, 부하

□ 1411
practice
[prǽktis]

명 연습; 행위; 실제 동 연습하다; 실천하다
in **practice** 실제로는
practice driving 운전을 연습하다
The reporter exposed the lawyer's predatory *practices*.
기자는 그 변호사의 약탈적인 행위를 폭로하였다. (기출 예문)
practical 형 실제적인; 실용적인

□ 1412
relative
[rélətiv]

⑲ 상대적인; 관련된 ⑲ 친척
relative to the matter 그 문제와 관련해서
a distant relative 먼 친척
The *relative* poverty rate has increased steadily.
상대적 빈곤율이 꾸준히 증가했다.
relatively ⑮ 상대적으로, 비교적
+ voca = comparative 상대적인; 비교의

□ 1413
industry
[índəstri]

⑲ 산업, 산업계; 근면
reform the banking industry 금융업계를 개혁하다
by dint of industry 근면에 의해
Los Angeles is the center of the American film *industry*.
Los Angeles는 미국 영화 산업의 중심지이다.
industrial ⑲ 산업의 industrious ⑲ 근면한

□ 1414
plain
[plein]

⑲ 단순한; 무늬가 없는; 명백한, 쉬운 ⑲ 평원
like plain architecture 단순한 건축물을 좋아하다
in plain words 쉬운 말로
He cruised for hours through the desolate *plains*.
그는 황량한 평원을 몇 시간 동안 돌아다녔다.
+ voca = clear 명백한 ↔ complicated 복잡한; 어려운

□ 1415
net
[net]

⑲ 그물; 통신망; 에누리 없는 (순-)
have a safety net 안전망을 갖추다
5% of the net worth 순자산의 5%
They had fish hooks and *nets* to catch fish.
그들은 물고기를 잡을 수 있는 낚싯대와 그물을 갖고 있었다.
+ voca ↔ gross 총-

□ 1416
suit
[suːt]

⑲ 정장; 소송 ⑲ 적절히 맞추다; 어울리다
have an old suit 오래된 정장이 있다
win a suit 소송에서 이기다
That seems to *suit* you better. 그것이 너에게 더 잘 어울리는 것 같다.
suitable ⑲ 적당한; 어울리는
+ voca = match 어울리다; ~에 필적하다

□ 1417
rest
[rest]

⑲ 휴식; 나머지 ⑲ 휴식하다; ~에 달려 있다
take a rest 휴식을 취하다
rest on experience 경험에 의존하다
What should I do for the *rest* of vacation?
나는 남은 방학 동안 무엇을 해야 할까?
+ voca = remainder 나머지, 잔여

□ 1418
odd
[ɑd]

⑲ 이상한; 여분의; 홀수의 ⑲ 남은 것
do odd jobs 이런저런 뜨내기 일을 하다
an odd month 큰 달(31일이 있는 달)
I had the *odd* sensation that someone was following me.
나는 누군가가 나를 따라오고 있다는 이상한 기분이 들었다. (기출 예문)
+ voca ↔ **even** 짝수의 = **peculiar** 이상한

□ 1419
lead
[liːd]
led-led

⑧ 이끌다; 이르다; 원인이 되다 ⑲ 납
lead a horse 말을 이끌다
as heavy as lead 납처럼 매우 무거운
Guide dogs *lead* their owners to walk the streets safely.
안내견들은 주인이 안전하게 길을 걷도록 이끌어 준다.
+ voca = **guide** 안내하다

□ 1420
picture
[píktʃər]

⑲ 그림; 사진; 묘사 ⑧ 그리다; 묘사하다; 상상하다
a picture taken in the mountains 산에서 찍은 사진
picture her sufferings 그녀의 고난을 묘사하다
Here are little *pictures* of medieval peasants.
여기에 중세 농부들의 작은 그림들이 있다.

□ 1421
seal
[siːl]

⑲ 물개; 증표, 증서; 인장; 봉인 ⑧ 봉하다; 날인하다; (운명을) 정하다
be marked with a seal 인장이 찍히다
seal a paper 증서에 날인하다
His doom is *sealed*. 그의 운명은 정해져 있다. (기출 예문)

□ 1422
scene
[siːn]

⑲ 장면; (희곡) 장; 현장; 경치
paint beautiful nature scenes 아름다운 자연 경치를 그리다
make a scene 야단법석을 떨다
It's one of the most memorable *scenes* in Mamma Mia.
그것이 맘마미아에서 가장 기억에 남을 만한 장면 중 하나이다.

□ 1423
race
[reis]

⑲ 경주; 선거전; 인종 ⑧ 경주하다; 질주하다
make the race 입후보하다
the white race 백인종
A consolation *race* was the final opportunity.
패자부활전이 마지막 기회였다.
racial ⑲ 인종의 **racism** ⑲ 인종주의

□ 1424
work
[wə:rk]

몡 일; 직장; 작업; 작품 동 일하다; 작동되다; 효과가 있다
out of work 실직하여; 고장 나서
a literary work 문학 작품
If you press this button, it might *work*. 이 버튼을 누르면 작동할 것이다.
workable 휑 실행할 수 있는 workaholic 몡 일벌레
+ voca = function 작동하다, 구실을 하다

□ 1425
merit
[mérit]

동 ~할 만한 가치가 있다; 공로로 얻다 몡 장점; 공로
merit praise 칭찬받을 가치가 있다
a matter of merit 공로로 삼을 일
His chief *merit* is deep understanding. 그의 주된 장점은 깊은 이해심이다.
+ voca = deserve ~할 가치가 있다 = advantage 강점; 이익

□ 1426
spell
[spel]

몡 철자; 주문, 마법; 기간 동 철자를 쓰다
be poor at spelling 철자법에 약하다
in this current cold spell 요즘 같은 추운 기간에는
The wicked magician cast a *spell* over the princess.
그 사악한 마술사가 공주에게 마법을 걸었다. (기출 예문)
spelling 몡 철자법

□ 1427
smoke
[smouk]

몡 연기 동 담배를 피우다; 훈제하다
exhale smoke 연기를 내뿜다
smoke heavily 담배를 많이 피우다
I am under a vow not to *smoke* again.
나는 다시는 담배를 피우지 않기로 맹세했다. (기출 예문)
smoky 휑 연기 나는; 그을은 smoker 몡 흡연자

□ 1428
toll
[toul]

몡 사상자 수; 통행료 동 종을 울리다
call the toll free number 무료 전화번호로 전화하다
toll a bell 종을 울리다
The final death *toll* of Hurricane Katrina was over 1,000.
허리케인 카트리나로 인한 최종 사망자 수가 천 명이 넘었다.

□ 1429
mine
[main]

몡 나의 것; 광산; 지뢰 동 광산을 캐다
the explosion in the coal mine 탄광 안의 폭발
charge a mine 지뢰를 장전하다
His opinion is opposite to *mine*. 그의 의견은 내 의견과 정반대이다.
mineral 몡 광물
+ voca = dig 채굴하다, 파다

A 영어는 우리말로, 우리말은 영어로 쓰시오.

① toll	_____	⑪ 부분 _____
② regard	_____	⑫ 주제 _____
③ pronounce	_____	⑬ 장면 _____
④ mine	_____	⑭ 객관적인 _____
⑤ plain	_____	⑮ 산업 _____
⑥ odd	_____	⑯ 연습 _____
⑦ seal	_____	⑰ 그림 _____
⑧ lead	_____	⑱ 돕다 _____
⑨ smoke	_____	⑲ 참석한 _____
⑩ rest	_____	⑳ 정장 _____

B 빈칸에 공통으로 들어갈 단어는?

① have a safety _____ 안전망을 갖추다

5% of the _____ worth 순자산의 5%

② _____ praise 칭찬받을 가치가 있다   a matter of _____ 공훈으로 삼을 일

③ _____ him respect 그에게 경의를 표하다   _____ the price 대가를 치르다

④ miss the _____ bus 마지막 버스를 놓치다 since _____ term 지난 학기 이래

C 다음 빈칸에 알맞은 단어를 〈보기〉에서 골라 넣으시오. (필요하면 형태를 변형하시오.)

[보기]
proof race relative master work spell

① A consolation (   ) was the final opportunity.

② The wicked magician cast a (   ) over the princess.

③ Freud was the (   ) of psychology.

④ If you press this button, it might (   ).

⑤ The (   ) poverty rate has increased steadily.

⑥ The (   ) was based on a wrong premise.

D 이번 테마를 다룬 독해 지문을 읽으면서 관련 어휘의 뜻을 확인해 보자.

Five minutes after the fire was reported, four rescuers from the fire station, eight firefighters from the police stand rushed to the **scene**. Reportedly, cars were illegally parked along both sides of the six-meter-  wide alley **leading** up to the building on fire, and the fire engine had difficulty accessing the area. In the meantime, the fire started to spread because of the untimely wind. The building, constructed more than thirty years ago, could not stand its own weight when it absorbed the water from the fire hoses, and it collapsed in an instant. Five out of the eight firefighters who were putting the fire out were crushed to death in the collapsed building. The **death toll** included the **master** of Seobu Fire Station, Jimin Lee (45).

> **Translation** 화재 사건이 신고된 지 5분 후에 소방서에서 4명의 구조 대원이, 파출소에서 8명의 소방관이 그 scene으로 달려갔다. 보도에 따르면, 화재가 난 건물로 lead하는 폭 6m의 도로 양쪽에 자동차들이 불법으로 주차되어 있어서 소방차가 현장에 접근하는 데 어려움을 겪었다고 한다. 그러는 동안 때아닌 바람 때문에 불이 번지기 시작했다. 30여 년 전에 지어진 건물은 소방 호스에서 뿜어진 물을 흡수하자 건물 자체의 무게를 견디지 못하고 순식간에 무너져 내렸다. 불을 끄고 있었던 8명의 소방관 중에서 5명이 무너진 건물 더미에 깔려 숨졌다. death toll 중에는 서부 소방서 이지민(45) master도 포함되어 있었다.

> **Words** • rescuer 구조 대원 • firefighter 소방관 • reportedly 보도에 따르면 • illegally 불법으로 • alley 골목 • access 접근하다 • construct 짓다 • absorb 흡수하다 • collapse 붕괴하다

정답 🔒

B ① net ② merit ③ pay ④ last
C ① race ② spell ③ master ④ work ⑤ relative ⑥ proof

expand vs. expend

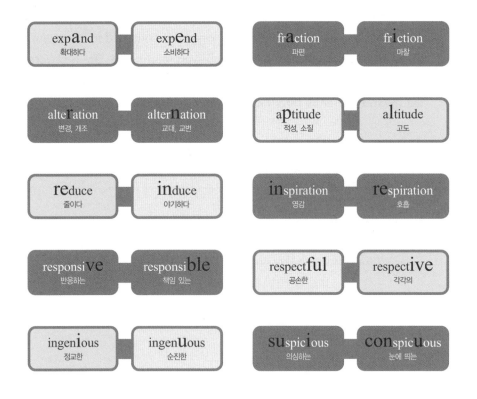

expand 확대하다	expend 소비하다

fraction 파편	friction 마찰

alteration 변경, 개조	alternation 교대, 교번

aptitude 적성, 소질	altitude 고도

reduce 줄이다	induce 야기하다

inspiration 영감	respiration 호흡

responsive 반응하는	responsible 책임 있는

respectful 공손한	respective 각각의

ingenious 정교한	ingenuous 순진한

suspicious 의심하는	conspicuous 눈에 띄는

☐ 1430
precede [priːsíːd]

(동) ~에 선행하다, 앞서다
the **preceding** paragraph 앞선 문단
Existence *precedes* essence.
실존은 본질에 선행한다.

☐ 1431
proceed [prəsíːd]

(동) 나아가다, 속행하다
proceed to university 대학에 진학하다
The work is *proceeding* according to
plan. 그 일은 계획대로 나아가고 있다. (기출 예문)
process (명) 과정, 진행

☐ 1432
expand [ikspǽnd]

(동) 확대하다, 퍼지다
expanding universe theory 팽창 우주론
Organic farming is *expanding* through
out the country. 유기 농업이 나라 전역에서 확대되
고 있다.
expansion (명) 확장, 확대

☐ 1433
expend [ikspénd]

(동) 소비하다
expend considerable funds
상당한 자금을 쓰다
We *expended* a great deal of time and
energy in doing the work. 우리는 그 일을 하는
데 많은 시간과 에너지를 소비했다. (기출 예문)
expense (명) 지출, 소비

☐ 1434
fraction [frǽkʃən]

(명) 파편; 조금
in a **fraction** of a second 순식간에
He had done only a *fraction* of his
homework. 그는 숙제를 조금만 했다. (기출 예문)

☐ 1435
friction [fríkʃən]

(명) 마찰
the force of **friction** 마찰력
Politics is a source of *friction* in our
family. 정치는 우리 가족에게 마찰의 근원이다. (기출 예문)
+ voca = conflict 마찰, 충돌

☐ 1436
refer [rifə́ːr]

(동) 언급하다; 참고하다
refer to a dictionary 사전을 참고하다
The word is *referred* to in the letter.
그 말이 편지에 언급되어 있다.
reference (명) 언급; 참조; 문의

☐ 1437
confer [kənfə́ːr]

(동) 수여하다; 협의하다
confer citizenship 귀화를 허가하다
I will *confer* with him about this matter.
나는 이 문제에 대해 그와 협의할 것이다.
conference (명) 회의, 협의
+ voca = grant 주다, 수여하다

☐ 1438
alteration [ɔ̀ːltəréiʃən]

(명) 변경, 개조
allow of **alteration** 변경의 여지가 있다
He made a few *alterations* to the
house. 그는 집을 약간 개조했다.
alter (동) 변경하다, 개조하다

☐ 1439
alternation [ɔ̀ːltərnéiʃən]

(명) 교대, 교번
the **alternation** of day and night
밤낮의 교대
It is called *alternation* of generations.
그것은 세대 교번이라 불린다.

□ 1440
economic [ìːkənámik]

형 경제의, 경제학의
economic principles 경제학의 법칙
The Koreans got over the *economic crisis.* 한국인은 경제 위기를 극복했다. (기출 예문)
economics 형 경제학

□ 1441
economical [ìːkənámikəl]

형 절약하는, 경제적인
an economical car 경제적인 차
The refrigerator is very *economical.*
그 냉장고는 아주 경제적이다.
（+ voca） = thrifty 검소한

□ 1442
comparable [kámpərəbəl]

형 필적하는
a price comparable to other products 다른 상품에 준하는 가격
It moves with a speed *comparable* to the speed of light. 그것은 빛의 속도에 필적하는 속도로 움직인다.
comparative 형 비교의

□ 1443
compatible [kəmpǽtəbəl]

형 양립할 수 있는
compatible theories 양립할 수 있는 이론
My interests are not *compatible* with his.
나의 이해 관계는 그의 이해 관계와 양립할 수 없다.
（+ voca） ↔incompatible 양립할 수 없는, 모순된

□ 1444
aptitude [ǽptitùːd]

명 적성, 소질, 재능
an aptitude test 적성 검사
She showed particular *aptitude* for mathematics. 그녀는 수학에 대한 특별한 재능을 보였다.

□ 1445
altitude [ǽltətjùːd]

명 고도
an altitude flight 고도 비행
The problem is likely in high *altitude.*
문제는 높은 고도에 있는 것 같다.
（+ voca） = height 고도, 해발

□ 1446
reduce [ridjúːs]

동 줄이다, 축소시키다
reduce the risk 위험을 줄이다
Energy conservation *reduces* your fuel bills. 에너지 보존은 연료비를 줄여 준다. (기출 예문)
reduction 형 축소, 삭감
（+ voca） = decrease 줄어들다

□ 1447
induce [indjúːs]

동 야기하다, 귀납하다
an illness induced by overwork
과로로 인한 병
What *induced* you to do such a stupid thing? 왜 너는 그런 어리석은 짓을 했니? (기출 예문)
induction 명 유도, 귀납(법)

□ 1448
inspiration [ìnspəréiʃən]

명 영감
artistic inspiration 예술적 영감
His novel lacks *inspiration.*
그의 소설은 영감이 부족하다.
inspire 동 영감을 주다

□ 1449
respiration [rèspəréiʃən]

명 호흡
respiration rate 호흡 속도
He gave artificial *respiration* to the guy.
그는 그 남자에게 인공호흡을 했다.
respire 동 호흡하다

☐ 1450
responsive [rispάnsiv]

(형) 반응하는, 민감한

be **responsive** to ~에 민감하다
The company became more *responsive* to consumer demands. 그 회사는 고객의 요구에 더 잘 반응하게 되었다.

response (명) 반응

☐ 1451
responsible [rispάnsəbəl]

(형) 책임이 있는

a **responsible** position 책임 있는 지위
Council employees are *responsible* for the upkeep of the gardens. 지방 의회 직원들은 그 정원의 관리에 책임이 있다. (기출 예문)

responsibility (명) 책임감

☐ 1452
respectful [rispέktfəl]

(형) 공손한

a **respectful** bow 공손한 절
She is quite *respectful* to everyone.
그녀는 모든 사람에게 아주 공손하다.

respect (명) 존경

☐ 1453
respective [rispέktiv]

(형) 각각의

the **respective** meanings 각각의 의미
They represented the views of their *respective* communities. 그들은 그들 각자의 지역 사회에 대한 견해를 대변했다.

respectively (부) 각각

☐ 1454
observation [àbzərvéiʃən]

(명) 관찰, 관측

a man of **observation** 관찰력이 뛰어난 사람
Atmospheric conditions prevent *observations* of the stars. 대기 조건이 별의 관측을 방해한다. (기출 예문)

observe (동) 관찰하다

☐ 1455
observance [əbzə́:rvəns]

(명) 준수

the **observance** of school rules 교칙 준수
Observance of the law has to be both external and internal. 법의 준수는 외적이며 내적이어야 한다.

☐ 1456
confident [kάnfidənt]

(형) 확신하는, 자신감 있는

a **confident** manner 자신감 있는 태도
We were *confident* of success.
우리는 성공을 확신했다.

confidence (명) 자신감

☐ 1457
confidential [kὰnfidénʃəl]

(형) 기밀의

a **confidential** report 기밀 보고
What he said was *confidential*.
그가 말한 것은 기밀 사항이었다.

(+ voca) = **secret** 비밀의, 기밀의

☐ 1458
variable [vέəriəbəl]

(형) 가변적인, 변하기 쉬운

variable velocity 가변 속도
British weather is at its most *variable* in the spring. 영국의 날씨는 봄에 가장 변하기 쉽다.

(+ voca) = **changeable** 변하기 쉬운

☐ 1459
various [vέəriəs]

(형) 다양한, 여러 가지의

various motives 다양한 동기
We considered the matter from *various* angles. 우리는 그 문제를 다양한 각도에서 숙고했다.

variety (명) 다양(성)

☐ 1460

alleviate [əlíːvièit]

(동) 완화하다, 경감하다

alleviate tension 긴장을 완화하다
Heat often *alleviates* pain.
열은 흔히 고통을 완화시켜 준다. (기출 예문)

+ voca = **ease** 완화하다

☐ 1461

elevate [éləvèit]

(동) 들어올리다; 북돋우다

elevate the voice 목소리를 높이다
The song *elevated* her spirits.
그 노래가 그녀의 기분을 북돋워 주었다.

+ voca = **raise** 올리다

☐ 1462

expel [ikspél]

(동) 내쫓다; 방출하다

expel air from the lungs
공기를 폐에서 방출하다
He was *expelled* from the school.
그는 그 학교에서 퇴학당했다.

☐ 1463

impel [impél]

(동) 몰아대다; 추진시키다

an **impelling** force 추진력
He has *impelled* me to come here.
그가 나를 이곳에 오게 했다.

☐ 1464

ingenious [indʒíːnjəs]

(형) 정교한; 재주 있는

an **ingenious** machine 정교한 기계
The architectural design is quite *ingenious*. 그 건축 설계는 꽤 정교하다.

☐ 1465

ingenuous [indʒénjuːəs]

(형) 순진한, 솔직한

an **ingenuous** smile 순진한 미소
He is an innocent and *ingenuous* boy.
그는 순진하고 솔직한 아이다.

☐ 1466

suspicious [səspíʃəs]

(형) 의심하는, 의심스러운

suspicious behavior 수상쩍은 행동
She was *suspicious* of all the colleagues.
그녀는 모든 동료들을 의심했다.

suspect (동) 의심하다

☐ 1467

conspicuous [kənspíkjuəs]

(형) 눈에 띄는, 두드러진

a **conspicuous** role 눈에 띄는 역할
There was no *conspicuous* road sign in that highway. 그 도로에는 눈에 띄는 도로 표지판이
없었다. (기출 예문)

☐ 1468

invaluable [invǽljuəbəl]

(형) 아주 귀중한

invaluable information 아주 귀중한 정보
We all know how *invaluable* your advice will be. 우리는 당신의 조언이 얼마나 소중
할지 알고 있다. (기출 예문)

valuable (형) 귀중한, 가치 있는

☐ 1469

valueless [vǽljuːlis]

(형) 가치가 없는, 하찮은

a **worthless** book 가치가 없는 책
His opinions were *valueless*.
그의 의견은 가치가 없었다.

+ voca = **worthless** 가치 없는

□ 1470
invasion [invéiʒən]

(명) 침입

the **invasion** of privacy 사생활 침해
An *invasion* would precipitate a political crisis. 침략은 정치적 위기를 촉진시킬 것이다. (기출 예문)
invade (동) 침략하다

□ 1471
inversion [invə́:rʒən]

(명) 전도, 역전

inversion of word order 어순의 전도
It is the result of a temperature *inversion*. 그것은 기온 역전의 결과이다.
invert (동) 전도시키다, 거꾸로 하다

□ 1472
disrupt [disrʌ́pt]

(동) 붕괴시키다; 중단시키다

disrupt a meeting 회의를 중단시키다
The revolution *disrupted* government functions. 그 혁명은 정부 기능을 붕괴시켰다.
disruption (명) 붕괴

□ 1473
erupt [irʌ́pt]

(동) 분출하다; 폭발하다

erupt in the form of lava 용암 형태로 분출되다
The volcano *erupted* again in September 2005. 그 화산은 2005년 9월에 다시 폭발했다.
eruption (명) 분출

□ 1474
distortion [distɔ́:rʃən]

(명) 왜곡

a **distortion** of the facts 사실 왜곡
This is a serious *distortion* of reality. 이것은 현실에 대한 심각한 왜곡이다.
distort (동) 왜곡하다

□ 1475
distraction [distrǽkʃən]

(명) 주의 산만; 기분 전환

a welcome **distraction** 반가운 기분 전환
It tests a driver's ability to avoid *distraction*. 그것은 운전자가 주의를 흩뜨리지 않는 능력을 검사한다.
distract (동) (주위를) 흩뜨리다

□ 1476
acquaintance [əkwéintəns]

(명) 아는 사이, 알고 있음

old **acquaintance** 옛 친구
He has no *acquaintance* with physics. 그는 물리학을 전혀 모른다.
acquainted (형) 안면이 있는

□ 1477
acquisition [æ̀kwəzíʃən]

(명) 습득, 인수

the **acquisition** of knowledge 지식의 습득
A basic understanding of language *acquisition* contributes to language teaching. 언어 습득에 관한 기본적 이해는 언어 교육에 도움이 된다.
acquire (동) 습득하다, 얻다

□ 1478
inhabit [inhǽbit]

(동) 거주하다, 서식하다

inhabit a forest 숲에 서식하다
Many kinds of birds *inhabit* the site. 많은 종류의 새들이 그 곳에 서식한다.
inhabitant (명) 거주민; 서식 동물

□ 1479
inhibit [inhíbit]

(동) 금하다, 억제하다

inhibit sleep 수면을 방해하다
The lack of vitamins can *inhibit* hair growth. 비타민 부족은 머리카락의 성장을 억제할 수 있다.
+ voca = **prevent** 막다, 방해하다

A 영어는 우리말로, 우리말은 영어로 쓰시오.

① responsive _____
② alleviate _____
③ invaluable _____
④ respective _____
⑤ erupt _____
⑥ observance _____
⑦ alteration _____
⑧ inversion _____
⑨ aptitude _____
⑩ inspiration _____

⑪ 확신하는 _____
⑫ 양립할 수 있는 _____
⑬ 줄이다 _____
⑭ 침입 _____
⑮ 나아가다 _____
⑯ 가변적인 _____
⑰ 의심하는 _____
⑱ 확대하다 _____
⑲ 왜곡 _____
⑳ 수여하다 _____

B 괄호 안에서 문맥에 맞는 단어를 고르시오.

① The problem is likely in high [**aptitude** / **altitude**].

② Many kinds of birds [**inhabit** / **inhibit**] the site.

③ He is an innocent and [**ingenious** / **ingenuous**] boy.

④ A basic understanding of language [**acquisition** / **acquaintance**] contributes to language teaching.

⑤ The Koreans got over the [**economical** / **economic**] crisis.

⑥ It moves with a speed [**comparable** / **compatible**] to the speed of light.

⑦ Politics is a source of [**fraction** / **friction**] in our family.

⑧ What he said was [**confident** / **confidential**].

⑨ He was [**expelled** / **impelled**] from the school.

⑩ He gave artificial [**inspiration** / **respiration**] to the guy.

⑪ It tests a driver's ability to avoid [**distortion** / **distraction**].

⑫ The word is [**referred** / **conferred**] to in the letter.

⑬ There was no [**suspicious** / **conspicuous**] road sign in that highway.

C 이번 테마를 다룬 독해 지문을 읽으면서 관련 어휘의 뜻을 확인해 보자.

With globalization, the dramatic **expansion** of cross-border trade and investment, there has been an increased mobility of international labor. In some European countries, migrant workers are providing industrialized nations with **various** skills that are lacking in local populations, which has positive effects on the economy of the nations. In other cases, these mobile workers fill gaps in the job market, willing to do certain jobs that many citizens won't do, such as janitorial and factory work. In the meantime, by working abroad, workers are helping to **elevate** their lives and those of their families. The money that migrant workers are sending home functions as a kind of financial aid, and further improves the **economic** well-being of the home country.

Translation 세계화와 국경을 넘나드는 무역과 투자의 급격한 **expansion**과 함께, 나라 간 노동력의 이동이 증가하고 있다. 몇몇 유럽의 국가들에서는, 이주 노동자들이 현지 국민들에게 부족한 **various**한 기술들을 산업화된 국가에 제공하고 있고, 이것은 유럽 국가 경제에 긍정적인 영향을 미친다. 다른 경우에, 이러한 이주 노동자들은 경비업이나 공장 노동과 같이 시민들이 원하지 않는 분야에서 기꺼이 일하면서 노동 시장의 부족분을 메운다. 한편, 해외에서 일하는 노동자들은 그들과 가족들의 삶을 **elevate**하는 데 도움을 주고 있다. 이주 노동자들이 고국에 보내는 돈은, 일종의 재정적인 도움으로서 역할을 하고 더 나아가 본국의 **economic**한 복지를 향상시킨다.

Words • cross-border 국경을 넘는 • janitorial 경비의 • migrant worker 이주 노동자

정답

B ① altitude ② inhabit ③ ingenuous ④ acquisition ⑤ economic ⑥ comparable ⑦ friction ⑧ confidential ⑨ expelled ⑩ respiration ⑪ distraction ⑫ referred ⑬ conspicuous

품사에 따라 의미가
변하는 어휘

Link
Rank

drive가 명사로 바뀌면?

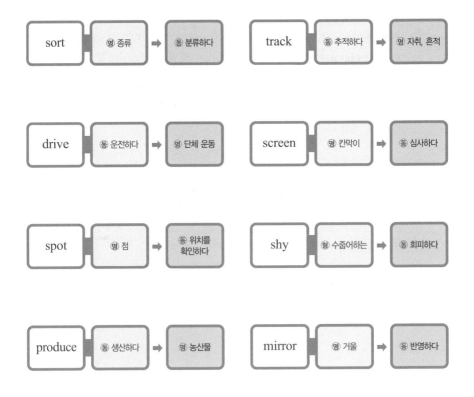

| sort | 몡 종류 | ➡ | 동 분류하다 |

| track | 동 추적하다 | ➡ | 몡 자취, 흔적 |

| drive | 동 운전하다 | ➡ | 몡 단체 운동 |

| screen | 몡 칸막이 | ➡ | 동 심사하다 |

| spot | 몡 점 | ➡ | 동 위치를 확인하다 |

| shy | 혱 수줍어하는 | ➡ | 동 회피하다 |

| produce | 동 생산하다 | ➡ | 몡 농산물 |

| mirror | 몡 거울 | ➡ | 동 반영하다 |

□ 1480
sort
[sɔ:rt]

(명) 종류 → (동) 분류하다
sort mail 우편물을 분류하다
sort apples by grade 사과를 등급별로 나누다
The librarian *sorted* out the books in the library all day
long. 사서는 하루 종일 도서관의 책들을 선별했다.

□ 1481
track
[træk]

(동) 추적하다 → (명) 자취; 선로
the **track** of a typhoon 태풍의 진로
a single **track** 단선
They found tire *tracks* in the snow.
그들은 눈 속에서 바퀴 자국을 발견했다. (기출 예문)

□ 1482
empty
[émpti]

(형) 비어 있는 → (동) 비우다
empty the ash tray 재떨이를 비우다
empty one's plate (한 접시를) 깨끗이 먹어치우다
He *emptied* his bag of its contents. 그는 가방에 든 것들을 털어냈다.

□ 1483
drive
[draiv]
drove-driven

(동) 운전하다 → (명) (목적 달성을 위한) 단체 운동, 모금 운동
a **drive** for world peace 세계 평화를 위한 운동
a Red Cross **drive** 적십자 모금 운동
The Red Cross held a blood *drive*. 적십자는 헌혈 운동을 벌였다.

□ 1484
correct
[kərékt]

(형) 옳은 → (동) 교정하다; 조정하다
correct mistakes in an exercise 연습 문제의 잘못을 고치다
correct the reading of a barometer 기압계의 눈금을 조정하다
As to *correcting* our homework, the teacher always makes
us do it ourselves. 숙제를 고쳐주는 것에 관해 선생님은 항상 우리가 스스로 그
것을 하게 한다.

□ 1485
equivalent
[ikwívələnt]

(형) 동등한 → (명) 상응하는 것
equivalent to an insult 모욕과 같은 것
an English **equivalent** for the word 그 단어에 상응하는 영어
Is there a French word that is the exact *equivalent* of the
English word home? 영어 단어 home에 정확히 상응하는 프랑스 말이 있는가?

□ 1486
spill
[spil]

spilt-spilt

(동) 엎지르다 → (명) 엎지름, 유출

an oil **spill** 기름 유출

the **spill** of the urban population into the suburbs
도시 인구의 교외로의 유출

The oil *spill* was an ecological disaster for thousands of
birds. 그 기름 유출 사고는 수천 마리의 새들에게 생태적 재앙이었다. (기출 예문)

□ 1487
screen
[skri:n]

(명) 칸막이 → (동) 심사하다

a **screening** committee 심사 위원회

screen out candidates 후보자를 가려내다

Government employees are regularly *screened* by the
security services. 공무원들은 정기적으로 보안 점검을 받는다.

□ 1488
feel
[fi:l]

felt-felt

(동) 느끼다 → (명) 감각, 감촉, 직감

have a **feel** 만져 보다

the soft **feel** 부드러운 촉감

He drove around to get the *feel* of the new car.
그는 새 차의 감각을 익히기 위해 차를 몰았다. (기출 예문)

□ 1489
spot
[spɑt]

(명) 점 → (동) 위치를 확인하다; 더럽히다

spot a fake 위조품을 찾아내다

spot the wall with ink 벽을 잉크로 더럽히다

The thief was *spotted* by an observant shop assistant.
그 도둑은 예리한 관찰력을 지닌 상점 점원에게 발각되었다.

□ 1490
question
[kwéstʃən]

(명) 질문 → (동) 심문하다, 질문하다

question a suspect 용의자를 심문하다

question him on his opinion 그에게 의견을 묻다

I seriously *question* a number of your assertions.
당신의 많은 단언들에 관해 심각하게 의문을 제기합니다.

□ 1491
permit
[pəːrmít]

(동) 허락하다 → (명) 허가(증), 면허(증)

A three-month work **permit** 3개월간 취업 허가

a **permit** to carry a gun 총기소지 허가증

You cannot enter a military base without a *permit*.
허가증 없이는 군부대에 들어갈 수 없습니다.

□ 1492
reach
[riːtʃ]

(명) 도달하다 → (동) 손닿는 범위
within[out of] the **reach** of ~의 손이 닿는[닿지 않는] 곳에
make a **reach** for a weapon 무기를 집으려고 손을 뻗다
Keep this medicine out of *reach* of children.
이 약을 아이들의 손이 닿지 않는 곳에 두세요.

□ 1493
elaborate
[ilǽbərèit]

(형) 정교한 → (동) 정교하게 만들다; 상세하게 설명하다
elaborate a theory 이론을 정밀하게 마무리하다
elaborate on an idea 어떤 생각을 상세하게 설명하다
I needn't *elaborate*. 제가 상세히 설명할 필요가 없군요.

□ 1494
shy
[ʃai]

(형) 수줍어하는 → (동) 회피하다
shy danger 위험을 피하다
shy away from one's eyes 시선을 피하다
He *shied* away from contact with his neighbors.
그는 이웃들과의 접촉을 회피했다. (기출 예문)

□ 1495
engineer
[èndʒiníər]

(명) 기술자 → (동) 조정하다, 공작하다
engineer a plot 계략을 꾸미다
engineer a bill through Congress 법안의 의회 통과를 계책하다
He had powerful enemies who *engineered* his downfall.
그에게는 그의 실각을 꾀하는 강력한 적들이 있었다.

□ 1496
dependent
[dipéndənt]

(형) 의존하는 → (명) 부양가족
have many **dependents** 부양가족이 많다
credit for **dependents** 부양가족 공제
He has a sister *dependent* on him. 그에게는 그를 의지하는 여동생이 있다.

□ 1497
produce
[prədjúːs]

(동) 생산하다 → (명) (집합적) 농산물
the **produce** of the field 농산물
fresh **produce** 햇농산물
Produce, especially lettuce, is fresh at that market.
그 시장에서는 농산물, 특히 상추가 신선하다.

□ 1498
initiative
[iníʃiətiv]

형 처음의, 선도적인 → 명 주도권
have the initiative 주도권을 얻다
act on one's own initiative 자발적으로 행동하다
The Tigers lost the *initiative* early in the match.
타이거즈 팀은 경기 초반에 주도권을 잃었다.

□ 1499
additive
[ǽdətiv]

형 부가적인 → 명 첨가제
a food additive 식품 첨가물
Additive-free orange juice 첨가물이 없는 오렌지 주스
Vitamin pills often contain *additives* which can cause
allergies. 비타민제는 종종 알레르기를 유발할 수 있는 첨가물을 포함하고 있다.

□ 1500
preservative
[prizɔ́ːrvətiv]

형 보존하는 → 명 방부제
a food preservative 식품 방부제
No preservatives added 방부제를 첨가하지 않음
This cake contains *preservatives*. 이 케이크에는 방부제가 들어 있다.

□ 1501
hopeful
[hóupfəl]

형 희망에 찬 → 명 전도유망한 사람, 유력한 후보
a young hopeful 장래가 촉망되는 젊은이
a Presidential hopeful 유망한 대통령 후보
About 100 young *hopefuls* showed up to have the audition.
그 오디션을 받기 위해 100여 명의 장래가 촉망되는 젊은이들이 나타났다.

□ 1502
mirror
[mírər]

명 거울 → 동 반영하다
mirror society 사회상을 반영하다
mirror one's face in the water 얼굴을 물에 비추다
The trees were *mirrored* in the still water of the lake.
고요한 호수에 나무들의 모습이 투영되어 있었다.

□ 1503
burn
[bəːrn]

동 태우다 → 명 화상
suffer a burn 화상을 입다
apply ointment to the burn 덴 곳에 연고를 바르다
She suffered a *burn* on her hand. 그녀는 손에 화상을 입었다.

□ 1504
build
[bild]
built - built

동 세우다 → 명 체구, 체격
a slender **build** 호리호리한 체격
the **build** of a car 자동차의 구조
My elder brother and I are of the same *build*.
형과 나는 체격이 같다.

□ 1505
drain
[drein]

동 배출하다 → 명 배수; 낭비
the **drain** of gold 금의 유출
disinfect the **drains** 하수 시설을 소독하다
Emergency repairs to my car have been a *drain* on my bank account. 자동차의 긴급 수리비로 은행 구좌에서 돈이 빠져나갔다.

□ 1506
must
[mʌst]

동 ~해야 한다 → 명 필수적인 것
must books 필독서
a tourist **must** 관광객들이 꼭 보아야 할 것
A warm winter coat is a *must* in Auckland.
Auckland에서 따뜻한 겨울 코트는 필수품이다.

□ 1507
moonlight
[múːnlàit]

명 월광 → 동 (밤에) 부업하다
start **moonlighting** 부업을 시작하다
moonlight as a cashier 캐셔로 야간 아르바이트하다
The man *moonlights* as a security guard.
그 남자는 야간 부업으로 경호원을 한다.

□ 1508
harbor
[háːrbər]

명 항구 → 동 숨겨 주다; (생각을) 품다
harbor refugees 망명자들을 숨겨 주다
harbor suspicion against a person 남에 대해 의심을 품다
He *harbored* no animosity towards his critics.
그는 자신의 비판자들에 대해 아무런 악의도 품지 않았다.

□ 1509
mushroom
[mʌ́ʃruːm]

명 버섯 → 동 급격히 퍼지다 형 급성장하는
mushroom growth 급속한 성장
New housing **mushrooming** all over the city
도시 전체에 번져가는 새 주택 건설
The big fire *mushroomed* all over the building.
큰 불길은 건물 전체로 급속히 번져갔다.

A 영어는 우리말로, 우리말은 영어로 쓰시오.

① reach　　　　_____
② equivalent　　_____
③ sort　　　　　_____
④ shy　　　　　_____
⑤ harbor　　　　_____
⑥ correct　　　_____
⑦ screen　　　_____
⑧ drain　　　　_____
⑨ hopeful　　　_____
⑩ produce　　　_____

⑪ 주도권　　　　_____
⑫ 단체 운동　　　_____
⑬ 자취　　　　　_____
⑭ 비우다　　　　_____
⑮ 방부제　　　　_____
⑯ 급격히 퍼지다　_____
⑰ 첨가제　　　　_____
⑱ 유출　　　　　_____
⑲ 조정하다　　　_____
⑳ 정교하게 만들다　_____

B 빈칸에 공통으로 들어갈 단어는?

① a slender _____ 호리호리한 체격　the _____ of a car 자동차의 구조
② _____ books 필독서　　　a tourist _____ 방문객들이 꼭 보아야 할 것
③ _____ a fake 위조품을 찾아내다　_____ the wall with ink 벽을 잉크로 더럽히다
④ _____ a suspect 용의자를 심문하다
　　_____ him on his opinion 그에게 의견을 묻다

C 다음 빈칸에 알맞은 단어를 〈보기〉에서 골라 넣으시오. (필요하면 형태를 변형하시오.)

[보기]
burn　moonlight　mirror　dependent　feel　permit

① He has a sister (　　　) on him.
② You cannot enter a military base without a (　　　).
③ The man (　　　) as a security guard.
④ He drove around to get the (　　　) of the new car.
⑤ She suffered a (　　　) on her hand.
⑥ The trees were (　　　) in the still water of the lake.

D 이번 테마를 다룬 독해 지문을 읽으면서 관련 어휘의 뜻을 확인해 보자.

When you go to the grocery store, it's a **must** to shop around for the best buys that support your own local environment. Check the labels and signs on the **produce** that you purchase and make an effort to buy locally  grown **produce**. Buying locally means less **drain** on your energy to bring food to your table, reducing air pollution. Buying locally also means the **permit** to have fresher fruits and vegetables that are healthier for your body and tastier to your taste buds. Fruits and vegetables shipped from abroad are usually harvested at least two full weeks before they are ripe so that they don't go rotten during their long voyages on planes and in boxes before arriving to your grocer.

Translation 식료품 가게에 갈 때, 우리의 지역 환경을 도와주는 최상의 구매품을 위해 여기저기 둘러보는 것은 must이다. 구입하는 produce의 상표와 표시를 확인하고 지역에서 재배된 produce를 사기 위해 노력하라. 지역의 물건을 구매하는 것은 식탁에 음식을 가져오는 데 에너지의 drain이 더 적음을 의미하고, 대기 오염도 줄여 준다. 지역의 물건을 구매한다는 것은 또한 우리의 신체 건강에 더 좋고 입맛에 더 좋은 보다 신선한 과일과 채소를 즐길 수 있는 permit을 의미한다. 해외에서 선적된 과일과 채소는 우리의 식료품점에 도착하기 전 상자에 담겨 비행기를 타고 오는 긴 여행 동안 부패되지 않도록 하기 위해 대개 적어도 익기 2주 전에 수확된다.

Words • grocery 식료품 • purchase 구입하다 • make an effort 노력하다 • rotten 부패한 • voyage 항해

정답 🔒
B ① build ② must ③ spot ④ question
C ① dependent ② permit ③ moonlights ④ feel ⑤ burn ⑥ mirrored

index 찾아보기

Link!
Rank!

L i n k !
R a n k !